Beck-Rechtsberater

Meine Rechte als Urheber

dtv

Beck-Rechtsberater

Meine Rechte als Urheber

Urheber- und Verlagsrechte schützen und durchsetzen

Von Dr. Gernot Schulze,
Rechtsanwalt und Fachanwalt für Urheber- und
Medienrecht in München

7., aktualisierte Auflage

www.dtv.de
www.beck.de

Originalausgabe

dtv Verlagsgesellschaft mbH & Co. KG,
Tumblingerstraße 21, 80337 München

Druck und Bindung: Druckerei C.H. Beck, Nördlingen
(Adresse der Druckerei: Wilhelmstraße 9, 80801 München)
Satz: ottomedien GmbH, Darmstadt
Umschlaggestaltung: Design Concept Krön, Puchheim,
unter Verwendung eines Fotos von Angela Wiegand, München
ISBN 978-3-423-51241-1 (dtv)
ISBN 978-3-406-73977-4 (C.H.Beck)
ISBN 978-3-406-73978-1 (eBook)

Vorwort zur 7. Auflage

Die 6. Auflage dieses Buches erschien im Jahre 2009. Seitdem hat die EU weitere Richtlinien erlassen. Demgemäß musste auch der deutsche Gesetzgeber mehrfach tätig werden und die Vorgaben der Richtlinien in das deutsche Urheberrechtsgesetz umsetzen, soweit das bisherige nationale Recht diesen Vorgaben nicht entsprach. Insbesondere wurde das Urheberrechtswahrnehmungsgesetz durch das Verwertungsgesellschaftengesetz komplett ersetzt.

Parallel hierzu hat die Rechtsprechung viele strittige Fragen entschieden, sei es durch höchstrichterliche BGH-Urteile oder sei es durch Entscheidungen der Instanzgerichte. Die Vorlagen der nationalen Gerichte der EU-Mitgliedstaaten an den EuGH, der letztinstanzlich für die Auslegung der auch im nationalen Recht maßgeblichen EU-Richtlinien zuständig ist, haben zugenommen. Es würde den Rahmen dieses Buches sprengen, auf diese sich ständig erweiternde Rechtsprechung umfassend einzugehen. Deshalb sei betont, dass der vorgegebene Rahmen dieses Buches nur einen Überblick über das Urheberrecht ermöglichen kann. Wenn bei den auftauchenden Fragen in die Tiefe gegangen werden soll, müssen die einschlägigen Kommentare, Lehrbücher und Materialsammlungen herangezogen werden. Ein Teil hiervon ist im Literaturverzeichnis genannt.

Einerseits kann angesichts der fortschreitenden Harmonisierung des Urheberrechts auch die Neuauflage dieses Buches nur eine vorübergehende Bestandsaufnahme sein. Andererseits hat sich erneut gezeigt, dass das bisherige Instrumentarium auch für neue Techniken nach wie vor einsatzfähig bleibt, wenn es entsprechend angewendet und ggf. geringfügig angepasst wird.

Ich freue mich, dass mein Sozius, Herr Rechtsanwalt *Christopher Mueller* LL.M., Fachanwalt für Urheber- und Medienrecht, das Kapitel 18 „Was gilt im Internet?" als Mitautor dieser 7. Auflage bearbeitet hat.

München, im Oktober 2019 *Gernot Schulze*

Vorwort zur 1. Auflage

Im Jahre 1989 legte die Bundesregierung ein Gutachten über die volkswirtschaftliche Bedeutung des Urheberrechts vor. Danach erwirtschafteten Verlage, Schallplattenfirmen, Filmproduzenten, Rundfunk, Fernsehen und sonstige Urheberrechtsindustrien im Jahre 1986 in West-Deutschland 2,9% der gesamten Bruttowertschöpfung. Diese Industrien beschäftigten wiederum 3,1% aller Erwerbstätigen. Die Tendenz ist steigend, und zwar nicht nur hier, sondern auch im Ausland. Dementsprechend wächst auch die Bedeutung des Urheberrechts, sowohl für die Urheber, die wissen wollen, welche Rechte ihnen zustehen, als auch für die Verwerter fremder Werke, die wissen müssen, welche Rechte sie zu beachten haben.

Dieses Buch soll den juristischen Laien und solchen Rechtskundigen, die sich mit dieser Materie bisher noch wenig befasst haben, einen Überblick über das Urheber- und Verlagsrecht samt einzelnen angrenzenden Gebieten verschaffen. Schon längst geht es im Urheberrecht nicht mehr nur um die klassischen Bereiche der Schriftstellerei, Musik und bildenden Künste, sondern genauso um Computer-Software, Mode, Werbung, Industriedesign, Entwürfe, technische Zeichnungen und zahlreiche andere dem Alltag zuzurechnende Produkte. Ferner werden die Werke nicht nur von freischaffenden Urhebern, sondern zunehmend auch von Angestellten, Beamten und anderen Arbeitnehmern geschaffen. Zu all diesen verschiedenen Werkarten und Schaffensbereichen gibt es spezielle Gepflogenheiten sowie zahlreiche Fragen und Antworten. Hiervon kann manches nur kurz berührt werden, um den vorgesehenen Rahmen dieses Buchs nicht zu sprengen. Deshalb wird auch weitgehend darauf verzichtet, die zahlreichen Gerichtsentscheidungen sowie die Stimmen aus der einschlägigen Fachliteratur anzugeben. Der Blick in die Lehrbücher und Kommentare kann und soll durch dieses Buch nicht ersetzt werden. Bei den Literaturhinweisen findet der Leser hierzu eine geringe Auswahl, wo er einzelne Fragen vertiefen und notwendige Materialien finden kann. Mit Hilfe dieses Buchs sollen Urheber, Künstler, ihre

Produzenten und Werknutzer sowie diejenigen Personen, die den genannten zur Seite stehen, die einschlägigen Urheberrechte erkennen und in der Lage sein, auftretende Fragen zumindest ansatzweise zu lösen.

München, im März 1991 *Gernot Schulze*

Inhaltsübersicht

Inhaltsverzeichnis

Abkürzungsverzeichnis

Paragraphen ohne Angabe des Gesetzes sind solche des Urheberrechtsgesetzes der Bundesrepublik Deutschland vom 9. September 1965 (BGBl. I, S. 1273).

Abs.	Absatz
AEUV	Vertrag über die Arbeitsweise der Europäischen Union
a.F.	alte Fassung
AG	Amtsgericht
Art.	Artikel
Az.	Aktenzeichen
BGB	Bürgerliches Gesetzbuch
BGH	Bundesgerichtshof
BGHZ	Entscheidungen des Bundesgerichtshofs in Zivilsachen
BuchPrG	Buchpreisbindungsgesetz
BVerfG	Bundesverfassungsgericht
BVerfGE	Entscheidungen des Bundesverfassungsgerichts
BVerwG	Bundesverwaltungsgericht
CDSM-RL	Richtlinie über das Urheberrecht im digitalen Binnenmarkt (Copyright in the Digital Single Market) vom 17.4.2019
CR	Computer und Recht (Zeitschrift)
DesignG	Designgesetz
d.h.	das heißt
EG	Vertrag zur Gründung der Europäischen Gemeinschaft
EG, EWG	Europäische (Wirtschafts-)Gemeinschaft
EU	Europäische Union
EuGH	Europäischer Gerichtshof
EWR	Europäischer Wirtschaftsraum
f., ff.	folgende
GATT	General Agreement on Tariffs and Trade

GEMA .... Gesellschaft für musikalische Aufführungs- und mechanische Vervielfältigungsrechte
GeschmMG .... Geschmacksmustergesetz
GG .... Grundgesetz für die Bundesrepublik Deutschland
ggf. .... gegebenenfalls
GGV .... Verordnung (EG) Nr. 6/2002 des Rates vom 12.12.2001 über das Gemeinschaftsgeschmacksmuster
GRUR .... Gewerblicher Rechtsschutz und Urheberrecht (Zeitschrift)
GRUR-Int .... Gewerblicher Rechtsschutz und Urheberrecht Internationaler Teil
GRUR-RR .... Gewerblicher Rechtsschutz und Urheberrecht Rechtsprechungs-Report (Zeitschrift)
GVL .... Gesellschaft zur Verwertung von Leistungsschutzrechten
GWB .... Gesetz gegen Wettbewerbsbeschränkungen
InfoRL .... Richtlinie 2001/29/EG des Europäischen Parlaments und des Rates vom 22.5.2001 zur Harmonisierung bestimmter Aspekte des Urheberrechts und der verwandten Schutzrechte in der Informationsgesellschaft
i.S.d. .... im Sinne der/des
i.S.v. .... im Sinne von
IuKDG .... Informations- und Kommunikationsdienste-Gesetz
K & R .... Kommunikation & Recht
KUG .... Gesetz betreffend das Urheberrecht an Werken der bildenden Künste und der Photographie
LG .... Landgericht
MarkenG .... Markengesetz
MDR .... Monatsschrift für Deutsches Recht
MMR .... MultiMedia und Recht (Zeitschrift)
n.F. .... neue Fassung
NJW .... Neue Juristische Wochenschrift
Nr. .... Nummer

OLG .... Oberlandesgericht
post mortem
auctoris .... nach dem Tode des Urhebers
PVÜ .... Pariser Verbandsübereinkunft zum Schutz des gewerblichen Eigentums
RA .... Rom-Abkommen
RBÜ .... Revidierte Berner Übereinkunft zum Schutz von Werken der Literatur und der Kunst
RL .... Richtlinie
Rn. .... Randnummer
S. .... Seite
s.a. .... siehe auch
SchrZG .... Schriftzeichengesetz
s.o. .... siehe oben
sog. .... sogenannt
StGB .... Strafgesetzbuch
s.u. .... siehe unten
TDG .... Teledienstegesetz
TMG .... Telemediengesetz
TRIPS .... Trade-Related Aspects of Intellectual Property Rights
u.a. .... unter anderem
UrhG .... Urheberrechtsgesetz
UrhG-E .... Entwurf eines Gesetzes zur Stärkung der vertraglichen Stellung von Urhebern und ausübenden Künstlern
UWG .... Gesetz gegen den unlauteren Wettbewerb
VerlG .... Verlagsgesetz
VG .... Verwertungsgesellschaft
VGG .... Verwertungsgesellschaftengesetz
vgl. .... vergleiche
WahrnG .... Gesetz über die Wahrnehmung von Urheberrechten und verwandten Schutzrechten
WCT .... WIPO Copyright Treaty
WIPO .... World Intellectual Property Organization
WPPT .... WIPO Performances and Phonograms Treaty
WUA .... Welturheberrechtsabkommen

z.B. .... zum Beispiel
ZPO .... Zivilprozessordnung
ZUM .... Zeitschrift für Urheber- und Medienrecht
ZUM-RD .... Zeitschrift für Urheber- und Medienrecht – Rechtsprechungsdienst

Literaturhinweise

Im Text wird keine weiterführende Literatur angegeben. Es folgt hier lediglich eine geringe Auswahl aus den einschlägigen Lehrbüchern, Kommentaren und Materialsammlungen, wo einzelne Fragen vertieft und einschlägige Vorschriften und Vertragstexte gefunden werden können.

Gesetzestexte
Urheber- und Verlagsrecht (Beck-Texte im dtv Nr. 5538)
Gewerblicher Rechtsschutz, Wettbewerbsrecht, Urheberrecht (Loseblatt Textausgabe)

Materialien und Vertragstexte
Maaßen/May/Zentek, Designers' Contract, 3. Auflage 2010
Münchner Vertragshandbuch, Band 3, Wirtschaftsrecht II, 7. Auflage 2015 (mit Vertragsmustern zum Verlags- und Urheberrecht)
Schulze, Marcel Materialien zum Urheberrechtsgesetz, 2. Auflage 1997
Wegner/Wallenfels/Kaboth, Recht im Verlag, 2. Auflage 2011 (mit Musterverträgen und Erläuterungen)

Lehrbücher und Kommentare
Beier/Götting/Lehmann/Moufang (Hrsg.), Urhebervertragsrecht, 1995
Berger/Wündisch (Hrsg.), Urhebervertragsrecht, 2. Auflage 2015
Dreier/Schulze, UrhG, Kommentar zum Urheberrecht, Urheberrechtswahrnehmungsgesetz, Kunsturhebergesetz, 6. Auflage 2018
Dreyer/Kotthoff/Meckel/Hentsch, Urheberrecht, Heidelberger Kommentar, 4. Auflage 2018
Eichmann/Kur (Hrsg.), Designrecht, 2. Auflage 2016
Eichmann/Jestaedt/Fink/Meiser, Designgesetz, Gemeinschaftsgeschmacksmusterverordnung, Kommentar, 6. Auflage 2019
Fischer/Reich (Hrsg.), Der Künstler und sein Recht, 3. Auflage 2014
Fromm/Nordemann, Urheberrecht, Kommentar, 12. Auflage 2018

v. Hartlieb/Schwarz (Hrsg.), Handbuch des Film-, Fernseh- und Videorechts, 5. Auflage 2011
Heker/Riesenhuber (Hrsg.), Recht und Praxis der GEMA, 3. Auflage 2018
Hertin/Wagner, Urheberrecht, 3. Auflage 2019
Ingerl/Rohnke, Markengesetz, Kommentar, 3. Auflage 2010
Köhler/Bornkamm/Feddersen, Gesetz gegen den unlauteren Wettbewerb, Kommentar, 37. Auflage 2019
Lettl, Urheberrecht, 3. Auflage 2018
Loewenheim (Hrsg.), Handbuch des Urheberrechts, 2. Auflage 2010
Möhring/Nicolini, Urheberrechtsgesetz, Kommentar, 4. Auflage 2018
Moser/Scheuermann/Drücke (Hrsg.), Handbuch der Musikwirtschaft, 7. Auflage 2018
Nordemann/Vinck/Hertin, Internationales Urheberrecht und Leistungsschutzrecht der deutschsprachigen Länder unter Berücksichtigung auch der Staaten der Europäischen Gemeinschaft, Kommentar, 1977
Ohly/Sosnitza, Gesetz gegen den unlauteren Wettbewerb, 7. Auflage 2016
Rehbinder/Peukert, Urheberrecht, 18. Auflage 2018
Russ, VerlG, Kommentar, 2014
Schack, Urheber- und Urhebervertragsrecht, 8. Auflage 2017
Schricker, Verlagsrecht, Kommentar, 3. Auflage 2001
Schricker/Loewenheim, Urheberrecht, Kommentar, 5. Auflage 2017
Ulmer, Urheber- und Verlagsrecht, 3. Auflage 1980
Ulmer-Eilfort/Obergfell, Verlagsrecht, Kommentar, 2013
Wandtke/Bullinger, UrhR, Praxiskommentar zum Urheberrecht, 5. Auflage 2019

1. Kapitel

Was ist Urheberrecht?

Als Urheber wird landläufig derjenige bezeichnet, der etwas erschafft oder etwas verursacht. Man spricht z.B. auch bei einer Streitigkeit von deren Urheber. Beim Urheberrecht geht es um das Recht der Schriftsteller, Komponisten, Maler, Bildhauer, Grafiker, Architekten, Fotografen, Choreografen, Regisseure, Wissenschaftler und sonstiger Autoren an den von ihnen geschaffenen Werken.

I. Sacheigentum – geistiges Eigentum

Das Urheberrecht betrifft die Schöpfer geistiger Leistungen und regelt ihr **geistiges Eigentum**. Dabei ist zu trennen zwischen dem **(Sach-)Eigentum an dem Werkexemplar**, z.B. an einem Bild oder an einer Plastik, einerseits und dem **(Rechts-)Eigentum** an dem in dem Werkexemplar verwirklichten **Werk**, nämlich dem Gestalt gewordenen Schöpfungsgedanken andererseits. Letzteres ist ein unkörperliches Gut. Es wird auch als **Immaterialgut** bezeichnet.

II. Urheberrecht – gewerbliche Schutzrechte

Zu den Immaterialgütern zählen neben dem Urheberrecht die gewerblichen Schutzrechte. Mit diesen Rechten soll die von einem Wettbewerber auf dem Markt geschaffene Stellung gefestigt werden.

Das **Wettbewerbsrecht** schützt ihn vor unlauteren Praktiken. Das **Markenrecht** ermöglicht es ihm, sich und seine Waren oder Dienstleistungen durch bestimmte Kennzeichen von anderen Wettbewerbern und konkurrierenden Waren oder Dienstleistungen zu unterscheiden. Schließlich schützen die **technischen Schutzrechte**, insbesondere das Patentrecht, die technische Konstruktion, die Lösung eines technischen Problems oder eine sonstige erfinderische Leistung. Dagegen soll durch das Urheberrecht die Art und Weise, wie etwas dargestellt wird, geschützt werden. Es geht also nicht um die technische Beherrschung und Verwirklichung, sondern um die **besondere Gestaltung des jeweiligen Werkes**, sei es durch die Wortwahl, die bildnerische Formgebung, die Art der Gedankenführung oder sei es durch eine andere die Sinne anregende Gestaltung.

Dasselbe gilt für das **Designrecht**. Es regelt den Schutz der gewerblich verwertbaren zweidimensionalen Darstellungen und dreidimensionalen Formgebungen (früher: Muster und Modelle) im Bereich der industriellen Formgebung, z.B. der Textilmuster und der diversen Formen des Industriedesigns. Geschützt wird, was den Form- und Farbensinn anregt, nicht aber die technische Lösung. Deshalb wurde das Designrecht (früher: Geschmacksmusterrecht) als kleines Urheberrecht bezeichnet, obwohl es grundsätzlich zu den gewerblichen Schutzrechten zählt. Im Jahre 2002 hat sich der damalige **copyright approach** aufgrund europarechtlicher Vorgaben zu einer Marketingfunktion und einem **design approach** verlagert. Das Designrecht soll eigenständig neben dem Urheberrecht und anderen Schutzrechten stehen. Gleichwohl bleibt eine **Nähe zum Urheberrechtsschutz**; denn es geht auch beim Designrecht um die Art der Gestaltung eines zweidimensionalen oder dreidimensionalen Erzeugnisses. Das Designrecht darf wiederum nicht mit dem **Gebrauchsmusterrecht** verwechselt werden; denn als Gebrauchsmuster werden Arbeitsgerätschaften und Gebrauchsgegenstände geschützt, die eine erfinderische Leistung aufweisen. Das Gebrauchsmusterrecht ist also gewissermaßen ein kleines Patentrecht für weniger bedeutende Erfindungen.

III. Verwandte Schutzrechte des Urheberrechts

Im zweiten Teil des Urheberrechtsgesetzes (§§ 70 ff.*) sind als verwandte Schutzrechte des Urheberrechts solche **Leistungen** geschützt, die den schöpferischen Werken nahe kommen oder die mit der Verwertung dieser Werke in engem Zusammenhang stehen. Es sind dies wissenschaftliche Ausgaben urheberrechtlich nicht (mehr) geschützter Werke, nachgelassene (posthume) Werke, Lichtbilder, ferner die Darbietungen von Musikern, Schauspielern, Tänzern und sonstigen Interpreten von Werken, die mit der Veranstaltung solcher Darbietungen zu erbringenden Leistungen sowie die vor allem organisatorischen Leistungen der Tonträgerhersteller, Sendeunternehmer und Filmhersteller. Bei Datenbanken ist es die erforderliche wesentliche Investition, die zu einem Schutz derartiger Leistungen führt. Mit dem Schutz des Presseverlegers sollen dessen Presseerzeugnisse gegen die auszugsweise Übernahme durch Google und vergleichbare Suchmaschinen geschützt werden. Die verwandten Schutzrechte werden deshalb auch als **Leistungsschutzrechte** bezeichnet.

IV. Vermögensrechte – Urheberpersönlichkeitsrechte

Das Urheberrechtsgesetz gewährt den Urhebern Rechte zweierlei Art. Zum einen sind es **Vermögensrechte**, nämlich die Möglichkeit, die geschützten Werke auf verschiedene Art und Weise zu nutzen oder nutzen zu lassen, z.B. ein Buch zu vervielfältigen und zu verbreiten, es verfilmen zu lassen oder es in anderen Sprachen oder Ausgaben herauszubringen. Üblicherweise gestattet der Urheber dies nur gegen Zahlung eines entsprechenden Honorars, so dass er am Erlös aus sämtlichen einzelnen Nutzungsarten angemessen zu beteiligen ist. Darin liegt sein **materielles Interesse**. Zum anderen

* Paragraphen ohne Angabe des Gesetzes sind solche des Urheberrechtsgesetzes (UrhG) der Bundesrepublik Deutschland vom 9.9.1965 (BGBl. I, S. 1273).

sind es **ideelle Rechte**, so genannte **Urheberpersönlichkeitsrechte**; nämlich das Recht, selbst zu bestimmen, ob, wie, wann und in welcher Form ein Werk an die Öffentlichkeit gelangt, sich vorzubehalten, ob und in welcher Form ein Werk verändert werden darf, es unter eigenem Namen oder unter einem Pseudonym erscheinen zu lassen, sowie das Recht, sich ggf. von dem Werk zu distanzieren, wenn es nicht mehr seiner Überzeugung entspricht. Diese Zweigleisigkeit aus materiellen und ideellen Interessen bestimmt das gesamte Urheberrecht.

V. Urheberrecht – geistige Freiheit

Das Urheberrecht regelt die Rechte der Urheber an den von ihnen geschaffenen Werken. Die Frage, was die Urheber sagen, schreiben, komponieren oder sonstwie darstellen und veröffentlichen dürfen, gehört grundsätzlich nur insoweit zum Urheberrecht, als ein Urheber den Urheberrechtsschutz fremder Werke beachten muss und nur dasjenige verwerten darf, was er selbst geschaffen hat oder woran andere Schutzrechte nicht bestehen. Im Übrigen wird die **geistige Freiheit** in anderen Vorschriften, vor allem in dem Recht auf freie Entfaltung der Persönlichkeit sowie in den Grundrechten der **Meinungsfreiheit, Pressefreiheit** und **Kunstfreiheit** (Art. 5 GG), bestimmt. Eine Ausnahme von dieser Systematik wurde beim **Bildnisschutz** gemacht; nämlich Personenbildnisse nur mit Einwilligung des Abgebildeten verbreiten oder öffentlich zur Schau stellen zu dürfen. Dieser Schutz ist in §§ 22 ff. des Kunsturheberrechtsgesetzes aus dem Jahre 1907 geregelt, welche im Gegensatz zu den sonstigen Vorschriften dieses Gesetzes nach wie vor gültig sind.

VI. Verlagsrecht

Ist vom Urheberrecht die Rede, wird häufig auch das Verlagsrecht erwähnt. Letzteres regelt einen **Ausschnitt des urheberrechtlichen Vertragsrechts**, nämlich die Rechte und Pflichten zwischen Verlegern und Urhebern von Werken der Literatur oder der Tonkunst.

2. Kapitel

Wie entstand das Urheberrecht?

Bedenkt man, dass es in allen Ländern der Erde schon seit langem Rechte zum Schutz des Eigentums an körperlichen Sachen gibt, hingegen in manchen Ländern geistiges Eigentum erst seit neuerer Zeit, mitunter sogar immer noch nicht geschützt wird, so muss das Urheberrecht als Zeichen einer fortgeschrittenen Entwicklung angesehen werden.

I. Wie entstand das Urheberrecht in Deutschland?

Solange Schriften, Kompositionen, Bilder, Skulpturen oder sonstige Werke nur im Original, nicht aber in Vervielfältigungsstücken existierten, brauchte man sich wenig Gedanken um den Schutz geistiger Leistungen zu machen; denn der Urheber wurde für sein Werk oder für seine jeweilige Werkdarbietung entlohnt. Weitere Nutzungen konnten ohne ihn grundsätzlich nicht stattfinden. Das änderte sich spätestens mit der **Einführung der Buchdruckerkunst**. Einmal als Druckwerk vervielfältigt, konnte ein und dasselbe Werk zur selben Zeit in verschiedenen Exemplaren und an verschiedenen Orten zirkulieren und gleichzeitig von mehreren Personen vorgetragen oder sonstwie genutzt werden. Nicht nur der Urheber sah auf einmal sein Werk durch Dritte genutzt, sondern auch der Drucker und Verleger musste zusehen, wie andere mit billigeren Raubdrucken auf fremde Kosten ihre Geschäfte machten. Hiergegen wollten sich die Betroffenen schützen.

Die erste Form des Schutzes war die des sog. **Privilegs,** welches der jeweilige Landesherr einem Urheber oder Drucker zum Schutze für einzelne Werke gegen unerlaubte Nachdrucke erteilte. Hierauf hatte der Urheber jedoch keinen Rechtsanspruch, sondern er war vom Wohlwollen der Obrigkeit abhängig. Auf Dauer konnte dieser unkalkulierbare Schutz nicht genügen; denn die Druck- und Verlagsindustrie bedurfte insgesamt eines effektiven Schutzes. Außerdem ging es nicht nur um die gewerblichen Interessen der Drucker und Verleger, sondern auch um die persönlichkeitsrechtlichen Interessen der Autoren gegen Änderungen und Entstellungen ihrer Werke. Es entstand die Idee vom **geistigen Eigentum**.

Während es in den Industrienationen England und Frankreich schon seit dem 18. Jahrhundert die **ersten Urheberrechtsgesetze** gab, kam es in Deutschland erst um die Mitte des 19. Jahrhunderts zu vergleichbaren Regelungen in den einzelnen Staaten des norddeutschen Bundes. Einheitliche Urheberrechtsgesetze entstanden erst mit der Gründung des Deutschen Reiches, und zwar das Literaturturheberrechtsgesetz von 1870 für den Schutz von Werken der Literatur und Wissenschaft, das Kunsturheberrechtsgesetz von 1876 für den Schutz von Werken der bildenden Kunst, das Fotografieschutzgesetz von 1876 für den Schutz der Fotografie und das Geschmacksmusterrechtsgesetz von 1876 für den Schutz der Muster und Modelle. Die Urheberrechtsgesetze wurden im Laufe der Zeit mehrfach novelliert. Entscheidend war vor allem die **Urheberrechtsreform des Jahres 1965,** welche zu einem einheitlichen Urheberrechtsgesetz für sämtliche Werke der Literatur, Wissenschaft und Kunst einschließlich der Werke der Fotografie führte. Auch dieses Gesetz ist mittlerweile mehrfach geändert worden. Vorreiter all dieser Gesetzesänderungen waren in der Regel technische Neuerungen, wie z.B. die Erfindung des Grammofons, des Kinofilms, des Fernsehens sowie der Digitaltechnik und des Internets. Diese technischen Errungenschaften führten zu neuen Verwertungsmöglichkeiten, so dass die Rechte der Urheber entsprechend zu erweitern waren.

Außerdem ließen sich manche Nutzungshandlungen gar nicht mehr vom Urheber kontrollieren, weil sie massenhaft und von ihm unbemerkt stattfanden, wie z.B. das Abspielen von Schallplatten in Gaststätten, Diskotheken oder Hotelzimmern. Im Zuge der Urheberrechtsreform des Jahres 1965 wurde deshalb auch das **Urheberrechtswahrnehmungsgesetz** (jetzt: Verwertungsgesellschaftengesetz) erlassen, welches die **kollektive Wahrnehmung** einzelner Urheberrechte **durch Verwertungsgesellschaften** regelt. Auf diese Weise soll gewährleistet werden, dass manche Nutzungshandlungen, wie z.B. das Kopieren von Schriftwerken oder das Überspielen von Tonträgern zum privaten Gebrauch, zwar einerseits auf legale Weise ohne Komplikationen ermöglicht werden, andererseits aber zu einer **angemessenen Vergütung für den Urheber** führen.

In der Regel können die Urheber diese Vergütungsansprüche nicht selbst, sondern nur durch eine Verwertungsgesellschaft geltend machen. Zum einen wäre es viel zu kompliziert und zu aufwändig, wenn jeder einzelne Urheber jede einzelne derartige Nutzung ermitteln und die Vergütung hierfür eintreiben müsste. Zum anderen soll auf dem Wege über die Verwertungsgesellschaften gesichert sein, dass der Urheber tatsächlich in den Genuss der Vergütung kommt; denn vielfach wollen sich die im Verhältnis zum Urheber wirtschaftlich stärkeren Verwerter auch diese Vergütungsansprüche von vornherein von den Urhebern vertraglich abtreten lassen. Solche Versuche sind unwirksam; denn der Urheber kann insoweit über seine Ansprüche gar nicht mehr verfügen, weil sie bereits bei der Verwertungsgesellschaft liegen und von ihr zu seinen Gunsten wahrgenommen werden. Außerdem sind sie im Voraus unverzichtbar und nur an eine Verwertungsgesellschaft abtretbar (§ 63a). Diese Funktion der Verwertungsgesellschaft, den Urheber vor ihm diktierten Vertragsklauseln zu schützen und ihm bestimmte Mindestansprüche zu sichern, gewinnt zunehmend an Bedeutung.

II. Was gilt außerhalb Deutschlands?

Die Besonderheit des geistigen Eigentums liegt in seiner nahezu unbegrenzten Reproduzierbarkeit. Darüber hinaus kennen die Werke der Literatur, Wissenschaft und Kunst so gut wie **keine Landesgrenzen**. Sprachbarrieren lassen sich durch Übersetzungen überwinden. Musikwerke und bildnerische Werke können so wie sie sind überall genutzt werden. Sie lassen sich als Vervielfältigungsstücke überallhin exportieren oder durch Funksendungen weltweit ausstrahlen. Was ins Internet gestellt wird, kann grundsätzlich weltweit eingesehen und abgerufen werden. Die Urheber bedürfen deshalb eines **Schutzes** ihrer Werke nicht nur im Ursprungsland, sondern **auch im Ausland.** Mittlerweile haben zahlreiche Länder Urheberrechtsgesetze erlassen. Meistens sind sie auch Mitglieder von internationalen Konventionen zum Schutz von Werken der Literatur undKunst. In erster Linie sind hier die **Berner Übereinkunft von 1886** sowie das **Welturheberrechtsabkommen von 1952** zu nennen. In beiden Konventionen gilt das **Prinzip der Inländerbehandlung**. Danach genießt der Urheber eines Mitgliedstaates dieser Konvention in einem anderen Mitgliedstaat grundsätzlich dieselben Rechte, die ein dortiger Inländer nach dem dort geltenden nationalen Urheberrechtsgesetz für sich in Anspruch nehmen kann. Zwar wird auf diese Weise das **unterschiedliche Schutzniveau**, welches in den verschiedenen Staaten bestehen kann, nicht verhindert. Beispielsweise werden in den Mitgliedstaaten durchaus verschieden hohe Anforderungen an die Schutzfähigkeit der Werke gestellt, so dass dasselbe Werk in dem einen Staat Urheberrechtsschutz genießen kann, in dem anderen nicht. Die Urheber werden jedoch in ein und demselben Staat grundsätzlich gleichbehandelt. Darüber hinaus sieht die Berner Übereinkunft bestimmte **Mindestrechte** vor, welche die Mitgliedstaaten dieser Übereinkunft in ihre nationalen Urheberrechtsgesetze aufnehmen müssen. Solange es besagte Konventionen nicht gab, musste der gegenseitig gewährte Schutz zwischen den einzelnen Staaten vereinbart werden. Mitunter haben solche zweiseitigen Verträge vor allem dort auch heute noch eine Bedeutung, wo ein Staat den internationalen Konventionen nicht beigetreten ist.

III. Wie lassen sich Schutzlücken weltweit schließen?

Mittlerweile wird von einer **Informationsgesellschaft** gesprochen. Computer- und Digitaltechnik, Internet und damit einhergehende weitere technische Neuerungen erleichtern die Übernahme fremder Werke, und zwar in Sekundenschnelle und ohne Qualitätsverlust. Naheliegenderweise wird der Ruf nach einem weltweit lückenlosen Schutz des geistigen Eigentums immer stärker. Manche Länder, deren Gesetze den Piraten Schutzlücken bieten, lassen sich nicht in das bestehende System der internationalen Konventionen zum Schutz des geistigen Eigentums – insbesondere der Berner Übereinkunft (RBÜ) und des Welturheberrechtsabkommens (WUA) – einbeziehen. Außerdem müssten deren Vorschriften an die neuen technischen Gegebenheiten angepasst werden. Die erforderlichen Revisionen sind mühsam oder nahezu ausgeschlossen, weil sie grundsätzlich nur einstimmig – also mit Zustimmung sämtlicher Mitgliedstaaten – beschlossen werden könnten. Es werden deshalb auch andere Wege beschritten. Wohl das bedeutendste Mittel ist das Welthandelsübereinkommen mit der zusätzlichen Übereinkunft über handelsbezogene Aspekte der Rechte des geistigen Eigentums (**GATT/TRIPS-Abkommen**) vom 15.4.1994. Salopp gesagt, muss ein Staat, der den Schutz des geistigen Eigentums in seinen Gesetzen bislang stiefmütterlich behandelt hat, aber die zollrechtlichen Vorteile des Welthandelsübereinkommens in Anspruch nehmen will, um z.B. seine Agrarprodukte oder andere Wirtschaftsgüter zu verkaufen, sich durch den Beitritt zu diesem Übereinkommen verpflichten, nun auch die Mindestvoraussetzungen für den Schutz des geistigen Eigentums zu erfüllen. Außerdem hat die **Welturheberrechtsorganisation (WIPO)** eine diplomatische Konferenz einberufen und gewissermaßen parallel zur Berner Übereinkunft am 20.12. 1996 den **WIPO Copyright Treaty (WCT)** beschlossen. Auf diese Weise wurde für diejenigen Staaten, die dieses Abkommen ratifizieren, eine Basis für einen erweiterten Schutz geschaffen, der insbesondere den neuen technischen Errungenschaften, z.B. den Online-

Abrufdiensten, gerecht wird. All diese Bemühungen zeigen, dass das geistige Eigentum nicht nur ein herausragendes Wirtschaftsgut, sondern auch ein ernst zu nehmendes Schutzgut ist.

IV. Welchen Einfluss hat die EU?

Unterschiede im Schutzniveau der einzelnen Staaten werden im Rahmen der EU als besonders störend empfunden; denn nach den Bestimmungen des **Vertrags über die Arbeitsweise der Europäischen Union** (vgl. Art. 26 ff., 101 ff. **AEUV**) soll der **freie Waren- und Dienstleistungsverkehr** innerhalb der EU gewährleistet sein. Wegfall der Binnengrenzen, Gemeinschaftsprogramme wie z.B. ARTE und ähnliche gemeinschaftliche Schritte erleichtern und verstärken die gemeinschaftsweite Nutzung urheberrechtlich geschützter Werke. Diesen Bestrebungen stünde es entgegen, wenn z.B. das betreffende Werk in dem einen Land 70 Jahre, im anderen aber nur 50 Jahre nach dem Tode des Urhebers geschützt wäre. Deshalb hat man begonnen, einzelne Bereiche des Urheberrechts auf EU-Ebene durch **Erlass von Richtlinien** zu **harmonisieren,** die zwar nicht unmittelbar gelten, aber von den jeweiligen Mitgliedstaaten – also auch von der BRD – in nationales Recht umzusetzen sind. Manche Richtlinie trifft nicht nur eine Mindest–, sondern auch eine Maximalregelung. Dann muss sich der die Umsetzung regelnde nationale Gesetzgeber innerhalb dieses **Mindest- und Maximalbereichs** bewegen. Manche Richtlinie gewährt dem nationalen Gesetzgeber wiederum einen Spielraum, sei es, dass die jeweilige Regelung fakultativ ist, also nicht umgesetzt zu werden braucht, oder sei es, dass sie den nationalen Gesetzgebern einen (ggf. weiten) **Regelungsspielraum** belässt, so dass z.B. weitergehende nationale Regelungen nachträglich nicht infolge der Richtlinie wieder eingeschränkt werden müssen. Letzteres ist beispielsweise in Art. 18 Abs. 2 der Richtlinie über das Urheberrecht im digitalen Binnenmarkt vom 17.4. 2019 zum Urhebervertragsrecht geschehen, das dort nur ansatzweise und aus deutscher Sicht nur lückenhaft geregelt worden ist. Die weitergehenden nationalen Regelungen des deutschen Urhebervertragsrechts können bei der Umsetzung dieser Richtlinie also grundsätzlich beibehalten werden. Außerdem ist das nationale – die Richtlinien umsetzende – Gesetz wiederum **richtlinienkonform auszulegen.** Bei Zweifeln, wie eine Richtlinie auszulegen ist, hat der **Europäische Gerichtshof (EuGH)** in Luxembourg die **Auslegungshoheit.** In diesem Fall kann – und in letzter Instanz muss – das nationale Gericht die Frage, wie die betreffende Regelung einer Richtlinie auszulegen ist, dem EuGH vorlegen. Dessen Urteile sind für die Gerichte der nationalen Mitgliedstaaten verbindlich. Insoweit wirken die Vorschriften und Erwägungsgründe der einzelnen EU-Richtlinien auch unmittelbar. Darüber hinaus kann die EU bestimmte Bereiche auch durch **Verordnung** regeln. Anders als bei einer Richtlinie braucht eine Verordnung nicht mehr in nationales Recht umgesetzt zu werden, sondern sie gilt in sämtlichen Mitgliedstaaten der EU unmittelbar.

Mittlerweile wurden **Richtlinien** unter anderem zum Schutz von Computerprogrammen, Fotografien und Datenbanken, zur Nutzung von verwaisten Werken, zu einzelnen Verwertungsrechten und deren Beschränkungen sowie zu Leistungsschutzrechten erlassen. Vereinzelt wurde auch von einer Verordnung Gebrauch gemacht. Auf diese Weise wird das Urheberrecht in den Mitgliedstaaten der EU Schritt für Schritt harmonisiert. Von einem einheitlichen europäischen Urheberrecht, welches in sämtlichen Mitgliedstaaten in gleicher Weise gilt, kann aber noch keine Rede sein, auch wenn ein derartiges Ziel grundsätzlich geplant ist.

3. Kapitel

Welche wirtschaftliche Bedeutung und welche Funktion hat das Urheberrecht?

Neue technische Errungenschaften ermöglichen es, die Werke der Urheber in einem immer größer werdenden Ausmaß zu verwerten. Schon lange geht es nicht mehr bloß um das Druck- und Verlagswesen in seinen verschiedenen Erscheinungsformen des Buch–, Zeitungs- und Musikverlags, sondern es kamen die Schallplatten- und Filmindustrie sowie Rundfunk, Fernsehen, Werbung, Design, Kunsthandel und weitere bedeutende Industriezweige hinzu. Aus neuerer Zeit sind hier die Software-Industrie, die Digitaltechnik und das Internet zu nennen. Das wirtschaftliche Gewicht dieser Urheberrechtsindustrien spiegelt sich in **beachtlichen Prozentzahlen des Bruttosozialprodukts wider.** Berücksichtigt man ferner die dazugehörige Geräteindustrie, ohne die Tonträger, Videogramme, Rundfunksendungen und dergleichen nicht abgespielt oder empfangen werden können, so erhöht sich nicht nur der Anteil an der gesamten Bruttowertschöpfung, sondern auch die Anzahl der Erwerbstätigen. Demnach stellt der Bereich der Urheberrechtsindustrien wirtschaftlich einen wesentlichen Teil des gesamten Bruttosozialprodukts dar. Im Ausland verhält es sich ähnlich, und die Tendenz ist steigend. Infolgedessen nimmt auch die **wirtschaftliche Bedeutung** des Urheberrechts laufend zu.

Die **Interessen** der hieran Beteiligten sind **unterschiedlich.** Die Urheber und die Rechtsinhaber wollen sich vor dem Zugriff anderer auf ihre Werke geschützt wissen, um wirtschaftlichen Nutzen aus ihren Leistungen und Investitionen ziehen zu können. Dies ermöglicht ihnen das auf der **Eigentumsgarantie des Art. 14 GG** beruhende Urheberrecht. Dagegen hat die Allgemeinheit ein Interesse am ungehinderten Zugang zu den Werken der Urheber, basierend auf dem Recht zur **Informationsfreiheit (Art. 2 GG)** und auf dem Recht der freien Meinungsäußerung, Medienfreiheit, **Kunst- und Wissenschaftsfreiheit** (Art. 5 GG), wenn es darum geht, fremde Werke nutzen zu dürfen. ZumTeil ist dies berechtigt; denn die Werke entstehen in der Regel nicht völlig isoliert, sondern sie bauen auf dem bisherigen Werkschaffen auf. Sie sind ein Teil der **Kulturgüter,** die der Allgemeinheit nicht durch unbeschränkte Monopole der Urheber vorenthalten bleiben dürfen. So wie das in Art. 14 GG garantierte Eigentum einer **Sozialbindung** unterliegt und zum Wohle der Allgemeinheit verpflichtet, sind deshalb auch dem geistigen Eigentum des Urhebers Grenzen gesetzt, sei es durch die Anforderungen, die an die Schutzfähigkeit der einzelnen Werke gestellt werden (§§ 2, 24), sei es durch den zeitlich befristeten Urheberrechtsschutz (§ 64) oder sei es durch die sog. Schranken des Urheberrechts (§§ 44a ff.). Beim Ausgleich zwischen Rechten und Schranken ist ferner der Versorgungscharakter des Urheberrechts zu beachten. Die Dauer des Urheberrechtsschutzes – bis zum Tod des Urhebers und weitere 70 Jahre – ist danach bemessen, dass er und seine nahen Angehörigen von den Erlösen aus der Nutzung seiner Werke leben können sollen. Wenn er einzelne Nutzungen seines Werkes im Interesse der Allgemeinheit hinnehmen soll, so muss ihm jedenfalls eine Vergütung hierfür zustehen.

Das stetige **Wachstum der Urheberrechtsindustrien** bewirkt aber auch, dass sich das Schutzbedürfnis vom Kreis der ursprünglich geschützten Werke samt ihren Urhebern immer mehr auf in erster Linie **gewerbliche Leistungen** samt ihren Herstellern erstreckt. Zum einen wird es schwierig, festzustellen, was noch unter das bestehende Urheberrechtsgesetz fällt. Zum anderen stellt sich die Frage, wie weit sich das bestehende Urheberrechtsgesetz im Wege der Interpretation oder der Gesetzesänderung auf derartige industrielle Leistungen ausdehnen lässt, ohne dass hierdurch bewährte Rechtspositionen vor allem bei den Urheberpersönlichkeitsrechten verloren gehen. Denn das Urheberrecht soll nicht nur materielle, sondern auch ideelle Interessen schützen. Letztere entfallen aber bei vorwiegend industriellen Leistungsarten. Es gibt hierzu geteilte Meinungen. Die einen verlangen für die vorwiegend industriellen Leistungsarten einen zusätzlichen Sonderschutz. Die anderen wollen das Urheberrecht auch auf diese Bereiche ausdehnen. Jedenfalls zeigt diese Diskussion, dass der Schutz von Immaterialgütern noch lange nicht abschließend geregelt ist.

4. Kapitel

Was ist urheberrechtlich geschützt?

Urheberrechte können nur für urheberrechtlich geschützte Werke beansprucht werden. Die **Schutzfähigkeit eines Werkes** lässt sich weder vereinbaren noch durch Hinweise wie z.B. „urheberrechtlich geschützt" oder dergleichen begründen. Auch der sog. Copyright-Vermerk, insbesondere der Abdruck des Zeichens © (vgl. hierzu unten S. 51 und S. 71) begründet keinen Urheberrechtsschutz. Vielmehr muss im Streitfall anhand der im Gesetz geregelten Schutzvoraussetzungen geprüft werden, ob ein schutzfähiges Werk vorliegt oder nicht.

I. Das geschützte Werk

Die Urheber von Werken der Literatur, Wissenschaft und Kunst (§ 1) genießen Urheberrechtsschutz für ihre Werke. Es genügt jedoch nicht lediglich die Zugehörigkeit zu einem dieser drei Bereiche, sondern das Werk muss eine bestimmte Qualifikation erreichen; denn zu den schutzfähigen Werken zählen nur persönliche geistige Schöpfungen (§ 2 Abs. 2).

1. Literatur, Wissenschaft und Kunst

Was zur Literatur, Wissenschaft und Kunst gehört, lässt sich nicht eindeutig und abschließend umschreiben. In den Bereich der **Literatur** fallen nicht nur Romane, Gedichte, Zeitungsartikel und Reden, sondern auch Gebrauchsanweisungen, Register, Verzeichnisse und dergleichen Schriften. Seit der Urheberrechtsnovelle des Jahres 1985 werden auch Programme für die Datenverarbeitung ausdrücklich hinzugerechnet. Ebenso wenig lässt sich die **Kunst** in eine feste Form zwängen. Betrachtet man z.B. Werke moderner Kunst, so scheint es gerade zum Wesen der Kunst zu gehören, bisherige Grenzen durch neue Erscheinungsformen zu überschreiten. Auch die Präsentation von Alltagsgegenständen – z.B. der Flaschentrockner von *Marcel Duchamp* – wird als Kunst angesehen. Genauso wenig lässt sich der Begriff **„Wissenschaft"** eindeutig definieren. Deshalb werden die einzelnen **Werkarten** in § 2 Abs. 1 nur beispielhaft, **nicht abschließend aufgezählt.** Es sind dies insbesondere:

- Sprachwerke, wie Schriftwerke, Reden und Computerprogramme;
- Werke der Musik;
- pantomimische Werke einschließlich der Werke der Tanzkunst;
- Werke der bildenden Künste einschließlich der Werke der Baukunst und der angewandten Kunst und Entwürfe solcher Werke;
- Lichtbildwerke einschließlich der Werke, die ähnlich wie Lichtbildwerke geschaffen werden;
- Filmwerke einschließlich der Werke, die ähnlich wie Filmwerke geschaffen werden;
- Darstellungen wissenschaftlicher oder technischer Art, wie Zeichnungen, Pläne, Karten, Skizzen, Tabellen und plastische Darstellungen.

Neue Werkarten lassen sich also durchaus in diesen Katalog mit aufnehmen. Darin unterscheidet sich die deutsche Gesetzeslage von derjenigen der EU. Letztere spricht allgemein von Werken, ohne sie näher zu definieren. Lediglich in drei Richtlinien zu Computerprogrammen, Lichtbildwerken und Datenbankwerken wird konkret angegeben, dass es sich um eigene geistige Schöpfungen handeln muss.

Im Übrigen fehlt ein beispielhafter Werkartenkatalog, so dass unklar bleibt, ob neue Werkarten unter die bisherige Gesetzeslage fallen.

Allen Werkarten gemeinsam ist eine **gedankliche Aussage,** die in irgendeiner Form belehrend, unterhaltend, veranschaulichend oder sonstwie anregend auf den Leser, Hörer oder Betrachter wirkt. In diesem weit verstandenen Sinne müssen die Werke eine **geistig-ästhetische Wirkung** besitzen. Ausschließlich praktische, technische oder gewerbliche Leistungen zählen nicht hierzu. Im Allgemeinen bereitet es keine Schwierigkeiten, die Zugehörigkeit eines Werkes zum Bereich der Literatur, Wissenschaft und Kunst festzustellen.

2. Persönliche geistige Schöpfung

Schwieriger kann es hingegen sein, festzustellen, ob das zu beurteilende Werk eine „persönliche geistige Schöpfung" ist; denn diese Kurzdefinition in § 2 Abs. 2 ist keinesfalls so eindeutig, dass eine klare Linie zwischen schutzfähigen und schutzlosen Werken gezogen werden könnte.

Nur eine **von Menschen geschaffene Schöpfung** ist persönlich. Bilder malender Affen oder Affenselfies bleiben schutzlos, weil sie nicht von einem Menschen geschaffen und deshalb nicht persönlich sind. Werden Werkzeuge, Maschinen oder sonstige technische Hilfsmittel benutzt, muss der Urheber ihren Einsatz und ihre Arbeitsweise bestimmen. Auch Computerspiele, Computermusik oder Computerbilder können schutzfähig sein, wenn sie vom Menschen bis ins Detail programmiert werden. Ist das eingesetzte Werkzeug seinerseits lernfähig und in der Lage, Gestaltungen eigenständig zu schaffen, wie es im Bereich der **künstlichen Intelligenz** erreicht werden soll, und übt derjenige, der dieses Werkzeug einsetzt, keinen gestalterischen Einfluss mehr auf das geschaffene Ergebnis aus, entfällt ein Urheberrechtsschutz, weil es sich insoweit nicht mehr um eine von einem Menschen geschaffene persönliche Gestaltung handelt. Dagegen lassen sich schon vorhandene Erzeugnisse oder Naturprodukte zu den persönlichen Schöpfungen zählen, wenn sie vom Urheber ausgewählt, zusammengestellt oder in einen vom Menschen geschaffenen Rahmen gesetzt werden, wie dies z.B. bei den **Readymades** der bildenden Kunst der Fall ist. Reine Maschinenerzeugnisse und bloße Naturprodukte, an denen der Mensch nicht steuernd mitgewirkt hat, scheiden bereits hier aus. Ihnen fehlt auch der erforderliche **geistige Gehalt;** denn geistig ist ein Werk nur, wenn es einen vom Urheber stammenden **Gedanken- oder Gefühlsinhalt** hat, der auf den Leser, Hörer oder Betrachter unterhaltend, belehrend, veranschaulichend, erbauend oder sonstwie anregend wirkt.

Schließlich spricht man von einer **Schöpfung** üblicherweise nur dann, wenn etwas noch nicht Dagewesenes geschaffen wird. Absolut neu muss das Werk aber nicht sein, denn sollten zwei unabhängig voneinander Schaffende zu identischen Ergebnissen kommen, können durchaus beide Urheberrechtsschutz genießen. Es liegt dann eine sog. **Doppelschöpfung** vor. Angesichts der zahlreichen Gestaltungsmöglichkeiten im Bereich der einzelnen Werkarten sind solche Doppelschöpfungen jedoch die Ausnahme. In der Regel ist deshalb zumindest eine Andersartigkeit gegenüber dem schon Bestehenden zu verlangen. Wer behauptet, eine Doppelschöpfung geschaffen zu haben, wird dies konkretisieren und ggf. nachweisen müssen (s.u. S. 352).

Über diese Andersartigkeit hinaus muss das Werk aus der Masse des Alltäglichen herausragen und sich von lediglich handwerklichen oder routinemäßigen Leistungen abheben. Es muss besonders sein. Diese **Besonderheit** kann auch mit Originalität, **Individualität,** Eigentümlichkeit, künstlerischer Gestaltungshöhe oder ähnlich unbestimmten Begriffen bezeichnet werden. Sie umschreiben lediglich, was schutzfähig sein soll. Ein objektives und klar definiertes Abgrenzungskriterium für die urheberrechtliche Schutzfähigkeit gibt es nicht.

Wo die Individualität eines Werkes offensichtlich ist, wie z.B. bei den meisten Werken der Belletristik, der Malerei und der Musik, ist es unproblematisch, seine urheberrechtliche Schutzfähigkeit festzustellen. In der Regel genügt hier die Vorlage eines Werkexemplars. Wo die Individualität hingegen nicht auf den ersten Blick erkennbar wird, sich das Werk an schon bestehende Formen anlehnt oder wo seine Form weitgehend von der technischen Funktion des Gegenstands vorgegeben ist, muss im Einzelnen dargelegt und überprüft werden, wodurch sich das Werk vom bisher Bekannten und Üblichen abhebt. So wird bei manchen Computerprogrammen, Werken der angewandten Kunst und im Bereich der sog. kleinen Münze vorzugehen sein, nämlich bei den Erzeugnissen, die auf der Grenze zwischen Schutzfähigkeit und Schutzlosigkeit liegen und für die sich wegen ihrer Grenzlage die Bezeichnung **„kleine Münze"** eingebürgert hat. Im Einzelnen ist folgendes zu beachten:

a) Die schützbaren Gestaltungselemente eines Werkes

Zunächst ist herauszufinden, durch welche Gestaltungselemente sich das zu beurteilende Werk vom Bisherigen abhebt, und zwar sowohl im Detail als auch in seinem Gesamteindruck.

Nur die **konkrete Erscheinungsform** eines Werkes ist schutzfähig. Bloße Vorstellungen hiervon genügen nicht. Das Werk muss zwar nicht unbedingt als Manuskript, Partitur oder sonstwie körperlich festgelegt sein. Dem Leser, Hörer oder Betrachter muss es aber zumindest durch Vortrag, Aufführung oder eine andere unkörperliche Form wahrnehmbar werden.

Wissenschaftliche Erkenntnisse, Lehren und Theorien bleiben schutzlos. Nach herrschender Meinung werden solche Erkenntnisse vom Urheber nicht geschaffen, sondern sie sind grundsätzlich vorhanden und müssen nur ans Tageslicht geholt – erkannt werden. Sie gehören zum kulturellen Gemeingut, auf welchem jeder Urheber aufbaut und welches jedem frei zugänglich bleiben soll.

Auch die bloße **Idee** genießt keinen Urheberrechtsschutz. Jedem bleibt es unbenommen, z.B. Plastiken aus Altmetall zusammenzuschweißen, Kollagen aus Zeitungsresten anzufertigen oder Stühle aus Stahlrohr herzustellen. Erst die konkrete Ausführungsform – die Plastik, die Kollage oder der Stahlrohrstuhl – kann schutzfähig sein. Mitunter ist es schwierig, die Grenze zwischen der bloßen Idee und ihrer konkreten Ausführungsform zu ziehen; denn die Übergänge sind fließend. Wird aus der Idee bereits eine Beschreibung des herzustellenden Gegenstands, so kann letztere schutzfähig sein.

Ebenso wird zwischen dem grundsätzlich **schutzlosen Inhalt** und der **schutzfähigen Form** eines Werks unterschieden. Nach Auffassung der Gerichte ist z.B. bei technischen Zeichnungen nicht der dargestellte Gegenstand, sondern nur die besondere Art und Weise, wie er dargestellt wird, schutzfähig (vgl. BGH GRUR 1979, 464 – Flughafenpläne). Nicht was, sondern wie etwas dargestellt wird, ist maßgebend. Deshalb ist bei wissenschaftlichen Werken häufig nur die Art und Weise, wie der Stoff vermittelt wird, nicht aber der Stoff selbst schutzfähig. Inhalt und Form lassen sich aber nicht immer exakt auseinanderhalten, weil sie ineinander übergehen. Zur schutzfähigen Form zählt deshalb die gesamte Darstellungsweise in der Vielheit der Gesichtspunkte, der zur Veranschaulichung vorgetragenen Beispiele und der gesamten Art der Darstellung, wie sie im **Gewebe des Werkes** zum Ausdruck kommt (vgl. *Ulmer*, S. 123). Inhaltliche Elemente können also durchaus schutzfähig sein.

Schutzlos sind ferner die bereits bekannten und **gängigen Gestaltungsmittel** sowie diejenigen Formen, die durch den Stil, die Mode oder den Trend der Zeit vorgegeben sind. Es steht jedem frei, sich diesen Moderichtungen anzuschließen. Auch hier ist jedoch zwischen der – schutzlosen – allgemeinen Moderichtung einerseits und der – schutzfähigen – konkreten modischen Gestaltung andererseits zu unterscheiden. Maßgebend hierfür ist ferner der Zeitpunkt, an welchem das Werk geschaffen wurde (BGH GRUR 1981, 820, 822 – Stahlrohrstuhl II). Sollte aus einer ehemals bahnbrechenden Form später eine allgemein befolgte Stilart werden, schließt dies die Schutzfähigkeit der erstmals geschaffenen Form nicht aus.

Schließlich scheiden nahe liegende und von der Funktion des Gegenstands vorgegebene oder **technisch bedingte Formen** vom Urheberrechtsschutz aus. Ein Sachverzeichnis alphabetisch anzuordnen, liegt auf der Hand. Hierfür gibt es keinen Urheberrechtsschutz. Ebenso bleiben diejenigen Programmschritte eines Computerprogramms schutzlos, die unumgänglich sind, um die gestellte Aufgabe zu lösen. Technisch bedingt sind auch diejenigen Formen von Möbeln oder sonstigen Gebrauchsgegenständen, ohne die sie nicht funktionieren können. Der **Gebrauchszweck** eines Gegenstandes schadet dem möglichen Urheberrechtsschutz zwar nicht, er begründet ihn aber auch nicht. Deshalb muss bei solchen Gegenständen genauer als z.B. bei Kunstwerken überprüft werden, ob überhaupt individuelle Gestaltungsmerkmale vorliegen. Denn dort entspricht die durchschnittliche Leistung eher auch dem – nicht geschützten – Alltäglichen und handwerklich Üblichen. Hier verlangt der BGH ein deutliches Überragen des handwerklichen Durchschnittskönnens (BGH GRUR 2004, 941, 942 – Metallbett; BGH GRUR 1993, 34, 36 – Bedienungsanweisung).

Es muss also ein **Spielraum für mehrere Gestaltungsmöglichkeiten** des jeweiligen Werkes bestehen; denn je weniger Gestaltungsmöglichkeiten es gibt, desto eher wird die gefundene Form nahe liegend, technisch bedingt oder bereits bekannt sein. Je größer dagegen der Gestaltungsspielraum ist, desto eher lässt sich auch eine individuelle Form finden. Das Vorliegen eines Gestaltungsspielraums allein genügt jedoch nicht. Vielmehr muss hiervon in individueller Weise tatsächlich Gebrauch gemacht worden sein. Wird auf bekannte Texte oder sonstige vorgegebene Materialien zurückgegriffen, so kann ferner deren besondere **Auswahl, Anordnung** und **Einteilung** schutzfähig sein, wenn sie hierdurch z.B. besonders leicht verständlich und übersichtlich werden (BGH GRUR 1987, 166 – AOK-Merkblatt). Dagegen kommt es nicht auf den Umfang und auf den Aufwand an. Bloße Fleißarbeiten, Mühen und Kosten begründen allein noch keinen Urheberrechtsschutz. Ausnahmen hiervon bedürfen eines gesondert geregelten Schutzes, z.B. für die wesentlichen Investitionen bei Datenbanken (vgl. § 87a).

b) Die im Urheberrecht erforderliche Individualität

Da das Werk nicht nur anders als das Bisherige, sondern darüber hinaus auch besonders sein muss, ist als nächstes zu prüfen, ob es die für den Urheberrechtsschutz hinreichende Individualität besitzt. Einerseits soll diese Prüfung ohne **Werturteil** auskommen, weil nicht ausschlaggebend sein dürfe, ob das Werk schön oder hässlich, gelungen oder misslungen ist. Andererseits lässt sich die Besonderheit eines Werkes gar nicht ohne subjektive Wertung feststellen; denn besonders ist ein Werk nicht an sich, sondern nur für die jeweiligen Leser, Hörer oder Betrachter. Was aber dem einen besonders erscheint, mag für den anderen belanglos und alltäglich sein. Folglich lässt sich hier zumindest ein **Rest an Subjektivität** gar nicht vermeiden.

Um die Beurteilung jedoch **möglichst objektiv und nachvollziehbar** werden zu lassen, sind einzelne **Indizien** heranzuziehen, die für oder gegen die Individualität eines Werkes sprechen. Solche Indizien sind z.B. der erste Eindruck von dem Werk, die Erstmaligkeit eines Werkes, seine soziale Funktion, die Käufermotivation, die Art der Präsentation des Werkes, seine Beliebtheit und sein Erfolg, der Gestaltungswille des Urhebers und nicht zuletzt das Urteil der Fachwelt.

Im Urheberrechtsgesetz ist nicht ausdrücklich geregelt, ob hohe oder niedrige **Anforderungen** an die erforderliche Individualität eines Werkes zu stellen sind. Die Auffassungen hierzu sind kontrovers. Manche wollen geringe Anforderungen genügen lassen, während andere grundsätzlich strenge Anforderungen befürworten. Die Rechtsprechung unterscheidet nach der jeweiligen Werkart. Während der Bundesgerichtshof verhältnismäßig strenge Maßstäbe an die Schutzfähigkeit insbesondere von wissenschaftlichen und technisch-orientierten Werken stellt, lässt er vor allem bei Werken der Musik und Werken der Literatur geringe Anforderungen genügen. An die Schutzfähigkeit von Werken der angewandten Kunst werden – anders als früher – mittlerweile gleich hohe Anforderungen an die hinreichende Individualität eines Werkes gestellt wie bei anderen Werkarten, so dass auch dort die kleine Münze geschützt sein kann. Allerdings sind manche **Unterschiede durch die jeweilige Werkart bedingt**. Wo die Form, wie z.B. bei Möbeln und anderen Werken der angewandten Kunst, teilweise technisch bedingt und deshalb vorgegeben ist, muss sich die hinreichende Individualität auf andere Weise deutlich zeigen, um Urheberrechtsschutz erhalten zu können (BGH GRUR 2014, 175 Rn. 26 ff., 41 – Geburtstagszug). Insgesamt gesehen sind die Entscheidungen der Gerichte mitunter schwer vorhersehbar und keineswegs einheitlich. Das wird auch vielfach kritisiert, zumal unterschiedlich hohe Anforderungen mit § 2 Abs. 2 schwer vereinbar sind; denn danach werden ohne Unterschied nur persönliche geistige Schöpfungen geschützt. Grundsätzlich ist von folgendem auszugehen: Je mehr sich ein Werk durch andersartige Gestaltungselemente vom Bisherigen abhebt und je zahlreicher die Indizien sind, welche die Besonderheit oder Individualität dieses Werkes bestätigen, desto eher ist dieses Werk urheberrechtlich geschützt.

3. Werkteile, Vorstufen des Werkes

Nicht nur das Werk als Ganzes, sondern auch einzelne **Werkteile**, z.B. Passagen aus einem Buch, Ausschnitte aus einer Zeichnung oder die Fassade eines Bauwerks, können urheberrechtlich geschützt sein, sofern der jeweilige Werkteil bereits für sich eine persönliche geistige Schöpfung darstellt. Dasselbe gilt für **Vorentwürfe, Skizzen, Exposés** oder sonstige Vorstufen eines Werkes. Entscheidend ist auch hier, dass sie ihrerseits individuell sein müssen und dass sich aus der schutzlos bleibenden Vorstellung des Urhebers bereits eine konkret wahrnehmbare Form herausgebildet hat.

4. Der Schutzumfang des Werkes

Je individueller ein Werk ist, desto größer ist auch sein Schutzumfang. Dies hat zur Folge, dass das Werk nicht nur gegen identische Nutzungen geschützt ist, sondern dass auch Abweichungen und Nutzungen in nahezu identischer Form in seinen Schutzbereich fallen. Hierauf wird im Zusammenhang mit der Nachbildung und der freien Benutzung eines Werkes noch zurückzukommen sein (s.u. S. 351).

II. Die einzelnen Werkarten

Wie sich die obigen Schutzvoraussetzungen bei den einzelnen Werkarten auswirken, soll an den folgenden **Beispielen** gezeigt werden:

1. Sprachwerke

Es kommt nicht darauf an, ob das jeweilige Sprachwerk schriftlich niedergelegt oder mündlich vorgetragen wurde. Auch Reden, Reportagen oder Interviews können schutzfähig sein.

Ein wichtiges **Indiz** für die Schutzfähigkeit eines Sprachwerks ist seine **Art** und sein **Umfang**. Ist der Stoff des Sprachwerks frei erfunden, so erlangt es eher Urheberrechtsschutz als die Formulierung vorgegebener Tatsachen. Je länger ein Text ist, desto größer wird sein Spielraum für eine individuelle Wortwahl und Gedankenführung. Ein mehrere Seiten umfassender Text ist deshalb in der Regel eher schutzfähig als ein Werbeslogan oder eine kurze Erklärung.

a) Literarische Werke

Romane, Erzählungen, Drehbücher, Gedichte und die anderen „klassischen" Werke der Literatur sind in aller Regel urheberrechtlich geschützt, weil ihrem Inhalt und auch ihrer Form ein immenser Gestaltungsspielraum zugrunde liegt, von welchem meistens schon durch die jeweilige Wortwahl auf individuelle Weise Gebrauch gemacht wird. Darüber hinaus fällt auch die **Fabel,** das **Exposé** oder der sonst frei erfundene und dem Sprachwerk zugrundeliegende Stoff unter Urheberrechtsschutz, wenn sich darin bereits eine konkrete Form abzeichnet.

b) Wissenschaftliche Werke

Da wissenschaftliche Lehren und Erkenntnisse grundsätzlich nicht schutzfähig sind, bleiben wissenschaftliche Werke schutzlos, soweit sie solche Erkenntnisse lediglich in der hierfür üblichen Form wiedergeben (BGH GRUR 1981, 352 – Staatsexamensarbeit). Werden diese Erkenntnisse aber in besonders verständlicher Form vorgetragen, mit Beispielen angereichert oder auf andere nicht vorgegebene Weise dargestellt, so sind sie schutzfähig (BGH GRUR 1986, 739 – Anwaltsschriftsatz). Meistens sind wissenschaftliche Werke zwar in ihrer konkreten Form geschützt, sie haben aber einen geringeren Schutzumfang als andere Sprachwerke. Der ihnen zugrundeliegende – schutzlos bleibende – Stoff bleibt anderen Urhebern oder Verwertern für Darstellungen in anderer Form oder für sonstige Nutzungen frei zugänglich.

c) Mitteilungen vorgegebener Tatsachen

Je mehr sich die Texte auf die exakte und vollständige Wiedergabe von vorgegebenen Tatsachen beschränken, desto eher scheidet Urheberrechtsschutz aus. Deshalb bleiben Gebrauchsanweisungen,

Formulare, Prospekte, Preislisten, aber auch gewöhnliche Briefe, die übliche Geschäftskorrespondenz oder Berichte häufig schutzlos. Auch ein Kochrezept, in welchem nur die Zutaten aufgelistet werden, genießt keinen Urheberrechtsschutz. Erst die besonders verständliche, mit Beispielen versehene oder auf andere Weise vom Vorgegebenen abweichende Darstellungsform ist schutzfähig (BGH GRUR 1987, 166 – AOK-Merkblatt). Ebenso kann die gut verständliche und einleuchtende Darstellung eines komplexen technischen Stoffes schutzfähig sein (BGH GRUR 2002, 958, 960 – Technische Lieferbedingungen). Die Individualität eines Textes kann auch in der besonders geistvollen Form und Art der Sammlung, Einteilung und Anordnung des dargebotenen Stoffes liegen. Aus diesem Grund wurden die Auswahl einer Fragensammlung und die nach verschiedenen Gesichtspunkten systematisch geordnete Sammlung von historischen Texten als schutzfähig angesehen (BGH GRUR 1981, 520 – Fragensammlung; BGH GRUR 1980, 227 – Monumenta Germaniae Historica; BGH GRUR 1987, 704 – Warenzeichenlexika). Desgleichen wurde die Formulierung von Leitsätzen zu Gerichtsurteilen für schutzfähig erachtet (BGH GRUR 1992, 382, 384 f. – Leitsätze) sowie einfach, klar, verständlich und abwechslungsreich formulierte Programmankündigungen einzelner Fernsehanstalten (BGH GRUR 2012, 1062 Rn. 16 – Elektronischer Programmführer).

d) Werbetexte

Werbetexte oder Werbeslogans sind in der Regel zu kurz, um Urheberrechtsschutz erlangen zu können. Außerdem bleiben sie schutzlos, soweit sie über die üblichen Anpreisungen und den werbemäßigen Imperativ nicht hinausgehen, wie z.B. der für die Fußballweltmeisterschaft benutzte Slogan „das aufregendste Ereignis des Jahres“ (OLG Frankfurt GRUR 1987, 44 – WM-Slogan). Eine bildhafte Sprache, z.B. der Slogan „ein Himmelbett als Handgepäck“, mit welchem für Schlafsäcke geworben wurde, kann hingegen durchaus schutzfähig sein.

e) Werktitel

Werktitel sind meistens noch kürzer als Werbeslogans. Häufig bestehen sie nur aus einem einzigen Wort. Handelt es sich nicht um reine Phantasietitel, scheidet Urheberrechtsschutz angesichts des geringen Gestaltungsspielraums und des Freihaltebedürfnisses an den einzelnen Worten aus (BGHZ 68, 132 – Der 7. Sinn; BGH ZUM 1989, 299 – Verschenktexte).

Allerdings können Werktitel nach **§ 5 MarkenG markenrechtlich geschützt** sein, wenn sie im geschäftlichen Verkehr Druckschriften, Filmwerke, Tonwerke, Bühnenwerke oder sonstige vergleichbare Werke, z.B. Computerprogramme (BGH ZUM 1998, 255, 257 – Power Point), bezeichnen. Dies gilt entsprechend auch bei anderen Werkarten. Der Titel darf den zu bezeichnenden Gegenstand aber nicht lediglich beschreiben, sondern er muss zumindest so phantasievoll sein, dass er für Gegenstände gleicher Art **unterscheidungskräftig** ist. Benutzt ein anderer denselben oder einen ähnlichen Titel für ein vergleichbares Erzeugnis und entsteht hierdurch die Gefahr von Verwechslungen, so kann derjenige, der den Titel zuerst benutzt hat, anderen den Gebrauch des Titels untersagen. Voraussetzung ist aber, dass der Anspruchsteller seinen Titel tatsächlich früher als andere benutzt hat. Will er ihn erst künftig benutzen, muss er eine sog. **Titelschutzanzeige** – z.B. im Börsenblatt für den Deutschen Buchhandel oder im Titelschutzanzeiger – veröffentlichen und auf diese Weise seine Benutzung ankündigen. Wird der Titel dann innerhalb angemessener Zeit – etwa innerhalb eines halben Jahres – tatsächlich benutzt, ist für die Priorität der Zeitpunkt der Titelschutzanzeige maßgeblich.

f) Rechenprogramme

Programme für die Datenverarbeitung sind nach § 2 Abs. 1 Nr. 1 und speziell nach §§ 69a bis 69g geschützt. Es müssen individuelle Werke in dem Sinne sein, dass sie das Ergebnis der eigenen geistigen Schöpfung ihres Urhebers sind (§ 69a Abs. 3). Zur Bestimmung ihrer Schutzfähigkeit sind keine anderen Kriterien, insbesondere nicht qualitative oder ästhetische, anzuwenden. Es ist aber nicht ganz widerspruchsfrei, einerseits Individualität zu verlangen, andererseits qualitative Kriterien abzulehnen; denn Individualität setzt nach wie vor mehr voraus als bloß Routine oder Alltägliches. Das Computerprogramm muss, wenn auch in geringem Maße, besonders sein, und dies lässt sich kaum ohne jegliche qualitative Kriterien feststellen. Die dahinterstehende Absicht macht aber deutlich, dass **geringe Anforderungen** genügen (BGH GRUR 1994, 39 – Buchhaltungsprogramm). Die urheberrechtliche Schutzfähigkeit von Computerprogrammen darf zwar nicht vermutet oder sonstwie ungeprüft angenommen werden. Vielmehr ist nach wie vor im Wege des Gesamtvergleichs mit dem vorbekannten Schaffen darzulegen, inwieweit das zu beurteilende Programm bloß Handwerksmäßiges und Alltägliches überschreitet und individuell ist. Globale und pauschale Beschreibungen, die erkennen lassen, dass ein Programm nicht völlig banal ist, sollen genügen. Aufwand und Kosten begründen für sich allein noch nicht die Schutzfähigkeit des Programms, sie sind aber **Indizien** für ein komplexes Programm, und die Komplexität indiziert wiederum die Individualität des betreffenden Programms (BGH GRUR 1991, 449, 452 – Betriebssystem). Weitere Indizien für die Schutzfähigkeit sind z.B. das Urteil der Fachwelt und die Beliebtheit bei den Abnehmern (vgl. hierzu OLG München, ZUM 1992, 202, 204 – sadness/madness). Nach wie vor ist aber folgendes zu beachten:

Grundsätzlich soll mit dem Rechenprogramm eine vorgegebene Aufgabe optimal gelöst werden. Grob gesehen entsteht ein solches Programm in **drei Stufen,** nämlich dem Algorithmus (der rechnerischen Problemlösung), dem Quellenprogramm (dem ausformulierten Lösungsweg) und dessen Übersetzung in den maschinenlesbaren Objektcode, der dem Computer die Befehle erteilt. Nach § 69a Abs. 2 gilt der gewährte Schutz für alle Ausdrucksformen eines Computerprogramms, so dass zunächst jede der genannten drei Stufen schutzfähig sein kann. Ideen und Grundsätze, die einem Element eines Computerprogramms zugrunde liegen, einschließlich der den Schnittstellen zugrundeliegenden Ideen und Grundsätze sind jedoch ausdrücklich nicht geschützt (§ 69a Abs. 2). Zu diesen Ideen und Grundsätzen werden häufig auch die **Algorithmen** gezählt, die nach h.M. keinen Urheberrechtsschutz genießen und jedem frei zugänglich bleiben sollen. Das schließt jedoch die Individualität eines Lösungswegs nicht aus, wenn hierfür ein Gestaltungsspielraum besteht. Ähnlich verhält es sich beim **Quellenprogramm**. Einerseits ist es lediglich der ausformulierte Lösungsweg, also gewissermaßen eine Langfassung des Algorithmus. Andererseits kann auch hierfür ein Gestaltungsspielraum bestehen, von welchem auf individuelle Weise Gebrauch gemacht werden kann. Das muss im Einzelfall festgestellt werden. Zum einen benötigt der Richter nach wie vor eine verständliche Programmbeschreibung, aus welcher sich die schöpferischen Elemente des Programms ersehen lassen (BGH GRUR 1991, 449, 450 – Betriebssystem). Zum anderen wird die Abgrenzung zwischen grundsätzlich schutzlosen Algorithmen (Ideen und Grundsätze) und deren schöpferischer und deshalb schutzfähiger Anwendung vor allem dann Schwierigkeiten bereiten, wenn das Programm nicht vollständig und identisch übernommen, sondern nur ausschnittweise oder in bearbeiteter Form verwendet wird. In der **Rechtsprechung** zeichnet sich ab, dass **geringe Anforderungen** an die Schutzfähigkeit gestellt werden und der Urheberrechtsschutz der Programme zumindest als kleine Münze bejaht wird, wenn die Programme nicht ganz banal sind (BGH GRUR 1994, 39 – Buchhaltungsprogramm; BGH GRUR 2001, 153 – OEM-Version; OLG Hamburg ZUM 2001, 519, 521 – Faxkarte). Es genügt, die Besonderheiten des Programms pauschal zu beschreiben (OLG München ZUM-RD 1999, 445; OLG Frankfurt CR 1998, 525; OLG Düsseldorf CR 1995, 730). Bei komplexen Programmen spricht eine tatsächliche Vermutung für die hinreichende Individualität der Programmgestaltung (BGH GRUR 2005, 860 – Fash 2000). Dort ist Urheberrechtsschutz die Regel. Wer das Gegenteil behaupten will, muss dies konkret darlegen und beweisen (BGH GRUR 2013, 509 Rn. 27 f. – UniBasic-IDOS). Mitunter kann auch der wettbewerbsrechtliche Schutz weiterhelfen (BGH GRUR 1996, 78 – Umgehungsprogramm).

Unabhängig von diesen Abgrenzungsproblemen genießt das **Handbuch zum Rechenprogramm** Urheberrechtsschutz, soweit dort das Programm in besonders verständlicher und übersichtlicher Form erläutert wird.

2. Werke der Musik

Aufbau und Durchführung musikalischer Gedanken setzen wie bei Sprachwerken einen gewissen Umfang voraus, um sich entfalten zu können. Je kürzer die Tonfolge, desto geringer ist der Spielraum und desto seltener wird Urheberrechtsschutz erlangt. Die mitunter anzutreffende Vorstellung, bei Musikwerken setze der Urheberrechtsschutz erst ab einer bestimmten Mindestzahl an Tönen oder Takten ein, ist jedoch falsch. Eine derartige Regel gibt es nicht. Maßgeblich ist vielmehr, ob die ggf. auch kurze Tonfolge individuell ist oder nicht (anschaulich hierzu OLG München ZUM 2000, 408). Der **Gestaltungsspielraum** ist in der Musik zwar durch die vorgegebene Anzahl der Töne begrenzt. Abgesehen von den einzelnen Tonfolgen bieten jedoch die verschiedenen Rhythmen, Tonarten und Betonungen sowie die unterschiedlichen Klangfarben der Instrumente und Stimmen weitere Gestaltungsmöglichkeiten, so dass auch **Motive, Melodien** oder andere **kurze Tonfolgen** Urheberrechtsschutz genießen können. Akustischen **Signalen** oder Pausenzeichen wird die erforderliche Individualität jedoch in der Regel fehlen. Ebenso genießt der sog. **Sound** oder der einzelne Klang eines Musikinstruments oder anderer Klangkörper grundsätzlich keinen Urheberrechtsschutz. Erst die konkrete Auswahl, Kombination und Anordnung verschiedener Klangquellen kann schutzfähig sein.

Die Rechtsprechung stellt an die schöpferische Eigentümlichkeit von Werken der Musik verhältnismäßig **geringe Anforderungen** (BGH GRUR 1988, 810 – Fantasy). Nicht nur die Werke der sog. klassischen Musik, Improvisationen des Jazz und die diversen Formen moderner Musik, sondern auch die Schlager der Unterhaltungsmusik sind in der Regel urheberrechtlich geschützt. Auch die Verwendung von **Geräuschen** und Computern ist schutzfähig, wenn der Komponist ihren Einsatz und ihre Wirkung bestimmt und aus den zahlreichen Gestaltungsmöglichkeiten eine eigene Form findet.

Werden jedoch lediglich altbekannte Stilmittel aneinandergereiht oder bekannte Kompositionen in gängiger und jedem Durchschnittsmusiker geläufiger Form zu stimmungsvollen Berieselungskulissen aufbereitet, so fehlt die erforderliche Gestaltungshöhe. Die Rechtsprechung ist aber auch bei solchen **Potpourris**, **Arrangements** und ähnlichen im Bereich der sog. kleinen Münze liegenden Werken großzügig, wenn z.B. durch Instrumentalisierung oder Orchestrierung eine besondere, eigenschöpferische Wirkung erreicht wird (BGH GRUR 2015, 1189 Rn. 44 – Goldrapper; BGH GRUR 1981, 267, 268 – Dirlada).

3. Pantomimische Werke

Pantomime und Tanz sind – neben den sprachlichen und akustischen – die körperlichen Ausdrucksmittel von Gedanken und Empfindungen. Sie müssen in der Bewegung zum Ausdruck kommen; denn Mimik und Tanz bedeuten **Körpersprache,** nicht dagegen bloße Körperbeherrschung. Letztere wird vorausgesetzt, ähnlich wie in der Malerei die Maltechniken beherrscht werden müssen. In der Regel ist nur der mimische oder choreografische Bewegungsablauf geschützt. Hingegen genießt die einzelne **Gebärde** angesichts des geringeren Gestaltungsspielraums nur ausnahmsweise Urheberrechtsschutz, soweit sie von bekannten oder nahe liegenden Ausdrucksformen abweichend eine eigene Aussage vermittelt.

Schutzlos bleiben **sportliche und akrobatische Leistungen;** denn dort geht es nicht um einen Gedanken- oder Gefühlsausdruck, sondern um körperliche Geschicklichkeit, Kraft und Perfektion. Derartige Kunststücke sollen geschafft und überboten, nicht aber gestaltet werden. Deshalb kommt es bei der Eislaufkür, der Revue und dem Varieté darauf an, ob die sportliche Leistung oder der künstlerisch-tänzerische Charakter der Darbietung im Vordergrund steht. Nur letzterenfalls kann Urheberrechtsschutz bejaht werden. Das gilt in gleicher Weise bei Gesellschaftstänzen und Volkstänzen, soweit sie nicht ohnehin zum überlieferten Kulturgut gehören und schon deshalb schutzlos sind. Ein entscheidendes Indiz für die Schutzfähigkeit solcher Darbietungen ist also ihr Zweck. Die **Bewegung muss Ausdrucksmittel,** sie darf nicht Selbstzweck sein.

4. Werke der bildenden Künste

Zu den Werken der bildenden Künste zählen nicht nur die klassischen Kunstwerke im herkömmlichen Sinne, sondern auch die Baukunst, die angewandte Kunst sowie Entwürfe solcher Werke.

a) Kunstwerke

Zeichnungen, Gemälde, Stiche, Plastiken, Skulpturen und sonstige Kunstwerke sind in der Regel urheberrechtlich geschützt. Auf die Art der Herstellung und auf das Material kommt es nicht an. Naturalistische Gestaltungen (BGH GRUR 1986, 458, 459 – Oberammergauer Passionsspiele) und sog. Sonntagsmalereien sind genauso schutzfähig wie Collagen, Montagen, Computerkunst, Konzeptkunst, Happenings (BGH GRUR 1985, 529 – Happening) und die anderen Formen moderner Kunst.

Im urheberrechtlichen Schrifttum umstritten ist die Frage, ob auch die bloße **Präsentation** eines alltäglichen Gegenstands als Kunst – z.B. der von *Marcel Duchamp* ausgestellte Flaschentrockner – schutzfähig sein kann. Grundsätzlich sind auch bei solchen Werken eine Mindestgestaltungshöhe und eine geistig-ästhetische Wirkung auf den Betrachter vorauszusetzen. Dies kann durchaus im Wege ihrer **Präsentation als Kunst** erreicht werden, wenn aus der Vielzahl ein bestimmter Gegenstand ausgewählt, aus seinem bisherigen Rahmen herausgenommen und in den ganz anderen Rahmen einer Kunstausstellung versetzt wird, so dass er durch diesen **Akt der Sinngebung** eine völlig neue Bedeutung erhält, die er dem Betrachter vermittelt. Der **Schutzumfang** eines solchen Werkes ist allerdings **gering.** Andere Künstler dürfen die Idee, Alltagsgegenstände als Kunst zu präsentieren, ebenfalls aufgreifen. Für die Praxis hat diese Frage allem Anschein nach wenig Bedeutung; denn soweit ersichtlich brauchten sich die Gerichte hiermit bislang nicht zu befassen.

b) Werke der angewandten Kunst

Von den „klassischen" Kunstwerken unterscheiden sich die Werke der angewandten Kunst durch ihren **Gebrauchszweck.** Es sind Möbel, Lampen, Bestecke, Textilien und andere formschöne Gebrauchsgegenstände. Die Gebrauchs- und **Werbegrafik** zählt hierzu, und mittlerweile wird nicht nur im Bereich der Mode und des Kunstgewerbes, sondern im gesamten **Industriedesign** eine Synthese zwischen Funktionalität und guter Form gesucht; denn auch bei Haushaltsgeräten, Werkzeugen und Maschinen gilt der Grundsatz „Hässlichkeit verkauft sich schlecht“ (so lautet der Titel eines Buchs des Designers *Raymond Loewy).*

Nach Auffassung der Gerichte muss es in jedem Falle eine eigenpersönliche geistige Schöpfung sein, die mit den Darstellungsmitteln der Kunst durch formgebende Tätigkeit hervorgebracht und vorzugsweise für die ästhetische Anregung des Gefühls durch Anschauung bestimmt ist und deren ästhetischer Gehalt einen solchen Grad erreicht, dass nach Auffassung der für Kunst empfänglichen und mit Kunstanschauungen einigermaßen vertrauten Verkehrskreise von einer künstlerischen Leistung gesprochen werden kann. Auf den höheren oder geringeren Kunstwert kommt es nicht an. Ebenso ist gleichgültig, ob das Werk neben seinem ästhetischen Zweck noch einem Gebrauchszweck dient (BGH GRUR 1972, 38, 39 – Vasenleuchter). Der Gebrauchszweck eines Gegenstandes deutet aber an, ob und inwieweit seine Form vorgegeben oder technisch bedingt ist und lediglich einer – schutzlosen – handwerklichen Durchschnittsleistung entspricht. Dort muss exakter als bei Werken der bildenden Kunst herausgestellt werden, inwieweit der Gebrauchsgegenstand über seine von der Funktion vorgegebenen Form hinaus künstlerisch gestaltet ist (BGH GRUR 2014, 175 Rn. 41 – Geburtstagszug). Dies gilt insbesondere bei den sachlich-schlicht gestalteten Gegenständen der sog. **Funktionsästhetik**. Nur so ist verständlich, dass manchem kunstgewerblichen Kitsch, wie z.B. Schlüsselanhängern in Hufeisen- oder Elefantenform Urheberrechtsschutz eher zugebilligt wird (vgl. BGH GRUR 1974, 669 – Tierfiguren) als z.B. dem funktionalen Design von Feuerzeugen, Rasierapparaten oder Küchenmaschinen (BGH GRUR 1965, 189 – Küchenmaschine; BGH GRUR 1977, 602 – Trockenrasierer), obwohl deren Design die Formgebung vergleichbarer Produkte oft deutlicher überragt, als es besagter Kitsch gegenüber der Formgebung vergleichbarer Kitsch-Produkte tut.

Außerdem können Werke der angewandten Kunst zusätzlich nach dem **Designrecht** geschützt werden, wenn sie als Design angemeldet worden sind. Die dort verlangte Eigenart des angemeldeten Gegenstandes wird großzügiger bejaht als die im Urheberrecht verlangte Gestaltungshöhe. Im Hinblick auf diese zusätzliche Schutzmöglichkeit für weniger individuelle Werke stellte die Rechtsprechung an den Urheberrechtsschutz der Werke der angewandten Kunst lange Zeit verhältnismäßig strenge Anforderungen (BGH GRUR 1983, 377, 378 – Brombeer-Muster; BGH GRUR 1995, 581, 582 – Silberdistel). Zahlreichen Gegenständen wurde deshalb kein Urheberrechtsschutz zugebilligt. An dieser Rechtsprechung hält der BGH nicht mehr fest, sondern bei Werken der angewandten Kunst gelten grundsätzlich die **gleichen Anforderungen wie bei anderen Werkarten**, so dass dort auch die kleine Münze geschützt sein kann, soweit die Form des betreffenden Gegenstands nicht allein durch die Funktion technisch bedingt und deshalb vorgegeben ist (BGH GRUR 2014, 175 Rn. 33 ff., 41 – Geburtstagszug). Mancher Gegenstand, der nach früherer Rechtsprechung schutzlos blieb, kann nun ggf. urheberrechtlich geschützt sein.

Urheberrechtsschutz bejaht wurde unter anderem bei diversen Tierfiguren, z.B. dem Mecki-Igel (BGH GRUR 1958, 500, 501 ff. – Mecki-Igel I), den Hummel-Figuren (BGHZ 5, 1, 3 ff. – Hummel I), Schlümpfen (OLG Frankfurt, GRUR 1984, 520 – Schlümpfe), der Plüschfigur Alf (BGH GRUR 1992, 697 – ALF), Kristallfiguren (BGH GRUR 1988, 690 – Kristallfiguren), *Walt Disney's* Bambi (BGH GRUR 1960, 144, 145 ff. – Bambi) und dem Pumuckl (OLG München ZUM 2003, 964, 966 – Pumuckl II), sowie bei einzelnen von der Schlichtheit des Bauhauses beeinflussten Möbeln, z.B. dem Stahlrohrstuhl (BGH GRUR 1961, 635 – Stahlrohrstuhl), dem kubenförmigen Sessel von *Dieter Rams* (BGH GRUR 1974, 740 – Sessel) und diversen Möbeln von *Le Corbusier* (BGH NJW 1987, 2678; OLG Frankfurt, GRUR 1988, 302 – Le Corbusier-Sessel; OLG München ZUM 1992, 305 – Le Corbusier-Möbel). Auch die Bauhaus-Leuchte von *Wagenfeld* genießt Urheberrechtsschutz (BGH GRUR 2017, 522 Rn. 20 – Wagenfeld-Leuchte II); desgleichen der Entwurf für eine Stadtbahn (BGH GRUR 2002, 799, 800 – Stadtbahnfahrzeug).

c) Werke der Baukunst

Als Werke der Baukunst (Architektur) sind nicht nur Einfamilienhäuser, Fabrikbauten, Geschäftshäuser, Kirchen und Museen, sondern auch Brücken, Denkmäler, Plätze, Gartenanlagen, Inneneinrichtungen oder Kulissen geschützt, soweit sie die im Urheberrecht vorausgesetzte Gestaltungshöhe aufweisen. Die Rechtsprechung ist in diesem Bereich verhältnismäßig großzügig. Auch das harmonische Zusammenspiel zwischen Architektur und Umgebung (vgl. BGHZ 24, 55, 68 – Ledigenheim) oder Teile eines Bauwerks, z.B. die Fassadengestaltung (BGHZ 61, 88, 94 – Wählamt) oder der originelle Grundriss eines Erdgeschosses (BGH GRUR 1988, 533, 534 f. – Vorentwurf II), können schutzfähig sein. Sein Gebrauchszweck steht der urheberrechtlichen Schutzfähigkeit zwar nicht im Wege. Je mehr ein Bauwerk aber durch seine Funktion bestimmt und durch sein Umfeld vorgegeben ist, desto deutlicher muss es sich von durchschnittlichen Lösungen gestalterisch abheben, um Urheberrechtsschutz bejahen zu können. Es genügt z.B. nicht, die Außenkante eines Bauwerks lediglich an die vorhandene Stadtlandschaft anzupassen (BGH GRUR 1989, 416, 417 – Bauaußenkante).

d) Entwürfe

Nicht nur das ausgeführte Kunstwerk, sondern auch **Skizzen, Pläne und Entwürfe** von Werken der bildenden Künste sind geschützt, wenn das darin wiedergegebene Werk individuell ist. Auf diese Weise soll verhindert werden, dass nur im Entwurf bestehende Werke der bildenden Kunst, insbesondere Bauwerke, ohne Zustimmung des Urhebers ausgeführt werden. Deshalb kommt es hier auf eine besondere Darstellungsart des Entwurfs nicht an. Ist außerdem die Art und Weise der Darstellung des Entwurfs individuell, so kann die Entwurfszeichnung ihrerseits als Werk der bildenden Kunst (§ 2 Abs. 1 Nr. 4) oder als Darstellung technischer Art (§ 2 Abs. 1 Nr. 7) urheberrechtlich geschützt sein.

5. Lichtbildwerke, Lichtbilder

Unter den schutzfähigen Werkarten nehmen die Fotografien eine Vorzugsstellung ein.

Überragen sie die alltäglichen Aufnahmen durch eine künstlerische Aussage, so genießen sie als **Lichtbildwerke** denselben langen – bis 70 Jahre nach dem Tode des Urhebers dauernden (§ 64) – Urheberrechtsschutz wie die anderen Werkarten des Urheberrechts. Anhaltspunkte für eine solche künstlerische Aussage sind z.B. ein besonderer Bildausschnitt, Licht- und Schattenkontraste, Schärfen und Unschärfen, ungewohnte Perspektiven sowie das Echo in der Fachwelt.

Außerdem ist zu beachten, dass der **Schutz von Fotografien** durch die EG-Schutzdauerrichtlinie vom 29.10.1993 in zweifacher Hinsicht **harmonisiert** worden ist. Zum einen wurde die Schutzdauer für Fotografien europaweit einheitlich auf 70 Jahre post mortem auctoris festgelegt. Zum anderen sind Fotografien als individuelle Werke, also als Lichtbildwerke geschützt, wenn sie „das **Ergebnis der eigenen geistigen Schöpfung ihres Urhebers** sind" (Art. 6 EG-Schutzdauerrichtlinie). Diese Formulierung stimmt wörtlich mit den Anforderungen an den Schutz von Computerprogrammen in § 69a Abs. 3 überein. So wie dort sind deshalb auch bei Lichtbildwerken grundsätzlich nur geringe Anforderungen an deren Schutzfähigkeit zu stellen. Der deutsche Gesetzgeber hielt es nicht für erforderlich, Art. 6 der EG-Schutzdauerrichtlinie in nationales Recht umzusetzen, weil bereits nach dem bestehenden Gesetz die kleine Münze, nämlich die am unteren Rand schöpferischer Tätigkeit anzusiedelnden Werke, schützbar sind. Außerdem betonte er, dass die Schutzvoraussetzungen für Werke der Fotografie – unabhängig von dem zusätzlichen Lichtbildschutz nach § 72 – künftig auch im Lichte von Art. 6 der Schutzdauerrichtlinie zu bestimmen sind. Jedenfalls für die Zeit ab 1.7.1995 hat dies die Rechtsprechung bestätigt und lässt geringe Anforderungen an die Werkqualität genügen (BGH ZUM 2000, 233, 234 – Werbefotos).

Da es im Bereich der Fotografie besonders schwierig ist, zwischen individuellen und nicht individuellen Aufnahmen zu unterscheiden, sind Fotografien unabhängig von jeglicher Individualität als **Lichtbilder** (§ 72) generell geschützt. Allerdings beträgt die Schutzdauer für diese Lichtbilder nur 50 Jahre nach dem Erscheinen oder nach der (früheren) ersten erlaubten öffentlichen Wiedergabe des Lichtbilds bzw. 50 Jahre nach der Herstellung, wenn das Lichtbild innerhalb der erstgenannten Frist nicht erschienen oder erlaubterweise öffentlich wiedergegeben worden ist (§ 72 Abs. 3). Ansonsten sind die für Lichtbildwerke geltenden Vorschriften des Urheberrechts entsprechend anzuwenden. Bei einem bloßen Knipsbild verringert sich jedoch der Schutzumfang, so dass dieses Bild zwar nicht vervielfältigt, aber dieselbe Aufnahme von einem anderen Fotografen nachgemacht werden darf.

Lichtbildschutz genießen ferner solche Erzeugnisse oder Werke, die **ähnlich wie Lichtbildwerke** oder Lichtbilder hergestellt werden. Zwar genügt es nicht, wenn der fotografische Vorgang lediglich zwischengeschaltet wird, um ein anderes Produkt herzustellen, wie dies zur Herstellung des Musters eines Kunstleders der Fall war (BGH GRUR 1965, 315, 316 ff. – skai cubana). Ebenso ist die fotografisch hergestellte Kopie eines bereits vorhandenen Lichtbilds lediglich eine Vervielfältigung, nicht aber selbstständig schutzfähig (BGH GRUR 1990, 669, 672 f. – Bibelreproduktion). Denn hier fehlt das Mindestmaß an persönlicher geistiger Leistung, welches nach der Rechtsprechung zu verlangen, aber auch ausreichend und in der Regel bei allen einfachen Fotografien gegeben ist (BGH GRUR 1993, 34, 35 – Bedienungsanweisung). Erscheint als Endprodukt jedoch ein durch strahlende Energie gewonnenes Lichtbild, so ist es ohne Rücksicht auf sein Herstellungsverfahren geschützt. Deshalb genießt auch das live ausgestrahlte Fernsehbild Urheberrechtsschutz (BGHZ 37, 1 – Aki). Konsequenterweise muss unter einen solchen lichtbildähnlichen Schutz auch jedes auf einem Bildschirm erscheinende **„Computer-Bild"** fallen, nämlich z.B. die im Wege der sog. CAD/CAM-Verfahren am Computer erstellten technischen Zeichnungen oder Partituren, Layouts und Satzbilder, die ebenfalls nach modernen Herstellungsmethoden am Computer entstehen. Das ist jedoch

strittig (Schutz bejahend wohl OGH ZUM-RD 2001, 224, 227; ablehnend OLG Hamm ZUM 2004, 927, 928; LG Berlin ZUM 2017, 955, 957).

6. Filmwerke, Laufbilder

Dieselbe Vorzugsstellung wie die Fotografien haben auch die Filme. Sind es persönliche geistige Schöpfungen im Sinne von § 2 Abs. 2, werden sie als **Filmwerke** (§ 2 Abs. 1 Nr. 6) wie die anderen Werkarten des Urheberrechts geschützt. In der Regel zählen hierzu nicht nur Spielfilme, sondern auch Kulturfilme, Dokumentationsfilme, Werbefilme und sonstige Filmarten, da zumindest die Auswahl und Anordnung des gezeigten Stoffes individuell ist. Je mehr sich der Film aber auf die vollständige und authentische Wiedergabe eines vorgegebenen Ereignisses beschränkt, z.B. bei Aufzeichnungen von Sportveranstaltungen oder Konzerten, desto geringer wird der Gestaltungsspielraum. Solche Aufzeichnungen bleiben jedoch nicht schutzlos, denn unabhängig von jeglicher Gestaltungshöhe genießen Bildfolgen und Bild- und Tonfolgen, die nicht als Filmwerke geschützt sind – sog. **Laufbilder** – jedenfalls hinsichtlich der wirtschaftlich-organisatorischen Leistung des Filmherstellers (s.u. S. 341 f.) einen gewissen Mindestschutz (§ 95). Ihre Schutzdauer ist kürzer als diejenige der Filmwerke. Sie beträgt 50 Jahre ab Erscheinen oder ggf. ab erster erlaubter Benutzung zur öffentlichen Wiedergabe oder ab Herstellung des Bildträgers (§ 94 Abs. 3). Außerdem wurden **Konzertaufzeichnungen** als Filmwerke eingestuft, wenn sie mit mehreren Kameras und entsprechend unterschiedlichen Blickwinkeln gefilmt worden waren (vgl. OLG München NJW 2003, 683, 684 – Alpensinfonie; OLG Hamburg GRUR-RR 2010, 409, 410 – Konzertfilm; OLG München ZUM-RD 2017, 481, 483).

Wie bei Fotografien kommt es auch bei Filmen auf die Art der Herstellung nicht an. Unter den Filmwerkschutz fallen somit auch Live-Sendungen des Fernsehens und auf Magnetband, Bildplatte oder digital gespeicherte Bildfolgen. Ebenso werden Werke, die ähnlich wie Filmwerke geschaffen werden, als Filmwerke geschützt. Hierzu zählen z.B. Videospiele und Tonbildschauen.

7. Darstellungen wissenschaftlicher oder technischer Art

Darstellungen wissenschaftlicher oder technischer Art im Sinne von § 2 Abs. 1 Nr. 7 sind z.B. Konstruktionszeichnungen, Stadtpläne, Karten, Skizzen, Hinweisschilder, Tabellen, statistische Übersichten, Schaubilder sowie sonstiges **Lehr- und Anschauungsmaterial** in zwei- oder dreidimensionaler Form. Mitunter mag zweifelhaft sein, ob die Darstellung z.B. als Grafik zu den Werken der bildenden Künste (§ 2 Abs. 1 Nr. 4), als tabellarisch angeordneter Text zu den Schriftwerken (§ 2 Abs. 1 Nr. 1) oder eben zu den Darstellungen im Sinne von § 2 Abs. 1 Nr. 7 zu zählen ist. Da die Anforderungen an die Schutzfähigkeit und auch die Rechtsfolgen jedoch grundsätzlich dieselben bleiben, braucht hier in der Regel keine exakte Trennungslinie gezogen zu werden.

Für die Schutzfähigkeit von solchen Darstellungen gilt es zweierlei zu beachten: Zum einen ist **nicht der dargestellte Gegenstand** oder Inhalt, sondern nur die besondere **Art und Weise, wie er dargestellt wird,** schutzfähig (BGH GRUR 2011, 803 Rn. 50 – Lernspiele). Es kann also dahinstehen, ob der dargestellte Gegenstand seinerseits schöpferisch ist oder nicht (BGH GRUR 1985, 129, 130 – Elektrodenfabrik). Zum anderen fehlt einer Darstellung die erforderliche eigenschöpferische Prägung, wenn sie z.B. aus wissenschaftlichen Gründen in der gebotenen Form notwendig und durch die Verwendung der im fraglichen Bereich üblichen Ausdrucksweise üblich ist (BGH GRUR 1985, 1041, 1047 – Inkasso-Programm). Einerseits müssten demnach die meisten Darstellungen schutzlos bleiben, weil der ihnen zugrundeliegende Gestaltungsspielraum gering ist und weil sie in erster Linie vorgegebene Daten enthalten, die sie vollständig und exakt wiedergeben müssen, also gerade in derjenigen Form, für welche kein Urheberrechtsschutz beansprucht werden kann. Andererseits werden solche Darstellungen bei den zu schützenden Werkarten in § 2 Abs. 1 Nr. 7 ausdrücklich erwähnt, und es wäre ein Widerspruch, ihren Schutz gewissermaßen im gleichen Atemzuge an den Schutzvoraussetzungen generell scheitern zu lassen. Deshalb verlangt die Rechtsprechung hier kein zu hohes Maß an eigenschöpferischer Formgestaltung. Der geringe Eigentümlichkeitsgrad soll durch einen entsprechend engen Schutzbereich der betreffenden Darstellung ausgeglichen werden (BGH GRUR 2011, 803 Rn. 62 f. – Lernspiele). Gleichwohl kommt Urheberrechtsschutz für eine Darstellung erst dann in Betracht, wenn sie nicht nur vollständig und exakt, sondern darüber hinaus z.B. besonders übersichtlich oder anschaulich ist.

a) Tabellen, Register, Verzeichnisse

Tabellen, Register und Verzeichnisse, die in altbewährter Form vorgegebene Daten exakt und vollständig wiedergeben, sind nicht individuell und bleiben somit schutzlos. Erst wenn diese Daten durch Art und Form der Auswahl, Einteilung und Anordnung besonders übersichtlich werden oder bestimmte Zusammenhänge erkennen lassen, können auch solche Tabellen Urheberrechtsschutz genießen.

b) Stadtpläne, Karten

Bei Landkarten und Stadtplänen sind Straßen, Ortschaften, Gebirgszüge, Flussläufe und sonstige Einzelheiten vorgegeben. Jede Karte muss diese Fakten enthalten. Es kommen jedoch so viele Einzelheiten zusammen, die nach verschiedenen Kriterien hervorgehoben oder weggelassen werden können, dass zwei unabhängig voneinander arbeitende Kartographen in der Regel zu verschiedenen Ergebnissen kommen. Die jeweilige **Auswahl und Kombination bekannter Merkmale** sind bei derartigen Karten und Plänen in der Regel urheberrechtlich geschützt (BGH GRUR 1998, 916, 917 – Stadtplanwerk; OLG Frankfurt, GRUR 1988, 816 – Stadtpläne). Desgleichen besteht für die kartografische Gestaltung vorbekannter Muster meistens genügend Gestaltungsspielraum, um Urheberrechtsschutz bejahen zu können (BGH GRUR 2005, 854, 856 – Karten-Grundsubstanz). Kartenausschnitte sind ebenfalls geschützt (LG München I ZUM-RD 2007, 99, 100 – Kartografien).

c) Piktogramme

Auf die Kombination kommt es auch bei Bildzeichen – sog. Piktogrammen – entscheidend an. Ein einzelnes Zeichen wird wegen der bekannten Symbolgehalte und dem verhältnismäßig geringen Spielraum nur in Ausnahmefällen geschützt sein. Meistens werden jedoch ganze **Zeichenserien** zu komplexen Themen, wie z.B. Olympiaden, Kongresszentren, Flughäfen oder Verwaltungsgebäuden, geschaffen, um dort den Ablauf der zahlreichen unterschiedlichen Informationen im Wege einer international verständlichen Bildersprache zu gewährleisten. In dieser Kombination sind die Bildzeichen in der Regel urheberrechtlich geschützt.

d) Technische Zeichnungen

Bei Konstruktionszeichnungen, Schnittmustern, Montageanleitungen und ähnlichen technischen Zeichnungen ist der Gestaltungsspielraum besonders klein. Soweit die Darstellungen den DIN-Normen folgen und als exakte Vorlagen für die Ausführung dienen, bleiben sie in der Regel schutzlos (vgl. hierzu BGH GRUR 1991, 529, 530 – Explosionszeichnungen). Der Gestaltungsspielraum vergrößert sich bei Übersichtsplänen, perspektivischen Zeichnungen, Detailvergrößerungen und anderen Darstellungen, mit denen der Gegenstand nicht exakt wiedergegeben, sondern veranschaulicht werden soll. Urheberrechtsschutz bejaht wurde z.B. bei der perspektivischen und kolorierten Zeichnung eines BMW-Motors (LG München, GRUR 1989, 503), bei der Darstellung von Eiweißkörpern wegen ihres dynamischen Erscheinungsbildes (OLG Frankfurt, GRUR 1989, 589 – Eiweißkörper), bei sog. Sprengzeichnungen einer Containerverriegelung wegen der Auswahl und Kombination von Perspektive, Anordnung der Gegenstände, Schattierungen und der Art der Linienführung (BGH GRUR 1991, 529 – Explosionszeichnungen) sowie bei einer durch die Art der Linienführung, die Wahl der Ausschnitte und Perspektiven, durch Schraffuren, Grautöne und Richtungspfeile anschaulich gestalteten Bedienungsanweisung für Motorsägen (BGH GRUR 1993, 34, 36 – Bedienungsanweisung).

e) Lehrmaterial

So wie perspektivische Darstellungen von Gegenständen eher Urheberrechtsschutz erlangen als bloße Konstruktionszeichnungen, sind auch **Schaubilder** und sonstige Lehr- und Lernmittel, die sich durch ihre belehrende und veranschaulichende Art an den Betrachter wenden, grundsätzlich urheberrechtlich geschützt. Dasselbe gilt für plastische Modelle z.B. im Bereich der Naturwissenschaften.

8. Weitere Werkarten, Multimediaprodukte

Bisher ließen sich sämtliche Werke unter die sieben beispielhaft genannten Kategorien des § 2 Abs. 1 einordnen. Unklar ist, wo Multimediaprodukte ihren Platz haben. Manche sehen sie als filmähnliche Werke (§ 2 Abs. 1 Nr. 6) oder – wegen der Steuerungskomponente der ihnen zugrundeliegenden Software – als Computerprogramme (§§ 69a ff.) an. Zunächst gilt es zu beachten, dass **Multimedia** in erster Linie eine **neue Nutzung** bestehender Werke, nicht aber eine neue Werkart ist. Das digitalisierte Foto ist und bleibt die Vervielfältigung eines Fotos, auch wenn es in dieser neuen technischen Form beliebig verändert, ausschnittweise genutzt und mit anderen Werken kombiniert werden kann. Veränderung, Teilwerknutzung und Werkverbindung sind weitere Nutzungsarten, zu denen die entsprechenden Rechte erworben werden müssen. Das gilt bei Sprachwerken, Musikwerken und den anderen Werkarten genauso. Durch die Verwendung von Werkteilen sowie durch die Änderung und Verbindung mit anderen Werken oder Leistungen können durchaus neue Werke entstehen, die selbstständig schutzfähig sind, ähnlich wie auch die Bearbeitung (§ 3) eines bestehenden Werkes selbstständig schutzfähig ist. Dabei müssen die Rechte an den benutzten Werken beachtet werden. Welcher Werkart das jeweilige Multimediaprodukt zuzurechnen ist, richtet sich danach, was der Leser, Hörer oder Betrachter wahrnehmen kann. Ist es eine bewegte Bildfolge, so wird es als Filmwerk oder filmähnliches Werk einzustufen sein. Sind es Töne, kommt ein Musikwerk in Betracht. Häufig werden auch Werkverbindungen vorliegen, ähnlich wie dies bei der Oper der Fall ist. Das gespeicherte Ausgangsmaterial kann wiederum als Sammelwerk, ggf. verschiedener Werkarten, oder als Datenbank einzustufen sein. Es muss also auch hier noch nicht von einer neuen Werkart gesprochen werden. Sollte die Entwicklung zeigen, dass manche Multimediaprodukte darüber hinaus eine Eigenart besitzen, die mit keiner der bisherigen Werkarten vergleichbar ist, blieben sie keineswegs schutzlos, sondern sie wären neben den sieben bisher aufgezählten Werkarten als weitere Werkart geschützt. Es wäre dann nur eine Frage der Zeit, dies im Rahmen einer Nr. 8 des § 2 Abs. 1 klarzustellen. Die Basis hierfür besteht bereits, da die Werkarten nur beispielhaft aufgezählt sind (BGH GRUR 1985, 529 – Happening). **Benutzeroberflächen** von Webseiten sind häufig eine Kombination aus Computerprogramm und grafischer Gestaltung, also einem Werk der angewandten Kunst. **Werbekonzeptionen** können wegen ihres komplexen Werkschaffens ähnlich wie Filmwerke als Werke eigener Art behandelt werden. Der **Geschmack eines Lebensmittels** bleibt nach Auffassung des EuGH urheberrechtlich schutzlos, weil er sich beim gegenwärtigen Stand der Wissenschaft nicht hinreichend genau und objektiv identifizieren lasse (EuGH GRUR 2019, 73 Rn. 43 – Levola/Smilde). Möglicherweise würde der EuGH Geruchswerke (Parfum und andere Duftstoffe) ähnlich einstufen.

9. Bearbeitungen

Die Urheber knüpfen nicht nur an vorhandenen Ideen und Erkenntnissen, sondern auch an bestehenden Werken oder Werkteilen an. Texte werden in andere Sprachen übersetzt, Romane werden dramatisiert, verfilmt oder fortgesetzt, zu Musikstücken werden Variationen komponiert, und nach Gemälden werden Skulpturen oder Reliefs geschaffen. Die Digitaltechnik erleichtert es, fremde Werke zu übernehmen, zu verändern, miteinander zu kombinieren und auf andere Weise zu bearbeiten. Dort ist oft von **user generated works** die Rede. Derartige Bearbeitungen bereits vorhandener Werke sind **wie selbstständige Werke geschützt,** wenn sie selbst persönliche geistige Schöpfungen sind, indem sie die hierfür erforderliche Gestaltungshöhe erreichen (§ 3). Von Bearbeitungen im urheberrechtlichen Sinne wird nur dann gesprochen, wenn ihnen ein schutzfähiges Werk zugrunde liegt, dessen individuelle Züge bei der Bearbeitung hindurchschimmern. Es ist auch von Werken aus zweiter Hand oder von **abhängigen Nachschöpfungen** die Rede. Diese Abhängigkeit besteht in tatsächlicher und rechtlicher Art; denn zum einen lehnt sich die Bearbeitung an das Originalwerk an und zum anderen darf sie nur mit Zustimmung des Urhebers des bearbeiteten Originalwerks veröffentlicht oder verwertet werden, solange letzteres noch urheberrechtlich geschützt ist (§ 23, s.u. S. 125 ff.).

In jedem Falle erstreckt sich der Schutz des Bearbeiters nur auf den von ihm stammenden, schutzfähigen Beitrag, nicht aber auf die von dem Originalwerk herrührenden Teile. Folglich kann er zwar verhindern, dass ein Dritter – auch der Urheber des bearbeiteten Originalwerks – seine Bearbeitung verwertet. Er kann sich aber nicht dagegen wehren, dass ein Dritter das Originalwerk bzw. die entlehnten Züge dieses Werkes ebenfalls bearbeitet oder sonstwie verwertet, es sei denn, dass er sich das Bearbeitungsrecht exklusiv einräumen lässt.

Die **Schutzvoraussetzungen** für Bearbeitungen sind grundsätzlich dieselben wie für Originalwerke. Angesichts der entlehnten Züge des Originalwerkes ist es mitunter schwierig, die Schutzfähigkeit der Bearbeitung festzustellen. Nach Auffassung der Gerichte ist die erforderliche Gestaltungshöhe einer Bearbeitung auch vom schöpferischen Eigentümlichkeitsgrad des bearbeiteten Werkes abhängig. Je ausgeprägter letzteres ist, desto ausgeprägter muss auch die Gestaltungshöhe der Bearbeitung ausfallen, um selbstständig geschützt sein zu können (BGH GRUR 1972, 143, 144 – Biographie: Ein Spiel). Unwesentliche Bearbeitungen scheiden hiervon aus. Für den Bereich der Musik hat dies der Gesetzgeber sogar ausdrücklich bestimmt (§ 3 S. 2). Folgende **Beispiele** sollen dies näher erläutern:

Ist der Originaltext schutzfähig, so wird in der Regel auch dessen **Übersetzung** als Bearbeitung schutzfähig sein. Wird hingegen ein Manuskript vom Lektor des Verlags oder Redakteur der Zeitung lediglich gekürzt, sprachlich geglättet oder geringfügig geändert, entsteht keine selbstständig schutzfähige Bearbeitung. Erst wenn eine neue Fassung mit eigenem Aussagegehalt geschaffen, z.B. ein **Drehbuch** nach einem bestehenden Exposé verfasst oder ein vorhandener Stoff dramatisiert wird, wird die für eine selbständig schutzfähige Bearbeitung erforderliche Gestaltungshöhe erreicht. Der BGH hat auch die Formulierung von Leitsätzen zu Gerichtsurteilen als schutzfähig eingestuft (BGH GRUR 1992, 382, 384 – Leitsätze).

Im Bereich der **Musik** hat die Rechtsprechung grundsätzlich geringe Anforderungen an die schöpferische Eigentümlichkeit genügen lassen und auch **Arrangements, Potpourris** und ähnliche Erscheinungsformen der sog. kleinen Münze für schutzfähig erachtet (BGH GRUR 1968, 321, 324 – Haselnuß; BGH GRUR 1981, 267, 268 – Dirlada: BGH GRUR 1988, 812, 814 – Ein bißchen Frieden). Seit der Urheberrechtsnovelle des Jahres 1985 sollen jedoch unwesentliche Bearbeitungen nicht geschützter Werke der Musik nicht als selbstständige Werke geschützt sein (§ 3 S. 2). Diese Regelung richtet sich gegen einen überzogenen Schutz von Bearbeitungen gemeinfreier Volksmusik. Durch besondere Rhythmisierung, Auswahl der Klangfarben und ähnliche Gestaltungselemente müssen zumindest die gängigen Muster, die jeder Interpret beherrscht, überschritten werden.

Schauspieler, Musiker, Dirigenten und sonstige Werkinterpreten sind **ausübende Künstler** und genießen den für sie vorgesehenen **Leistungsschutz** (§§ 73 ff.). Ihre Darbietungen sind in der Regel nicht als Bearbeitungen im Sinne von § 3 geschützt. Während der **Filmregisseur** nicht bloß Interpret, sondern (Mit-)Urheber des von ihm geschaffenen Filmwerkes ist (s.a. § 65 Abs. 2), wurde sein Kollege vom Theater, der **Bühnenregisseur,** in der Regel nur als Interpret, nicht hingegen als Bearbeiter-Urheber angesehen. Bedenkt man, dass ein Theaterstück meistens nicht lediglich mit verteilten Rollen vorgelesen, sondern wie beim Film in Szene gesetzt wird, spricht viel dafür, die Inszenierung des Bühnenregisseurs ebenfalls als schutzfähige Bearbeitung einzustufen (vgl. OLG Dresden ZUM 2000, 955, 958 – die Csardasfürstin). Dies gilt erst recht, wenn sich der Regisseur nicht werkgetreu an die Vorlage hält, sondern neuartige Stilmittel verwendet und die Vorlage auf diese Weise mit anderen Werk- oder Gestaltungselementen verbindet.

Wird ein vorhandenes Werk aus einem **anderen Werkstoff** hergestellt und entsteht hierdurch nicht nur eine lediglich materialbedingte geschmackliche Bereicherung (BGH GRUR 1963, 328, 329 – Fahrradschutzbleche), sondern ein überraschender ästhetischer Effekt, kann auch diese Stoffvertauschung als Bearbeitung selbstständig geschützt sein (BGH GRUR 1988, 690, 692 f. – Kristallfiguren).

Es genügt hingegen nicht, nur die **Größenverhältnisse** zu verändern oder in eine andere Dimension überzuwechseln (BGH GRUR 1966, 503, 505 – Apfel-Madonna; BGH GRUR 1983, 28, 29 – Presseberichterstattung und Kunstwerkwiedergabe II). Erst wenn der Gegenstand frei nachgeschaffen wird und ein hierfür vorhandener Gestaltungsspielraum durch die formende Hand des Künstlers auf eigene Weise genutzt wird, entsteht ein selbstständiges Bearbeiterurheberrecht.

Ebenso ist die **Weiterentwicklung** von Autokarosserien, Möbeln, Gläsern, Lampenformen und ähnlichen Serienprodukten nur dann selbstständig als Bearbeitung schutzfähig, wenn gegenüber der Vorserie ein eigener Gesamteindruck erreicht wird (BGH GRUR 1979, 332, 336 – Brombeerleuchte). Die Weiterentwicklung muss gewissermaßen zur Trendwende führen, sie darf nicht lediglich bei einem modischen Schlenker stehen bleiben. Denn eine nur unwesentliche Veränderung einer benutzten Vorlage ist nicht mehr als eine Vervielfältigung und genießt keinen eigenständigen Urheberrechtsschutz (vgl. BGH GRUR 2014, 65 Rn. 37 – Beuys-Aktion).

10. Sammelwerke

Die Individualität eines Werkes kann auch in der besonderen **Auswahl, Einteilung und Anordnung** bereits bekannter Merkmale zum Ausdruck kommen. Unter den gleichen Voraussetzungen sind Sammlungen von schutzfähigen Werken oder auch von ungeschützten Beiträgen wie selbstständige Werke geschützt (§ 4 Abs. 1).

Sammlungen geschützter Werke sind z.B. Festschriften, Liederbücher, Lesebücher, Zeitungen, Zeitschriften, Rundfunksendungen oder Kunstbände, die Werke verschiedener Urheber enthalten. Es ist zu unterscheiden zwischen der Schutzfähigkeit der gesammelten Werke einerseits und der Schutzfähigkeit der Sammlung selbst andererseits. Nur die individuelle Auswahl und Anordnung macht letztere schutzfähig. Dagegen hat die Schutzfähigkeit der gesammelten Werke hierauf keinen Einfluss. Vielmehr muss der Urheber des Sammelwerks die Urheberrechte an den von ihm gesammelten – fremden – Werken beachten und sich die erforderlichen Nutzungsrechte beschaffen. Auswahl und Anordnung der Werke müssen eine Durchschnittsgestaltertätigkeit überragen. Das vermisste der BGH bei der so genannten Merian-Bibel, wo Bilder zu den Bibeltexten lediglich in schematischen Abständen abgedruckt wurden (BGH GRUR 1990, 669, 673 – Bibelreproduktion). Wird das gesammelte Material hingegen durch die Art der Sammlung besonders verständlich und übersichtlich vermittelt, so wird Urheberrechtsschutz in der Regel zu bejahen sein. Letzteres wurde z.B. bei der Auswahl und Anordnung von Dokumenten und Ausstellungsstücken für eine Ausstellung über ein historisch-politisches Thema angenommen (OLG Düsseldorf, *Schulze* OLGZ 246); ebenso für ein Ausstellungskonzept mit Fotos und weiteren Materialien (LG München I GRUR-RR 2018, 406 Rn. 23 – Mythos H.).

Sammlungen nicht geschützter Beiträge können z.B. Gesetzes–, Formular–, Zitat- oder Rezeptsammlungen sein. Urheberrechtsschutz bejaht wurde z.B. für die Auswahl und Zusammenstellung einer Gesetzessammlung zum Apotheken- und Arzneimittelrecht (OLG Frankfurt GRUR 1986, 242 – Gesetzessammlung). Es genügt, wenn die Sammlung aus „unabhängigen Elementen" – also auch aus Daten, Fakten oder beliebigen Sammelgegenständen – besteht. Voraussetzung für den Urheberrechtsschutz eines jeden Sammelwerks bleibt jedoch nach wie vor, dass die Sammlung auf Grund der Auswahl und Anordnung der Elemente eine persönliche geistige Schöpfung (§ 2 Abs. 2) ist. So wurde z.B. das Register einer Sammlung mittelalterlicher Texte, welchem eine Vielzahl individueller Auswahlkriterien zugrundelag, als schutzfähig angesehen (BGH GRUR 1980, 227, 230 f. – Monumenta Germaniae Historica). Dagegen müssen solche Register oder Datensammlungen schutzlos bleiben, die lediglich vollständig und nach üblichem Muster z.B. chronologisch oder alphabetisch geordnet sind. Demgemäß ist ein Sammelwerk nicht gegen die Übernahme einzelner Daten oder Fakten geschützt. Erst wenn die schutzfähige Struktur des Sammelwerks ganz oder weitgehend übernommen wird, kann hiergegen aus dem Schutz des Sammelwerks vorgegangen werden (BGH GRUR 2013, 1213 Rn. 57 ff. – SUMO).

11. Datenbanken

In der heutigen Informationsgesellschaft gewinnen Datenbanken immer mehr an Bedeutung, sei es, dass auf Datenbanken weltweit online zugegriffen wird, oder sei es, dass sie z.B. als CD-ROM vertrieben werden. Sie sind besonders schutzbedürftig, weil gewissermaßen durch Knopfdruck nicht nur unermessliche Kenntnisse, sondern oft auch erhebliche Investitionen übernommen werden können, die zum Aufbau einer derartigen Datenbank erforderlich sind. Die EU sah die Notwendigkeit für einen einheitlichen Schutz und erließ die **Datenbankrichtlinie** (96/91 EWG) vom 11.3.1996. Soweit erforderlich, wurden deren Vorschriften in Art. 7 des Informations- und Kommunikationsdienste-Gesetzes (IuKDG) vom 22.7. 1997 mit Wirkung zum 1.1.1998 umgesetzt. Datenbanken sind wie folgt geschützt:

Zum einen genießen sie als **Datenbankwerke** denselben Urheberrechtsschutz wie Sammelwerke und andere Werkarten des Urheberrechts. Das Datenbankwerk ist ein Sammelwerk, dessen Elemente systematisch oder methodisch angeordnet und einzeln mit Hilfe elektronischer Mittel oder auf andere Weise zugänglich sind (§ 4 Abs. 2). Schutzfähig ist nicht das gesammelte Material (Daten, Fakten etc.), sondern die **individuelle Auswahl oder Anordnung** dieses Materials. Nach Art. 3 der EG-Datenbankrichtlinie genügt es, wenn „Auswahl oder Anordnung des Stoffes eine eigene geistige Schöpfung ihres Urhebers darstellen". Ähnlich wie bei Computerprogrammen und auch bei Lichtbildwerken sind deshalb grundsätzlich nur geringe Anforderungen an die urheberrechtliche Schutzfähigkeit zu stellen, vergleichbar mit denjenigen Anforderungen, die die Rechtsprechung bisher im Bereich der sog. kleinen Münze bei Werken der Literatur, der Musik oder bei Darstellungen wissenschaftlicher oder technischer Art gestellt hat (BGH GRUR 2007, 685, 687 – Gedichttitelliste I). Die **Struktur eines Datenbankwerks** muss eine gewisse Originalität aufweisen. Der bloße Arbeitsaufwand und die Sachkunde allein genügen nicht (EuGH GRUR 2012, 386 Rn. 40 ff. – Football Dataco/Yahoo). Werden die Daten nicht ausgewählt, sondern vollständig erfasst, und fehlt auch eine hinreichend individuelle Anordnung, z.B. weil Vorgänge chronologisch oder Namen alphabetisch aufgelistet werden, entsteht kein Werkschutz (BGH NJW 1999, 2898, 2899 f. – Tele-Info-CD).

Zum anderen sehen die §§ 87a bis 87e einen **Leistungsschutz des Datenbankherstellers** vor, und zwar gegen die unerlaubte Vervielfältigung, Verbreitung oder öffentliche Wiedergabe der Datenbank insgesamt oder eines wesentlichen Teils hiervon, wenn die Beschaffung, Überprüfung oder Darstellung der Daten eine nach Art oder Umfang **wesentliche Investition** erfordert (§ 87a Abs. 1). Maßgeblich ist nicht die Investition, um die Daten zu erzeugen, sondern um die vorhandenen Daten für die Datenbank zu beschaffen, zu überprüfen und so aufzubereiten, dass die Nutzer hierauf zugreifen können (BGH GRUR 2005, 857, 858 – Hit-Bilanz). Auf eine individuelle Auswahl und Anordnung kommt es beim Datenbankschutz (anders als beim Schutz als Datenbankwerk) nicht an. Der Investitionsschutz wird für den Inhalt der Datenbank, also das Datenmaterial selbst, gewährt. Die Schutzdauer ist auf 15 Jahre nach der Veröffentlichung oder, wenn nicht binnen dieser Zeit veröffentlicht, nach der Herstellung der Datenbank begrenzt. Sie beginnt neu zu laufen, wenn die Datenbank durch Updates aktualisiert wird, die ihrerseits wesentliche Investitionen erfordern und den Inhalt der Datenbank nach Art oder Umfang wesentlich ändern. Datenbankhersteller kann auch ein Unternehmen oder eine andere juristische Person sein.

12. Amtliche Werke

Das Urheberrechtsgesetz erwähnt neben den geschützten Werken, Bearbeitungen und Sammelwerken auch **amtliche Werke** (§ 5). Hierzu zählen Gesetze, Verordnungen, amtliche Erlasse und Bekanntmachungen, Entscheidungen und hierzu amtlich verfasste Leitsätze sowie andere amtliche Werke, die im amtlichen Interesse zur allgemeinen Kenntnisnahme veröffentlicht worden sind. Ihre Besonderheit liegt darin, dass sie zwar **schutzfähig, aber dennoch nicht geschützt** sind. Auf diese Weise sollen Werke, die vom Staat und seinen Mitarbeitern geschaffen wurden, der Allgemeinheit uneingeschränkt zur Verfügung stehen. So gesehen handelt es sich um eine besonders weitreichende gesetzliche Schranke des Urheberrechts.

Die öffentliche Hand wird aber nicht nur hoheitlich-administrativ, sondern auch meinungsbildend, werbend und privatwirtschaftlich tätig. Sie und ihre Mitarbeiter stehen dort auf der gleichen Stufe wie die anderen Urheber, zumal auch zahlreiche freischaffende Urheber vom Staat beauftragt werden. Amtliche Werke liegen deshalb nur in eng auszulegenden Ausnahmefällen vor.

Allgemeine Geschäftsbedingungen, DIN-Normen oder die Verdingungsordnung für Bauleistung (VOB), die von privaten Unternehmen aufgestellt werden, zählen nicht zu den amtlichen Werken (BGH GRUR 1984, 117, 119 – VOB/C). Anders verhält es sich, wenn **DIN-Normen** Bestandteil der sie einführenden amtlichen Verlautbarungen geworden und der Verwaltung daher als eigene Willensäußerungen zuzurechnen sind (BGH ZUM 1990, 576, 578 – DIN-Normen). Dies setzt jedoch voraus, dass der Wortlaut derartiger privater Normwerke im Gesetz, der Verordnung, dem Erlass oder in einer amtlichen Bekanntmachung wiedergegeben wird. Solange dort auf den Wortlaut lediglich verwiesen wird, ohne ihn wiederzugeben, bleiben DIN-Normen oder andere private Normwerke urheberrechtlich geschützt. Allerdings unterliegen sie einer Zwangslizenz. Der Urheber oder Rechtsinhaber dieser privaten Normwerke, auf die lediglich verwiesen wird, ist verpflichtet, jedem Verlag das Recht zur Vervielfältigung und Verbreitung zu angemessenen Bedingungen einzuräumen (§ 5 Abs. 3 S. 2 und 3).

Nur für den innerdienstlichen Gebrauch bestimmte Werke, z.B. militärische Lageberichte zur Unterrichtung des Parlaments, sind keine amtlichen Werke, sondern bleiben urheberrechtlich geschützt (BGH GRUR 2017, 901 Rn. 12 – Afghanistan Papiere). **Leitsätze** zu Gerichtsentscheidungen sind amtlich und deshalb schutzlos, wenn sie vom Berichterstatter des jeweiligen Spruchkörpers und mit Billigung dieses Spruchkörpers formuliert und veröffentlicht werden. Entscheidend ist allein die **Zuordnung zum Spruchkörper oder Amt** (BGH GRUR 1992, 382, 385 – Leitsätze). Die Verlautbarung muss dem Hoheitsträger als eigenverantwortliche Willensäußerung zugerechnet werden können (BGH GRUR 2006, 848, 850 – Vergaberichtlinie). Anders verhält es sich, wenn ein Richter solche Leitsätze in Nebentätigkeit, nicht aber amtlich oder zu einer amtlichen Veröffentlichung verfasst. Derartige Orientierungssätze bleiben urheberrechtlich geschützt (OLG Köln, GRUR 1989, 821, 822 – Entscheidungsleitsätze; BGH GRUR 1992, 382, 386 – Leitsätze). Im Übrigen ist ein Werk nur dann amtlich im Sinne von § 5 Abs. 2, wenn durch die Veröffentlichung eine möglichst ungehinderte und weit verbreitete Beachtung des Werkes beabsichtigt ist und gesichert werden soll. Hierzu zählen z.B. amtliche Gesetzesmaterialien, Patentschriften oder amtliche Belehrungen oder Broschüren zu den einzelnen Gesetzen. Sie müssen aber amtlich entstanden sein. Gehen sie auf eine private Initiative zurück und ist der Privatperson die Mitwirkung an einem amtlichen Werk nicht von vornherein auferlegt worden, bleiben auch solche Materialien urheberrechtlich geschützt (BGH GRUR 1987, 166, 167 – AOK-Merkblatt); denn anderenfalls könnte mit dem Siegel der Amtlichkeit nachträglich entschieden werden, ob dem Urheber Rechte an seiner Leistung zustehen oder nicht.

Kataloge, Programme, Fernsprechverzeichnisse, Fahrpläne und sonstige Hilfsmittel für die Benutzung öffentlicher Einrichtungen sowie Banknoten, Münzen, Postwertzeichen, Statistiken oder Kartenwerke zählen nicht zu den amtlichen Werken. Das gilt vor allem für vergleichbare Verzeichnisse derjenigen Institutionen, die früher staatlich waren und mittlerweile privatisiert worden sind (BGH NJW 1999, 2898, 2900 – Tele-Info-CD). Amtliche Verkehrszeichen haben hingegen Normcharakter und sind deshalb urheberrechtlich schutzlos. Wer amtliche Werke nutzt, darf sie aber grundsätzlich nicht ändern und muss ihre Quelle angeben (§ 5 Abs. 2).

5. Kapitel

Welche Formalien sind für den Urheberrechtsschutz zu beachten?

Die Antwort auf diese Frage ist kurz: grundsätzlich sind **keine Formalien** zu beachten. Das ist der große Vorteil des Urheberrechts gegenüber dem Designrecht, Patentrecht, Markenrecht und anderen Schutzrechten, die ein Anmelde- und teilweise auch ein Prüfungsverfahren voraussetzen, bevor der jeweilige Schutz erlangt wird. Urheberrechtsschutz entsteht, indem das Werk geschaffen wird. Formalien können nur aus folgenden Gründen bedeutsam sein:

Urheber, die ihre Werke anonym oder unter einem **Pseudonym** veröffentlichen, können ihren wahren Namen in eine **Urheberrolle** beim Deutschen Patentamt (§ 138) eintragen lassen, damit ihre Werke nicht nur 70 Jahre ab Veröffentlichung, sondern wie die anderen Werke bis 70 Jahre nach dem Tode des Urhebers geschützt sind (§ 66).

Will der Urheber sichergehen, dass er bei Zitaten oder anderen gesetzlich gestatteten Nutzungen seines Werkes genannt wird, muss sein Name auf dem genutzten Werkexemplar angegeben sein (§ 63). Ferner wird derjenige bis zum Beweis des Gegenteils als Urheber des betreffenden Werkes vermutet, der auf den Vervielfältigungsstücken dieses Werkes in üblicher Form als Urheber bezeichnet wird (§ 10; s.u. S. 88 f.). Deshalb sollte der Urheber darauf hinwirken, dass sein Name bei seinem Werk genannt wird, wenn er jemandem die Nutzung gestattet.

Mitunter erhält der Urheber sein Manuskript, sein Demo-Band oder seine Entwurfszeichnung von einem potentiellen Verwerter mit der Bemerkung „kein Interesse" wieder zurück, um später gleichwohl feststellen zu müssen, dass sein Werk unter einer anderen Urheberbezeichnung erscheint. Die Urhebervermutung gilt dann für das erschienene Werk, nicht aber für seine Leistung, wenn sie noch nicht erschienen ist. Um in solchen Fällen die Priorität beweisen zu können, kann es sinnvoll sein, das **Werk** zuvor bei einem Rechtsanwalt, einem Notar oder einer anderen neutralen Person zu **hinterlegen** und sich dort den Zeitpunkt der Vorlage und die Inanspruchnahme von Urheberrechtsschutz bestätigen zu lassen.

Nach Art. 5 Abs. 2 der Revidierten Berner Übereinkunft (RBÜ) sind Genuss und Ausübung der Urheberrechte nicht an die Erfüllung irgendwelcher Förmlichkeiten gebunden. Die meisten Länder sind Verbandsstaaten der RBÜ. Wie in Deutschland entsteht dort der Urheberrechtsschutz ohne Förmlichkeiten; auch in den **USA**, die mit dem Beitritt zur RBÜ ihre früher für den Urheberrechtsschutz verlangten Förmlichkeiten weitgehend aufgeben mussten. Manche urheberrechtlichen Ansprüche lassen sich in den USA leichter durchsetzen, wenn die Werkexemplare den sog. **Copyright-Vermerk** enthalten. Er besteht aus dem Symbol „©" oder den Worten „Copyright" oder „Copr", dem Jahr der ersten Veröffentlichung und dem vollständigen Namen des Urhebers im Impressum, z.B.

© 1979 Till Kamp.

Außerdem ist das Werk beim Register of Copyrights (Adresse: Register of Copyrights, Copyright Office, Library of Congress, Washington, D.C. 20559) zu registrieren und hierfür eine Gebühr zu zahlen. Das wird grundsätzlich nur in Betracht kommen, wenn eine Verwertung des Werks in den USA beabsichtigt ist. Meistens werden diese Formalitäten dann von den Verlagen oder sonstigen Verwertern des Werks erfüllt.

6. Kapitel

Welche weiteren Schutzrechte und Schutzmaßnahmen kommen in Betracht?

Fehlt dem zu beurteilenden Werk die im Urheberrecht vorausgesetzte Individualität, muss es deshalb nicht völlig schutzlos bleiben. Unproblematisch ist dies bei Lichtbildern, Filmen und aufwendigen Datenbanken; denn sie genießen unabhängig von jeglicher Gestaltungshöhe den Leistungsschutz als verwandte Schutzrechte des Urheberrechts (§§ 72, 95, 87a). Einen ähnlichen Auffangschutz gibt es bei den Werken der angewandten Kunst; denn zweidimensionales oder dreidimensionales Design ist nach dem Designgesetz schützbar. Darunter fallen auch typografische Schriftzeichen, für deren Schutz früher das Schriftzeichengesetz vorgesehen war (§ 61 DesignG). Darüber hinaus kann für alle Werkarten des Urheberrechts der sog. **ergänzende wettbewerbsrechtliche Leistungsschutz** in Betracht kommen (§ 4 Nr. 3 UWG). Der markenrechtliche Titelschutz (§ 5 MarkenG) wurde oben bereits erwähnt (s.o. S. 28). Schließlich ist auch an einen vertraglich vereinbarten Schutz zwischen Urhebern und Verwertern zu denken.

Neben diesen Schutzrechten gibt es andere Schutzmaßnahmen. Jede unerlaubte Nutzung setzt voraus, dass der Verletzer Zugang zu dem Werk hat. Was unter Verschluss gehalten wird, kann nicht verletzt werden; gelangt aber auch nicht an die Öffentlichkeit. Eine Kombination von Öffentlichkeit und dennoch Verschluss bieten **technische Schutzmaßnahmen** (Kopiersperren, Passwörter etc.). Sie sollen den Zugang nur in dem Rahmen ermöglichen, den der Rechtsinhaber auf technischem Wege freigeben will (§§ 95a ff.).

I. Designschutz

Vor Erlass des Designgesetzes galt das Geschmacksmustergesetz. Es wurde als kleines Urheberrecht bezeichnet und unterschied sich von diesem weitgehend nur graduell. Zahlreiche Grundsätze des Urheberrechts galten deshalb auch hier. Wie dort bestand auch beim Geschmacksmusterschutz Harmonisierungsbedarf. Die **EU** hat hierzu am 13.10.1998 die Richtlinie 98/71/EG erlassen. Sie wurde durch das **Geschmacksmusterreformgesetz vom 12.3.2004** in nationales Recht umgesetzt. Seitdem heißt es nicht mehr Geschmacksmusterschutz, sondern **Designschutz** und statt Geschmacksmustergesetz **Designgesetz**. Einerseits soll der Designschutz (anders als früher der Geschmacksmusterschutz) nicht mehr in einem graduellen Verhältnis zum Urheberrechtsschutz stehen, sondern eigenständig sein. Statt von einem copyright approach wird nun von einem **design approach** gesprochen. Andererseits muss sich die für den Designschutz verlangte Eigenart (wie beim Urheberrechtsschutz) in gestalterischer Weise vom Bisherigen unterscheiden. Insoweit besteht weiterhin eine Nähe zum Urheberrechtsschutz. Es gibt aber auch maßgebliche Unterschiede. Dem Rechtsinhaber steht das ausschließliche Recht zu, ein Design zu benutzen und Dritten zu verbieten, es ohne seine Zustimmung zu benutzen (§ 38 Abs. 1 DesignG). Das ist (anders als zuvor) kein bloßer Nachahmungsschutz, der die Kenntnis des Nutzers vom benutzten Design voraussetzt, sondern ein **Recht mit Sperrwirkung,** also unabhängig davon, ob der Nutzer Kenntnis von dem geschützten Design hatte oder nicht.

1. Gegenstand des Schutzes

Das Designgesetz schützt das **Design**, nämlich die zweidimensionale oder dreidimensionale Erscheinungsform eines Erzeugnisses, soweit es **neu ist und Eigenart hat** (vgl. §§ 1 Nr. 1, 2 Abs. 1 DesignG). Als

Erzeugnis gilt jeder industrielle oder handwerkliche Gegenstand (§ 1 Nr. 2 DesignG). Nach alter Gesetzeslage (§ 1 Abs. 2 GeschmMG a.F.) mussten es neue und eigentümliche Erzeugnisse sein. Einerseits ähnelt die neue Formulierung der bisherigen, so dass sich inhaltlich wenig zu ändern scheint und auf frühere Grundsätze zurückgegriffen werden kann. Andererseits sollten neue Akzente gesetzt werden. Das Design muss bestimmt und geeignet sein, auf den Formen- und Farbensinn des Betrachters zu wirken. Es kann flächenhaft (z.B. Tapeten, Stoffe, grafische Anordnungen) oder plastisch sein (z.B. Möbel, Lampen, Bestecke, Schmuck, Kleidung, Haushaltswaren, Autokarosserien). Industriell oder handwerklich ist das Erzeugnis, wenn es gewerblich ist, nämlich als Vorlage für serienmäßige Nachbildungen dienen kann, gleichgültig ob es maschinell oder manuell nachgebildet wird. Auf die frühere Rechtsprechung zum Geschmacksmusterschutz kann in manchen Fällen durchaus zurückgegriffen werden.

Bloße Ideen, z.B. würfelförmige Notizblöcke als Werbeträger zu benutzen (BGH GRUR 1979, 705 – Notizklötze) oder die bei der Herstellung von Kerzen an einem Docht nahezu endlos aneinandergereihten Kerzen als sog. Kettenkerze zu verkaufen (BGH GRUR 1977, 547 – Kettenkerze), bleiben schutzlos.

Ein Design kann als **Ganzes,** hinsichtlich einzelner **Teile** oder in der **Kombination** bekannter Elemente oder mehrerer Designs (als komplexes Erzeugnis gemäß § 1 Nr. 3 DesignG) schutzfähig sein, immer vorausgesetzt, dass genau dasjenige, wofür Designschutz in Anspruch genommen wird, neu ist und Eigenart hat. Beispielsweise wurde ein Möbelprogramm für schutzfähig erachtet, weil die Möbel dank ihrer Konstruktion und ästhetischen Gestaltung als Anbauteile beliebig zusammengestellt werden konnten und weil diese aufeinander abgestimmte Kombination für Wohneinheiten neu und eigentümlich war (BGH GRUR 1975, 383 – Möbelprogramm). Auch so genannte Zwischenfabrikate, wie z.B. eine Schuhschnalle oder eine zur Aufnahme von Bildern besonders gestaltete Gemäldewand, konnten Geschmacksmusterschutz genießen, wenn es sich um eigenständige Produkte handelte, die dem Fertigerzeugnis eine ästhetische Wirkung verliehen (BGH GRUR 1976, 261, 262 – Gemäldewand).

Während das Urheberrecht **Neuheit** nur im subjektiven Sinne verlangt (der Nachschaffende darf das vorbestehende fremde Werk nicht gekannt haben), so dass eine Doppelschöpfung, bei welcher zwei unabhängig voneinander arbeitende Urheber zu demselben Ergebnis gelangen, grundsätzlich schutzfähig ist, setzte der Geschmacksmusterschutz auch schon nach früherer Gesetzeslage Neuheit zwar nicht im Sinne einer absoluten Neuheit, aber doch im Sinne einer relativ objektiven Neuheit voraus. Danach waren all diejenigen Gestaltungselemente neuheitsschädlich, die zum Zeitpunkt der Geschmacksmusteranmeldung den inländischen Fachkreisen bereits bekannt waren oder bei zumutbarer Beachtung der auf den einschlägigen und benachbarten Gewerbegebieten vorhandenen Gestaltungen bekannt sein konnten (BGH GRUR 1969, 90 – Rüschenhaube). Die erforderliche **Neuheit** wurde durch das Geschmacksmusterreformgesetz dahingehend konkretisiert, dass **vor dem Anmeldetag** (§ 13 DesignG) **kein identisches Muster offenbart** sein darf (§ 2 Abs. 2 DesignG). Offenbart ist es, wenn die jeweiligen Fachkreise in der europäischen Gemeinschaft (also nicht erst im Inland) Kenntnis von dem vorveröffentlichen Formenschatz haben konnten (§ 5 DesignG). Was auf Fachmessen und in Fachzeitschriften gezeigt oder abgebildet wird, führt zur Kenntnis der Fachkreise und ist deshalb nicht mehr neu. Der Urheber kann die Neuheit seines Designs sogar selbst zerstören, wenn er es mehr als 12 Monate vor der Anmeldung der Öffentlichkeit zugänglich macht (§ 6 DesignG). Will er dies vermeiden, darf er Dritten sein Design lediglich unter der ausdrücklichen oder stillschweigenden Bedingung der Vertraulichkeit bekannt machen (§ 5 S. 2 DesignG). Das ist nur vereinzelt, nicht hingegen durch den Schritt an die breite Öffentlichkeit möglich.

Darüber hinaus muss das Design **Eigenart** haben (§ 2 Abs. 1 DesignG). Die im Urheberrecht verlangte Gestaltungshöhe muss nicht erreicht werden. Notwendig, aber auch ausreichend ist, dass sich der **Gesamteindruck** des Designs **vom vorbekannten Formenschatz unterscheidet** (§ 2 Abs. 3 DesignG). Nur begrenzt kann man sich an der Rechtsprechung zu der früher verlangten Eigentümlichkeit (§ 1 Abs. 2 GeschmMG a.F.) orientieren. Im Designrecht kommt es weniger auf die (qualitative) Eigentümlichkeit oder Gestaltungshöhe eines Designs an, sondern auf dessen **(quantitative) Unterschiedlichkeit** gegenüber einem anderen Design und gegenüber dem vorbekannten Formenschatz. Was jedoch handwerklich üblich, von der Mode vorgegeben oder durch die technische Funktion bedingt ist, reicht für den Designschutz nicht aus (vgl. § 3 Abs. 1 Nr. 1 DesignG). Zahlreiche Erzeugnisse, die die im Urheberrecht verlangte Individualität nicht oder nicht eindeutig erreichten, wurden geschmacksmusterrechtlich und werden nun designrechtlich geschützt, wenn die hierfür verlangten Formerfordernisse eingehalten worden waren. Deshalb empfiehlt es sich, solche Erzeugnisse – ggf. vorsorglich – als Design anzumelden.

2. Anmeldung und Hinterlegung

Im Gegensatz zum Urheberrecht sieht das Designrecht ein **Anmeldeverfahren** vor. Der Designschutz entsteht erst mit der Eintragung des Designs in das Register beim Deutschen Patent- und Markenamt (§ 27 Abs. 1 DesignG). In zahlreichen Vorschriften des Designgesetzes ist deshalb von einem **eingetragenen Design** die Rede (vgl. § 27 Abs. 2 DesignG).

Die **Anmeldung** ist an das Deutsche Patent- und Markenamt (Dienststelle Jena, Goethestr. 1, 07738 Jena, oder Musterregister, Zweibrückenstraße 12, 80297 München) zu richten. Antragsvordrucke und Merkblätter zu den einzelnen Formalien sind dort erhältlich. Desgleichen kann dort erfragt werden, ob die Anmeldung auch bei einem möglicherweise in der Nähe des Anmelders befindlichen Patentinformationszentrum eingereicht werden kann (vgl. § 11 Abs. 1 DesignG). Ich beschränke mich deshalb auf folgende Hinweise:

Ein Muster kann einzeln oder mit bis zu insgesamt 100 Mustern als **Sammelanmeldung** angemeldet werden (§ 12 DesignG). Die Designs sind in bisher 32 Haupt- und 237 Unterklassen (Locarno-Klassifikation) eingeteilt.

Die Anmeldung muss neben dem Antrag auf Eintragung insbesondere eine zur Bekanntmachung geeignete **Wiedergabe des Designs** enthalten (§ 11 Abs. 2 Nr. 3 DesignG). In der Regel ist dies eine Fotografie oder eine Zeichnung von dem Muster. Näheres ist der hierzu erlassenen Rechtsverordnung zu entnehmen, deren Einzelheiten ebenfalls dem Merkblatt des Deutschen Patent- und Markenamts entnommen werden können. Es ist darauf zu achten, dass die Darstellung alle Gestaltungsmerkmale des Gegenstands deutlich erkennen lässt; denn im Falle eines Rechtsstreits ergibt sich der Schutzumfang des Musters allein aus der mit der Anmeldung eingereichten Wiedergabe, nicht aber aus dem auf dem Markt befindlichen Produkt. Ggf. sind mehrere Darstellungen aus verschiedenen Blickwinkeln einzureichen, falls nur auf diese Weise sämtliche Gestaltungsmerkmale sowie der Gesamteindruck des Gegenstands deutlich erkennbar werden. Das Patent- und Markenamt prüft nur die Formalien, z.B. die Vollständigkeit der Angaben und die Qualität der Darstellung, nicht aber die materiellen Voraussetzungen, insbesondere Neuheit und Eigenart, des angemeldeten Musters (§ 16 DesignG). Manches registrierte Muster kann sich also im Verletzungsprozess vor den Augen der Richter als schutzlos erweisen.

Die Eintragung in das Register wird mit einer Wiedergabe des Designs in dem wöchentlich in elektronischer Form erscheinenden Designblatt bekannt gemacht (veröffentlicht), so dass die interessierten Kreise hiervon Kenntnis erlangen (§ 20 DesignG). Aufgrund der **Bekanntmachung** haben sie ferner die Möglichkeit, in das Register und die vom Deutschen Patent- und Markenamt geführten Akten Einsicht zu nehmen (§ 22 DesignG). Will der Anmelder dies vorübergehend vermeiden, muss er beantragten, die Bekanntmachung – bis zu maximal 30 Monate ab Anmeldetag – aufzuschieben (§ 21 DesignG). Außerdem kann er auf diese Weise – vor allem wenn er zahlreiche Muster anmeldet – Bekanntmachungskosten sparen und zunächst testen, welche Muster am Markt so gut ankommen, dass sich ihre Bekanntmachung und der weitere Schutz lohnen.

Die beim Patent- und Markenamt zu entrichtende **Anmeldegebühr** für die ersten 5 Jahre beträgt 70 Euro (bei elektronischer Anmeldung 60 Euro). Bei einer Sammelanmeldung erhöht sich diese Gebühr um jeweils 7 Euro (bei elektronischer Anmeldung 6 Euro) ab 11. Muster. Wird beantragt, die Bekanntmachung des Musters aufzuschieben, verringert sich die Gebühr auf 30 Euro. Bei einer Sammelanmeldung erhöht sich diese Gebühr ab dem 11. Muster um 3 Euro pro zusätzlichem Muster. Die Schutzdauer des nicht bekannt gemachten Musters endet nach 30 Monaten, es sei denn, der Anmelder bezahlt vor Ablauf der 30 Monate die Erstreckungsgebühr in Höhe von 40 Euro (bei einer Sammelanmeldung zzgl. weiteren 4 Euro pro Muster ab dem 11. Muster). Letzterenfalls gilt für das bisher nicht bekannt gemachte Muster dieselbe Schutzdauer wie für ein bekannt gemachtes Muster.

3. Rechtsinhaberschaft

Inhaber des Rechts auf das Geschmacksmuster ist derjenige, der das Muster oder Modell geschaffen hat. Von diesem **Schöpferprinzip** wird jedoch bei angestellten Urhebern abgewichen (s.u. S. 82 f.). Wird ein Muster im Rahmen eines Arbeits- oder Angestelltenverhältnisses von einem Arbeitnehmer in Ausübung seiner Aufgaben oder nach den Weisungen seines Arbeitgebers entworfen, so steht das Recht an dem Design dem **Arbeitgeber** zu, sofern vertraglich nichts anderes vereinbart wurde (§ 7 Abs. 2 DesignG). Anders als im Urheberrecht (§ 7) kann hier also der Arbeitgeber originär Rechtsinhaber werden, ohne sich die Nutzungsrechte vom Urheber übertragen lassen zu müssen. Das Recht auf Entwerferbenennung bleibt jedoch beim Entwerfer (§ 10 DesignG).

4. Schutzdauer

Der Designschutz entsteht mit der Eintragung in das Register beim Deutschen Patent- und Markenamt (§ 27 Abs. 1 DesignG). Solange das Muster nicht eingetragen ist, können hieraus keine Rechte geltend gemacht werden. Für die Berechnung der Schutzdauer ist nicht die Eintragung, sondern der Anmeldetag maßgeblich (§ 27 Abs. 2 DesignG). Sie beträgt **maximal 25 Jahre.** Allerdings endet sie, wenn sie nicht nach jeweils 5 Jahren durch Zahlung einer Gebühr für die nächsten 5 Jahre aufrechterhalten wird (§ 28 DesignG). Bei einer Sammelanmeldung kann die Aufrechterhaltung des Schutzes auf einzelne Designs dieser Sammelanmeldung beschränkt werden

(§ 28 Abs. 2 DesignG). Die Aufrechterhaltung des Schutzes ist nach Ablauf der ersten 5 Jahre viermal um jeweils weitere 5 Jahre möglich. Die **Aufrechterhaltungsgebühr** beträgt für die Zeit

- vom 6. bis 10. Schutzjahr 90 Euro,
- vom 11. bis 15. Schutzjahr 120 Euro,
- vom 16. bis 20. Schutzjahr 150 Euro,
- und vom 21. bis 25. Schutzjahr 180 Euro.

5. Gemeinschaftsgeschmacksmuster

Die EU hat nicht nur eine Richtlinie zum Geschmacksmusterschutz erlassen, auf Grund derer die nationalen Musterrechte der Mitgliedstaaten zu harmonisieren waren, sondern sie hat mit der **Gemeinschaftsgeschmacksmusterverordnung** vom 12.12.2001 darüber hinaus auch ein Gemeinschaftsgeschmacksmuster geschaffen. Dieses **Gemeinschaftsgeschmacksmuster** kann alternativ zum nationalen Design angemeldet werden. Es hat den Vorteil, dass durch eine einzige Anmeldung beim Harmonisierungsamt für den Binnenmarkt in Alicante ein **einheitlicher Geschmacksmusterschutz in allen EU-Mitgliedstaaten** erlangt wird, während der nationale Musterschutz auf das jeweilige Land begrenzt ist. Auch hier werden Neuheit und Eigenart verlangt. Die Schutzdauer beträgt maximal 25 Jahre. Die Eintragungsgebühr für die ersten 5 Jahre beläuft sich auf 230 Euro zzgl. Bekanntmachungsgebühr in Höhe von 120 Euro. Eine Sammeleintragung ist möglich. Für die zusätzlichen Muster einer Sammelanmeldung reduzieren sich die Gebühren nach der Anzahl der Muster. Alle 5 Jahre ist eine Verlängerungsgebühr zu zahlen. Weitere Informationen können auf der Homepage des Amts der Europäischen Union für geistiges Eigentum (EUIPO) abgerufen werden (https://euipo.europa.eu). Außerdem sieht das Gemeinschaftsgeschmacksmuster einen Musterschutz für 3 Jahre auch ohne Anmeldung vor, soweit das Muster hinreichend bekannt gemacht worden ist (**nicht eingetragenes Gemeinschaftsgeschmacksmuster;** Art. 11 der Verordnung (EG) Nr. 6/2002 des Rates vom 12.12. 2001 über das Gemeinschaftsgeschmacksmuster). Auf diese Weise genießen kurzlebige gestalterische Neuheiten einen **formlosen Musterschutz.** Es muss lediglich nachgewiesen werden, dass das Muster der Öffentlichkeit innerhalb der Gemeinschaft zugänglich gemacht worden ist. Letzteres ist der Fall, wenn es in solcher Weise bekannt gemacht, ausgestellt, im Verkehr verwendet oder auf sonstige Weise offenbart wurde, dass dies den in der Gemeinschaft tätigen Fachkreisen des betreffenden Wirtschaftszweiges im normalen Geschäftsverlauf bekannt sein konnte (Art. 11 Abs. 2 der EG-Verordnung). Die EG-Verordnung zum Gemeinschaftsgeschmacksmuster ist in allen ihren Teilen verbindlich und gilt unmittelbar in jedem Mitgliedstaat, also auch in Deutschland.

II. Schriftzeichenschutz

Bei Schriften oder einzelnen Schriftzeichen scheidet Urheberrechtsschutz in der Regel aus, da der Gestaltungsspielraum für leicht lesbare Schriften verhältnismäßig gering ist (BGHZ 22, 209 – Europapost; BGHZ 27, 351 – Candida-Schrift). Schriftzeichen können jedoch ebenfalls **als Design angemeldet** werden. Was Gegenstand dieses Schutzes ist, verdeutlicht das früher geltende Schriftzeichengesetz (vgl. Art. 2 Abs. 1 SchrZG a.F.). Schutzfähig sind **typografische Schriftzeichen,** nämlich Sätze der Muster von Buchstaben und Alphabeten, Satzzeichen, Ziffern und figürlichen Zeichen (Symbolen), Ornamenten und Vignetten, die dazu bestimmt sind, Texte durch grafische Techniken aller Art herzustellen. Es handelt sich um einen Kombinationsschutz von Zeichen, die insgesamt eine neue und eigentümliche Schrift darstellen. Ein „Satz“ typografischer Schriftzeichen kann aber auch aus nur wenigen Buchstaben, Ziffern und Zeichen, ggf. sogar nur aus einem einzigen Buchstaben bestehen, soweit er geeignet ist, alle wesentlichen Merkmale der neuen und eigentümlichen Schrift darzustellen. Diese Eigentümlichkeit muss sich also ohne weiteres auf die anderen Buchstaben und Zeichen übertragen lassen. Üblicherweise werden aber mindestens die Fantasieworte „Hamburgiensis“ oder „O Hamburgefonstiv“ in der neuen und eigentümlichen Schrift angemeldet.

Der Schutz erstreckt sich zum einen auf das **Schriftbild** der Texte, die mit den geschützten Schriften hergestellt worden sind. Zum anderen umfasst er auch eine **Verwendung der Schriftzeichen** bei

Stickereien, Inschriften auf Denkmälern, Lichtreklamen und anderen außerhalb des Bereichs der grafischen Techniken liegenden Nutzungen. Der Inhaber des Rechts am Design der Schriftzeichen kann also gegen die Verbreitung von Büchern und anderen Druckerzeugnissen, die in der geschützten Schrift gedruckt sind, sowie gegen anderweitige Verwendungen der Schrift einschreiten.

Die **Schutzdauer** beträgt maximal 25 Jahre (§ 27 Abs. 2 DesignG). Außerdem kann das Schriftzeichen zusätzlich als europaweites Gemeinschaftsgeschmacksmuster angemeldet werden (s.o. S. 62).

III. Wettbewerbsschutz

Wer im geschäftlichen Verkehr zu Zwecken des Wettbewerbs Handlungen vornimmt, die unlauter sind, kann auf Unterlassung und Schadensersatz in Anspruch genommen werden (§§ 3 bis 9 UWG; zuvor § 1 UWG a.F.). Während das Urheberrechtsgesetz, das Designgesetz sowie das Patentgesetz und die anderen Sonderschutzgesetze Werke, Erzeugnisse oder sonstige Gegenstände gegen bestimmte Nutzungen schützen, richtet sich der Wettbewerbsschutz gegen bestimmte – unlautere – **Verhaltensweisen unter Wettbewerbern.** Dieser Schutz kommt zusätzlich für alle Werkarten des Urheberrechts in Betracht.

Einerseits sind die **Schutzbereiche** des Urheberrechts und des Wettbewerbsrechts voneinander **abzugrenzen;** denn was die Schutzvoraussetzungen des Urheberrechts nicht erfüllt, soll nicht auf anderem Wege über das Wettbewerbsrecht zu demselben Schutz gelangen. Anderenfalls wären z.B. die im Urheberrechtsgesetz und Designgesetz festgelegten Schutzfristen hinfällig, da das Wettbewerbsrecht keine Schutzfristen vorsieht. Andererseits überlagern sich die Schutzbereiche beider Gesetze; denn so wie das Urheberrecht nicht nur bestimmte Gegenstände, sondern auch gegen unerlaubte Nutzungen dieser Gegenstände schützt, richtet sich auch der wettbewerbsrechtliche Schutz gegen Verhaltensweisen, die zum Teil gerade deshalb unlauter sind, weil sie sich an bestimmten Gegenständen auswirken. Beide Komponenten vereinen sich in dem **ergänzenden wettbewerbsrechtlichen Leistungsschutz**. Er setzt zweierlei voraus. Zum einen muss eine Leistung vorliegen, die sich von anderen abhebt. Zum anderen müssen **besondere Umstände** gegeben sein, welche das Verhalten, das sich an dieser Leistung auswirkt, unlauter erscheinen lassen.

Nicht selten versagt der Urheberrechtsschutz, weil der imitierte Gegenstand zwar in gewisser Weise individuell ist, aber doch eine weitgehend technisch bedingte Gestalt hat. Außerdem hinken die Sonderschutzgesetze häufig den technischen Errungenschaften und den hieraus entstehenden neuen Schutzbedürfnissen hinterher. In solchen Fällen hatte der ergänzende wettbewerbsrechtliche Leistungsschutz schon immer eine lückenfüllende Funktion. Im Einzelnen ist folgendes zu beachten:

1. Wettbewerbsverhältnis

Da sich der Schutz gegen unlautere Handlungen im Wettbewerb richtet, muss **zwischen den Parteien ein Wettbewerbsverhältnis** bestehen (§ 2 Abs. 1 Nr. 3 UWG). Durch die Handlung muss der eigene Wettbewerb gefördert und der fremde Wettbewerb beeinträchtigt werden können. Bei Konkurrenten auf gleicher oder verschiedener Wirtschaftsstufe ist dies in der Regel der Fall. Wird z.B. das Stoff-Design eines Textilentwerfers ohne dessen Zustimmung von einer Weberei genutzt, so besteht zwischen beiden ein Wettbewerbsverhältnis, obwohl der Textil-Entwerfer selbst keine Stoffe nach seinem Entwurf herstellen und vertreiben würde; denn ihm wird die Möglichkeit genommen, seinen Entwurf über einen anderen Hersteller nutzen zu lassen. Dieses Wettbewerbsverhältnis bleibt auch dann bestehen, wenn besagter Dritter den Entwurf nicht selbst, sondern wiederum durch einen anderen nutzen lässt; denn auch die Förderung fremden Wettbewerbs begründet ein Wettbewerbsverhältnis. Finden die Handlungen jedoch im privaten Bereich statt, so scheidet ein Wettbewerbsverhältnis aus. Nach Auffassung des BGH bestand z.B. zwischen der *Emil-Nolde-Stiftung* und einem Privatmann, der gefälschte „*Noldes*“ besaß, kein Wettbewerbsverhältnis im Hinblick auf einen möglichen Verkauf dieser Bilder (BGH ZUM 1990, 180, 183 f. – Emil Nolde).

Ferner muss der Verletzer mit **Wettbewerbsabsicht** handeln. Diese Absicht wurde mitunter bei der Presse verneint, die zwar durch Veröffentlichung eines Beitrags in den Wettbewerb des dort Erwähnten eingreift, in erster Linie aber informieren will, nicht hingegen zu Wettbewerbszwecken handelt. Grundsätzlich sind keine hohen Anforderungen an das Vorliegen eines Wettbewerbsverhältnisses zu stellen (vgl. BGH GRUR 2014, 1114 Rn. 35 – nickelfrei).

2. Wettbewerbliche Eigenart

Die Leistung oder der Gegenstand muss eine wettbewerbliche Eigenart besitzen. Sie ist nicht gleichzusetzen mit der künstlerischen Gestaltungshöhe des Urheberrechts oder der Eigenart des Designgesetzes; denn die Merkmale des wettbewerbsrechtlichen Schutzes sollen sich ja gerade von denjenigen des Sonderrechtsschutzes unterscheiden. Es müssen aber so charakteristische Merkmale sein, dass sie den Gegenstand von gleichartigen Produkten im geschäftlichen Verkehr deutlich abheben. Das wurde z.B. bei den Türgriffen des *Hewi*-Beschlagprogramms bejaht (BGH GRUR 1986, 673, 674 – Beschlagprogramm).

3. Besondere wettbewerbswidrige Umstände

Die Handlung muss durch besondere Umstände unlauter sein. Ferner müssen diese Umstände außerhalb der Sonderschutztatbestände des Urheberrechtsgesetzes liegen (BGH GRUR 1999, 325, 326 – Elektronische Pressearchive). Sie müssen also auf Vorgehensweisen des Verletzers beruhen, die ungeachtet der Schutzfähigkeit, der Verwertungsrechte und der Schrankenregelungen des Urheberrechtsgesetzes noch hinzukommen.

Schon vom Wortlaut her betreffen die besonderen Umstände den Einzelfall. Es kommt auf mehrere Komponenten an. Sie können in der Art der Nachahmung, der Art der Leistung oder in anderen Merkmalen liegen. Wird das fremde Werk z.B. durch Fotokopie eines Manuskripts, Reprint einer Druckvorlage, Nachgießen einer Plastik oder auf andere Weise **unmittelbar übernommen,** so ist dies eher wettbewerbswidrig als im Falle einer **Nachschaffung**, bei welcher z.B. die erwähnte Druckvorlage neu gesetzt und erst dann gedruckt wird. Die Wettbewerbswidrigkeit besteht darin, dass sich der Verletzer durch direktes Ausnutzen einer fremden Leistung Kosten erspart, sich gleichzeitig einen Wettbewerbsvorsprung gegenüber dem Verletzten verschafft und ihn hierdurch auf dem Markt behindert. Beispielsweise wurde die identische Übernahme von Bildmotiven bei Pullovern als wettbewerbswidrig angesehen (BGH GRUR 1992, 448 – Pullovermuster). In manchen Fällen ist wiederum zu beachten, inwieweit sich die Kosten des Verletzten durch entsprechenden Zeitablauf und Absatz seiner Produkte bereits amortisiert hatten (BGH GRUR 2005, 349, 352 Klemmbausteine III). Bei kurzlebigen Produkten, z.B. Kleidern oder sonstigen Modeartikeln, war der Schutz mitunter nur auf eine Saison oder ein Jahr befristet. Mittlerweile können derartige Saisonartikel als nicht eingetragene Gemeinschaftsgeschmacksmuster geschützt sein (s.o. S. 62). Damit erübrigt sich ein saisonbedingter Nachahmungsschutz über das Wettbewerbsrecht (BGH GRUR 2017, 79 Rn. 96 – Segmentstruktur). Ferner kann es auf die Aktualität des Wettbewerbs ankommen. Ist z.B. ein Buch seit Jahren vergriffen, kann ein unautorisierter Nachdruck eher zulässig sein, als wenn das Buch noch auf dem Markt ist.

Wird die fremde Leistung nicht auf technischem Wege übernommen, sondern identisch oder nahezu identisch nachgebildet, kann dies aus anderen Gründen unlauter sein. Hängt sich der Verletzer z.B. an den guten Ruf des Verletzten an, geht er planmäßig vor, indem er immer wieder seine Produkte imitiert und ihn dadurch auf dem Markt behindert, oder verleitet er einen anderen, ihm geheimgehaltene Unterlagen zu verschaffen, so ist dies wettbewerbswidrig.

Ebenso handelt wettbewerbswidrig, wer das ihm entgegengebrachte Vertrauen missbraucht. Vertraut der Urheber einem Produzenten Pläne, Entwürfe oder sonstige Vorlagen eines Werkes an und wertet der Produzent diese Unterlagen nach dem Scheitern von Vertragsverhandlungen für sich selbst aus, ist dies unlauter, weil er sich dem Urheber gegenüber einen Vorsprung verschafft und ihn im Wettbewerb behindert (BGH GRUR 1983, 377, 379 – Brombeer-Muster).

4. Wechselwirkung

Nach der Generalklausel des § 3 UWG sind unlautere geschäftliche Handlungen unzulässig. Das Erscheinungsbild der hiervon erfassten Fälle ändert sich laufend. Deshalb gibt es keine exakten Maßstäbe für die einzelnen Schutzvoraussetzungen. Vielmehr stehen sie in einer **Wechselwirkung** und ergänzen sich. Das Weniger des einen kann durch das Mehr des anderen ausgeglichen werden. Je geringer z.B. die wettbewerbliche Eigenart des Gegenstands ausfällt, desto schwerwiegender muss die Verletzungshandlung aus anderen Gründen sein, um sie als wettbewerbswidrig einstufen zu können. Umgekehrt genügen weniger gewichtige Umstände, wenn die wettbewerbliche Eigenart des verletzten Gegenstands besonders ausdrucksstark ist. Dies gilt vor allem dann, wenn es für den Wettbewerber keinen notwendigen Grund gibt, gerade auf diese Form zurückzugreifen. Deshalb sind bei der Verletzung von technischen Erzeugnissen an deren wettbewerbliche Eigenart oder an die besonderen Umstände in der Regel strengere Anforderungen zu stellen als bei ästhetischen Gestaltungsformen.

Häufig lässt sich schwer vorhersehen, wie die Gerichte entscheiden werden. Grundsätzlich ist der wettbewerbsrechtliche Leistungsschutz jedoch ein **hilfreiches Auffangnetz,** wenn an der urheberrechtlichen oder designrechtlichen Schutzfähigkeit Zweifel bestehen. Nach wie vor gilt der **Grundsatz, dass nachgeahmt werden darf, was sonderrechtlich nicht geschützt ist.** Die Rechtsprechung tendiert in neuerer Zeit zu eher strengeren Anforderungen an das Vorliegen eines wettbewerbsrechtlichen Leistungsschutzes (vgl. BGH GRUR 2016, 725 Rn. 18 – Pippi-Langstrumpf-Kostüm II).

IV. Markenschutz

Das Markengesetz ermöglicht dem Inhaber einer Marke, seine Waren oder Dienstleistungen mit der Marke zu kennzeichnen und sie unter dieser Marke exklusiv im geschäftlichen Verkehr anzubieten und zu vertreiben. Es gewährt ihm das Recht, Dritten zu untersagen, eine identische oder verwechselbare Marke für gleichartige Waren oder Dienstleistungen zu verwenden (§ 14 MarkenG).

Als **Marke** können alle Zeichen, insbesondere Wörter einschließlich Personennamen, Abbildungen, Buchstaben, Zahlen, Hörzeichen, dreidimensionale Gestaltungen einschließlich der Form einer Ware oder ihrer Verpackung sowie sonstige Aufmachungen einschließlich Farben und Farbzusammenstellungen geschützt werden, die geeignet sind, Waren oder Dienstleistungen eines Unternehmens von denjenigen anderer Unternehmen zu unterscheiden (§ 3 Abs. 1 MarkenG). Auf diese Weise kann z.B. für einzelne Wörter oder Sätze, die wegen der Kürze des Textes in der Regel keinen Urheberrechtsschutz genießen, dennoch ein Schutz erlangt werden, wenn die weiteren Voraussetzungen des Markengesetzes erfüllt sind. Zu diesen Voraussetzungen zählt insbesondere die **Anmeldung und Eintragung der Marke** beim Deutschen Patent-und Markenamt (§§ 32 ff. MarkenG) sowie die **Einzahlung der Anmeldegebühr.** Sie beträgt mindestens 300 Euro. Beispielsweise ist der Werbeslogan „Pack den Tiger in den Tank" als Marke geschützt (OLG Hamburg ZUM-RD 1998, 5). Der Markenschutz besteht jedoch nur, soweit die Marke als Kennzeichen für bestimmte Waren oder Dienstleistungen aus einem bestimmten Unternehmen benutzt wird (vgl. § 26 MarkenG). Das ist z.B. nicht ohne weiteres der Fall, wenn ein Hersteller von Spielzeugautos seine Fabrikate mit dem jeweiligen Kennzeichen (z.B. *BMW, Mercedes* etc.) versieht, unter dem das Fahrzeug auch im Original bekannt ist (BGH GRUR 1996, 57, 60 – Spielzeugautos). Desgleichen kann bei **Werktiteln**, die grundsätzlich ebenfalls als Marke eingetragen werden können (BGH GRUR 1988, 377, 378 – Apropos Film), fraglich sein, ob sie nur als Titel für das Werk oder auch als Marke für bestimmte Waren eines Unternehmens benutzt werden (BGH ZUM 1995, 36 – Wir im Südwesten). Außerdem werden an die **Unterscheidungskraft**, nämlich nicht nur beschreibend, sondern ausreichend phantasievoll und kennzeichnungskräftig zu sein, beim Werktitel weniger hohe Anforderungen gestellt als bei der Marke (vgl. BPatG CR 1997, 727 – BGHZ).

Kurze Tonfolgen, sog. Jingles, deren urheberrechtliche Schutzfähigkeit zweifelhaft sein kann, können als **Hörzeichen** angemeldet und eingetragen werden, wenn sie z.B. einen Sender kennzeichnen sollen (BPatG GRUR 1997, 60 – SWF 3-Nachrichten).

Bildliche Darstellungen oder **dreidimensionale Formen** genießen jedoch keinen Markenschutz, wenn sie durch die Art der Ware selbst bedingt sind (§ 3 Abs. 2 Nr. 1 MarkenG). Beispielsweise lässt sich die Gestaltung eines Stuhls, die den urheberrechtlichen Schutzvoraussetzungen nicht genügt, jedenfalls dann nicht über das MarkenG schützen, wenn die Form dieses Stuhles durch seine Funktion vorgegeben oder technisch bedingt ist (vgl. BGH GRUR 2010, 231 Rn. 34 – Legostein) und wenn sie sich von der bei Stühlen bekannten Formenvielfalt nicht durch solche Gestaltungsmerkmale abhebt, die auf die Herkunft aus einem bestimmten Unternehmen schließen lassen (vgl. BGH GRUR 1997, 527, 529 – Autofelge). Erst wenn die konkrete Form über ihre eigenständige Charakteristik auch auf die **Herkunft** dieser Form **aus einem bestimmten Unternehmen** hinweist, kann sie als **Formmarke** schutzfähig sein. Das wurde beispielsweise bei der Form des Porsche Boxsters angenommen, da diese Form bei dem Verbraucher als Modell der Firma Porsche bekannt sei (BGH GRUR 2006, 679, 681 f. – Porsche Boxster). Ebenso kann eine Zeichnung, die urheberrechtlich gesehen nicht hinreichend individuell ist, markenrechtlich nur insoweit schützbar sein, als diese Zeichnung markenmäßig benutzt wird, nämlich als Kennzeichen für eine andere Ware oder Dienstleistung. Soll hingegen keine andere Ware oder Dienstleistung hiermit gekennzeichnet, sondern die Zeichnung selbst verbreitet werden, entfällt auch ein Markenschutz (vgl. BGH GRUR 1997, 527, 529 – Autofelge). Gleichwohl kann es in manchen Fällen, z.B. bei Firmenlogos oder anderen grafischen Gestaltungen, durchaus sinnvoll sein, eine Marke anzumelden.

Hinsichtlich der weiteren Voraussetzungen muss auf die einschlägige Literatur zum Markenrecht verwiesen werden.

V. Vertraglicher Schutz

Unabhängig davon, ob der jeweilige Gegenstand urheberrechtlich oder nach anderen Vorschriften geschützt ist, könnte versucht werden, denselben **Schutz auf vertraglichem Wege** zu erreichen. Häufig ist auf den Gegenständen der **Hinweis** zu lesen: „Alle Rechte vorbehalten" oder „urheberrechtlich geschützt" oder „gesetzlich geschützt". Meistens wird noch das Zeichen © hinzugefügt. Diese Hinweise sind zwar sinnvoll, um etwaige Nutzer auf möglicherweise bestehende Schutzrechte aufmerksam zu machen. Vielfach trifft die Behauptung auch zu. Wo sie nicht zutrifft, weil mangels Schutzfähigkeit des Gegenstands gar keine Urheberrechte bestehen, muss entsprechend zurückhaltend formuliert und darf nur von etwaigen oder möglichen Rechten gesprochen werden (s.u. S. 367). Zunächst besagen derartige Hinweise nicht mehr, als dass ihr Verwender der Meinung ist, es handele sich um geschützte Gegenstände. Der Leser soll die möglichen Rechte an diesem Gegenstand beachten und nicht leichtfertig darüber hinweggehen. Dagegen begründen diese Hinweise weder eine vertragliche Bindung noch einen gesetzlichen Schutz; denn die **Schutzfähigkeit** eines Gegenstands ist der **Dispositionsbefugnis der Parteien entzogen.** Entweder erfüllt der Gegenstand die vom Urheberrechtsgesetz oder von einem anderen Gesetz verlangten Schutzvoraussetzungen, so dass er tatsächlich geschützt ist. Oder er erfüllt sie nicht. Dann genießt er keinen Urheberrechtsschutz, auch wenn Gegenteiliges vereinbart werden sollte. Insoweit wäre eine solche Vereinbarung unwirksam.

Allerdings können die Parteien unabhängig von der Schutzfähigkeit einzelne **Rechtsfolgen vereinbaren,** z.B. die Verpflichtung, eine an sich schutzlose Form nicht oder nur gegen Zahlung eines vereinbarten Honorars vervielfältigen und verbreiten zu dürfen. Solche Vereinbarungen gelten aber nur zwischen den Vertragsparteien, nicht gegenüber Dritten. Außerdem ist zu beachten, ob auf diese Weise einzelne Vertragspartner diskriminiert werden, weil ihnen Beschränkungen auferlegt werden, die über den Inhalt eines – nicht vorhandenen – Urheberrechts oder sonstigen Schutzrechts hinausgehen, zumal wenn andere Personen, mit denen keine Absprachen getroffen wurden oder getroffen werden konnten, dieselben Gegenstände mangels vorhandener Schutzrechte frei nutzen können (§§ 1, 22 GWB; Art. 101, 102 AEUV). Der Vertragspartner müsste zumindest andere Vorteile, z.B. eine wirtschaftliche Vorzugsstellung, erlangen (BGH GRUR 2012, 910 Rn. 17 – Delcantos Hits). Die fehlende Schutzfähigkeit lässt sich also durch einen Vertrag nicht immer ohne weiteres ersetzen.

VI. Technische Schutzmaßnahmen, DRM (Digital Rights Management)

Das Urheberrecht (und auch das Wettbewerbsrecht, Designrecht oder sonstige Schutzrecht) basiert auf **Verbotsrechten.** Wer unerlaubt fremde Werke nutzt, muss mit Schritten des Urhebers oder der Rechtsinhaber gegen die weitere Nutzung rechnen. Ihnen stehen **Unterlassungsansprüche** zu. Dies ändert grundsätzlich nichts daran, dass der Verletzer gegen ein Verbot – ggf. bei Strafe – verstoßen und weiterhin fremde Urheberrechte verletzen kann, soweit er Zugang zu dem fremden Werk hat. Fremde Werke lassen sich z.B. kopieren und auf diese Weise vervielfältigen, gleichviel, ob dies verboten ist oder nicht.

Anders verhält es sich, wenn der **Zugang zum fremden Werk** erschwert oder unmöglich gemacht werden kann. Auf der einen Seite lassen sich digital erfasste Werke mit Hilfe der Digitaltechnik ohne jeden Qualitätsverlust spielend leicht vervielfältigen, verändern oder anderweitig nutzen. Auf der anderen Seite bietet dieselbe Technik die Möglichkeit, die Nutzung durch Dritte z.B. durch **Passwörter, Kopiersperren, Nur-Lese-Versionen** und andere Maßnahmen zu kontrollieren und ggf. auch auszuschließen. Sollten derartige technische Kopiersperren oder andere Schutzmaßnahmen so perfekt arbeiten, dass sie nicht umgangen (geknackt) werden können, würde sich ein Urheberrechtsschutz – jedenfalls im Bereich der digitalen Nutzung – erübrigen, weil Urheber und Rechteinhaber es in der Hand hätten, durch Einsatz technischer Schutzmaßnahmen jede Nutzung zu kontrollieren und zu stoppen. Sie könnten den Zugang davon abhängig machen, dass für jede einzelne Nutzung bezahlt werden muss. Denkbar wäre z.B., dass für jedes nochmalige Anhören eines Musikstücks oder für jedes nochmalige Lesen eines Schriftwerks eine zusätzliche Vergütung zu entrichten ist. Dann würde sich auch die im Urheberrechtsgesetz vorgesehene Schutzdauer erübrigen, weil diese Schutzmaßnahmen zeitlich unbegrenzt eingesetzt werden könnten.

So weitgehend wird sich der technische Schutz wohl kaum perfektionieren lassen. Es wird nicht nur digitale, sondern auch analoge Werkformen geben, z.B. der ausgedruckte Text eines Buchs oder eines Aufsatzes. Musikdarbietungen in Konzerten ließen sich weiterhin mitschneiden. Außerdem konnten diese technischen Schutzmaßnahmen bislang immer noch umgangen werden. Allerdings können derartige Schutzmaßnahmen dazu führen, dass z.B. ein nach § 53 Abs. 1 UrhG gesetzlich gestattetes privates Kopieren erschwert wird oder nicht mehr möglich ist. Auch die weiteren Schrankenregelungen, die der Gesetzgeber zugunsten der Allgemeinheit aufgestellt hat (s.u. S. 137 ff.), könnten teilweise hinfällig werden. Das widerspräche dem Willen des Gesetzgebers, insbesondere soweit derartige Schrankenregelungen (z.B. §§ 53, 54, 54a) zu Geräteabgaben und ähnlichen gesetzlichen Vergütungen führen, die grundsätzlich nur dann gerechtfertigt sind, wenn Werke im Wege der Schrankenregelung tatsächlich genutzt werden können. Angesichts der weiterhin auch analogen Nutzung sowie angesichts der **Umgehungsmöglichkeiten** gibt es derzeit keinen Anlass, an diesen gesetzlichen Vergütungsansprüchen zu rütteln. Einerseits hat man auch auf internationaler Ebene einen Schutz derartiger technischer Schutzmaßnahmen gegen Umgehungen für notwendig erachtet (vgl. Art. 6 der EU-Richtlinie zur Informationsgesellschaft sowie Art. 11, 12 WCT und Art. 18, 19 WPPT). Andererseits soll bei den Vergütungssystemen gebührend berücksichtigt werden, ob wirksame technische Schutzmaßnahmen verfügbar sind (vgl. Erwägungsgrund 39 der EU-Richtlinie zur Informationsgesellschaft vom 22.5.2001). Der deutsche Gesetzgeber hat durch das Gesetz zur Regelung des Urheberrechts in der Informationsgesellschaft vom 10.9.2003 hierzu in den §§ 95a bis 95d die erforderlichen Regelungen getroffen.

1. Schutz gegen Umgehung technischer Maßnahmen

Entsprechend Art. 6 der EU-Richtlinie zur Informationsgesellschaft vom 22.5.2001 geht das Gesetz davon aus, dass die Urheber und Rechtsinhaber die Wahrung ihrer Rechte gegen unerlaubte Nutzungen auch auf technischem Wege mittels **Kopiersperren** und dergleichen verfolgen können müssen, um insbesondere die durch die Digitaltechnik erleichterten Piraterie-Handlungen (z.B. Brennen von CDs, Internet-Tauschbörsen etc.) einzudämmen. Diese Bemühungen sollen nicht durch **Umgehungshandlungen** – gewissermaßen Gegen-Techniken – gefährdet werden. Nach § 95a Abs. 1 dürfen wirksame technische Maßnahmen zum Schutz eines nach dem Urheberrechtsgesetz geschützten Werkes oder eines anderen nach diesem Gesetz geschützten Schutzgegenstands ohne Zustimmung des Rechtsinhabers nicht umgangen werden (s.u. S. 362 f.). Eine **Umgehung** liegt dann vor, wenn der Handelnde weiß oder wissen muss, dass der Zugang zu einem solchen Werk durch technische Schutzmaßnahmen geregelt ist und dass er für den Zugang einer gesonderten Zustimmung des Rechtsinhabers bedarf. Kenntnis von den technischen Schutzmaßnahmen wird der Nutzer in der Regel schon dadurch erlangt haben, dass derjenige, der technische Schutzmaßnahmen einsetzt, hierauf deutlich sichtbar hinweisen muss (§ 95d).

Nach der Legaldefinition in § 95a Abs. 2 sind **technische Maßnahmen** Technologien, Vorrichtungen und Bestandteile, die im normalen Betrieb dazu bestimmt sind, geschützte Werke oder andere nach diesem Gesetz geschützte Schutzgegenstände betreffende Handlungen, die vom Rechtsinhaber nicht genehmigt sind, zu verhindern oder einzuschränken. Sie sind wirksam, wenn sie die Nutzung von geschützten Werken oder Leistungen durch eine Zugangskontrolle, einen Schutzmechanismus oder eine vergleichbare Technik unter Kontrolle halten (BGH GRUR 2015, 672 Rn. 47 – Videospiel-Konsolen II). Das sind z.B. Zugangssperren, Kopiersperren, Nur-Lese-Versionen, Ländercodes, Passwörter etc. Auf der einen Seite müssen sie wirksam sein und einen Schutz jedenfalls generell ermöglichen. Auf der anderen Seite müssen die Schutzmaßnahmen nicht perfekt sein; denn sonst ließen sie sich gar nicht umgehen, so dass auch ein

Schutz gegen Umgehungen überflüssig wäre. Voraussetzung für den Umgehungsschutz ist jedoch, dass dasjenige, was auf diese Weise geschützt werden soll, tatsächlich Urheberrechtsschutz genießt. Es muss sich also um **geschützte Werke** oder andere nach dem Urheberrechtsgesetz geschützte Schutzgegenstände handeln, z.B. Darbietungen ausübender Künstler, Rechte der Tonträgerhersteller oder andere verwandte Schutzrechte. Was gemeinfrei ist, weil es entweder keinen Urheberrechtsschutz genießt oder weil die Schutzdauer abgelaufen ist, lässt sich auch durch technische Schutzmaßnahmen jedenfalls nicht im Hinblick auf Umgehungen dieser Maßnahmen schützen.

Verboten ist nicht nur die Umgehung selbst (§ 95a Abs. 1), sondern verboten sind auch **Vorbereitungshandlungen** (§ 95a Abs. 3), nämlich die Herstellung, die Einfuhr, die Verbreitung, der Verkauf, die Vermietung, die Werbung und auch der Besitz von Vorrichtungen, Erzeugnissen oder Bestandteilen sowie die Erbringung von Dienstleistungen, mit denen in erster Linie technische Schutzmaßnahmen umgangen werden sollen. Hierunter können z.B. auch **Anleitungen zur Umgehung von Schutzmaßnahmen** fallen. Wer bei eBay ein Programm zum Kauf anbietet, mit dem kopiergeschützte CDs vervielfältigt werden können, muss mit einer kostenpflichtigen Abmahnung rechnen (BGH ZUM 2008, 781 Rn. 20 ff. – Clone-CD).

2. Grenzen des Schutzes gegen Umgehungen technischer Maßnahmen

Bestimmte öffentliche Stellen dürfen technische Schutzmaßnahmen umgehen, soweit dies im Rahmen ihrer Aufgaben und Befugnisse zum Zwecke des Schutzes der öffentlichen Sicherheit oder der Strafrechtspflege erforderlich ist. Das Umgehungsverbot gilt hier nicht (§ 95a Abs. 4).

Ferner ist der **Schutz** gegen Umgehung technischer Schutzmaßnahmen bei den in § 95b Abs. 1 abschließend aufgezählten Schrankenregelungen **eingeschränkt,** die dem Nutzer den Zugang zu fremden Werken gesetzlich gestatten. In den dort aufgezählten Fällen ist der Rechtsinhaber verpflichtet, dem durch die jeweilige Schrankenregelung Begünstigten, soweit er rechtmäßig Zugang zu dem Werk oder Schutzgegenstand hat, die notwendigen Mittel zur Verfügung zu stellen, um von der betreffenden Schrankenregelung in dem dort vorgesehenen Maße Gebrauch machen zu können. Beispielsweise gestattet § 53, Fotokopien zum privaten oder sonstigen eigenen Gebrauch herzustellen. Das soll durch technische Schutzmaßnahmen grundsätzlich nicht ausgeschlossen werden dürfen. Es ist nun Sache des Rechtsinhabers, dem Endverbraucher durch weitere technische Vorkehrungen zu ermöglichen, sich diese Fotokopie herzustellen.

Auf der einen Seite könnte man meinen, weshalb soll der Urheber derartige Nutzungen hinnehmen, wenn die Technik es ihm ermöglicht, auch diese Nutzungen zu kontrollieren und ggf. gegen eine gesonderte Vergütung zu gestatten. Schließlich bleibt es dem Urheber überlassen, ob er sein Werk überhaupt an die Öffentlichkeit gelangen lässt. Auch ein Erfinder muss seine Erfindung nicht offenbaren, wenn er meint, es sei besser, sie geheim zu halten, und wenn dieses Geheimnis nicht so leicht gelüftet werden kann.

Auf der anderen Seite nimmt der Urheber – anders als beim Geheimnis (also nicht bei einem Patent) des Erfinders – Urheberrechtsschutz in Anspruch. Jedenfalls entsteht der Urheberrechtsschutz mit Erschaffung des Werkes (vgl. § 7). Dieser Schutz kann grundsätzlich nur insgesamt in Anspruch genommen werden, also nicht nur mit all seinen Rechten (vgl. §§ 11 ff.), sondern auch mit den Schranken dieser Rechte (vgl. §§ 44a ff.). Wer z.B. an den Erlösen aus Gerätevergütungen (vgl. § 54) beteiligt werden will, muss auch die Kopie zum privaten und sonstigen eigenen Gebrauch (§ 53) ermöglichen. Im Hinblick auf einen möglicherweise effektiveren Schutz durch technische Schutzmaßnahmen könnte man an einen partiellen Verzicht auf gesetzliche Vergütungsansprüche denken, um der Verpflichtung nach § 95b Abs. 1 zu entgehen, den Zugang zu seinem Werk in dem Maße zu ermöglichen, wie ihn die jeweilige Schrankenregelung vorsieht. Zum einen ist fraglich, inwieweit ein Urheberrechtsschutz nur partiell in Anspruch genommen werden kann, um den in diesem Gesetz vorgesehenen Beschränkungen zu entgehen. Zum anderen sind die Vergütungsansprüche in der Regel unverzichtbar (§ 63a). Außerdem sind Vereinbarungen unwirksam, mit denen eine Verpflichtung, technische Mittel zur „Schrankennutzung" zur Verfügung zu stellen, ausgeschlossen werden sollen (§ 95b Abs. 1 S. 2). In der Regel wird der Rechtsinhaber also die notwendigen Mittel zur Verfügung stellen müssen, um von den in den Schranken geregelten Privilegien Gebrauch machen zu können.

Der Nutzer hat jedoch **kein Selbsthilferecht.** Versagt ihm der Rechtsinhaber die notwendigen Mittel für den Schrankengebrauch (z.B. die Herstellung einer Fotokopie), kann er ihn auf die erforderlichen Zugangsmittel verklagen. Diese Klage kann auch von einem Verband durchgesetzt werden (vgl. §§ 2a, 3a Unterlassungsklagengesetz). Ggf. muss der Rechtsinhaber mit einer Geldbuße rechnen, wenn er den Zugang nicht ermöglicht (§ 111a). Welches Mittel der Rechtsinhaber zur Verfügung stellt, ist grundsätzlich ihm überlassen. Handelt es sich hierbei um weitere technische Vorkehrungen, fallen sie ebenfalls unter den nach § 95a Abs. 1 vorgesehenen Schutz gegen Umgehungsmaßnahmen (§ 95b Abs. 4).

Wer jedoch ein Werk auf vertraglicher Basis in der Weise **zugänglich macht,** dass es Mitgliedern der Öffentlichkeit von Orten und zu Zeiten ihrer Wahl zugänglich ist (§ 19a), und wer dabei technische Schutzmaßnahmen einsetzt, muss den Nutzern keine Mittel zur Verfügung stellen, um das Werk nun an den technischen Schutzmaßnahmen vorbei im Rahmen der in § 95b Abs. 1 aufgezählten Schranken nutzen zu können (§ 95b Abs. 3). Wer also Werke im Internet nur über ein Passwort zugänglich macht, muss Dritten keine Mittel zur Verfügung stellen, um ohne Passwort Zugang zu dem Werk zu erhalten, sondern diese Personen müssen mit ihm eine Vereinbarung schließen, um das Passwort zu erhalten. Ebenso dürfte derjenige, der den Zutritt auf seine Website nur über seine Eingangsseite gestattet und Deep-Links auf technischem Wege verhindert, gegen Deep-Links, die seine technischen Sperren umgehen, vorgehen können (vgl. BGH GRUR 2003, 958, 961, 963 – Paperboy; EuGH GRUR 2014, 360 Rn. 31 – Svensson).

3. Schutz gegen Entfernung oder Veränderung elektronischer Informationen

Der Anspruch auf Schutz gegen Umgehung technischer Maßnahmen besteht grundsätzlich nur gegenüber demjenigen, dem der Umgehungsvorgang bekannt ist (§ 95a Abs. 1). Deshalb wird von dem Rechtsinhaber verlangt, Werke und andere Schutzgegenstände im Hinblick auf die **technischen Maßnahmen zu kennzeichnen** (§ 95d). Der mit den technischen Maßnahmen verfolgte Zweck könnte vereitelt werden, wenn Informationen und Angaben zu den technischen Maßnahmen entfernt würden, so dass Dritte hiervon keine Kenntnis mehr erhielten. Dem beugt § 95c vor. Danach dürfen von Rechtsinhabern stammende **Informationen** für die Rechtewahrnehmung **nicht entfernt oder verändert** werden, wenn zu befürchten ist, dass dadurch die Verletzung von Urheberrechten oder verwandten Schutzrechten veranlasst, ermöglicht, erleichtert oder verschleiert wird (§ 95c Abs. 1). In den Schutzbereich fallen elektronische Informationen (§ 95c Abs. 2). Dabei geht es nicht nur um die Modalitäten und Bedingungen für die Nutzung der Werke (z.B. Zahlen und Codes), sondern auch um Bezeichnungen des Urhebers oder Rechtsinhabers. Wem bekannt ist, dass derartige Informationen entfernt wurden, der darf die hiervon betroffenen Werkexemplare oder Schutzgegenstände nicht verbreiten oder anderweitig nutzen, wenn er damit rechnen muss, dass hierdurch Urheberrechte oder verwandte Rechte verletzt werden könnten (§ 95c Abs. 3). Es soll niemand im Wissen um die Manipulationen an den zur Rechtewahrnehmung erforderlichen Informationen dazu beitragen können, dass die Beeinträchtigung der Urheberrechte noch weitere Kreise zieht.

4. Kennzeichnungspflicht

Wer sich auf technische Schutzmaßnahmen berufen will, muss den Nutzern hinreichend klar machen, dass er derartige Maßnahmen einsetzt und auf welches Risiko sich der Nutzer bei Umgehung dieser Maßnahmen einlässt. Desgleichen kann es für den Nutzer bedeutsam sein, ob das von ihm erworbene Werkexemplar z.B. gegen Überspielungen oder andere Vervielfältigungen technisch geschützt ist oder nicht. Er soll dies im Vorhinein wissen, damit er sich z.B. auch hinsichtlich des Preises überlegen kann, ob er das Werkexemplar erwerben will. Auch aus diesem Grund unterliegt der Rechtsinhaber entsprechenden **Kennzeichnungspflichten** nach § 95d. Werke und andere Schutzgegenstände, die mit technischen Maßnahmen geschützt werden, sind deutlich sichtbar mit Angaben über die Eigenschaften der technischen Maßnahmen zu kennzeichnen (§ 95d Abs. 1). Darüber hinaus muss der Rechtsinhaber seinen **Namen** oder seine **Firma** und seine **zustellungsfähige Anschrift** angeben (§ 95d Abs. 2), damit der Nutzer weiß, wo er weitere technische Mittel geltend machen kann, um das Werk z.B. fotokopieren oder auf andere gesetzlich ihm gestattete Weise nutzen zu können (§ 95d Abs. 2).

7. Kapitel

Wer ist Urheber?

Urheber ist der **Schöpfer des Werkes** (§ 7), also derjenige, der das Werk tatsächlich schafft. Das kann nur eine **natürliche Person,** ein Mensch, nicht aber eine Handelsgesellschaft (GmbH, AG etc.), ein Verein, der Staat oder eine sonstige juristische Person sein; denn nur ein Mensch ist in der Lage, dem Werk die für eine persönliche geistige Schöpfung (§ 2 Abs. 2) erforderliche Individualität zu verleihen. Ebenso ist die Maschine (Roboter, Fotoautomat, Computer etc.) nur Werkzeug des Menschen, nicht aber selbst Urheber.

Bereits der tatsächliche Schaffensvorgang lässt das Urheberrecht entstehen. Es können also auch Minderjährige oder Geistesgestörte Urheber sein. Maßgeblich ist immer der eigene schöpferische Beitrag. Dies ist unproblematisch, wenn das Werk von einer einzigen Person geschaffen wird. Problematisch wird es hingegen, wenn am Entstehen des Werkes mehrere Personen beteiligt sind oder wenn es aus mehreren individuellen Teilen besteht.

I. Auftraggeber, Ideenanreger, Produzenten

Wer jemand anderen beauftragt, ihm einen Tipp gibt oder ihn sonstwie anregt, ein Werk zu schaffen, ist selbst noch kein Urheber; denn Ideen – so wurde oben festgestellt – bleiben schutzlos. Auch der **Besteller** eines Werkes, der dem Urheber genaue Vorgaben zur

Thematik, zum Umfang, zur Methode oder zu sonstigen Einzelheiten macht, schafft auf diese Weise in der Regel noch keinen schutzfähigen Beitrag, es sei denn, die Vorgaben beschreiben das bestellte Werk so konkret, dass sie für deren Ausführung keinen weiteren Gestaltungsspielraum belassen (BGH GRUR 2014, 772 Rn. 9 f. – Online-Stadtplan). Er hat lediglich das Recht, nur dasjenige Werk abnehmen zu müssen, welches diesen Vorgaben entspricht. Beim Ghostwriter-Vertrag kann der Auftraggeber zwar verlangen, als Urheber bezeichnet zu werden. Urheber bleibt aber nach wie vor der **Ghostwriter,** auch wenn er vertraglich verpflichtet ist, seine Urheberschaft jedenfalls für einen bestimmten Zeitraum nicht bekannt zu geben.

Ebenso genießen Herausgeber, Verleger, Filmhersteller oder sonstige **Produzenten,** unter deren Leitung einzelne oder mehrere Urheber ein Werk schaffen, keinen Urheberrechtsschutz, solange sie nicht selbst schöpferisch an dem Werk mitwirken; denn Urheberschaft setzt in jedem Falle einen eigenen schöpferischen Beitrag (vgl. § 2 Abs. 2) voraus. Initiative, Koordination, Organisation und Produktion von Werken anderer bleiben grundsätzlich schutzlos. Ausnahmen – für den Herausgeber posthumer Werke (§ 71), den Veranstalter von Darbietungen ausübender Künstler (§ 81), den Tonträgerhersteller (§ 85), Sendeunternehmer (§ 87), den Datenbankhersteller (§ 87b) und den Filmhersteller (§ 94) sind bei den verwandten Schutzrechten des Urheberrechts gesondert geregelt. Diese Personen genießen zwar einen **Leistungsschutz,** aber keinen Urheberrechtsschutz. Sie können Urheberrechte nur geltend machen, nachdem ihnen die entsprechenden Nutzungsrechte von den Urhebern eingeräumt worden sind. In gleicher Weise kann ein **Arbeitgeber** an den im Rahmen des Angestelltenverhältnisses geschaffenen Werken seiner Arbeitnehmer nur Nutzungsrechte, nicht aber deren Urheberschaft erwerben. Eine **Ausnahme von diesem Schöpferprinzip** gilt im **Designrecht.** Dort steht das Recht an dem Design dem **Arbeitgeber** zu, sofern vertraglich nichts anderes vereinbart wurde (§ 7 Abs. 2 DesignG). Das Recht, im Verfahren vor dem Deutschen Patent- und Markenamt und im Register als Entwerfer benannt zu werden, behält jedoch der Entwerfer (§ 10

DesignG). Insoweit wird auch im Designrecht am Schöpferprinzip festgehalten. Im Ergebnis ähnlich verhält es sich beim Urheberrechtsschutz von Computerprogrammen. Wird das **Computerprogramm** in einem Arbeits- oder Dienstverhältnis geschaffen, bleibt der Arbeitnehmer zwar dessen Urheber. Zur Ausübung aller vermögensrechtlichen Befugnisse an dem Computerprogramm ist jedoch ausschließlich der Arbeitgeber berechtigt, sofern nichts anderes vereinbart ist (§ 69b Abs. 1).

II. Gehilfen

Lässt sich der Urheber beim Werkschaffen von anderen Personen helfen, kommt es auf Art und Umfang der Unterstützung an. Solange sich die **Gehilfen** an die Vorlage des Urhebers halten und nichts Eigenes beitragen, sind sie keine Urheber. Beispielsweise ist Urheber einer Bronzeplastik in der Regel nur der Bildhauer, nicht aber der Metallgießer (OLG Köln Film und Recht 1983, 348). Dasselbe gilt für die Mitwirkenden an einem Happening, soweit sie sich den Vorstellungen des Künstlers unterordnen und lediglich seine Anweisungen ausführen (BGH GRUR 1985, 529 – Happening). Auch der wissenschaftliche Assistent einer Hochschule ist bloßer Gehilfe, solange er lediglich Material sammelt, Verzeichnisse auflistet oder redaktionelle Korrekturen vornimmt. Leistet er jedoch einen eigenen wissenschaftlichen Beitrag, so gebührt ihm hieran die Urheberschaft.

III. Miturheber

Haben mehrere ein Werk gemeinsam geschaffen, ohne dass sich ihre Anteile gesondert verwerten lassen, sind sie Miturheber des Werkes (§ 8).

Miturheberschaft setzt eine **einheitliche Schöpfung** voraus, die gemeinschaftlich durch gewollte Zusammenarbeit der Miturheber entsteht. Jeder muss einen schöpferischen Beitrag leisten, der sich nicht selbstständig verwerten lässt. So verhält es sich z.B. beim **Film**, wo die Beiträge mehrerer Filmurheber zu einem einheitlichen Ganzen verschmelzen. Das muss nicht auf sämtliche Beiträge zutreffen. Kann z.B. die Filmmusik auch außerhalb des Filmes genutzt werden, so ist ihr Komponist zwar Urheber der Filmmusik, nicht aber Miturheber des Filmwerks.

Miturheberschaft liegt auch dann vor, wenn insgesamt ein schutzfähiges Werk geschaffen wird, sich infolge der gemeinschaftlichen Zusammenarbeit aber nicht mehr feststellen lässt, welche Teile jeweils von welchem Mitwirkenden geschaffen wurden. Gerade beim Film, um auf das erwähnte Beispiel zurückzukommen, wirken zumindest Regisseur, Kameramann und Cutter, in der Regel aber auch Filmarchitekt, Szenenbildner und Kostümbildner laufend so eng an der Gestaltung des Filmwerks zusammen, dass sich später nicht fein säuberlich trennen lässt, was genau der Einzelne jeweils geschaffen hat.

Die Miturheber müssen nicht gleichzeitig an sämtlichen Entstehungsstufen des Werkes mitwirken. **Vertikale Arbeitsteilung**, bei welcher verschiedene Urheber auf der jeweiligen Entstehungsstufe des Werkes nacheinander tätig werden, oder **horizontale Arbeitsteilung**, bei welcher die einzelnen Miturheber gleichzeitig verschiedene Abschnitte des Werkes erschaffen, die dann in einem einheitlichen Ganzen aufgehen, schließen Miturheberschaft nicht aus. Maßgebend ist, dass die einzelnen Miturheber im Hinblick auf das Ganze schöpferisch mitwirken und dass ihr **Ergebnis eine wirtschaftliche Einheit** darstellt, die üblicherweise nur insgesamt verwertet wird. Das ist z.B. bei den verschiedenen Entstehungsstufen eines Computerprogramms der Fall (vgl. BGH GRUR 1994, 39, 40 – Buchhaltungsprogramm). Ein gemeinschaftliches Entstehen liegt hingegen nicht vor, wenn ein bereits vorhandenes Werk bearbeitet, fortgesetzt oder vollendet wird (vgl. BGH GRUR 2005, 860, 863 – Fash 2000).

So wie sich die Miturheber dem gemeinschaftlichen Schaffen unterordnen, müssen sie auch **aufeinander Rücksicht nehmen**, wenn ihr gemeinsames Werk verwertet wird. Sie bilden eine **Gesamthandsgemeinschaft**, auf welche ergänzend auch die Vorschriften für die Gesellschaft des bürgerlichen Rechts (§§ 705 ff. BGB) anwendbar sind. Daraus folgt, dass z.B. die Veröffentlichung und Verwertung des Werkes die Zustimmung aller Miturheber voraussetzt. Ein Miturheber darf seine Einwilligung hierzu jedoch nicht wider Treu und Glauben verweigern (§ 8 Abs. 2); denn das Werk soll nicht nur gemeinschaftlich geschaffen, sondern auch verwertet werden. Den hierfür erforderlichen Maßnahmen unterwirft sich der Urheber bereits durch seine Mitwirkung. Dasselbe gilt für Änderungen des Werkes, soweit sie für die Verwertung erforderlich sind.

Dürfen die Miturheber ihre Zustimmung zu den für die Verwertung erforderlichen und sachgerechten Maßnahmen im Innenverhältnis zwar nicht verweigern, so müssen jedoch sämtliche Zustimmungen tatsächlich vorliegen, damit die Verwertungshandlungen im Außenverhältnis wirksam sind. **Verträge** können deshalb nur mit **Zustimmung aller Miturheber** wirksam abgeschlossen oder gekündigt werden. Stimmt einer der Miturheber nicht zu, müsste er zunächst auf Zustimmung verklagt werden. Das kann langwierig und kostspielig sein und eine effektive Verwertung des Werkes gefährden. Deshalb ist es sinnvoll, die Willensbildung der Miturheber von vornherein z.B. in der Weise zu regeln, dass Entscheidungen durch **Mehrheitsbeschluss** getroffen werden können.

Der Miturheber kann seinen **Anteil** zwar vererben, ihn aber **nicht übertragen**. Es steht ihm jedoch frei, auf seinen Anteil an den Verwertungsrechten zugunsten der anderen Miturheber (nicht zugunsten Dritter) zu verzichten (§ 8 Abs. 4). Auf diese Weise soll die Verwertung des Werkes erleichtert werden, wenn hieran zahlreiche Urheber oft nur unbedeutender Beiträge mitgewirkt haben. Ein solcher Verzicht ist eng auszulegen. Er betrifft nur die Verwertungsrechte, erstreckt sich aber nicht auf das Urheberpersönlichkeitsrecht oder auf Vergütungsansprüche aus gesetzlichen Lizenzen. Der Miturheber kann also nach wie vor z.B. gegen Entstellungen des Werkes vorgehen oder seine Anteile aus der Videogeräte- und Leerkassettenabgabe verlangen (§§ 54 Abs. 1, 54h Abs. 2). Letztere sind wie sonstige Geldforderungen lediglich abtretbar, nachdem sie entstanden sind und die Verwertungsgesellschaft die Erlöse an die Urheber verteilt hat. Auf sie kann im Voraus nicht verzichtet werden (§ 63a).

Wird das gemeinsame Urheberrecht verletzt, kann jeder einzelne Miturheber allein hiergegen vorgehen und z.B. Unterlassung verlangen, Leistung (z.B. Schadensersatz) aber nur an alle Miturheber zusammen geltend machen. Soweit nicht anders vereinbart, ist der einzelne Miturheber an den Erträgnissen aus der Nutzung des Werkes in dem Umfang beteiligt, der seiner Mitwirkung hieran entspricht (§ 8 Abs. 3). Lässt sich sein Anteil nicht exakt berechnen, ist er zu schätzen. Im Zweifelsfalle stehen den Miturhebern gleiche Anteile zu (§ 742 BGB).

IV. Werkverbindung

Bei der Werkverbindung schaffen die Urheber kein gemeinsames Werk, sondern sie schließen sich zusammen, um **verschiedene Werke gemeinsam zu verwerten** (§ 9). Während sich das in Miturheberschaft entstandene Werk nur als Ganzes verwerten lässt, können verbundene Werke grundsätzlich auch einzeln oder zusammen mit anderen Werken verwertet werden. Klassische Beispiele hierfür sind die **Verbindung von Musik und Text** bei Opern und Liedern sowie die **Verbindung von Bild und Text** bei Kunstbänden, illustrierten Büchern und ähnlichen Druckwerken. Ferner können mehrere gleichartige Werke, z.B. Erzählungen, eines einzigen Autors oder mehrerer Urheber zur gemeinsamen Verwertung miteinander verbunden werden. Entscheidend ist, dass jedes einzelne Werk auch einzeln verwertbar bleibt. Unabhängig von der eingegangenen Werkverbindung darf der Urheber das Werk deshalb auch einzeln verwerten, solange er durch eine weitere ähnliche Werkverbindung der bereits eingegangenen keine Konkurrenz macht (vgl. OLG Hamburg ZUM 1994, 738, 739 – DEA Song).

Die Urheber der verbundenen Werke sind untereinander ähnlich verpflichtet wie die Miturheber. Jeder kann vom anderen verlangen, in die Veröffentlichung, Verwertung und Änderung der verbundenen Werke einzuwilligen, wenn dies dem anderen nach Treu und Glauben zuzumuten ist (§ 9). Zwischen ihnen entsteht eine **Verwertungsgemeinschaft in Form einer Gesellschaft bürgerlichen Rechts,** auf welche die §§ 705 ff. BGB anzuwenden sind. Hier kann es deshalb ebenfalls sinnvoll sein, die Form der Beschlussfassung vertraglich zu regeln, damit unerfreuliche Prozesse, in denen auf

Einwilligung geklagt werden muss, vermieden bleiben. Beispielsweise konnte ein bekannter Schlagersänger und Komponist seinen Verlagsvertrag nicht wirksam kündigen, weil der Textdichter des betreffenden Liedes der Kündigung nicht zugestimmt hatte und wegen eigener berechtigter Interessen auch nicht zuzustimmen brauchte (BGH GRUR 1982, 743, 744 – verbundene Werke).

Urheber verbundener Werke sind nur diejenigen, die die einzelnen Werke selbst schaffen. Wer die Werke anderer Urheber aussucht, um sie gemeinsam zu verwerten, muss von jedem einzelnen Urheber die hierfür erforderlichen Nutzungsrechte erwerben, und zwar auch dafür, dass er das betreffende Werk zusammen mit anderen Werken verwerten darf. Wer beispielsweise ein Lesebuch mit Erzählungen verschiedener Urheber herausgeben will, benötigt nicht nur das Vervielfältigungs- und Verbreitungsrecht an den einzelnen Erzählungen, sondern auch das Recht, die einzelne Erzählung zusammen mit anderen in einem Buch herausgeben zu dürfen. Der **Herausgeber** selbst erwirbt grundsätzlich kein Urheberrecht, es sei denn, dass seine Auswahl, Einteilung und Anordnung der gesammelten Werke schöpferisch ist und deshalb als Sammelwerk (§ 4) Urheberrechtsschutz genießt.

V. Werkinterpreten

Werkinterpreten sind in der Regel **keine Urheber**, da sie Kompositionen, Theaterstücke, Gedichte oder andere bestehende Werke vortragen, aufführen oder auf andere Weise darbieten, ohne gleichzeitig ein eigenes selbstständig schutzfähiges Werk zu schaffen. Etwas anderes gilt nur dann, wenn das darzubietende Werk erst während der Darbietung vervollständigt oder bearbeitet wird, wie z.B. bei der Entwurfsmusik oder bei Jazz-Improvisationen. Für den eigenen schöpferischen Beitrag steht dem Interpreten dann ein Bearbeiterurheberrecht zu. Insoweit ist er nicht nur Interpret, sondern auch Urheber. Für seine Darbietung genießt er außerdem den Leistungsschutz gemäß § 73.

VI. Vermutung der Urheberschaft

Im Streitfall muss die **Urheberschaft** grundsätzlich von demjenigen **bewiesen** werden, der sich darauf beruft. Wer aber auf den Vervielfältigungsstücken eines erschienenen Werkes oder auf dem Original eines Werkes der bildenden Künste in der üblichen Weise, sei es durch seinen Namen oder sei es durch einen ihn kennzeichnenden Decknamen (Pseudonym), ggf. auch durch seine Initialen z.B. in der Kopfleiste der Maskenausdrucke eines Computerprogramms (BGH GRUR 1994, 39, 40 – Buchhaltungsprogramm) oder durch ein sonstiges Künstlerzeichen, **als Urheber bezeichnet** ist, wird als Urheber des Werkes angesehen (§ 10 Abs. 1). Seine **Urheberschaft** wird bis zum Beweis des Gegenteils **vermutet**. Grundsätzlich entsteht die Vermutungswirkung auch durch das Einstellen eines Werkes in das Internet (vgl. BGH GRUR 2015, 258 Rn. 35 – CT-Paradies). Diese Vermutung bezieht sich aber nur darauf, dass besagtes Werk von dem bezeichneten Urheber stammt, nicht hingegen auf die Schutzfähigkeit des Werks. Letztere ist unabhängig hiervon zu prüfen (BGH NJW 1998, 1393, 1394 – Coverversions).

Ebenso verringert sich der **Umfang dieser Vermutungswirkung,** wenn der Urheber selbst einräumt, z.B. nur Herausgeber von fremden Schriften oder Sammler von überlieferten Erzählungen zu sein (BGH ZUM 1991, 140 – Goggolore). Es wird dann vermutet, dass er nur Herausgeber oder Sammler ist. Werden mehrere Urheber angegeben, so wird aus dem gleichen Grunde nur deren Miturheberschaft vermutet. Sollte einer der Bezeichneten meinen, Alleinurheber zu sein, müsste er dies beweisen.

Fehlt eine Urheberbezeichnung und ist stattdessen auf den Vervielfältigungsstücken des Werkes ein Herausgeber oder an dessen Stelle der Verleger bezeichnet, so wird vermutet, dass der **Herausgeber** oder **Verleger** ermächtigt ist, die Rechte des Urhebers geltend zu machen (§ 10 Abs. 2), und zwar im eigenen Namen, damit ein möglicherweise beabsichtigtes Inkognito des Urhebers gewahrt bleiben kann. Außerdem wird die **Inhaberschaft ausschließlicher Nutzungsrechte** zugunsten desjenigen vermutet, der in üblicher Weise auf den Vervielfältigungsstücken eines Werkes als Inhaber ausschließlicher Nutzungsrechte bezeichnet wird (§ 10 Abs. 3). Beispielsweise muss der Verleger eines Buches, der im Impressum angegeben ist, nicht hinnehmen, dass Rechtsverletzer einfach ins Blaue hinein seine Klagebefugnis bestreiten, wenn es darum geht, weitere Verletzungshandlungen zu unterbinden (s.u. S. 347).

Um Zweifel und Beweisschwierigkeiten bei der Urheberschaft von vornherein zu vermeiden, empfiehlt es sich also, den Urheber in jedem Falle auf den Werkexemplaren zu bezeichnen.

8. Kapitel

Welche Rechte hat der Urheber?

Das Urheberrecht schützt den Urheber in seinen geistigen und persönlichen Beziehungen zum Werk und in der Nutzung des Werkes (§ 11). Die ihm zustehenden Rechte werden im Urheberpersönlichkeitsrecht (§§ 12 bis 14), in den Verwertungsrechten (§§ 15 bis 24 sowie in § 69c) und in den sonstigen Rechten des Urhebers (§§ 25 bis 27) umschrieben. Bei sämtlichen Rechten überlappen sich sowohl **ideelle als auch materielle Interessen** des Urhebers; denn die Persönlichkeitsrechte haben durchaus auch einen materiellen Gehalt, wie umgekehrt die Verwertungsrechte einen persönlichkeitsrechtlichen Kern besitzen. *Eugen Ulmer* (S. 116) verglich dies mit einem Baum. Die beiden ideellen und materiellen Interessengruppen sind dessen Wurzeln, das einheitliche Urheberrecht bildet den Stamm, und die einzelnen Befugnisse des Urhebers lassen sich mit den Ästen und Zweigen vergleichen, die ihre Kraft aus beiden Wurzeln ziehen. Mal überwiegt ihr ideeller, mal ihr materieller Gehalt.

Das Urheberrecht ist **umfassend** und **absolut**. Zum einen kann der Urheber sein Werk auf alle gegenwärtigen und künftig erst entstehenden Arten nutzen. Zum anderen stehen ihm die einzelnen Befugnisse ausschließlich zu mit der Folge, anderen die **Nutzung** seines Werkes **erlauben, aber auch verbieten zu können,** soweit sie es ohne seine Zustimmung verwerten. Diese Möglichkeit des Verbots ist entscheidend für den Urheber; denn stünden ihm z.B. nur Schadensersatz- oder Vergütungsansprüche zu, könnte er sein Interesse daran, ob und zu welchen Bedingungen sein Werk überhaupt genutzt werden darf, nicht durchsetzen. Die Vielzahl seiner Befugnisse verdeutlicht ferner, dass der Nutzer prüfen muss, auf welche Weise er das Werk nutzen will und ob er für die einzelnen Nutzungsarten das jeweils einschlägige Nutzungsrecht erworben hat.

I. Urheberpersönlichkeitsrechte

Persönlichkeitsrechte sind das Recht auf Leben, die körperliche Unversehrtheit, die Privatsphäre, die Ehre, das Namensrecht, das Recht am eigenen Bild (§ 22 KUG) und sonstige eng mit der Person verknüpfte Bande. Darüber hinaus leitet die Rechtsprechung aus Art. 1 und 2 GG, welche die Würde des Menschen und sein Recht auf freie Entfaltung seiner Persönlichkeit garantieren, ein **allgemeines Persönlichkeitsrecht** ab. Für den Urheber ergibt sich hieraus das Recht auf Schaffensfreiheit. Ausdrücklich geregelt ist dieses allgemeine Persönlichkeitsrecht nicht.

Das **Urheberpersönlichkeitsrecht** wird als rechtlich selbstständige Erscheinungsform des allgemeinen Persönlichkeitsrechts verstanden und ist in den §§ 12 ff. geregelt. Da das Urheberrecht grundsätzlich nicht die Werke, sondern die Urheber von Werken der Literatur, Wissenschaft und Kunst (§ 1) sowie den Urheber in seinen geistigen und persönlichen Beziehungen zum Werk (§ 11) schützt, steht die Person des Urhebers im Vordergrund. Deshalb ist das Urheberrecht als Ganzes nicht übertragbar (§ 29) und in seinem Kern auch nicht verzichtbar. Darüber hinaus wird das geistige Band des Urhebers zu seinem Werk betont, welches sich in mehr oder weniger ausgeprägter Form auf sämtliche Verwertungsrechte des Urhebers erstreckt. Die einzelnen Verwertungsrechte kann er aber durchaus anderen Personen zur Nutzung einräumen (§ 29 Abs. 2). Es wird von einem Urheberpersönlichkeitsrecht im engen und einem Urheberpersönlichkeitsrecht im weiten Sinne gesprochen. Zum ersteren zählen die ausdrücklich als Urheberpersönlichkeitsrechte bezeichneten Regelungen des Veröffentlichungsrechts (§ 12), des Rechts auf Anerkennung der Urheberschaft (§ 13) und des Rechts gegen Entstellung des Werkes (§ 14). Zum Urheberpersönlichkeitsrecht im weiteren Sinne gehören der Grundsatz der Unübertragbarkeit des Urheberrechts (§ 29), das Recht auf Zugang zu den Werken (§ 25), das Rückrufsrecht wegen gewandelter Überzeugung (§ 42) und die weiteren im gesamten Urheberrechtsgesetz verstreut geregelten Gebote zur Wahrung des persönlichen und geistigen Bandes des Urhebers zu seinem Werk, wie z.B. die Pflicht zur Quellenangabe bei zulässigen Nutzungen (§ 63) und die Beschränkungen bei der Zwangsvollstreckung in Originalwerke des Urhebers (§ 114).

Während das allgemeine Persönlichkeitsrecht grundsätzlich mit dem Tod der jeweiligen Person erlischt und je nach Bedeutung der Persönlichkeit nur in einzelnen Bereichen für kurze Zeit über den Tod hinaus andauert, sind die Urheberpersönlichkeitsrechte für die gesamte Dauer der urheberrechtlichen Schutzfrist, d.h. grundsätzlich bis 70 Jahre nach dem Tode des Urhebers wirksam.

1. Veröffentlichungsrecht

Der Urheber hat das Recht, zu bestimmen, ob und wie sein Werk zu veröffentlichen ist (§ 12).

a) Veröffentlichungsreife – Art der Veröffentlichung

Mit der Veröffentlichung des Werkes stellt sich der Urheber der Kritik durch die Öffentlichkeit. Deshalb muss es ihm vorbehalten bleiben, zu entscheiden, ob er sein Werk schon für veröffentlichungsreif hält. Ebenso ist es ihm vorbehalten, den Inhalt seines Werkes öffentlich mitzuteilen oder zu beschreiben, solange weder das Werk noch der wesentliche Inhalt oder eine Beschreibung des Werkes mit seiner Zustimmung veröffentlicht ist (§ 12 Abs. 2). Er soll also die Möglichkeit haben, sein Werk solange ändern und überarbeiten zu können, bis er meint, diejenige Form gefunden zu haben, mit der er an die Öffentlichkeit treten will. Mit der Veröffentlichung legt er gleichzeitig fest, in welcher konkreten Form und mit welchem darin zum Ausdruck gelangenden geistig-ästhetischen Gesamteindruck sein Werk verwertet werden darf, wenn er jemandem Nutzungsrechte einräumt. Abweichungen von dieser konkreten Form müssten gesondert vereinbart werden.

Das **Recht auf Inhaltsmitteilung** gilt aber nur für **schutzfähige inhaltliche Bestandteile** des Werkes. Ideen, wissenschaftliche Erkenntnisse und Lehren sowie andere schutzlose Bestandteile sind hiervon grundsätzlich nicht erfasst. Hat der Urheber sein Manuskript, seinen Entwurf oder die sonstige Fassung seines Werkes einem anderen anvertraut und gibt letzterer ohne Zustimmung des Urhebers dessen Ideen, Erkenntnisse oder sonstige schutzlose inhaltliche Bestandteile des Werkes an die Öffentlichkeit, so kann dies gegen das **allgemeine Persönlichkeitsrecht** des Urhebers oder gegen vertragliche Bindungen verstoßen, nicht jedoch gegen das insoweit nicht bestehende Urheberrecht. Auch wenn das Werk mit Zustimmung des Urhebers veröffentlicht worden ist, darf sein Inhalt nicht uneingeschränkt, sondern nur in dem Umfang mitgeteilt werden, dass hierdurch die Lektüre des Werkes nicht ersetzt wird. Opernführer und ähnlich beschreibende Kurzfassungen von Werken bedürfen also der Zustimmung ihrer Urheber.

Ferner ist es für den Urheber durchaus bedeutsam, wo, wie und durch wen sein Werk veröffentlicht wird. Beispielsweise vertreten manche Verlage eine politische Richtung, die das Publikum auch den dort publizierenden Autoren zuschreibt. Ebenso kann für den wirtschaftlichen Erfolg eines Textes und für das Renommee eines Urhebers ausschlaggebend sein, ob sein Manuskript als Fortsetzungsabdruck in einer Zeitschrift, als Taschenbuch oder als Hardcover-Ausgabe erstmals veröffentlicht wird. Diese erste Weichenstellung soll dem Urheber vorbehalten bleiben. Er muss freilich einen Verwerter für seine Vorstellungen finden. Im Buchverlagswesen wird meistens vereinbart, dass der Verleger bestimmt, wie der Text veröffentlicht wird. Wird das Werk im **Internet** zugänglich gemacht, läuft der Urheber Gefahr, die Kontrolle hierüber zu verlieren. Deshalb muss ein derartiger Schritt in jedem Falle zuvor mit dem Urheber abgestimmt worden sein.

Das Veröffentlichungsrecht gilt **nur für die Erstveröffentlichung** des Werkes, nicht aber für spätere Verwertungen in anderen Nutzungsarten. Es ist **verbraucht**, sowie das Werk mit Zustimmung des Urhebers in irgendeiner Form veröffentlicht worden ist. Erscheint also beispielsweise ein Text als Buchhandelsausgabe, gibt es kein gesondertes Veröffentlichungsrecht für die Buchclubausgabe. Selbstverständlich muss der Verwerter aber die hierfür erforderlichen Vervielfältigungs- und Verbreitungsrechte gesondert erwerben.

Dagegen entsteht das Veröffentlichungsrecht bei jedem selbständigen Werk neu, also auch bei einer Bearbeitung, Übersetzung, Fortsetzung oder anderen selbstständig schutzfähigen abgewandelten Formen des Werkes. Sind z.B. Gipsabguss und Bronzeabguss einer Totenmaske jeweils selbstständige schöpferische Leistungen, so ist das Veröffentlichungsrecht beim Bronzeabguss gesondert zu beachten, auch wenn der Gipsabguss bereits veröffentlicht wurde (KG GRUR 1981, 742 – Totenmaske I).

b) Ausstellungsrecht

Das Ausstellungsrecht ist eine **besondere Form des Veröffentlichungsrechts,** nämlich das Recht, das Original oder Vervielfältigungsstücke eines unveröffentlichten Werkes der bildenden Künste oder eines unveröffentlichten Lichtbildwerkes öffentlich zur Schau zu stellen (§ 18). Sinngemäß gilt dieses Ausstellungsrecht auch bei Briefen, Originalpartituren, Landkarten, Darstellungen wissenschaftlicher oder technischer Art und anderen ähnlichen Werken, sofern sie noch nicht veröffentlicht sind. War das Werk bereits mit Zustimmung des Urhebers veröffentlicht worden, entfällt das Ausstellungsrecht. Dann kann in Ausnahmefällen nur das allgemeine Persönlichkeitsrecht z.B. gegen die Ausstellung persönlicher Briefe weiterhelfen.

Veräußert der Urheber sein Werk, ist grundsätzlich nicht er, sondern der **Erwerber berechtigt**, es öffentlich auszustellen, auch wenn es noch nicht veröffentlicht ist (§ 44 Abs. 2). Gegenteiliges muss sich der Urheber sowohl für die Erstausstellung als auch für weitere Ausstellungen ausdrücklich vorbehalten; denn ohne eine solche Absprache ist der Urheber nicht berechtigt, sein Werk vom Eigentümer zu Ausstellungszwecken herauszuverlangen.

c) Veröffentlichung – Erscheinen

Die Veröffentlichung ist nicht nur bedeutsam, weil das Werk aus der privaten Sphäre des Urhebers entlassen wird, sondern auch weil das Gesetz verschiedene Folgen hieran knüpft. Beispielsweise läuft bei anonymen und pseudonymen Werken die Schutzfrist ab deren Veröffentlichung (§ 66). Aus einem Werk darf nun zitiert (§ 51 Nr. 1 und 2) und sein Inhalt darf mitgeteilt werden (§ 12 Abs. 2). Deshalb ist der Urheber in der Regel daran interessiert, die **Veröffentlichung** nicht zu früh eintreten zu lassen. Sie setzt dreierlei voraus:

Das Werk muss einem **größeren Personenkreis zugänglich** gemacht werden, gleichgültig ob in körperlicher oder unkörperlicher Form. Veröffentlicht wird das Werk also, indem es vorgetragen, aufgeführt, ausgestellt, gesendet oder in sonstiger Form öffentlich wiedergegeben wird oder indem Werkexemplare verbreitet werden (§ 6 Abs. 1). Auch der über das Internet ermöglichte Zugang ist eine Veröffentlichung. Nur dasjenige – Werk oder Werkteil – ist veröffentlicht, was der Öffentlichkeit tatsächlich zugänglich gemacht wurde.

Der **Personenkreis** darf nicht individuell abgegrenzt sein, sei es durch freundschaftliche, familiäre oder sonstige gegenseitige Beziehungen der Personen untereinander oder sei es durch persönliche Beziehung der Einzelnen zum Veranstalter (§ 15 Abs. 3).

Wird z.B. ein Vortrag auf einer Vereinsveranstaltung nur vor Mitgliedern oder auf einer Lehrveranstaltung nur vor Hochschulangehörigen gehalten, so ist dies nicht öffentlich. Die Veranstaltung wird jedoch öffentlich, wenn auch Nicht-Mitglieder oder Nicht-Hochschulangehörige Zutritt haben, z.B. bei einer Hochschulvorlesung. **Öffentlichkeit** liegt also dort vor, wo die Art der Veranstaltung und die Zusammensetzung des Publikums den Urheber normalerweise veranlassen, auf die Veröffentlichungsreife seines Werkes bedacht zu sein.

Schließlich muss der Urheber **der Veröffentlichung zugestimmt** haben, sonst ist sie nicht rechtmäßig und die oben genannten Rechtsfolgen treten nicht ein. Wurde die Zustimmung an bestimmte Bedingungen geknüpft oder nur auf bestimmte Teile des Werkes beschränkt, so ist die Veröffentlichung nur in dem vorgegebenen Rahmen wirksam.

Eine qualifizierte Form der Veröffentlichung ist das **Erscheinen** eines Werkes. Es ist erschienen, wenn mit Zustimmung des Berechtigten **Vervielfältigungsstücke** des Werkes nach ihrer Herstellung **in**

genügender Anzahl der Öffentlichkeit angeboten oder in Verkehr gebracht worden sind (§ 6 Abs. 2). Ein Werk kann grundsätzlich nicht durch Vortrag, Aufführung, Sendung oder in anderer unkörperlicher Form erscheinen, sondern nur durch Verbreitung von Büchern, Schallplatten, Videogrammen oder anderen **körperlichen Vervielfältigungsstücken.** Es steht der Allgemeinheit dann bleibend zur Verfügung. Auch an diesen im Verhältnis zur Veröffentlichung weiterreichenden Schritt knüpft das Gesetz einzelne Folgen. Unter bestimmten Voraussetzungen darf ein erschienenes Werk öffentlich wiedergegeben (§ 52 Abs. 2) und zu eigenen Zwecken vervielfältigt werden (§ 53 Abs. 2 Nr. 4a).

Zunächst gelten dieselben Voraussetzungen wie bei der Veröffentlichung des Werkes, nämlich Öffentlichkeit, Zugang für die Öffentlichkeit und Zustimmung des Urhebers. Darüber hinaus muss eine genügende Anzahl von Vervielfältigungsstücken des Werkes hergestellt sein und für die Öffentlichkeit bereitstehen. Die erforderliche Anzahl der Vervielfältigungsstücke ist von den Umständen des Einzelfalls abhängig, insbesondere von der Art des Werkes und der Art der Verbreitung. Bei **Dissertationen** genügte früher die Abgabe der üblichen 50 Pflichtexemplare. Mittlerweile werden Dissertationen häufig auf elektronische Weise zugänglich gemacht, so dass es zusätzlicher Werkexemplare nicht mehr bedarf. **Belletristische Werke** müssen in höherer Auflage hergestellt werden, damit der übliche Bedarf der Öffentlichkeit gedeckt wird. Soweit **Noten** von Werken der Musik lediglich leihweise angeboten werden, genügt es, wenn einige Partituren zum Ausleihen bereitstehen. Desgleichen kann die Abgabe von **Tonträgern** an Veranstalter von Aufführungen, Sendeunternehmen oder Werbeagenturen ausreichen (BGH GRUR 1981, 360, 362 – Erscheinen von Tonträgern). Ebenso genügt bei **Filmwerken** die Abgabe an die üblichen Kreise der Vermittler, z.B. Filmtheater, Filmverleiher oder Sendeanstalten. Bei **Werken der bildenden Künste** reicht es aus, wenn das Original oder ein Vervielfältigungsstück des Werkes in Ausstellungen, Magazinen der Museen oder in sonstiger Form für die Öffentlichkeit zugänglich bleibt (§ 6 Abs. 2 S. 2). Zeitlich befristete **Leihgaben** erfüllen diesen Zweck nicht. Bei den digitalen **elektronischen Medien,** z.B. Online-Datenbanken und Internet, werden keine körperlichen Vervielfältigungstücke für die einzelnen Nutzer hergestellt und versandt. Dort ist ein Werk erschienen, wenn es im Datenbankspeicher festgelegt, also vervielfältigt, und nun der Allgemeinheit zum Abruf zugänglich gemacht wird.

Ist ein Werk einmal veröffentlicht oder erschienen, kann dieser Vorgang nicht mehr rückgängig gemacht werden, selbst wenn es in Vergessenheit gerät, vergriffen ist oder sonstwie aus dem Blickfeld der Öffentlichkeit tritt.

2. Rückrufsrechte

Das Gegenstück zum Veröffentlichungsrecht sind die Rückrufsrechte des Urhebers, um die Veröffentlichung wieder selbst in die Hand zu nehmen oder zu stoppen.

a) Rückrufsrecht wegen Nichtausübung

Der Urheber kann das einem Verwerter **ausschließlich eingeräumte Nutzungsrecht** zurückrufen, wenn dieser das Recht nicht oder nur unzureichend ausübt und dadurch berechtigte Interessen des Urhebers erheblich verletzt (§ 41). Er soll nicht zusehen müssen, wie sein Werk in einer Schublade verschwindet. In solchen Fällen kann er über den Rückruf versuchen, es anderweitig zu veröffentlichen. Das Rückrufsrecht ist grundsätzlich unverzichtbar (§ 41 Abs. 4). Vom Erwerber des Nutzungsrechts wird nichts Unmögliches verlangt; denn das Rückrufsrecht kann frühestens zwei Jahre – bei Zeitungen und Zeitschriften schon früher – seit Rechtseinräumung ausgeübt werden. Außerdem muss der Urheber dem Inhaber des Nutzungsrechts den **Rückruf ankündigen** und ihm eine **angemessene Nachfrist** zur vertragsgemäßen Ausübung des Nutzungsrechts setzen. Hat der Urheber dem Verwerter **mehrere Nutzungsrechte** eingeräumt und macht Letzterer nur teilweise hiervon Gebrauch, kann der Urheber diejenigen Rechte zurückrufen, die von dem Verwerter nicht ausgewertet worden sind. Im **Bereich des Films** ist das Rückrufsrecht wegen Nichtausübung eingeschränkt (§ 90). Hat der Urheber die Voraussetzungen seines Rückrufsrechts erfüllt und den

Rückruf ausgesprochen, fallen die Rechte automatisch an ihn zurück (vgl. § 41 Abs. 5).

Das Rückrufsrecht wegen Nichtausübung soll in allen **Mitgliedstaaten der EU** geregelt werden (Art. 22 CDSM-RL). Bei der Umsetzung des Art. 22 CDSM-RL wird den Mitgliedstaaten ein weiter Gestaltungsspielraum gewährt, so dass die Voraussetzungen für dieses Recht in den einzelnen Mitgliedstaaten unterschiedlich ausfallen können. Außerdem kann anstelle des Rückrufsrechts eine Regelung vorgesehen werden, wonach die Exklusivität des eingeräumten Nutzungsrechts beendet und es dem Urheber ermöglicht wird, das Nutzungsrecht auch einem anderen Verwerter einzuräumen (vgl. § 40a; s.u. S. 274 f.).

b) Rückrufsrecht wegen gewandelter Überzeugung

Ferner kann der Urheber ein Nutzungsrecht von dessen Inhaber zurückrufen, wenn das **Werk nicht mehr seiner Überzeugung entspricht** und ihm deshalb die Verwertung des Werkes nicht mehr zugemutet werden kann. Auf diese Weise lässt sich eine bevorstehende Veröffentlichung verhindern und eine bereits stattfindende Verwertung stoppen. Für den Verwerter ist ein solcher Schritt sehr einschneidend. Deshalb kommt ein derartiger Rückruf nur bei Änderung der politischen oder religiösen Überzeugung, neuen wissenschaftlichen Erkenntnissen oder anderen beachtlichen Gründen in Betracht. Ggf. wird der Urheber dem Verwerter eine Änderung oder Überarbeitung des Werkes oder andere weniger einschneidende Maßnahmen anbieten müssen. Außerdem ist er verpflichtet, den Inhaber des Nutzungsrechts **angemessen zu entschädigen,** soweit dessen Aufwendungen infolge des Rückrufs nicht genutzt werden konnten (§ 42 Abs. 3). Erst nach Ersatz dieser Aufwendungen ist der Rückruf wirksam, es sei denn, dass der Verwerter dem Urheber die Aufwendungen nicht binnen drei Monaten nach Erklärung des Rückrufs mitgeteilt hatte. Wurde der Rückruf wirksam erklärt, fällt das Nutzungsrecht automatisch wieder an den Urheber zurück. Will er das Werk später wieder verwerten, muss er es zunächst dem bisherigen Verwerter zu angemessenen Bedingungen anbieten (§ 42 Abs. 4).

Auf das Rückrufsrecht kann im Voraus nicht verzichtet werden (§ 42 Abs. 2). Außerdem kann es grundsätzlich nur vom Urheber selbst, nicht aber von seinen Rechtsnachfolgern ausgeübt werden.

3. Anerkennung der Urheberschaft, Urhebernennungsrecht

Der Urheber hat das Recht auf Anerkennung seiner Urheberschaft am Werk (§ 13), sei es gegen diejenigen, die seine Urheberschaft bestreiten, sei es gegen jene, die sich unzulässigerweise die Urheberschaft an seinem Werk anmaßen. Dieses Recht berührt die ideellen Interessen des Urhebers so stark, dass es **unübertragbar und unverzichtbar** ist. Das gilt nicht nur für denjenigen, der sein Werk anonym oder unter einem Pseudonym veröffentlicht, sondern auch für den Ghostwriter, der das Werk für einen Auftraggeber schafft und einwilligt, dass es unter dessen Namen veröffentlicht wird. **Ghostwriter-Abreden** werden grundsätzlich nur in Ausnahmefällen, z.B. bei Reden und Texten aktuellen politischen Inhalts, für wirksam erachtet. Die Verpflichtung des Urhebers, die wahre Urheberschaft geheim zu halten, bindet ihn im Voraus grundsätzlich nur für eine begrenzte Zeit, nicht aber für die Dauer der urheberrechtlichen Schutzfrist. Es kommt auf die Umstände des Einzelfalls an. Außerdem können derartige Namensabreden die durch das Werk angesprochenen Verkehrskreise täuschen. Deshalb wurde z.B. einem Verlag verboten, populärwissenschaftliche Bücher unter der Autorenangabe *Manfred Köhnlechner* zu vertreiben, die dieser jedenfalls im Wesentlichen gar nicht geschrieben hatte. Wo bestimmte Vorstellungen an eine Person geknüpft werden, ist es wettbewerbswidrig, diese Vorstellungen auf Werke zu lenken, die nur unter dem Aushängeschild – dem Namen – dieser Person verbreitet werden, aber gar nicht von ihr stammen (KG UFITA 80 (1977) 368, 372 – Manfred Köhnlechner).

Der Urheber kann ferner bestimmen, ob das Werk mit einer **Urheberbezeichnung** zu versehen und welche Bezeichnung zu verwenden ist (§ 13 S. 2). Will er inkognito bleiben und seine Werke ohne jegliche Urheberangabe – anonym – oder unter einem ihn unerkannt lassenden Pseudonym veröffentlichen, ist sein Name wegzulassen. In der Regel will er sich jedoch mit seinem Werk gerade dadurch identifizieren, dass er es unter seinem Namen, ggf. unter seinem Pseudonym etc., veröffentlicht. Nur auf diesem Wege kann er beim Publikum als Urheber des Werkes bekannt werden. Außerdem wird seine Urheberschaft nur dann vermutet, wenn auf dem Werkexemplar sein Name angegeben ist (§ 10, s.o. S. 88 f.). Deshalb ist der Name oder das Künstlerzeichen des Urhebers jedenfalls dort anzugeben, wo dies technisch möglich ist und die Form oder Darbietung des Werkes nicht empfindlich gestört wird. Schließlich muss auch bei solchen Nutzungen des Werkes, die nach den Schranken des Urheberrechts gesetzlich gestattet sind, die Quelle – d.h. der Name des Urhebers nebst Fundstelle und ggf. Verlag – stets deutlich angegeben werden (§ 63).

Zur **Urheberbenennung** haben sich bei den einzelnen Werkarten unterschiedliche Gepflogenheiten eingebürgert. Während bei Büchern der Urheber regelmäßig angegeben wird und Werke der bildenden Kunst üblicherweise signiert werden, finden sich Urheberbezeichnungen bei Werken der angewandten Kunst und auch beim Abdruck von Fotografien eher selten. Mitunter wird mit dem Hinweis auf die **Branchenüblichkeit** versucht, eine Unsitte fortdauern zu lassen, die sich nur deshalb durchsetzen konnte, weil die Urheber in der schwächeren Position sind. Derartige Verkehrssitten vermögen das Gesetz jedoch nicht in seinem Kern zu derogieren. „Eine den gesetzlichen Bestimmungen klar zuwiderlaufende Verkehrssitte wäre nichts anderes als eine rechtlich unbeachtliche Unsitte" (so LG München I ZUM 1995, 57, 58; vgl. auch BGH ZUM 1995, 40 – Namensnennungsrecht des Architekten). Angesichts der zunehmenden Verwertungsmöglichkeiten durch Einsatz neuer Techniken und angesichts der ebenfalls zunehmend kollektiven Wahrnehmung von Urheberrechten durch Verwertungsgesellschaften ist dem Urhebernennungsrecht ein höherer Stellenwert als bisher einzuräumen, um Verletzungen leichter kontrollieren und Verwertungen der Werke den betreffenden Urhebern leichter zuordnen zu können. Mag zwar bei manchen Produkten des Industriedesigns aus Platzgründen oder auch aus gestalterischen Erwägungen eine Urhebernennung entfallen, so gibt es keinen Grund, sie bei **Abbildungen derselben Produkte** wegzulassen. Ebenso ist der Fotograf bei Fotos in Zeitungen oder Zeitschriften oder der Entwerfer bei Plakaten so zu benennen, dass ihm sein Werk eindeutig zugeordnet werden kann. **Fotonachweise** im Anhang müssen bei den einzelnen Urhebern zumindest die Seiten, auf welchen die Fotos abgedruckt sind, angeben. In gleicher Weise sind im Wissenschafts- und Hochschulbereich die tatsächlichen Urheber, nicht aber deren Vorgesetzte zu benennen, soweit letztere nicht selbst an diesen Werken schöpferisch mitgewirkt haben.

Wird der Urhebervermerk unberechtigterweise weggelassen, kann dies einen **Schadensersatz** in Höhe der für die jeweilige Nutzung üblicherweise zu zahlenden Lizenzgebühr begründen, also einen **Zuschlag von 100 Prozent** (s.u. S. 357).

4. Das Recht auf Integrität des Werkes

Das Urheberrecht schützt auch das Interesse des Urhebers an der Integrität seines Werkes. Mit der Veröffentlichung hat er die **konkrete Form** und den darin zum Ausdruck gelangenden konkreten geistig-ästhetischen Gesamteindruck seines Werks **bestimmt**. Nur in dieser konkreten Form, d.h. als Ganzes – nicht bloß ausschnittweise – und auch sonst unverändert darf es genutzt werden. Hiervon abweichende Teil-Werknutzungen, Änderungen, Umgestaltungen, Beeinträchtigungen oder Entstellungen sind grundsätzlich unzulässig. Jede **objektive Änderung des Gesamteindrucks** z.B. bei der Verbindung eines Musikwerks mit einer Bildfolge (LG München I ZUM 1993, 289, 291) oder beim Auswechseln eines Teils der Filmmusik durch eine andere (OLG München ZUM 1992, 307, 310) bedarf einer Absprache mit dem Urheber. Diesem Interesse stehen jedoch andere Interessen gegenüber. So will z.B. der Erwerber eines Kunstwerks damit verfahren wie ihm beliebt. Räumt der Urheber einem anderen Nutzungsrechte an seinem Werk ein, lässt sich das Werk mitunter nur dann verwerten, wenn es gekürzt, überarbeitet oder sonstwie geändert wird. Außerdem können die Interessen der öffentlichen Sicherheit gewisse Eingriffe z.B. in ein Bauwerk notwendig werden lassen. Wie weit das Integritätsinteresse des Urhebers reicht und welche Eingriffe er hinzunehmen hat, ist deshalb im Wege einer **Interessenabwägung** zu klären. Dabei kommt es nicht nur auf die Gewohnheiten des Verkehrs, sondern auch auf Art und Rang des Werkes an.

a) Änderungen

Der Inhaber eines Nutzungsrechts darf das Werk, dessen Titel oder Urheberbezeichnung nicht ändern, wenn nichts anderes vereinbart worden ist (§ 39 Abs. 1). Anerkanntermaßen gilt dies nicht nur gegenüber dem Inhaber eines Nutzungsrechts, sondern allgemein gegenüber Dritten. Die Werkänderung setzt einen **Eingriff in die Substanz des Werkes** voraus. Dieser Eingriff ist jedoch zulässig, soweit ihn die vereinbarungsgemäße Nutzung verlangt und der Urheber deshalb seine Einwilligung nach Treu und Glauben nicht versagen kann (§ 39 Abs. 2). Inwieweit nun ein Eingriff zulässig ist oder nicht, hängt von der jeweiligen **Werkart,** der **Schöpfungshöhe des Werkes** und der **vereinbarten Nutzung** ab. Beispielsweise darf die Reportage für eine Tageszeitung vom Redakteur eher gekürzt oder sprachlich geglättet werden als ein Leitartikel, ein wissenschaftlicher Aufsatz oder ein künstlerischer Beitrag. Je mehr das Werk dem angestrebten und vereinbarten Nutzungszweck erst noch angepasst werden muss, desto eher sind auch die hierfür erforderlichen Änderungen hinzunehmen. Verfilmung, Bühnenregie und andere Formen der Bearbeitung oder Werkinterpretation benötigen einen Spielraum, ohne den sie nicht verwirklicht werden könnten. Bei Bauwerken sind vor allem die Eigentümerinteressen zu berücksichtigen. Aus diesem Grunde durfte der Eigentümer eines Verwaltungsgebäudes dessen Flachdach durch eine leicht geneigte Dachkonstruktion ersetzen (OLG Frankfurt GRUR 1986, 244 – Verwaltungsgebäude). Schließlich führen Zitate, Berichterstattungen und ähnliche gesetzlich gestattete Nutzungen des Werkes zwangsläufig zu gewissen Kürzungen, Änderungen im Format und anderen Eingriffen, die in dem hierfür notwendigen Umfang gestattet sind (§ 62 Abs. 1).

b) Entstellung, Vernichtung

Über sämtlichen Eingriffen steht das **Verbot von Entstellungen** oder anderen Beeinträchtigungen des Werkes, die geeignet sind, die berechtigten geistigen oder persönlichen Interessen des Urhebers am Werk zu gefährden (§ 14). Das gilt nicht nur bei Eingriffen in die (körperliche) Substanz des Werkes, sondern auch bei solchen Beeinträchtigungen, die zwar die (körperliche) Substanz des Werkes unberührt lassen, die Interessen des Urhebers aber auf andere Weise gefährden. Außerdem darf nicht übersehen werden, dass Werke geistige Schöpfungen sind. Sie können körperlich sein, müssen es aber nicht. Maßgeblich ist also die **geistige Substanz,** wie sie der Leser, Hörer oder Betrachter des Werkes wahrnimmt. Wird z.B. ein Bild des Malers Hundertwasser eingerahmt und der Rahmen im Stile dieses Malers bemalt, so dass der Rahmen dem Betrachter als Fortsetzung oder Vergrößerung des eingerahmten Werkes erscheint, liegt eine Beeinträchtigung auch dann vor, wenn an dem eingerahmten Hundertwasser-Bild keine körperlichen Eingriffe vorgenommen werden (BGH GRUR 2002, 532, 534 – Unikatrahmen).

Bei der erforderlichen **Interessenabwägung**sind Art und Umfang der gestatteten Werknutzung, der Grad der schöpferischen Eigenart des Werkes und die weiteren Besonderheiten des Einzelfalls zu berücksichtigen. Beispielsweise wurde in der Thomas-Kirche in Berlin-Wittenau statt der geplanten Pfeifenorgel eine elektronische Orgel nebst Lautsprecher aufgestellt. Das Gericht hielt die gestalterische Wirkung des Orgeltisches für untergeordnet und verneinte eine Entstellung des Innenraums der Kirche (BGH GRUR 1982, 107, 110 – Kirchen-Innenraumgestaltung). In einem anderen Falle hielt der Bundesgerichtshof die Änderungen des Bühnenbildes zu den Oberammergauer Passionsspielen zwar für beeinträchtigend. Der Spielleiter *Georg Johann Lang* habe seinerzeit jedoch stillschweigend zugestimmt, die von ihm geschaffenen Bühnenbilder im Laufe der Zeit weiterzuentwickeln und zu ändern. Deshalb wurde eine Entstellung verneint (BGH GRUR 1989, 106, 108 – Oberammergauer Passionsspiele II). Dagegen wurde eine Entstellung im Falle „Hajek" bejaht. Der Bildhauer *Otto Hajek* hatte an einem Verwaltungsgebäude mittels Plastiken, Farbwegen, Strukturfeldern und Malereien ein Gesamtkunstwerk geschaffen, von welchem der Eigentümer dieses Gebäudes im Zuge von Umbaumaßnahmen Teile entfernt hatte. Hierdurch wurde das Werk des Künstlers entstellt (LG München NJW 1982, 655).

Bei der **Vernichtung eines Werkes** wird man zunächst differenzieren müssen zwischen dem körperlichen Werkexemplar und dem geistigen (unkörperlichen) Werk. Letzteres kann z.B. in Fotografien von dem Werkexemplar eines Werkes der bildenden Künste oder auch in der Erinnerung der Betrachter fortbestehen, auch wenn das körperliche Werkexemplar vollständig zerstört worden ist. In jedem Fall ist die Vernichtung eines Werkes eine andere Beeinträchtigung i.S.v. § 14. Ferner ist das Interesse des Eigentümers, mit seiner Sache (dem Werkexemplar) nach Belieben verfahren zu dürfen, mit dem Interesse des Urhebers am Erhalt seines Werkes abzuwägen. Dabei ist unter anderem zu beachten, ob es sich um ein bewegliches oder unbewegliches Werk, ein Unikat oder ein Vervielfältigungsstück, ein Werk eines bekannten oder unbekannten Künstlers handelt, welche Gestaltungshöhe das Werk aufweist, ob es ein Werk der zweckfreien oder der angewandten Kunst ist und ob der Eigentümer das Werk an den Künstler oder an einen interessierten Dritten herausgeben kann (BGH GRUR 2019, 609 Rn. 34 ff. – HHole (for Mannheim). Im Zweifelsfall darf ein Werk nicht vernichtet werden. Bei Bauwerken werden die Interessen des Eigentümers eher überwiegen als bei beweglichen Werken, die herausgegeben werden können.

Im **Bereich des Films** ist der Schutzumfang gegen Entstellungen geringer; denn dort können hinsichtlich der Herstellung und Verwertung des Filmwerks **nur gröbliche Entstellungen** oder andere gröbliche Beeinträchtigungen der Werke verboten werden (§ 93). Wer sein Werk einerseits für eine Verfilmung zur Verfügung stellt, andererseits aber das Risiko einschneidender Eingriffe gering halten will, muss dies durch zusätzliche Mitspracherechte oder andere Vorbehalte gesondert vereinbaren (vgl. OLG München GRUR 1986, 460 – Die unendliche Geschichte).

5. Zugangsrecht

Zum unauflöslichen urheberpersönlichkeitsrechtlichen Band zwischen Urheber und Werk gehört ferner das Zugangsrecht (§ 25). Seine Bedeutung hat es vor allem **im Bereich der bildenden Künste.** Der Urheber kann vom Besitzer des Originals oder eines Vervielfältigungsstücks seines Werkes verlangen, ihm selbiges zugänglich zu machen, soweit dies zur Herstellung von Vervielfältigungsstücken oder Bearbeitungen des Werkes erforderlich ist und nicht berechtigte Interessen des Besitzers entgegenstehen. Beispielsweise ist einem Architekten der Zutritt zu dem von ihm entworfenen Bauwerk zu gewähren, um es fotografieren zu können, vorausgesetzt, dass dieses Bauwerk urheberrechtlich geschützt ist. Soweit z.B. Teile eines Bauwerks keinen Urheberrechtsschutz genießen, kann hinsichtlich dieser Bereiche kein Zugang verlangt werden. Außerdem soll das Zugangsrecht nur ermöglichen, Vervielfältigungsstücke oder Bearbeitungen des Werkes herzustellen, nicht aber das Werk zu besichtigen, um etwaige Urheberrechtsverletzungen aufzuspüren. Will der Urheber sein Werk aber nicht nur besichtigen, sondern auch fotografieren, ist ihm Letzteres zu gestatten.

Das Zugangsrecht wird nur in dem **erforderlichen Umfang** gewährt. Es entfällt, wenn sich der Urheber auf andere Weise ein Vervielfältigungsstück verschaffen kann. Ebenso braucht der Besitzer das Werk grundsätzlich nicht an den Urheber herauszugeben. Lässt sich aber z.B. eine Plastik nur in der Gießerei eines Dritten vervielfältigen, so ist sie zu diesem Zweck auf Kosten des Urhebers an einen kompetenten Dritten seiner Wahl kurzfristig herauszugeben. Das Interesse des Eigentümers, ein Unikat zu besitzen, muss dahinter grundsätzlich zurückstehen. Allerdings wird der Urheber besagte Plastik nur fotografieren, nicht aber abgießen dürfen, wenn befürchtet werden muss, dass das Unikat beim Abguss beschädigt wird. Insoweit überwiegen die berechtigten Interessen des Besitzers. Ferner kann z.B. bei persönlich angefertigten **Familienbildnissen** das Zugangsrecht gegenüber einem Mitglied dieser Familie unzumutbar sein.

Jedenfalls soweit sich der Urheber ein Vervielfältigungsstück für sein privates Archiv herstellen will, ist das **Zugangsrecht unverzichtbar**; denn der Zugang soll ihm ja gerade für den Fall ermöglicht werden, dass er sein Werk bereits aus der Hand gegeben hat und auf anderem Wege an dieses Werk nicht mehr herankommt.

6. Rechtsübertragung

Das enge Band zwischen Urheber und Werk zeigt sich ferner in der **Unübertragbarkeit des Urheberrechts** (§ 29 Abs. 1). Es ist zwar vererblich (§ 28 Abs. 1), und Dritten können einzelne Nutzungsrechte eingeräumt werden (§ 29 Abs. 2). Solange der Urheber lebt, bleibt das Urheberrecht als Ganzes jedoch bei ihm. Ebenso bedarf die Weiterübertragung der einzelnen Nutzungsrechte grundsätzlich seiner Zustimmung (§ 34 Abs. 1). Weitere Einzelheiten hierzu folgen unten S. 198, 200 ff.

II. Verwertungsrechte

Das Urheberrecht schützt den Urheber nicht nur in seinen geistigen und persönlichen Beziehungen zum Werk, sondern auch in der **Nutzung des Werkes.** Darüber hinaus dient es zugleich der **Sicherung einer angemessenen Vergütung** für die Nutzung des Werkes (§ 11 S. 2). Demgemäß ist der Urheber grundsätzlich für jede Nutzung seines Werkes zu vergüten. Die Rechtsprechung hat daraus den **Grundsatz abgeleitet, den Urheber tunlichst an dem wirtschaftlichen Nutzen zu beteiligen**, der aus seinem Werk gezogen wird, und zwar bei jeder einzelnen Nutzung des Werkes (BGHZ 17, 266, 282 – Grundig-Reporter; BVerfG GRUR 2014, 169 Rn. 87 – Übersetzerhonorare). Dieses **Prinzip der angemessenen Vergütung** hat **Leitbildfunktion** und ist im gesamten Urheberrecht zu beachten (BGH GRUR 2012, 1031 Rn. 21 – Honorarbedingungen Freie Journalisten). Was ist nun die **Nutzung** eines Werks? Sämtliche Werke sind unter anderem deshalb geschützt, weil sie **geistig** sind. Sie müssen nicht als Werkexemplare verkörpert sein, sondern können auch flüchtig durch Vortrag, Sendung oder andere unkörperliche Wiedergabe wahrnehmbar sein. Entscheidend ist also die **Wahrnehmung des Werks**, nämlich es lesen, hören oder betrachten zu können. Das liegt auch nahe, da ein geistiges Werk nur geistig genutzt werden kann. Bei den technischen Vorgängen der Vervielfältigung, Verbreitung, Sendung etc. findet keinerlei geistige Auseinandersetzung statt. Es wäre allerdings sehr mühevoll und uferlos, hinsichtlich jeder einzelnen Wahrnehmung des Werks einen Nutzungsvertrag mit der jeweils wahrnehmenden Person abzuschließen. Deshalb hat der Gesetzgeber zu Recht entschieden, **an den vorgelagerten Vermittlungshandlungen anzuknüpfen**, mit denen das Werk wahrnehmbar gemacht wird, nämlich an der Vervielfältigung, Verbreitung, Sendung und sonstigen Zugänglichmachung des Werks durch Verleger, Tonträgerhersteller, Filmproduzenten, Online-Plattformen oder sonstige Intermediäre. Sie stellen Bücher, Tonträger, DVDs und weitere körperliche Werkexemplare her und machen die Werke durch Sendung, Online-Zugang in der Cloud oder auf andere Weise nur deshalb zugänglich, weil die Leser, Hörer und Betrachter hierfür zahlen oder die zugleich mitgelieferte Werbung in Kauf nehmen müssen. Im Ergebnis muss der Endverbraucher hierfür zahlen. Deshalb ist von einem **Stufensystem der mittelbaren Erfassung des Endverbrauchers** die Rede. Mit den im Gesetz geregelten Verwertungsrechten soll die Wahrnehmung, also der Werkgenuss des Werkes erfasst werden, ohne in jedem Falle direkt an den Endverbraucher herantreten zu müssen. Durch die Verwertungsrechte wird der **Werkgenuss** zwar **vielfach freigestellt**. Die Benutzung eines Werkes als solches, das Lesen eines Buches, das Anhören einer Schallplatte, das Betrachten eines Kunstwerks oder eines Videofilms, soll kein urheberrechtlich relevanter Vorgang sein (BGH GRUR 1991, 449, 453 – Betriebssystem). Er bleibt aber **die wesentliche Nutzung des Werkes**. Diese Ausgangslage ist bei der Auslegung und Anwendung der Verwertungsrechte zu beachten, insbesondere dort, wo mit Geschäftsmodellen versucht wird, an den gesetzlichen Regeln und deren Auslegung vorbeizukommen, um eine Vergütung der Urheber zu vermeiden.

Die **Verwertungsrechte** (§§ 15 ff.) umschreiben die üblichen Arten, wie Werke genutzt und an den Endverbraucher vermittelt werden (s.u. S. 209 f.). Beispielsweise kann ein Roman vervielfältigt (gedruckt) und dann als Buch-, Luxus-, Hardcover-, Taschenbuch-, Buchclub- oder sonstige Ausgabe verbreitet werden. Wird er in andere Sprachen übersetzt, findet sich für die genannten Ausgaben im Ausland ein zusätzlicher Markt. Mancher Roman wird verfilmt.

Dieser Film ist in verschiedene Sprachen synchronisierbar, um dann im Kino vorgeführt, im Fernsehen gezeigt oder auf einer Plattform des Internets zugänglich gemacht zu werden. Schließlich kann der Roman fortsetzungsweise in Zeitungen abgedruckt, in Veranstaltungen vorgelesen, zu einem Bühnenstück dramatisiert oder auf andere Weise bearbeitet werden. Die aufgezählten **Nutzungsarten** lassen sich in verschiedene Auswertungsstufen und wirtschaftliche Einnahmequellen unterteilen. Entsprechend zahlreich sind auch die **Nutzungsrechte** an ein und demselben Werk. Wie z.B. die Videotechnik oder das Internet zeigen, führen neue Technologien zu neuen Märkten mit neuen Nutzungsformen und Verwertungspraktiken. Parallel hierzu entstehen auch neue Nutzungsrechte. Deshalb zählt das Gesetz (§ 15) die **Verwertungsrechte** des Urhebers nicht abschließend, sondern nur **beispielhaft** auf, so dass sich neue Nutzungsrechte dort durchaus einbeziehen lassen.

Es wird zwischen Verwertungsrechten in **körperlicher Form** und solchen in unkörperlicher Form unterschieden. Zu ersteren erwähnt das Gesetz die Vervielfältigung, Verbreitung und Ausstellung von Werkstücken. Dort geht es um den **Verkehr mit Werkexemplaren.** Die Verwertung in **unkörperlicher Form** betrifft hingegen die **öffentliche Wiedergabe** des Werkes, und zwar durch Vortrag, Aufführung, Vorführung, Sendung und Wiedergabe durch Bild- oder Tonträger sowie durch Wiedergabe von Funksendungen. In privaten Kreisen ist die Wiedergabe gestattet. Sie ist **öffentlich**, wenn sie sich – ggf. zeitverschoben – an eine Mehrzahl von Personen richtet, die individuell nicht bestimmt und persönlich weder untereinander noch zum Veranstalter verbunden sind. Bei Vereinsabenden, Betriebsfeiern, Abschlussbällen oder ähnlichen Veranstaltungen, wo nicht nur die Mitglieder, der Freundeskreis oder der sonstige individuell abgrenzbare Personenkreis teilnimmt, ist die Werkwiedergabe öffentlich. Während der Begriff der Öffentlichkeit beim Veröffentlichungsrecht (§ 12, s.o. S. 93 ff.) grundsätzlich eng ausgelegt wird, ist die Wiedergabe des Werkes im Zweifel bereits dann öffentlich, wenn sie für eine Mehrzahl von Personen bestimmt ist. Diese Personenmehrzahl muss sich nicht unbedingt in einem Raum befinden. Gelangt das Werk z.B. über die Verteileranlage eines Hotels oder einer Justizvollzugsanstalt in die einzelnen Zimmer und Zellen an Einzelpersonen, geschieht dies gleichwohl öffentlich (vgl. BGH GRUR 1994, 45, 47 – Verteileranlagen).

Bis zum Gesetz zur Regelung des Urheberrechts in der Informationsgesellschaft vom 10.9.2003 war nicht geregelt, wo die **elektronische Werkvermittlung** z.B. durch **Online-Abrufdienste** einzuordnen ist. Einerseits sind diese Dienste unkörperlich, so dass es naheliegt, sie als öffentliche Wiedergabe einzustufen. Andererseits bestimmt beim elektronischen Abruf – anders als bei der Vorführung oder Sendung – der Interessent, wann er was abrufen will. Ob dies öffentlich im bisherigen Sinne ist, lässt sich unterschiedlich beurteilen. Außerdem muss es beim elektronisch vermittelten Abruf eines Werkes nicht dabei bleiben, dass sich der Interessent das Werk nur am Bildschirm anschaut. Er kann es auch auf seinem Computer abspeichern und von dort ausdrucken lassen. Auf diese Weise kommt er wiederum in den Besitz eines körperlichen Werkstücks. Vom Ergebnis her betrachtet, macht es nun keinen Unterschied, ob der Anbieter eine Kopie des Werkes verschickt oder ob sich der Interessent das Werkstück auf elektronischem Wege beschafft. Man könnte also auch an eine Verwertung des Werkes in körperlicher Form denken. Die **WIPO** nahm dies zum Anlass, im WIPO Copyright Treaty vom 20.12.1996 ein **Recht zur Zugänglichmachung** von Werken und sonstigen Schutzgegenständen zu regeln. Die EG-Kommission erließ hierzu am 22.5.2001 die **Richtlinie** zur Harmonisierung bestimmter Aspekte des Urheberrechts und der verwandten Schutzrechte in der Informationsgesellschaft. Danach steht den Urhebern das ausschließliche Recht zu, die öffentliche drahtgebundene oder drahtlose Wiedergabe von Originalwerken und Vervielfältigungsstücken ihrer Werke einschließlich der öffentlichen Zugänglichmachung der Werke in der Weise, dass sie Mitgliedern der Öffentlichkeit von Orten und zu Zeiten ihrer Wahl zugänglich sind, zu erlauben oder zu verbieten (Art. 3 dieser Richtlinie). Es war damit zu rechnen, dass ein derartiges Recht in § 15 geregelt werde, sei es, dass es dort zusätzlich erwähnt wird, oder sei es, dass der bisherige Öffentlichkeitsbegriff entsprechend erweitert worden wäre. In jedem Falle liegt auch dieses Recht beim Urheber; denn sämtliche

Verwertungsrechte entstehen durch die Schaffung des Werkes originär bei ihm (§ 7). Ein Werk kann nur entweder körperlich oder unkörperlich verwertet oder genutzt werden. Folglich muss eine neue Art der Werkverwertung in den bei § 15 lediglich beispielhaft – nicht abschließend – aufgeführten Katalog der Verwertungsrechte fallen. Mit der Regelung des **Rechts der öffentlichen Zugänglichmachung** in § 19a (durch das Urheberrechtsänderungsgesetz vom 10.9.2003) wurde klargestellt, dass zu den Verwertungsrechten des § 15 auch das Recht zählt, ein Werk Dritten auf Wunsch elektronisch zugänglich zu machen.

Manche Verwertungsrechte sind bereits **EU-weit harmonisiert**, so dass deren Auslegung letztlich vom Urteil des EuGH abhängt. Das hat insbesondere bei der Frage, was öffentlich ist, zu Divergenzen mit der bisherigen Rechtsprechung des BGH geführt. Eine bisher gefestigte Rechtsprechung kann nachträglich also durchaus wieder zu korrigieren sein.

Die **Aufteilung des Urheberrechts in einzelne Verwertungsrechte** folgt dem Grundsatz, den Urheber tunlichst an sämtlichen Erträgnissen, die mit den verschiedenen Verwertungsformen seines Werkes erzielt werden, angemessen zu beteiligen (§ 11 S. 2). Sämtliche Rechte stehen ihm ausschließlich zu. Er kann sie einzeln und an verschiedene Personen vergeben. Der Verwerter des Werkes muss sich deshalb vergewissern, ob er tatsächlich alle erforderlichen Rechte für die von ihm geplante Nutzung erworben hat. Insoweit ist der nachfolgende Katalog der im Gesetz – beispielhaft, nicht abschließend – geregelten Rechte des Urhebers für den Verwerter gewissermaßen eine Checkliste, anhand welcher er überprüfen kann, ob seine Nutzung von den erworbenen Rechten gedeckt ist.

1. Vervielfältigungsrecht

Das Vervielfältigungsrecht ist das Recht, Vervielfältigungsstücke des Werkes herzustellen, gleichviel in welchem Verfahren und in welcher Zahl (§ 16 Abs. 1). Jede **körperliche Festlegung des Werkes**, die geeignet ist, es dem Menschen wahrnehmbar zu machen, zählt hierzu. Die Art des Materials und des Herstellungsverfahrens – z.B.

analog oder digital – ist gleichgültig. Nicht nur Bücher, Drucke und Noten, sondern auch Schallplatten, Tonträger, Videobänder, Bildplatten, CD-ROMs, EDV-Speicher, Disketten oder sonstige „Werkträger", die das Werk zwar enthalten, aber nicht unmittelbar wahrnehmbar werden lassen, sind Vervielfältigungen. Dasselbe gilt für Mikroverfilmungen, Fotos von Werken sowie für Druckstöcke, Negative, Matrizen, Masterbänder und andere Vorrichtungen oder Vorstufen zur Herstellung des Werkes. Auch die Ausführung von Plänen oder Entwürfen, die Abbildung eines dreidimensionalen Werkes in zweidimensionaler Form oder umgekehrt, die Übertragung eines Werkes auf Bild- oder Tonträger und die Überspielung von Bild- oder Tonträgern (§ 16 Abs. 2) fällt unter das Vervielfältigungsrecht.

Die Vervielfältigung kann sich auf einzelne Teile des Werkes beschränken, so dass das Werk auch im Wege von Bearbeitungen oder Umgestaltungen teilweise vervielfältigt werden kann (BGH GRUR 2014, 65 Rn. 36 – Beuys-Aktion). Bereits die **Herstellung einer einzigen Kopie** ist Vervielfältigung; denn auf die Anzahl der Vervielfältigungsstücke kommt es nicht an. Das Vervielfältigungsrecht kann auf eine bestimmte Anzahl an Exemplaren – z.B. auf eine einzige Auflage von 1.000 Exemplaren (vgl. § 5 Abs. 2 VerlG) – begrenzt werden. In einem solchen Fall muss sich der Verwerter um weitergehende Rechte bemühen, wenn er mehr Exemplare herstellen will, als vereinbart worden war.

Grundsätzlich ist jede **Einspeicherung** oder jedes **Hoch- oder Herunterladen** eines Computerprogramms in eine Computeranlage als Vervielfältigung zu werten (BGH GRUR 1994, 363, 365 – Holzhandelsprogramm). Es war umstritten, welche Schritte beim Gebrauch eines Computerprogramms als Vervielfältigung anzusehen und somit erlaubnispflichtig sind. Einerseits gehört z.B. der Programmlauf oder das Überspielen auf den Arbeitsspeicher zum üblichen und notwendigen Gebrauch des Programms wie das Lesen beim Buch, so dass dem Erwerber eines Computerprogramms derartige Handlungen gestattet sein müssen. Andererseits kann ein und dasselbe Programm auf beliebig viele Arbeitsspeicher überspielt und auf diese Weise von beliebig vielen Personen genutzt werden. Das übersteigt den üblichen und durch den Erwerb des Programms gerechtfertigten Gebrauch. Deshalb wurde das **Vervielfältigungsrecht bei Computerprogrammen** in § 69c Nr. 1 gesondert geregelt. Nicht nur die dauerhafte, sondern auch die vorübergehende Vervielfältigung mit jedem Mittel und in jeder Form ist zustimmungsbedürftig. Das gilt auch für das Laden, Anzeigen, Ablaufen, Übertragen oder Speichern des Computerprogramms, soweit es eine Vervielfältigung erfordert. Ob letzteres jeweils der Fall ist, ließ der Gesetzgeber allerdings offen. Nach § 69d sind dem zur Nutzung eines Programms Berechtigten jedoch bestimmte Handlungen ausdrücklich erlaubt (s.u. S. 180 f.), nämlich die bestimmungsgemäße Benutzung des Programms (§ 69d Nr. 1), die Erstellung einer Sicherungskopie (§ 69d Nr. 2) und solche Maßnahmen, die erforderlich sind, um das Funktionieren des Programms beobachten, untersuchen oder testen zu können (§ 69d Nr. 3). Demnach darf er das Programm in der für den bestimmungsgemäßen Gebrauch üblichen und notwendigen Form ablaufen lassen, speichern und überspielen, solange auf diese Weise nicht andere Nutzer versorgt werden. Letzteres müsste gesondert vereinbart werden.

Außerdem werden nicht nur Computerprogramme, sondern auch Texte, Musikwerke, Fotos und andere Werke vorübergehend vervielfältigt, um sie insbesondere über das Internet online bereitzuhalten, zu übermitteln oder abzurufen (BGH GRUR 2015, 258 Rn. 35 – CT-Paradies). Ist die betreffende Nutzung insgesamt vom Rechtsinhaber gestattet oder gesetzlich im Wege der Urheberrechtsschranken (§§ 45 ff.) zulässig, ist auch eine derartige **flüchtige oder begleitende Vervielfältigungshandlung** zulässig, soweit sie als technisch unumgänglicher Teil des gestatteten Nutzungsvorgangs keine eigenständige wirtschaftliche Bedeutung hat (§ 44a).

2. Verbreitungsrecht

Das Verbreitungsrecht ist das Recht, das Original oder **Vervielfältigungsstücke des Werkes** der Öffentlichkeit anzubieten oder **in Verkehr zu bringen** (§ 17 Abs. 1). Meistens wird es in einem Zuge mit dem Vervielfältigungsrecht erwähnt, weil die Werkstücke in der Regel vervielfältigt werden, um sie dann öffentlich verbreiten zu können. Solange das Werk im privaten oder betriebsinternen Bereich bleibt, liegt noch keine Verbreitung vor. Sie beginnt erst, wenn es an die **Öffentlichkeit** gelangt. Hierfür ist ausreichend, wenn für die Werkexemplare in Anzeigen, Prospekten, Katalogen oder sonstigen Werbematerialien geworben wird. Die Werkexemplare müssen also nicht erst über den Ladentisch gehen.

Nach bisheriger Gesetzeslage und früherer Rechtsprechung umfasste das Verbreitungsrecht nicht nur den Verkauf und jegliche Übertragung des Eigentums (also auch durch Geschenk, Tausch oder andere Eigentumsübertragung), sondern auch die **vorübergehende Besitzüberlassung** durch Vermieten und Verleihen (BGH GRUR 2007, 50 Rn. 14 – Le-Corbusier-Möbel). Nach Auffassung des **EuGH** setzt die Verbreitung im Sinne von Art. 4 Abs. 1 Info-RL eine Eigentumsübertragung voraus, so dass die bloße Besitzüberlassung keine Verbreitung ist. Das ist zwar sehr umstritten, der BGH sah sich aber an die Auffassung des EuGH gebunden und verlangt nun ebenfalls eine **Eigentumsübertragung** (BGH GRUR 2009, 840 Rn. 19, 21 f. – Le-Corbusier-Möbel II). Das **Vermietrecht** wird – anders als früher – nicht mehr als Teil des Verbreitungsrechts, sondern **als eigenständiges Recht** angesehen (s.u. S. 117).

Das Verbreitungsrecht kann weltweit, aber auch beschränkt auf einzelne Länder eingeräumt werden. Vergibt der Urheber beispielsweise die Buchrechte nur für die Schweiz, dürfen diese Bücher nicht in die Bundesrepublik Deutschland exportiert werden. Ebenso kann gegen den Vertrieb derjenigen Exemplare vorgegangen werden, die im Ausland zwar ohne Zustimmung des Rechtsinhabers, aber nach dortiger Rechtslage dennoch rechtmäßig hergestellt worden sind und nun ins Inland exportiert werden, wo die Verbreitung jedoch nur mit Zustimmung des Rechtsinhabers gestattet ist. Die Weiterverbreitung in der BRD setzt also voraus, dass das Werk dort verbreitet werden darf.

Das Verbreitungsrecht ist jedoch durch den sog. **Erschöpfungsgrundsatz** begrenzt (§ 17 Abs. 2). Danach darf ein Werkexemplar beliebig weiterverbreitet werden, wenn es zuvor mit Zustimmung des Berechtigten in der Bundesrepublik Deutschland veräußert worden war. Dem Urheber bleibt also nur das **Recht zur Erstverbrei-**

tung vorbehalten. Stimmt er ihr zu, so ist es verbraucht. Wer also ein Buch rechtmäßig gekauft hat, darf es ohne Zustimmung des Urhebers weiterverkaufen. Allerdings kann der Urheber auch dieses Recht auf einzelne Länder beschränken. Gestattet er in dem obigen Beispiel die Verbreitung des Buchs nur in der Schweiz, nicht aber in Deutschland, kann er gegen einen Weiterveräußerer in der Bundesrepublik Deutschland vorgehen. Erstreckte sich seine Zustimmung jedoch auch auf dieses Gebiet, dürfen die Bücher dort ebenfalls verbreitet werden.

Darüber hinaus ist das Verbreitungsrecht nicht nur durch den Erschöpfungsgrundsatz (§ 17 Abs. 2), sondern auch durch die **Regelung des freien Warenverkehrs in der Europäischen Wirtschaftsgemeinschaft** beschränkt; denn nach dem Art. 34 AEUV sind mengenmäßige Einfuhrbeschränkungen sowie alle Maßnahmen gleicher Wirkung zwischen den Mitgliedstaaten verboten. Die nationalen Urheberrechte bleiben zwar in ihrem Bestand gewährleistet (Art. 36 AEUV). Ihre Ausübung darf jedoch dem freien Warenverkehr im Binnenmarkt nicht im Wege stehen. Letzteres wäre der Fall, wenn sich das Verbreitungsrecht auf einen einzelnen Mitgliedstaat wirksam beschränken ließe. Nach der Rechtsprechung des EuGH gilt deshalb die Zustimmung zur Verbreitung des Werks in einem Mitgliedstaat der EU oder des EWR gleichzeitig auch für die anderen Mitgliedstaaten. Der deutsche Gesetzgeber hat den Wortlaut des Gesetzes (§ 17 Abs. 2) an diese Rechtslage angepasst, als er die EG-Richtlinie zum Vermiet- und Verleihrecht durch das 3. Urheberrechtsänderungsgesetz vom 23.6.1995 in nationales Recht umsetzte. Stimmt der Urheber z.B. dem Vertrieb von Schallplatten in Frankreich zu, dürfen diese Tonträger auch in den anderen Mitgliedstaaten der EU verbreitet werden. Das gilt aber nur innerhalb dieses Vertragsgebiets. Exporte in Nicht-Mitgliedstaaten sind hiervon nicht gedeckt. Umgekehrt kann der Urheber Importe aus Nicht-Mitgliedstaaten in die EU (bzw. den EWR) unterbinden, wenn er der Verbreitung nur in dem Nicht-Mitgliedstaat, nicht aber in der EU zugestimmt hatte.

Die Erschöpfungswirkung beschränkt sich allein auf die **Weiterverbreitung des jeweiligen Werkexemplars**. Sie gilt ferner nicht für die öffentliche Wiedergabe desselben Werkes (BGH GRUR 2000, 699, 701 – Kabelweitersendung) oder andere Verwertungsrechte des Urhebers. Wurde das Verbreitungsrecht nur für eine bestimmte Zeit eingeräumt, dürfen solche Werkexemplare nicht mehr weiterverbreitet werden, die erst nach Ablauf der vereinbarten Zeit veräußert worden sind.

Manche Werke (z.B. Computerprogramme, E-Books) werden sowohl in körperlicher Form als Werkexemplare als auch in unkörperlicher Form online oder nur **online in Verkehr gebracht**, so dass sich der Erwerber das Werk herunterladen oder ausdrucken kann. Im Ergebnis hat er dann ebenfalls ein körperliches Werkexemplar. Es stellt sich deshalb die Frage, ob der Erschöpfungsgrundsatz für diese Exemplare ebenfalls anzuwenden ist, so dass sie ohne weitere Zustimmung des Urhebers weiterverkauft werden könnten (z.B. bei gebrauchter Software). Nach Auffassung des EuGH sind körperliche und nicht körperliche **Programmkopien** gemäß Art. 4 Abs. 2 Computer-RL gleichzustellen, so dass dort unter bestimmten Voraussetzungen der Erschöpfungsgrundsatz anwendbar ist (EuGH GRUR 2012, 904 Rn. 72 – UsedSoft). Es ist **umstritten**, ob der **Erschöpfungsgrundsatz auch für andere Werkarten** (z.B. E-Books) **anwendbar ist**, die nicht unter die Computer-Richtlinie fallen. Dem Erschöpfungsgrundsatz liegt die Überlegung zugrunde, dass der Urheber beim Erstverkauf von Büchern und dergleichen abschätzen kann, welche weiteren Verkäufe hiervon wirtschaftlich betrachtet umfasst sein müssen. Diese Überlegung greift bei online zugänglich gemachten Werken nicht mehr. Bei ihnen gibt es (anders als bei Büchern) keine Abnutzungserscheinungen. Sie bleiben qualitativ auf Dauer bestehen und lassen sich spielend leicht weiterveräußern. Wollte der Urheber schon beim Verkauf seines Werkes all diese Nutzungen einpreisen, müsste er einen geradezu unverkäuflich hohen Preis verlangen, soweit er sämtliche möglichen weiteren Nutzungen überhaupt abschätzen kann. Nach derzeitiger Rechtsprechung ist der **Erschöpfungsgrundsatz** dort **nicht anwendbar** (vgl. OLG Hamm GRUR 2014, 853, 857 ff. – Hörbuch-AGB).

3. Vermietrecht, Verleihrecht

Früher war das Vermietrecht zwar als eigenständiges Verbotsrecht, aber zugleich als Teil des Verbreitungsrechts angesehen worden. Aufgrund der Rechtsprechung des EuGH (s.o. S. 114) soll es nun nicht mehr Teil des Verbreitungsrechts sein, aber weiterhin ein **eigenständiges Ausschließlichkeitsrecht**, nämlich das Original oder Vervielfältigungsstücke des Werkes zeitlich begrenzt und unmittelbar oder mittelbar zu Erwerbszwecken der Öffentlichkeit zum Gebrauch zu überlassen (§ 17 Abs. 3). Wer Tonträger, Videogramme, Bildplatten, CD-ROMs, Disketten oder sonstige Werkträger erwirbt, darf sie zwar in der Regel weiterveräußern, aber nicht weitervermieten, soweit er das hierfür erforderliche Vermietrecht nicht erworben hat. Mit dem Verkauf des Werkexemplars erschöpft sich das Vermietrecht nicht (§ 17 Abs. 2). Vom Vermietrecht **ausgenommen** sind Bauwerke und Werke der angewandten Kunst. Häuser, Wohnungen, Möbel, Geschirr etc. dürfen also vermietet werden, ohne hierfür ein gesondertes Nutzungsrecht erwerben zu müssen (§ 17 Abs. 3 Nr. 1). Anders verhält es sich bei Gemälden, Skulpturen und anderen Werken der bildenden Künste, die z.B. von **Artotheken** oder an Ausstellungshäuser vermietet werden. Dort ist das Vermietrecht des Urhebers grundsätzlich zu beachten. Hingegen sind solche Originale oder Vervielfältigungsstücke vom Vermietrecht ausgenommen, die im Rahmen eines **Arbeits- oder Dienstverhältnisses** zu dem ausschließlichen Zweck benutzt werden, Verpflichtungen aus dem Arbeits- oder Dienstverhältnis zu erfüllen (§ 17 Abs. 3 Nr. 2). Es handelt sich hier in erster Linie um **Werkbüchereien**, die von Unternehmen unterhalten werden und von deren Angestellten für berufliche Zwecke zur Verfügung stehen sollen. Diese grundsätzlich eng auszulegende Ausnahmevorschrift erstreckt sich also nicht auf die Freizeitnutzung der Werkbüchereien durch Betriebsangehörige.

Auf europäischer Ebene wurden das Vermiet- und das Verleihrecht in der **Richtlinie** 2006/115/EG **zum Vermiet- und Verleihrecht** (kodifizierte Fassung) geregelt. Während das Vermietrecht als ausschließliches Recht konzipiert wurde (Art. 3 Abs. 1 RL), wie es in Deutschland gem. § 17 Abs. 3 bereits geschehen war, blieb es den

Mitgliedstaaten überlassen, ob das **Verleihrecht** ebenfalls als ausschließliches Recht geregelt wird (Art. 6 Abs. 1 RL). Das deutsche Urheberrechtsgesetz sieht für das **Verleihen**, nämlich Vervielfältigungsstücke zeitlich begrenzt und unentgeltlich zum Gebrauch zu überlassen, **kein Exklusivrecht** vor. Infolgedessen erschöpft sich das Verleihrecht mit dem Verkauf (der Verbreitung) des Werkexemplars. Will der Urheber dies vermeiden, sollte er das Werk nicht verkaufen, sondern nur verleihen. In jedem Falle ist für den Urheber sowohl beim Verleihen (Art. 6 Abs. 1 RL) als auch beim Vermieten (Art. 5 Abs. 1 RL) eine **angemessene Vergütung** vorzusehen. Sie wurde in § 27 geregelt (s.u. S. 133).

4. Ausstellungsrecht

Das Ausstellungsrecht ist eine besondere Form des Veröffentlichungsrechts. Es wird deshalb auf die Ausführungen zum Veröffentlichungsrecht verwiesen (s.o. S. 95).

5. Vortrags-, Aufführungs- und Vorführungsrecht

Vortrag, Aufführung und Vorführung sind **Nutzungen** des Werkes **in unkörperlicher Form**. Nicht das Werkexemplar, sondern der Werkgehalt wird dem Publikum dargeboten. Im privaten Kreise ist dies ohne weiteres gestattet. Darbietungen an die Öffentlichkeit (s.o. S. 109) bedürfen jedoch der Zustimmung des Rechtsinhabers.

Beim **Vortrag** – z.B. Reden, rollenverteilte Lesungen oder Dichterlesungen – wird ein Sprachwerk persönlich dargeboten (§ 19 Abs. 1). Von einer **Aufführung** (§ 19 Abs. 2) spricht man, wenn ein Werk der Musik durch persönliche Darbietung öffentlich (z.B. in einem Konzert) zu Gehör gebracht oder ein Bühnenwerk öffentlich dargeboten wird (z.B. Theater–, Opern- oder Ballettaufführungen). Bei manchen Darbietungen können sich Vortrags- und Aufführungsrecht überschneiden. Eine persönliche Darbietung liegt auch dann vor, wenn sich der Vortragende oder Aufführende eines Mikrophons, Verstärkers, Lautsprechers oder eines sonstigen Hilfsmittels bedient. Das Vortrags- und Aufführungsrecht umfasst ferner das Recht, Vorträge und Aufführungen mit technischen Hilfsmitteln auch **außerhalb des Raumes**, in welchem sie persönlich dargeboten werden, **öffentlich wahrnehmbar zu machen** (§ 19 Abs. 3). Konferenzen, Konzerte und ähnliche Veranstaltungen dürfen also zeitgleich in einen Nebenraum übertragen werden. Dagegen erstreckt sich dieses Recht nicht auf eine Nutzung außerhalb der Veranstaltung, z.B. durch Übertragung im Rundfunk (vgl. § 37 Abs. 3).

Das **Vorführungsrecht** ist das Recht, ein Werk der bildenden Künste, ein Lichtbildwerk, ein Filmwerk oder Darstellungen wissenschaftlicher oder technischer Art durch technische Einrichtungen öffentlich wahrnehmbar zu machen (§ 19 Abs. 4). Hierzu zählen Filmvorführungen, Diaschauen, Tonbildschauen und andere technische Vorführformen, bei denen das Werk beliebig oft und unverändert gezeigt werden kann.

6. Senderecht

Das Senderecht ist das Recht, das Werk durch Funk, wie Ton-und Fernsehrundfunk, Satellitenfunk, Kabelfunk oder ähnliche technische Mittel, der Öffentlichkeit zugänglich zu machen (§ 20). Unter **Funk** ist jede Übertragung von Zeichen, Tönen oder Bildern durch elektromagnetische Wellen zu verstehen, die von einer Sendestelle ausgesandt werden und an anderen Orten von einer beliebigen Zahl von Empfangsanlagen aufgefangen und wieder in Zeichen, Töne oder Bilder zurückverwandelt werden können. Es ist gleichgültig, ob die Sendung terrestrisch, über einen Satelliten oder per Drahtfunk an die Öffentlichkeit gelangt. Rechtlich relevant ist die **Ausstrahlung** der Sendung. Ihr **Empfang** ist urheberrechtlich **frei.**

Die Sendung muss sich **an die Öffentlichkeit** richten, also an einen größeren Personenkreis, dessen Mitglieder weder untereinander persönlich verbunden sind noch nach außen eine sich zusammengehörig fühlende, abgeschlossene Gemeinschaft bilden. Öffentlich sind z.B. auch Rundfunkvermittlungsanlagen beim Hotelvideo oder Lautsprecheranlagen in Kaufhäusern, Gewerbebetrieben oder ähnlichen Unternehmen, wo die Allgemeinheit mit Musik und Filmen berieselt wird. Gestaltet der Betreiber solcher Anlagen das Programm selbst, indem er z.B. Hotelgästen eine Auswahl von Tonträgern oder DVDs anbietet, so sendet er. Gibt er lediglich das von ihm empfangene Programm über die Rundfunkvermittlungsanlage zeitgleich weiter, ist strittig, ob diese Nutzung ebenfalls als Sendung (§ 20) oder als Wiedergabe von Funksendungen (§ 22) einzustufen ist. Der BGH sieht darin eine Sendung und hat dies für die Verteileranlage einer Justizvollzugsanstalt bestätigt (BGH GRUR 1994, 45, 46 – Verteileranlagen). Letztlich sind beide Nutzungsarten nur mit Erlaubnis des Rechtsinhabers zulässig.

Dem Senderecht unterliegt **jede einzelne Sendung,** also auch die **Wiederholungssendung** oder die Weitersendung. Grundsätzlich ist auch die Weiterleitung von Sendungen durch Kabel (**Kabelfernsehen**) ein neuer Sendevorgang (BGH GRUR 2000, 699, 700 – Kabelweitersendung). Das ist insbesondere dann anzunehmen, wenn mit Hilfe der Kabelsendung ein wesentlich größerer Teilnehmerkreis erreicht und der übliche Empfang verstärkt und verbessert wird oder wenn über die Empfangs- und Weiterleitungsanlage zusätzliche Programme eingespeist werden. Keine gesonderte Sendung liegt hingegen vor, wenn die Kabelsendung z.B. bei Gemeinschaftsantennen oder in sog. Abschattungsgebieten aus technischen Gründen erforderlich ist, da sonst die Erstsendung überhaupt nicht empfangen werden könnte.

Kabel- und Satellitenfernsehen breiten sich zunehmend aus. Es wird über die Landesgrenze hinweg gesendet. Bestes Beispiel hierfür ist das Gemeinschaftsprogramm ARTE. Einerseits haben die Veranstalter solcher Programme Probleme, sämtliche Rechte für die verschiedenen Länder zu erwerben. Das gilt vor allem bei alten Filmen; denn damals waren Kabel- und Satellitenfernsehen noch nicht bekannt. Die hierfür erforderlichen Rechte müssen ggf. von den einzelnen Urhebern und Rechtsinhabern erst noch eingeholt werden. Andererseits können die Urheber immer weniger überschauen, wo ihre Filme überall gesendet werden. Deshalb hat die EG am 27.9. 1993 eine **Richtlinie** zur Koordinierung bestimmter urheber- und leistungsschutzrechtlicher Vorschriften **betreffend Satellitenrundfunk und Kabelweiterverbreitung** erlassen. Die dortigen Regelungen hat der deutsche Gesetzgeber durch das 4. Urheberrechtsänderungsgesetz vom 8.5.1998 in nationales Recht umgesetzt. Insbesondere wurde Folgendes festgelegt:

Sowohl das Recht der Satellitensendung als auch das Recht zur Kabelweitersendung sind **Verbotsrechte**, die dem Urheber zustehen (§ 20). Die umstrittene Frage, ob beim Satellitenrundfunk das Recht des Sendestaates und/oder das Recht des jeweiligen Empfangsstaates anzuwenden ist, wurde in der Weise gelöst, dass für Satellitensendungen, die innerhalb des Gebietes eines Staates der EU oder des EWR ausgestrahlt werden, ausschließlich das Recht dieses Staates gilt. Wird außerhalb eines Mitglied- oder Vertragsstaates per Satellit gesendet und wird dort nicht das für die EU und den EWR vorgesehene urheber- und leistungsschutzrechtliche Schutzniveau gewährleistet, gilt das Recht desjenigen Mitgliedstaates, in dem die Erdfunkstation liegt oder wo das Sendeunternehmen seine Niederlassung hat (§ 20a).

Der **Kabelweitersendung,** nämlich dem zeitgleich, unverändert und vollständig weiterübertragenen Programm durch Kabelsysteme, stehen gemäß § 20b keine rechtlichen Hindernisse im Wege. Soweit die Urheber oder die Inhaber verwandter Schutzrechte, ausgenommen der Sendeunternehmen, Kabelrechte besitzen, können sie sie nur durch eine Verwertungsgesellschaft geltend machen (§ 20b Abs. 1). Die **Verwertungsgesellschaft** muss auf Grund ihres Abschlusszwangs jedem Interessenten das von ihr wahrgenommene Recht zur Kabelweitersendung zu angemessenen Tarifen einräumen (§ 34 Abs. 1 VGG). Die **Sendeunternehmen** können die Kabelweitersenderechte hinsichtlich ihrer eigenen Sendungen selbst geltend machen (§ 20b Abs. 1 S. 2), müssen aber mit den Kabelunternehmen entsprechende Verträge zu angemessenen Bedingungen abschließen (§ 87 Abs. 5). Insofern unterliegen sie ebenfalls einem Abschlusszwang.

Die **Urheber** sind in jedem Falle **angemessen zu vergüten,** wenn ihre Werke per Kabel genutzt werden. Entweder erhalten sie diese Vergütung über die Verwertungsgesellschaft, die ihre Rechte wahrnimmt, oder sie haben einen **unverzichtbaren Anspruch auf angemessene Vergütung** gegen das Kabelunternehmen. Dieser Anspruch kann im Voraus nur an eine Verwertungsgesellschaft abgetreten werden (§ 20b Abs. 2). In der Regel werden derartige Ansprüche durch eine Verwertungsgesellschaft wahrgenommen. Ausnahmen hiervon sind durch Tarifverträge und Betriebsvereinbarungen der Sendeunternehmen grundsätzlich möglich. Sie müssen aber ebenfalls eine angemessene Vergütung des Urhebers für jede Kabelweitersendung vorsehen. Bisher ist die Kabelweitersendung i.S.v. § 20b nur auf die Weiterleitung per Kabel oder Mikrowellen beschränkt. Mittlerweile werden Programme auch per Satellit, Internet, Handy-TV und andere neue Techniken und deren Einsatz weitergeleitet. Deshalb wurde eine technologieneutrale Regelung verlangt. Dem ist der Gesetzgeber jedoch noch nicht nachgekommen. Möglicherweise wird er das im Zuge der Umsetzung von Art. 13 CDSM-RL vom 17.4. 2019 nachholen.

7. Recht der öffentlichen Zugänglichmachung

Die Digitaltechnik bringt es mit sich, Werke jedweder Art zunehmend in elektronischer Form an die Öffentlichkeit heranzutragen. Es wird zwischen Offline-Nutzungen und Online-Nutzungen unterschieden. Bei **Offline-Nutzungen,** z.B. CD-ROM, CDI etc., handelt es sich um Vervielfältigungen in körperlicher Form, die in einer neuen Technik hergestellt werden. Sie fallen als eigenständige Nutzungsart unter das Vervielfältigungsrecht (§ 16; s.o. S. 111 f.). Im Wege der **Online-Nutzung** können Interessenten die Werke zu beliebiger Zeit z.B. von Datenbanken oder über das Internet abrufen, am Bildschirm betrachten und/oder abspeichern und ausdrucken. Gegenüber den bisherigen Formen der Verbreitung, Sendung oder einer sonstigen bisher bekannten Werknutzung handelt es sich um eine **eigenständige Nutzungsart,** für welche sich derjenige, der das Werk auf diese Weise nutzen will, das entsprechende Nutzungsrecht in jedem Falle gesondert einräumen lassen muss.

Die Online-Nutzung ist als Recht der öffentlichen Zugänglichmachung in § 19a geregelt (s.o. S. 110 f.). In seiner unkörperlichen Art der Werkvermittlung ähnelt dieses Recht dem Senderecht, unterscheidet sich hiervon aber darin, dass das Werk nicht zu einer bestimmten Sendezeit, sondern auf Dauer zum Abruf an die Öffentlichkeit bereitgehalten wird. Ein weiterer Unterschied besteht darin, dass der Endverbraucher wählen kann, wo und wann er das Werk abruft. Während bei der Sendung der Empfang nur gleichzeitig an eine Vielzahl von Personen möglich ist, kann das Werk beim Recht der öffentlichen Zugänglich-machung von den einzelnen Personen sukzessive abgerufen werden. Es ist eine **interaktive Nutzung,** wie sie das Internet oder auch andere digitale Netzwerke ermöglichen. Es genügt bereits die **Bereitstellung des Werkes.** Wer fremde Werke ins Netz stellt und dort sichtbar oder abrufbar macht, der nutzt im Wege der öffentlichen Zugänglichmachung (§ 19a). Es kommt nicht darauf an, dass das Werk tatsächlich abgerufen wird. Desgleichen genügt ein Einstellen auf die private Webseite, wenn hierauf von der Öffentlichkeit zugegriffen werden kann, wie z.B. beim Filesharing.

Wer durch **Setzen eines Links** auf ein fremdes Werk – wie bei einer Fundstelle – lediglich verweist, macht das Werk hierdurch noch nicht zugänglich. Darüber hinaus hat der BGH für Suchdienste den Zugriff über Deep-Links auf fremde Webseiten als zulässig angesehen, wenn hierdurch keine technischen Schutzmaßnahmen umgangen werden. Wer sein Werk ins Internet stellt, müsse mit derartigen Zugriffen rechnen (vgl. BGH GRUR 2003, 958, 962 f. – Paperboy). Inwieweit dies für sämtliche Formen des Linking – z.B. auch für das **Framing,** bei dem das fremde Werk gewissermaßen auf die eigene Homepage geholt wird – gilt, ist strittig. Nach bisheriger **Rechtsprechung des EuGH** ist jede Form des Linkings – auch das Framing – zulässig, wenn der Zugang nicht von vorherein durch Schutzmaßnahmen kontrolliert werden kann. Nach Auffassung des EuGH kommt es darauf an, ob durch den Link ein **neues Publikum** erreicht wird. Das sei nicht der Fall, wenn das Werk schon zuvor im Internet für jeden zugänglich war (EuGH GRUR 2014, 1196 Rn. 15 f. – BestWater; BGH GRUR 2016, 171 Rn. 34 – Die Realität II). Deshalb muss sich gut überlegen, wer sein Werk ohne technische Schutzmaßnahmen ins Internet stellt. Wer jedoch auf das fremde Werk nicht nur einen Link setzt, sondern es auf seiner eigenen Webseite speichert und zugänglich macht, begeht eine Urheberrechtsverletzung, wenn er sich das Recht zur Zugänglichmachung vorher nicht hatte einräumen lassen. In diesem Falle hat es der Urheber des fremden Werks nicht mehr in der Hand, sein Werk selbst aus dem

Internet zu entfernen. Das genügt, um eine Urheberrechtsverletzung zu bejahen (EuGH GRUR 2018, 911 Rn. 30, 46 – Cordoba).

§ 19a wurde vom Gesetzgeber bewusst **technologieneutral** gefasst, damit auch andere Techniken der Zugänglichmachung hierunter fallen können. Fraglich ist, worunter die sog. Pushdienste fallen. Auf der einen Seite ermöglichen sie keinen individuellen Abruf. Auf der anderen Seite wird das Werk nicht nur zu einem bestimmten Zeitpunkt, sondern zu mehreren feststehenden Zeitpunkten hintereinander zugänglich gemacht. Es spricht deshalb Einiges dafür, derartige Dienste ebenfalls unter § 19a fallen zu lassen, zumal der Gesetzgeber durch die Regelung des § 19a erkennen ließ, dass derartige Dienste ebenfalls bei der unkörperlichen Wiedergabe einzuordnen sind. Eine öffentliche Zugänglichmachung findet ebenso statt, wenn das Werk den Nutzern im Wege des **Streaming** zugänglich gemacht wird. Es kommt nicht darauf an, dass das Werk beim Nutzer dauerhaft verbleibt. Die bloße Betrachtung der Internetseiten ist grundsätzlich zulässig (EuGH ZUM 2014, 681 Rn. 61 ff. – PRCA/NLA).

8. Recht der Wiedergabe durch Bild- oder Tonträger

Werden Vorträge, Aufführungen oder sonstige Darbietungen von Werken auf Bild- oder Tonträger aufgenommen, dürfen letztere ebenfalls nur mit Zustimmung des Rechtsinhabers öffentlich wahrnehmbar gemacht werden (§ 21). Dieses Wiedergaberecht ist ein sog. **Zweitverwertungsrecht,** nachdem eine Erstverwertung bereits durch Aufnahme des Vortrags oder der Aufführung auf einen Bild- oder Tonträger stattgefunden hatte.

9. Recht der Wiedergabe von Funksendungen und von öffentlicher Zugänglichmachung

Das Recht der Wiedergabe von Funksendungen ist das Recht, Funksendungen des Werkes durch Bildschirm, Lautsprecher oder ähnliche technische Einrichtungen öffentlich wahrnehmbar zu machen (§ 22). Es umfasst nicht nur **Funksendungen,** sondern auch Werke, die z.B. über das **Internet** öffentlich zugänglich gemacht worden sind. Hierunter fällt das Aufstellen von Fernsehgeräten in Gastwirtschaften, Gemeinschaftsräumen von Heimen, Hotels, Krankenhäusern und ähnlichen Institutionen, wo mehrere Menschen zusammenkommen, die sich nicht oder nur teilweise persönlich kennen.

10. Bearbeitungsrecht – freie Benutzung

Dem Urheber ist die **Nutzung** seines Werkes nicht nur in identischer, sondern auch in **abgewandelter Form** vorbehalten. Bearbeitungen oder andere Umgestaltungen seines Werkes dürfen nur mit seiner Einwilligung veröffentlicht oder verwertet werden (§ 23). Hierunter fallen nicht nur Übersetzungen, Verfilmungen oder ähnliche Bearbeitungen, die ihrerseits selbstständig schutzfähig sind (vgl. § 3), sondern auch sonstige Umgestaltungen, die weder der weiteren Auswertung des bearbeiteten Werkes dienen noch ihrerseits Urheberrechtsschutz genießen.

Zustimmungsbedürftig ist allerdings nur die **Veröffentlichung** und Verwertung des bearbeiteten oder umgestalteten Werkes, **nicht** bereits dessen **Herstellung.** Im privaten Bereich darf grundsätzlich experimentiert und beliebig bearbeitet oder umgestaltet werden. **Ausgenommen** von diesem Freiraum sind jedoch die Verfilmung eines Werkes, die Ausführung von Plänen und Entwürfen eines Werkes der bildenden Künste oder der Nachbau eines Werkes der Baukunst sowie die Bearbeitung oder Umgestaltung eines Datenbankwerkes. Diese Bearbeitungen werden wegen der hohen Herstellungskosten in der Regel nicht zu privaten Zwecken, sondern mit Verwertungsabsicht ausgeführt. Sie sind deshalb schon von vornherein – zur Herstellung – erlaubnispflichtig. Eine weitere Ausnahme wurde bei **Computerprogrammen** gemacht. Dort hat der Rechtsinhaber das ausschließliche Recht, das Computerprogramm zu übersetzen, zu bearbeiten, zu arrangieren oder auf andere Weise umzuarbeiten sowie diese Erzeugnisse zu vervielfältigen (§ 69c Nr. 2). Wer jedoch ein Programm rechtmäßig erworben hat, soll zumindest das Funktionieren dieses Programms beobachten, untersuchen oder testen dürfen (§ 69d Nr. 3). Ebenso soll jeder an die sog. Schnittstellen eines Programms herankommen, soweit sie noch nicht bekannt sind und soweit damit nur die Interoperabilität zu anderen Programmen erreicht, nicht aber ein im Wesentlichen ähnliches Programm als Konkurrenzprodukt hergestellt werden soll (§ 69e; s.u. S. 181).

Ein Verwerter darf das Werk selbst dann nicht umgestalten, wenn ihm ein Nutzungsrecht eingeräumt worden ist; denn gestattet ist nur die Nutzung des Werkes in dessen unveränderter Form (§ 39 Abs. 1). Geringfügige Ausnahmen hiervon sind nur in dem Umfang zulässig, den die vereinbarte Nutzung des Werkes zwangsläufig mit sich bringt, so dass der Urheber den hierfür notwendigen **Änderungen** seines Werkes die Zustimmung nach Treu und Glauben nicht versagen kann (§ 39 Abs. 2). Was diesen Rahmen übersteigt, darf nur mit Zustimmung des Urhebers des umgestalteten Werkes verwertet werden. Zwar kann die Bearbeitung eines Werkes ihrerseits schutzfähig sein. Sie ist aber nach wie vor vom bearbeiteten Werk – und auch von der Zustimmung dessen Urhebers – abhängig, weil dessen Züge in abgewandelter Form weiterhin erkennbar bleiben. Man spricht deshalb auch von **abhängigen Nachschöpfungen.**

Je weiter sich der Bearbeiter von den Formen des Erstwerkes entfernt und je mehr er zu eigenen Formen findet, desto mehr verlieft das Zweitwerk seine Abhängigkeit vom Erstwerk. Es wird schließlich zu einem selbstständigen Werk, das in **freier Benutzung** des Werkes eines anderen geschaffen worden ist und ohne Zustimmung des Urhebers des benutzten Werkes veröffentlicht und verwertet werden darf (§ 24 Abs. 1). Im Falle der freien Benutzung muss das Zweitwerk mehr eigenständige individuelle Züge besitzen als eine bloße Bearbeitung. Das Erstwerk darf nur als **Anregung** dienen. Eine freie Benutzung liegt deshalb erst dann vor, wenn angesichts der Eigenart des neuen Werkes die Züge des geschützten älteren Werkes verblassen. Grundsätzlich werden hieran **strenge Anforderungen** gestellt. Maßgebend sind insbesondere die Schöpfungshöhe und der sich hieraus ergebende Schutzumfang des benutzten Werkes. Je eigenartiger es ist, desto weniger lässt sich das nachgeschaffene Werk als freie Benutzung bewerten. Umgekehrt ist von einer freien Benutzung dort eher auszugehen, wo sich die Eigenart des Zweitwerks gegenüber dem benutzten Werk in besonderem Maße abhebt.

Schließlich sind auch hier die **Interessen des Urhebers** an der ausschließlichen Nutzung seines Werkes sowie die **Interessen der**

Allgemeinheit am freien Zugang zum Werkschaffen anderer (s.o. S. 13 f.) gegeneinander abzuwägen. Grundsätzlich stellt die Rechtsprechung an das Vorliegen einer freien Benutzung strenge Anforderungen. Wird ein Werk aber für eine eigene gedankliche Aussage benutzt, so ist dies eher als freie Benutzung einzustufen als jenes Zweitwerk, mit welchem versucht wird, auf der Welle des wirtschaftlichen Erfolgs des Erstwerkes mitzuschwimmen. Wird z.B. eine vorhandene Dokumentation zur Geschichte der deutschen Kriegsgefangenen im Zweiten Weltkrieg für eine Dokumentation zum gleichen Thema benutzt, so fehlt letzterer die besondere Eigenprägung, wenn Auswahl und Anordnung des Materials ähnlich ausfallen wie bei der benutzten Dokumentation (BGH GRUR 1982, 37, 39 – WK-Dokumentation). Dagegen kann eine **Satire, Karikatur** oder **Parodie** durchaus als selbstständig schutzfähiges Werk anzusehen sein, obwohl dort im Rahmen der antithematischen Behandlung das benutzte Werk absichtlich bis zu einem gewissen Grade erkennbar bleiben muss, da anderenfalls der mit dieser Kunstrichtung verfolgte Zweck überhaupt nicht erreicht werden kann. Insoweit sind die Besonderheiten dieser Kunstrichtung zu berücksichtigen. Die Parodie ist als freie Benutzung zulässig, wenn die entlehnten Züge nur Anknüpfungspunkt für den parodistischen Gedanken sind, das selbstständig Geschaffene dominiert und der Charakter der Parodie klar erkennbar wird (BVerfG NJW 1971, 2169, 2172 – Disney-Parodie). Das neue Werk muss gegenüber dem parodierten Werk einen **inneren Abstand** wahren, so dass es seinem Wesen nach als selbstständig angesehen werden kann. Dieser innere Abstand war bei zahlreichen sog. Jubiläums-Persiflagen zu den Asterix-Comics eingehalten worden, bei manchen aber nicht (BGH GRUR 1994, 191, 193 – Asterix-Persiflagen).

Ein derartiger Abstand kann nicht nur bei Parodien, sondern auch bei anderen Werken entstehen (vgl. BGH GRUR 2014, 258 Rn. 39 – Pippi-Langstrumpf-Kostüm). Außerdem ist bei Werken der bildenden Kunst eine **kunstspezifische Betrachtungsweise** anzulegen. Es ist im Einzelfall abzuwägen, ob die Interessen eines Künstlers aus der ihm zugebilligten **Kunstfreiheit** (Art. 5 Abs. 1 GG) ggf. höher zu bewerten sind als die aus der Eigentumsgarantie (Art. 14 GG) herrührenden Interessen des Urhebers an seinem Werk (vgl. BVerfG GRUR 2016, 680 Rn. 86 – Metall auf Metall). Einen hiermit vergleichbaren angemessenen Ausgleich der gegenüberstehenden Interessen und Grundrechte der Urheber einerseits und der Nutzer andererseits verlangt auch der EuGH (EuGH GRUR 2019, 929 Rn. 32 – Pelham/Hütter [Metall auf Metall]). Es ist umstritten, ob § 24 als weitere Schrankenregelung anzusehen und deshalb unionsrechtswidrig ist (s.u. S. 139). Deshalb ist nicht ausgeschlossen, dass der Gesetzgeber diese Vorschrift neu strukturieren wird.

Lehnt sich das benutzte Werk seinerseits an ein anderes Werk an, so wird die Abgrenzung erschwert; denn nun muss im Einzelnen geklärt werden, welche Merkmale des benutzten Werkes selbstständig schutzfähig sind und inwieweit gerade diese Merkmale übernommen wurden. Dient z.B. einem Kunstmaler die Fotografie einer Person als Vorlage für sein Bild, hat der Fotograf keinerlei Rechte an der abgebildeten Person, sondern nur daran, wie diese Person auf der Fotografie abgebildet ist. Ggf. kann die abgebildete Person wiederum Ansprüche aus ihrem Bildnisrecht geltend machen (vgl. § 22 KUG). Es kommt ferner nicht darauf an, wie umfangreich das benutzte Werk oder das Zweitwerk ist. Entscheidend ist vielmehr, ob die benutzten Werkteile und auch das neue Werk selbstständig schutzfähig sind und ob darüber hinaus die individuellen Züge des benutzten Werkes hinter der Individualität des neuen Werkes verblassen, so dass ersteres letzterem nur als Anregung diente. Dabei stehen sich nur die benutzten und die sie benutzenden Teile des jeweiligen Werkes gegenüber (BGH ZUM-RD 2008, 337 Rn. 31 – TV-Total). Eine freie Benutzung liegt nicht schon deswegen vor, weil das Zweitwerk wesentlich umfangreicher ist als das Erstwerk.

Gelten für die freie Benutzung ohnehin verhältnismäßig strenge Maßstäbe, so wird der Spielraum im **Bereich der Musik** noch weiter verengt; denn wird dem benutzten Werk eine Melodie erkennbar entnommen und einem neuen Werk zugrunde gelegt, darf dieses Werk nur mit Zustimmung des Urhebers des benutzten Werkes veröffentlicht und verwertet werden (§ 24 Abs. 2). Einerseits wird dieser sog. **starre Melodienschutz** als zu weitgehend angesehen, zumal es im Bereich der „ernsten“ Musik durchaus üblich ist, Variationen zu bekannten Themen aus Werken anderer Komponisten zu komponieren. Diese Variationen wurden oft sehr berühmt und beliebt. Sie hätten verhindert werden können, wenn der starre Melodienschutz in seiner strengen Form angewendet worden wäre. Andererseits ist die Melodie vor allem in der Schlager- und Unterhaltungsmusik das tragende Element, welches zum Erfolg führt und an den sich nicht selten andere Stückeschreiber anhängen wollen (vgl. BGH GRUR 1988, 812 – Ein bißchen Frieden). Melodien werden deshalb zu Recht als besonders schutzbedürftig angesehen. Nach dem starren Melodienschutz (§ 24 Abs. 2) genügt bereits ihre Erkennbarkeit. Auf ihren Schutzbereich und auf ihre Gestaltungshöhe kommt es nicht an. Besitzen sie die für den Urheberrechtsschutz erforderliche Individualität, dann ist grundsätzlich jede Benutzung, die sie erkennen lässt, nur mit Zustimmung ihres Urhebers zulässig. Das hat das LG München z.B. hinsichtlich Technoversionen des Chorstücks O Fortuna aus den Carmina Burana von *Carl Orff* entschieden (LG München I, Az. 21 O 5691/92). Anders verhält es sich, wenn die Melodie oder Tonfolge ihrerseits aus früheren und möglicherweise schon gemeinfreien Kompositionen vorbekannt ist. Dann verringert sich der Schutzbereich, so dass eine freie Benutzung vorliegen kann (vgl. OLG München ZUM 2000, 408). Auch hier kann es im Einzelfall geboten sein, im Rahmen einer kunstspezifischen Betrachtungsweise die Interessen des Ersturhebers einerseits und die Interessen des Nutzers andererseits gegeneinander abzuwägen, um der Kunstfreiheit Rechnung zu tragen.

11. Verbindung mit anderen Werken

Bei der **Werkverbindung** werden zwei (oder mehrere) eigenständige Werke zu einer gemeinsamen Verwertung verbunden. Sie können nach wie vor außerhalb dieser Verbindung (allein oder in einer anderen Verbindung) genutzt werden. Darin unterscheidet sich die Werkverbindung von der **Miturheberschaft** (§ 8). Letztere setzt ein gemeinsames Werkschaffen der Miturheber an einem Werk voraus, das nur insgesamt verwertet werden kann (s.o. S. 83 ff.).

Hat der Urheber einer gemeinsamen Verwertung seines Werkes mit Werken anderer Urheber zugestimmt, muss er sich bei der Verwertung der verbundenen Werke kooperativ zeigen und in deren Veröffentlichung, Verwertung und Änderung einwilligen, soweit sie ihm zuzumuten sind (vgl. § 9). Umgekehrt braucht er eine Verbindung mit Werken anderer sowie deren gemeinsame Verwertung nicht zu billigen, wenn er ihr zuvor nicht zugestimmt hatte. Gestattet z.B. ein Fotograf oder ein Maler dem Verleger, seine Fotografien bzw. Gemälde abzudrucken, darf der Verleger sie nicht zur Illustration von Texten verwenden. Vielmehr muss Letzteres ausdrücklich vereinbart werden. Ebenso bedarf der Zustimmung des Urhebers, wer dessen Werk unverändert für die Herstellung eines Filmwerks benutzen will (vgl. § 88 Abs. 1); denn für den Urheber ist es durchaus nicht gleichgültig, mit welchen anderen Werken sein Werk gemeinsam verwertet wird. Desgleichen muss die **werbemäßige Nutzung** eines Werkes, z.B. eines Musikstücks für einen Filmtrailer, gesondert vereinbart werden (OLG München NJW 1998, 1413, 1415 – Carmina Burana).

III. Sonstige Rechte des Urhebers

Als sonstige Rechte des Urhebers nennt das Urheberrechtsgesetz das **Zugangsrecht** (§ 25), das **Folgerecht** (§ 26) und die **Vergütung für Vermietung und Verleihen** (§ 27). Das Zugangsrecht ist Teil des Urheberpersönlichkeitsrechts und wurde dort bereits im Einzelnen dargestellt (s.o. S. 105 f.). Zur Vermietung sieht § 27 Abs. 1 einen unverzichtbaren Vergütungsanspruch der Urheber bei Bild- oder Tonträgern vor. Im Übrigen ist das Vermietrecht ein eigenständiges Recht (§ 17 Abs. 3; s.o. S. 117). Die beiden anderen Rechte – Folgerecht und Verleihen – gewähren dem Urheber einen Vergütungsanspruch bei bestimmten Formen der Weiterverbreitung seines Werkes. Insofern schränken sie den Erschöpfungsgrundsatz (§ 17 Abs. 2) ein, der besagt, dass der Urheber an der Weiterverbreitung seines Werkes nicht mehr zu beteiligen ist, nachdem er sein Werk einmal veräußert hatte.

1. Folgerecht

Hat ein Maler oder Bildhauer sein **Werk-Original** verkauft, kann es ohne seine Zustimmung beliebig weiterverbreitet werden (vgl. § 17 Abs. 2). Oft steigt der Wert des Originals jedoch erst im Laufe der Zeit. Deshalb wird die entgeltliche Veräußerung des Originals im Bereich der bildenden Kunst als Nutzung des Werkes in seiner körperlichen Form angesehen. An den **Wertsteigerungen** sollen nicht nur die Kunsthändler oder Versteigerer, sondern auch die **Urheber beteiligt** sein, und zwar in Höhe einer **prozentualen Beteiligung am Veräußerungserlös** (§ 26 Abs. 1). Auf diesen Anteil kann der Urheber im Voraus nicht verzichten (§ 26 Abs. 3). Entgegenstehende Vereinbarungen sind unwirksam.

In Deutschland gibt es das Folgerecht bereits seit der Urheberrechtsreform von 1965. Nicht selten versuchen Kunsthändler und Kunstversteigerer den Ansprüchen aus dem Folgerecht dadurch zu entgehen, dass die Kunstverkäufe in einem anderen Land abgewickelt werden, wo das dortige Urheberrechtsgesetz kein Folgerecht vorsieht. Das war bis noch vor kurzem in England und ist nach wie vor in der Schweiz und in den USA der Fall, wo sich bedeutende Kunsthandelszentren befinden, deren Interessenvertreter die Einführung eines Folgerechts nicht zuletzt mit dem Hinweis verhindern konnten, es schade nur dem Standortvorteil für den Kunstmarkt. Wurde z.B. ein Kunstwerk aus Deutschland zu Christie‘s nach London gebracht und dort versteigert, war deutsches Recht nicht anwendbar, selbst wenn der Veräußerer und der Künstler Deutsche waren und wenn für die Versteigerung auch in Deutschland geworben wurde (BGH GRUR 1994, 798, 800 – Folgerecht bei Auslandsbezug). Das musste zwangsläufig zu Wettbewerbsverzerrungen führen. Die EU hat deshalb am 27.9.2001 eine **Richtlinie zum Folgerecht** erlassen. Sie gewährte den Mitgliedstaaten, die noch kein Folgerecht hatten, eine lange Umsetzungsfrist bis zum 1.1.2006. Außerdem mussten manche Kompromisse gemacht werden, die zu unterschiedlichen Regelungen in den einzelnen Mitgliedstaaten führen können. So darf die Höhe des Mindestverkaufspreises, ab welchem die Folgerechtsvergütung zu zahlen ist, 3.000 Euro nicht überschreiten (Art. 3

Abs. 2 der Richtlinie), aber unterschreiten. Legen die Mitgliedstaaten also unterschiedliche **Mindestverkaufspreise** im jeweiligen nationalen Recht fest, können in diesem Bereich Folgerechtsansprüche in dem einen Land bestehen, in dem anderen Land hingegen nicht. Außerdem sieht Art. 4 der Richtlinie keine einheitliche prozentuale Beteiligung am Verkaufserlös vor, sondern eine mit zunehmendem Verkaufspreis **degressive Beteiligung,** die grundsätzlich bei 4% beginnt und bis auf 0,25% absinkt. Darüber hinaus wird ein **Maximalbetrag** pro Veräußerung auf 12.500 Euro festgelegt (Art. 4 Abs. 1 der Richtlinie). Hieran musste der deutsche Gesetzgeber § 26 anpassen. Waren bisher generell 5% des Veräußerungserlöses ohne jegliche Deckelung als Folgerechtsvergütung zu leisten, sind nun nur 4% zu zahlen, und zwar abfallend bis 0,25% und begrenzt auf einen Maximalbetrag in Höhe von 12.500 Euro pro Veräußerung (§ 26 Abs. 2). Die Mindestvergütung, ab welcher eine Beteiligung des Urhebers anfällt, beträgt 400 Euro (§ 26 Abs. 1 S. 4). Bei geringeren Veräußerungserlösen muss der Urheber nicht beteiligt werden.

Einen Kunstmarkt gibt es nicht nur bei den klassischen Werken der bildenden Künste, sondern schon seit langem auch im Bereich der **Fotografie**. Deshalb fallen Lichtbildwerke ebenfalls unter das Folgerecht.

Werke der **Baukunst** und der **angewandten Kunst** sind vom Folgerecht ausdrücklich **ausgenommen** (§ 26 Abs. 8). Es muss also zwischen Werken „reiner" Kunst und angewandter Kunst abgegrenzt werden. Letztere sind Bedarfs- und Gebrauchsgegenstände mit künstlerischer Formgebung. Sie unterscheiden sich von den Werken der bildenden Kunst vor allem durch ihren Gebrauchszweck. Mitunter werden aber auch Werke der angewandten Kunst auf Kunstausstellungen gezeigt und über Galerien vertrieben. Es kommt im Einzelfall darauf an, ob sie wie Kunstwerke gehandelt werden und deshalb auch unter das Folgerecht fallen. In diesem Sinne werden nach Art. 2 Abs. 1 der EU-Richtlinie zum Folgerecht als **Original von Kunstwerken** nicht nur Bilder, Collagen, Gemälde, Zeichnungen, Stiche, Bilddrucke, Lithografien und Plastiken, sondern auch Tapisserien, Keramiken und Glasobjekte angesehen, soweit sie vom Künstler selbst geschaffen worden sind.

Das Folgerecht erstreckt sich nur auf **Originale**. Das sind nicht nur die Unikate der Gemälde, Zeichnungen und Skulpturen, sondern auch Abgüsse, Drucke und Abzüge, soweit sie mit Zustimmung des Künstlers von seiner Vorlage hergestellt, von ihm nummeriert und signiert und schließlich wie Originale angeboten werden.

Zur Durchsetzung seiner Ansprüche kann der Urheber vom Kunsthändler oder Versteigerer für den Zeitraum des zuvor abgelaufenen Kalenderjahres **Auskunft** über die Weiterveräußerung der Originale (§ 26 Abs. 4) sowie über Namen und Anschriften der Veräußerer und über die Höhe der Veräußerungserlöse verlangen (§ 26 Abs. 5). Hat er begründete Zweifel an der Richtigkeit oder Vollständigkeit dieser Auskünfte, steht es ihm frei, einen Wirtschaftsprüfer oder vereidigten Buchprüfer hinzuzuziehen, der die Geschäftsbücher einsieht und die Auskünfte überprüft (§ 26 Abs. 7). Diese Auskunftsansprüche kann der Urheber jedoch nicht selbst, sondern nur durch eine Verwertungsgesellschaft – die **Verwertungsgesellschaft Bild-Kunst** – geltend machen (§ 26 Abs. 6). In der Regel nimmt die VG Bild-Kunst nicht nur die Auskunftsansprüche, sondern auch die Vergütungsansprüche für die Urheber wahr.

2. Vergütung für Vermietung und Verleihen

Werden Originale oder Vervielfältigungsstücke eines Werkes mit Zustimmung des Urhebers **veräußert,** so ist sein **Verbreitungsrecht verbraucht.** An der Weiterverbreitung dieser Exemplare ist er nicht mehr beteiligt (§ 17 Abs. 2). Bekanntlich werden Bücher, Zeitschriften, Videogramme und zahlreiche andere Werke aber nicht nur verkauft, sondern in Bibliotheken, Leihbüchereien, Lesezirkeln, Videotheken, Artotheken oder ähnlichen Institutionen an zahlreiche Interessenten **vermietet oder verliehen,** die das betreffende Werk sonst kaufen müssten. Zumindest ein Teil der Auflage dieser Werke wird also dadurch eingespart, dass dieselben Werkexemplare gegen oder ohne Entgelt an zahlreiche verschiedene Personen kurzfristig überlassen werden. Es widerspräche dem Grundsatz, den Urheber tunlichst an sämtlichen Nutzungen seines Werkes zu beteiligen, wenn er hier leer ausgehen müsste.

Der Urheber besitzt ein **eigenständiges Vermietrecht** (s.o. S. 117). Wer sein Werk vermieten will, muss sich zuvor das Vermietrecht beschaffen. Im Bereich der Druckwerke wird dieses Recht insbesondere von der VG Wort wahrgenommen, so dass der Urheber für die Vermietung seines Werkes angemessen beteiligt wird. Im Bereich der Bild- und Tonträger steht ihm nach § 27 Abs. 1 ein **unverzichtbarer Anspruch auf angemessene Vergütung** zu. Dieser Anspruch kann im Voraus nur an eine Verwertungsgesellschaft abgetreten werden. Letztere nimmt den Vergütungsanspruch für den Urheber wahr, so dass ihm die angemessene Vergütung bleibt, selbst wenn sich ein Verwerter von ihm das Vermietrecht einräumen lässt, ohne hierfür eine angemessene Vergütung vorzusehen.

Ein **eigenständiges Verleihrecht** ist im deutschen Urheberrechtsgesetz **nicht geregelt**, obwohl es nach den Vorgaben der EU hätte geregelt werden können (vgl. Art. 1, 6 der Richtlinie 2006/115/EG zum Vermietrecht und Verleihrecht). Hatte der Urheber das Werkexemplar verkauft, darf es der Erwerber verleihen, ohne sich vom Urheber hierfür ein Recht einräumen lassen zu müssen. Da es sich bei der Leihe aber um eine unentgeltliche Nutzung handelt, entfallen gewerbliche oder kommerzielle Nutzungen. Soweit Werkexemplare durch eine der Öffentlichkeit zugängliche Bücherei, Bibliothek, Mediathek oder vergleichbare Einrichtung verliehen werden, steht dem Urheber eine **angemessene Vergütung** zu (§ 27 Abs. 2), die nur durch eine Verwertungsgesellschaft geltend gemacht werden kann. Infolgedessen ist der Urheber hierfür in jedem Falle zu vergüten (§ 27 Abs. 3). Der Anspruch entfällt bei Bauwerken und Werken der angewandten Kunst sowie bei der ausschließlichen Verwendung des Werkes innerhalb eines Arbeits- oder Dienstverhältnisses (§§ 27 Abs. 2 S. 2, 17 Abs. 3 S. 2; s.o. S. 117 f.).

3. Vergütungsansprüche aus gesetzlichen Lizenzen

Weitere Vergütungsansprüche stehen dem Urheber bei den **gesetzlichen Lizenzen** (§§ 44a ff.) zu. Dort gestattet das Urheberrechtsgesetz bestimmte Nutzungen des Werkes. Beispielsweise dürfen fremde Werke in Sammlungen für den religiösen Gebrauch vervielfältigt und verbreitet werden (§ 46), Rundfunkkommentare und Zeitungsartikel in anderen Informationsblättern abgedruckt (§ 49), erschienene Werke unter bestimmten Voraussetzungen öffentlich wiedergegeben (§ 52), Werke zum privaten und sonstigen eigenen Gebrauch vervielfältigt (§ 53) und Werke in bestimmtem Umfang für Unterricht, Wissenschaft und in diversen Bildungseinrichtungen genutzt werden (§§ 60a ff.).

Diesen Nutzungen liegen entsprechende **Verbotsrechte** des Urhebers zugrunde, die aber im Interesse der Allgemeinheit von vornherein **zu bloßen Vergütungsansprüchen reduziert** worden sind. Sie können in der Regel nur durch Verwertungsgesellschaften geltend gemacht werden, zumal sie im Voraus unverzichtbar sind und im Voraus nur an eine Verwertungsgesellschaft abgetreten werden können (§ 63a). Der Gesetzgeber wollte vermeiden, dass sich die Verwerter diese Vergütungsansprüche von den bei Vertragsverhandlungen in der Regel schwächeren Urhebern und ausübenden Künstlern ohne entsprechende Gegenleistung im Vorhinein abtreten lassen. Dahingehende Verzichtserklärungen oder Abtretungen wären unwirksam. Für die Buchautoren, Journalisten, Komponisten, Illustratoren, Regisseure, Kameraleute und all die anderen Urheber sowie für Musiker, Schauspieler, Dirigenten und die anderen ausübenden Künstler ist es deshalb in der Regel nur vorteilhaft, Mitglieder oder Wahrnehmungsberechtigte der einzelnen Verwertungsgesellschaften – GEMA, VG Wort, VG Bild-Kunst, GVL etc. – zu werden, um ihren Anteil aus den Erlösen der gesetzlich gestatteten Nutzungen zu erhalten. Tendenziell wird der Rahmen dieser gesetzlichen Lizenzen laufend erweitert, um zum einen den Zugang zu manchen Werken auch mit neuen technischen Mitteln zu garantieren, ohne auf entsprechende Nutzungsverträge angewiesen zu sein, und zum anderen dem Urheber eine angemessene Vergütung ebenfalls zu garantieren. Deshalb können diese Vergütungsansprüche meistens nur von einer Verwertungsgesellschaft geltend gemacht werden (vgl. §§ 54h, 60h). Auf Einzelheiten dieser gesetzlichen Lizenzen wird sogleich bei den Schranken des Urheberrechts eingegangen.

9. Kapitel

Wie weit reichen die Urheberrechte – inhaltliche Schranken?

Dem vorhergehenden Katalog der Rechte des Urhebers folgt nun der Katalog mit den Schranken des Urheberrechts. Er zeigt dem Verwerter, in welchem Umfang er fremde Werke **ohne Zustimmung der Urheber nutzen darf.**

Urheberrechtsschutz genießen die Werke nur, soweit sie — ganz oder teilweise – persönliche geistige Schöpfungen sind. Es bleibt jedem anderen unbenommen, neue Werke zu schaffen und dabei diejenigen Formen zu nutzen, an denen keine Rechte Dritter bestehen. Darüber hinaus steht es jedem frei, unabhängig von Anderen dieselben schutzfähigen Werke – sog. Doppelschöpfungen – zu schaffen, wenngleich dies nur selten vorkommen wird; denn in der Regel schaffen zwei unabhängig voneinander arbeitende Urheber schon wegen der für den Urheberrechtsschutz verlangten Individualität etwas Verschiedenes. Außerdem darf sich jeder von einem geschützten Werk anregen lassen, wenn er auf diese Weise ein selbstständiges Werk schafft, hinter dessen Individualität die besonderen Züge des benutzten Werkes verblassen.

Weitere Schranken des Urheberrechts folgen aus den **berechtigten Interessen der Allgemeinheit am ungehinderten Zugang** zum gesamten Werkschaffen. Einerseits ist Prüfungsmaßstab für sämtliche verwertungsrechtliche Regelungen die **Eigentumsgarantie des Art. 14 GG.** Danach ist dem Urheber das vermögenswerte Ergebnis seiner schöpferischen Leistung zuzuordnen. Er kann in eigener Verantwortung darüber verfügen. Das macht den grundgesetzlich geschützten Kern des Urheberrechts aus (BVerfG GRUR 1972, 481, 483 – Kirchen- und Schulgebrauch). Andererseits ist ihm nicht jede nur denkbare Verwertungsmöglichkeit seines Werkes verfassungsrechtlich gesichert. Vielmehr gilt auch im Bereich des Urheberrechts der Grundsatz: **Eigentum verpflichtet.** Sein Gebrauch soll zugleich dem **Wohle der Allgemeinheit** dienen (Art. 14 Abs. 2 GG). Das führte sowohl zur zeitlichen Begrenzung des Urheberrechtsschutzes (vgl. § 64) als auch zu den so genannten Schranken des Urheberrechts (§§ 44a ff.).

Interessen der öffentlichen Sicherheit, kulturelle Interessen, soziale Belange, die freie Entfaltung der Wissenschaft und Lehre sowie das Interesse an aktuellen Informationen rechtfertigen es, z.B. aus anderen Werken zu zitieren, über Tagesereignisse zu berichten, öffentliche Reden über Tagesfragen in Zeitungen abzudrucken, Werke für Zwecke der Lehre, des Unterrichts und der Forschung zugänglich zu machen und erschienene Werke in bestimmten sozialen Einrichtungen aufzuführen. Dort entfällt das Verbotsrecht des Urhebers.

Außerdem spielen Gründe der **Praktikabilität** eine Rolle. Fotokopierer, Tonbandgeräte, Videorekorder, das Internet und andere technische Errungenschaften bringen massenhafte Nutzungen urheberrechtlich geschützter Werke mit sich. Sollte jede dieser Nutzungen einzeln vereinbart werden müssen, wäre der Aufwand hierfür uferlos. Darüber hinaus wären sie oft gar nicht kontrollierbar, wenn sie ohne Zustimmung der Berechtigten stattfänden. Vor allem das Internet erleichtert Nutzungen fremder Werke, ohne die Identität des Nutzers preisgeben zu müssen. Deshalb ist es durchaus sinnvoll, dem Urheber hier statt eines Verbotsrechts nur einen Vergütungsanspruch zuzubilligen mit der Folge, dass die betreffende **Nutzungshandlung gesetzlich gestattet wird, dem Urheber aber eine angemessene Vergütung zu zahlen ist.** Man spricht auch von **gesetzlichen Lizenzen**.

Dem Urheber muss aber zumindest der Vergütungsanspruch bleiben; denn mag es im Einzelfall zwar gerechtfertigt sein, manche Werke ohne Zustimmung des Urhebers in Schulbüchern abzudrucken und in Wohlfahrtsveranstaltungen aufzuführen oder auf andere Weise der Allgemeinheit einen ungehinderten Zugang zu seinem Werk zu verschaffen, um kulturelle und soziale Belange zu fördern, gibt es in der Regel keinen Grund, den Urheber hierbei völlig leer ausgehen zu lassen. Schließlich muss das Papier, auf welchem sein Werk abgedruckt wird, oder müssen die Heizungskosten für den Raum, in welchem sein Werk aufgeführt wird, auch bezahlt werden. Nur im Falle eines gesteigerten öffentlichen Interesses kann auch der Vergütungsanspruch entfallen (BVerfG GRUR 1972, 481, 484 – Kirchen- und Schulgebrauch). Das Urheberrechtsgesetz sieht zahlreiche Schrankenregelungen vor. Ihre Anzahl ist insoweit begrenzt, als die **EU** insbesondere in **Art. 5 Info-RL** den Mitgliedstaaten vorgegeben hat, was als Schranke geregelt werden und dementsprechend das Exklusivrecht beschränken darf. Mitunter ist es schwierig, herauszufinden, was gesetzlich gestattet ist und was weiterhin unter das Exklusivrecht des Urhebers oder Rechtsinhabers fällt. Außerdem sind bei allen gesetzlichen Lizenzen **folgende Grundsätze** zu beachten:

Alle Schranken greifen in das dem Urheber grundgesetzlich vorbehaltene Ausschließlichkeitsrecht ein. Es sind deshalb grundsätzlich **eng auszulegende Ausnahmevorschriften.** Was dem Nutzer dort nicht ausdrücklich gestattet wird, ist ohne Erlaubnis des Urhebers oder Rechtsinhabers unzulässig. Grundsätzlich hat der **Gesetzgeber den Rahmen der jeweiligen Schrankenregelung festgelegt**. Darüber kann auch die Rechtsprechung nicht ohne Weiteres hinausgehen. Deshalb sei für eine außerhalb der urheberrechtlichen Verwertungsbefugnisse sowie der Schrankenbestimmungen angesiedelte allgemeine Güter- und Interessenabwägung kein Raum (vgl. BGH ZUM 2003, 777, 778 f. – Gies-Adler). Nach der Rechtsprechung des **Bundesverfassungsgerichts** erstreckt sich der Einfluss der Grundrechte jedoch auf alle auslegungsfähigen und -bedürftigen Tatbestandsmerkmale der zivilrechtlichen Vorschriften (BVerfG GRUR 2016, 690 – Metall auf Metall). Demnach hat eine **Interessenabwägung** zwischen den gegenüberstehenden Grundrechten stattzufinden, nämlich einerseits der Eigentumsgarantie (Art. 14 GG) des Urhebers und andererseits des Rechts der freien Meinungsäußerung, Medienfreiheit, Kunst- und Wissenschaftsfreiheit (Art. 5 GG) des Nutzers (BVerfG GRUR 2016, 690 – Metall auf Metall). Ein angemessener

Ausgleich der gegenüberstehenden Grundrechte findet auch hinsichtlich der europäischen Grundrechtecharta statt (Art. 11, 13, 17 GR-Charta; EuGH GRUR 2019, 929 Rn. 32 ff. – Pelham/Hütter). Im Bereich der Kunst ist von einer **kunstspezifischen Betrachtungsweise** die Rede. Im Bereich der Wissenschaft könnte eine **wissenschaftsspezifische Betrachtungsweise** geboten sein. Auf diese Weise kann im Einzelfall der Rahmen der jeweiligen Schrankenregelung erweiternd ausgelegt werden, wenn andernfalls bestimmte Werke der Literatur, Wissenschaft und Kunst nicht geschaffen werden könnten. Allerdings muss immer im Auge behalten bleiben, dass grundsätzlich der Gesetzgeber durch die Wortwahl der Schrankenregelung bestimmt, was hiervon privilegiert sein soll und was nicht.

Das Werk darf im Rahmen einer gesetzlichen Lizenz **nur unverändert genutzt** werden. Geringfügige Anpassungen sind nur zulässig, soweit sie nach dem Zweck der gesetzlich gestatteten Nutzung unumgänglich sind und der Urheber seine Einwilligung nach Treu und Glauben nicht versagen kann (§ 62). Unter diesen Voraussetzungen dürfen Sprachwerke auszugsweise übersetzt und Musikwerke in eine andere Tonart oder Stimmlage transponiert werden (§ 62 Abs. 2). Ebenso sind Verkleinerungen, Vergrößerungen, Dimensionswechsel oder andere Änderungen bei Werken der bildenden Künste und Lichtbildwerken zulässig, soweit dies durch das gestattete Vervielfältigungsverfahren bedingt ist (§ 62 Abs. 3). Weitergehende Änderungen bedürfen grundsätzlich der Zustimmung des Urhebers (vgl. § 62 Abs. 4). Eine **Ausnahme** gilt bei **Nutzungen für Unterricht und Lehre** (§ 60a) sowie für Unterrichts- und Lehrmedien (§ 60b). Dort bedarf es keiner Einwilligung, wenn die Änderungen deutlich sichtbar kenntlich gemacht werden (§ 62 Abs. 4 S. 4). Zum einen ist die Änderung nur zulässig, wenn sie für den Unterrichts- und Lehrgebrauch erforderlich ist. Zum anderen muss die Änderung so deutlich hervorgehoben sein, dass die Nutzer sofort erkennen, was geändert worden ist.

Außerdem muss überall dort, wo das Werk oder der Werkteil durch Zitat, Berichterstattung oder in sonstiger Form an die Öffentlichkeit gelangt, die **Quelle deutlich angegeben werden,** so dass genau feststellbar ist, was von wem stammt (§ 63 Abs. 1). Urheber, Titel, Seite, Erscheinungsort und Erscheinungsjahr, ggf. auch das Schöpfungsjahr und der Ausstellungsort sind klar und deutlich zu benennen. Neben dem Werk ist zusätzlich der Verlag zu erwähnen, wenn Sprachwerke oder Werke der Musik vollständig vervielfältigt werden (§ 63 Abs. 1 S. 2). Bei der Übernahme von Zeitungsartikeln und Rundfunkkommentaren (vgl. § 49) ist außer dem Urheber der benutzten Quelle auch die Zeitung, das Informationsblatt oder das Sendeunternehmen anzugeben, welches das Werk erstmals herausgebracht hat (§ 63 Abs. 3). Etwaige Kürzungen oder Änderungen sind kenntlich zu machen. Nur dort, wo die Quelle auf dem benutzten Werkstück nicht angegeben ist und Bemühungen, die erforderlichen Angaben ausfindig zu machen, fehlgeschlagen sind, darf sie weggelassen werden (§ 63 Abs. 1 S. 3). **Branchengepflogenheiten,** wonach keinerlei Urheberangaben gemacht werden, dürfen nur ausnahmsweise und nur dort befolgt werden, wo solche Praktiken nachweisbar sind. Verkehrs-Unsitten oder Nachlässigkeiten rechtfertigen es nicht, die Angaben zur Quelle wegzulassen.

I. Vorübergehende Vervielfältigungshandlungen

Zulässig sind vorübergehende Vervielfältigungshandlungen, die flüchtig oder begleitend sind und einen integralen und wesentlichen Teil eines technischen Verfahrens darstellen (§ 44a). Ihr alleiniger Zweck muss darin liegen, entweder eine Übertragung in einem Netz zwischen Dritten durch einen Vermittler (§ 44a Nr. 1) oder eine rechtmäßige Nutzung eines Werkes oder sonstigen Schutzgegenstands zu ermöglichen (§ 44a Nr. 2). Sie darf **keine eigenständige wirtschaftliche Bedeutung** haben. Auf diese Weise sollen diejenigen Vervielfältigungshandlungen gesetzlich gestattet sein, die im Zuge einer digitalen Werknutzung technisch unumgänglich sind, nur Teil einer bereits erlaubten Nutzung sind und keine eigenständige wirtschaftliche Bedeutung haben. Ähnlich einer **ephemeren Vervielfältigung** (vgl. § 55) sind sie also nur Teil eines anderweitig gestatteten Nutzungsvorgangs. Erlangen sie eine eigenständige wirtschaftliche Bedeutung, überschreiten sie den Rahmen des Privilegs und bedürfen der Rechtseinräumung seitens des Urhebers oder Rechtsinhabers.

II. Rechtspflege und öffentliche Sicherheit

Zulässig ist, einzelne Vervielfältigungsstücke von Werken zur Verwendung in **Verfahren vor einem Gericht,** einem Schiedsgericht oder einer Behörde herzustellen oder herstellen zu lassen (§ 45 Abs. 1). Unter den gleichen Voraussetzungen ist auch die Verbreitung, öffentliche Ausstellung und öffentliche Wiedergabe der Werke gestattet (§ 45 Abs. 3). Vor Gericht oder vor einer Behörde dürfen also fremde Werke als Beweismittel oder zu sonstigen Demonstrationszwecken vorgelegt und vorgeführt werden, gleichgültig ob sie bereits veröffentlicht waren oder nicht. Ferner dürfen Gerichte und Behörden für Zwecke der Rechtspflege und der öffentlichen Sicherheit Bildnisse von Personen vervielfältigen oder vervielfältigen lassen (§ 45 Abs. 2; vgl. auch § 24 KUG). Der Abdruck von Fahndungsfotos und Steckbriefen auf Plakaten und in Zeitungen ist ohne Zustimmung der Abgebildeten und auch der Fotografen oder Zeichner gestattet.

III. Menschen mit Behinderungen

Soweit Werke für Menschen vervielfältigt und verbreitet werden, denen der Zugang sonst wegen Erblindung, Taubheit oder aus anderen Gründen nicht möglich oder erheblich erschwert wäre, ist dies zulässig. Hiermit dürfen jedoch **keine Erwerbszwecke** verfolgt werden. Grundsätzlich ist hierfür eine **angemessene Vergütung** zu zahlen, es sei denn, dass nur einzelne Vervielfältigungsstücke hergestellt werden (§ 45a Abs. 2). Mit einer **Verordnung** und einer weiteren **Richtlinie vom 13.9.2017** hat die EU diese Schranke zu Gunsten von Menschen mit Behinderungen EU-weit harmonisiert, damit die hiernach zulässigen Nutzungen EU-weit stattfinden können. Die Richtlinie wurde durch Gesetz vom 28.11.2018 umgesetzt. Zu der bisherigen Regelung in § 45a wurden weitere Regelungen in §§ 45b bis 45d getroffen. Für die Nutzung von **Sprachwerken** und grafischen Aufzeichnungen von Werken der Musik (also insbesondere **Noten**) gelten ausschließlich die Vorschriften der §§ 45b bis 45d (§ 45a Abs. 3). Diese Schranke gilt zu Gunsten von Menschen mit einer Seh- oder Lesebehinderung. Ihnen ist es gestattet, das Sprachwerk oder die grafische Aufzeichnung eines Musikwerks **für den eigenen Gebrauch** zu vervielfältigen oder vervielfältigen zu lassen, um es auf diese Weise in ein barrierefreies Format umzuwandeln. Diese Befugnis erstreckt sich auch auf die in der Vorlage enthaltenen Illustrationen. Hierfür ist **keine Vergütung** zu leisten (§ 45d). Darüber hinaus dürfen bestimmte **Einrichtungen**, die in gemeinnütziger Weise Bildungsangebote oder barrierefreies Lese- und Informationsmaterial für Menschen mit Seh- oder Lesebehinderung zur Verfügung stellen, veröffentlichte Sprachwerke oder grafische Aufzeichnungen von Musik vervielfältigen (§ 45c). Hierfür ist eine **angemessene Vergütung** zu zahlen, die nur durch eine Verwertungsgesellschaft geltend gemacht werden kann, insbesondere durch die VG Wort (§ 45c). Diese gesetzlich erlaubte Nutzung kann durch entgegenstehende vertragliche Vereinbarungen nicht umgangen werden (§ 45d).

IV. Sammlungen für den religiösen Gebrauch

Teile von Werken, Sprachwerke oder Werke der Musik von geringem Umfang, einzelne Werke der bildenden Künste oder einzelne Lichtbilder dürfen in eine **Sammlung** aufgenommen werden, die Werke einer größeren Anzahl von Urhebern vereinigt und nach ihrer Beschaffenheit nur für den **Gebrauch während religiöser Feierlichkeiten** bestimmt ist (§ 46 Abs. 1). Die aufgenommenen Werke müssen aber zuvor bereits anderswo veröffentlicht sein. Auf diese Weise werden Gesang- und sonstige Bücher für den religiösen Gebrauch in Kirchen und vergleichbaren Andachtsräumen privilegiert. Es können auch Bild- oder Tonträger, CD-ROMs oder andere Werkträger sein, sei es offline für die Verbreitung oder sei es online für die öffentliche Zugänglichmachung.

Die Sammlung darf nur **kürzere Beiträge,** und zwar **von mehreren Urhebern** enthalten; denn es muss vermieden bleiben, dass auf diese Weise Konkurrenzerzeugnisse zu gesammelten Werken einzelner Urheber ohne deren Zustimmung erscheinen. Ebenso muss ihr **liturgischer Charakter** eindeutig erkennbar werden, damit ausgeschlossen werden kann, dass beispielsweise Liederbücher unter dem Vorwand ihres zwar möglichen, aber nicht ausschließlichen religiösen Gebrauchs gegen den Willen der Rechtsinhaber hergestellt werden. Der **privilegierte Zweck** – Gesangbuch etc. – ist deshalb **deutlich,** üblicherweise also auf der Titelseite, der Plattenhülle oder an ähnlich signifikanter Stelle der Sammlung (BGH ZUM 1992, 357, 359 – Liedersammlung), **anzugeben.**

Mindestens zwei Wochen bevor mit der Vervielfältigung oder der öffentlichen Zugänglichmachung begonnen wird, ist dem Urheber oder Inhaber des ausschließlichen Nutzungsrechts die **Absicht,** von diesem Recht Gebrauch machen zu wollen, mittels eingeschriebenem Brief **mitzuteilen** (§ 46 Abs. 3). Verbieten kann er die Vervielfältigung und Verbreitung grundsätzlich nicht, es sei denn, dass das Werk seiner Überzeugung nicht mehr entspricht, ihm deshalb die Verwertung dieses Werkes nicht mehr zugemutet werden kann und er deshalb auch ein etwa bestehendes Nutzungsrecht zurückgerufen hatte (§ 46 Abs. 5). Für die Vervielfältigung und Verbreitung ist dem **Urheber,** grundsätzlich also nicht seinem Verlag, eine **angemessene Vergütung** zu zahlen (§ 46 Abs. 4). Ohnehin kann der Urheber auf diesen Vergütungsanspruch im Voraus nicht verzichten (§ 63a). In der Regel wird er von den Verwertungsgesellschaften wahrgenommen, so dass die dort festgelegten Tarife zu zahlen sind.

V. Schulfunksendungen

Schulen dürfen Werke, die innerhalb einer **Schulfunksendung** gesendet werden, auf Bild- oder Tonträger aufnehmen und **im Unterricht zeitversetzt wiedergeben** (§ 47). Soll das jeweilige Werk in mehreren Klassen gleichzeitig genutzt werden, darf man mehrere Bild- oder Tonträger derselben Sendung herstellen, soweit es insgesamt nur einige wenige Exemplare sind. **Nur eigene Mitschnitte** sind gestattet, nicht aber der Austausch von Aufnahmen aus verschiedenen Sendegebieten. Dasselbe gilt für Einrichtungen der Lehrerbildung und der Lehrerfortbildung sowie für Heime der Jugendhilfe, staatliche Landesbildstellen oder vergleichbare öffentliche Einrichtungen. Die Sendungen müssen **als Schulfunksendungen bezeich-**

net werden und einen didaktischen Zuschnitt für den Schulunterricht besitzen. Für die Lehrerausbildung oder Lehrerfortbildung dürfen also auch Hochschulen solche Vervielfältigungsstücke herstellen.

Spätestens am Ende des auf die Übertragung der Schulfunksendung folgenden Schuljahres oder des jeweils üblichen Unterrichtsabschnitts müssen die Bild- oder Tonträger gelöscht werden. Will die Schule dies vermeiden, um die Sendung zu archivieren, muss sie an den Urheber eine angemessene Vergütung zahlen (§ 47 Abs. 2).

VI. Öffentliche Reden

Reden über Tagesfragen dürfen in Zeitungen, Zeitschriften sowie in anderen Druckschriften oder sonstigen Datenträgern, z.B. CD-ROMs, die im Wesentlichen den Tagesinteressen Rechnung tragen (also **tagesaktuelle Unterrichtung**), vervielfältigt und verbreitet werden, wenn diese Reden bei öffentlichen Versammlungen gehalten, im Rundfunk gesendet, online öffentlich zugänglich gemacht oder anderweitig öffentlich wiedergegeben worden sind (§ 48 Abs. 1 Nr. 1). Dasselbe gilt für die öffentliche Wiedergabe solcher Reden. Auf diese Weise soll die Öffentlichkeit über Reden, die sich mit tagesgebundenen Themen befassen, schnell unterrichtet werden können. Die Regelung ist eng auszulegen und rechtfertigt nur die Information über aktuelle Tagesthemen. Werden derartige Themen literarisch oder wissenschaftlich ausgearbeitet, dürfen solche Reden nicht vervielfältigt und verbreitet werden. Ferner wird vorausgesetzt, dass sich diese **Reden an die Öffentlichkeit** richten. Ansprachen auf internen Vereinsversammlungen oder ähnlichen Veranstaltungen fallen nicht hierunter.

Nicht nur Reden über Tagesfragen, sondern **sämtliche Reden** dürfen sowohl in der Tagespresse als auch in anderen Publikationen vervielfältigt und verbreitet sowie öffentlich wiedergegeben werden, wenn diese Reden bei öffentlichen Verhandlungen vor staatlichen, kommunalen oder kirchlichen Organen gehalten worden sind (§ 48 Abs. 1 Nr. 2). Hierzu zählen beispielsweise **Reden vor dem Parlament** oder **Plädoyers vor Gericht.** Werden diese Reden in einer Sammlung publiziert, dürfen sie jedoch nicht überwiegend Reden desselben Urhebers enthalten (§ 48 Abs. 2); denn Sinn und Zweck der Vorschrift ist, die Allgemeinheit umfassend über das öffentliche Geschehen informieren zu können, nicht aber verlegerische Konkurrenzprodukte zu fördern. Wer z.B. die gesammelten Reden eines namhaften Politikers publizieren will, muss sich hierfür die erforderlichen Abdrucksrechte beschaffen. Anderenfalls hätte die Vorschrift für den Urheber zumindest einen Vergütungsanspruch vorsehen müssen.

Grundsätzlich dürfen auch mitgeschnittene Reden auf diese Weise verwertet werden. Der Veranstalter kann aber von seinem Hausrecht Gebrauch machen und Mitschnitte untersagen (BVerwG MW 1991, 118).

VII. Zeitungsartikel und Rundfunkkommentare

Die Allgemeinheit soll nicht nur über Reden, sondern auch über Zeitungsartikel und Rundfunkkommentare auf einfache Weise informiert werden können. Einzelne Rundfunkkommentare sowie einzelne Artikel aus Zeitungen und anderen lediglich Tagesinteressen dienenden Informationsblättern dürfen in anderen Zeitungen und Informationsblättern derselben Art vervielfältigt und verbreitet sowie öffentlich wiedergegeben werden, wenn sie **politische, wirtschaftliche oder religiöse Tagesfragen** betreffen (§ 49 Abs. 1). Das benutzte Informationsblatt muss ausschließlich **Tagesinteressen** dienen. Hierzu zählen auch Publikumszeitschriften, nicht aber wissenschaftliche oder sonstige Fachzeitschriften. Ferner muss es um Tagesfragen aus der Politik, Wirtschaft oder Religion gehen. Äußerungen zu kulturellen und wissenschaftlichen Tagesfragen fallen nicht hierunter. Die Ausnahmeregelung gilt für Sprachwerke sowie für die mit ihnen im Zusammenhang stehenden Abbildungen, z.B. veranschaulichende Fotos oder Darstellungen. Sie ist beschränkt, wenn der Urheber bei dem Artikel oder Kommentar einen **Vorbehalt seiner Rechte** anbringt. So gekennzeichnete Beiträge dürfen nicht übernommen werden.

Dem Urheber ist eine **angemessene Vergütung** zu zahlen, es sei denn, dass nur kurze Auszüge aus mehreren Kommentaren oder Artikeln in Form einer Übersicht wiedergegeben werden. Den Vergütungsanspruch kann er aber nicht selbst, sondern nur über eine Verwertungsgesellschaft geltend machen.

Unbeschränkt zulässig ist ferner die Vervielfältigung, Verbreitung oder öffentliche Wiedergabe von **vermischten Nachrichten** tatsächlichen Inhalts und von **Tagesneuigkeiten,** die durch Presse oder Funk veröffentlicht worden sind (§ 49 Abs. 2). Häufig sind solche Nachrichten ohnehin urheberrechtlich schutzlos, weil es für sie keinen eindeutig ermittelbaren Urheber gibt oder weil sie die hinreichende Individualität nicht besitzen.

Bei **Pressespiegeln** werden i.d.R. nicht bloß Nachrichten, sondern tagesaktuelle Artikel ausgewählt und zusammengestellt. Auf der einen Seite werden hierdurch keine Zeitungen oder Informationsblätter geschaffen. Auf der anderen Seite sind Pressespiegel geradezu der klassische Bereich, für den die VG Wort seit Jahrzehnten nach § 49 angemessene Vergütungen kassiert, jedenfalls soweit sie in Papierform hergestellt werden. Obwohl § 49 dem Wortlaut nach nur die Nutzung in Printmedien erwähnt, fallen nach Auffassung des BGH in begrenztem Umfang auch **elektronische Pressespiegel** hierunter, soweit es sich um sog. In House- (also betriebs- oder behördeninterne) Pressespiegel handelt (BGH ZUM 2002, 740, 743 – Elektronischer Pressespiegel). Ferner dürfen sie lediglich als grafische Datei übermittelt werden. Eine Volltext-erfassung, die es ermöglichen würde, die einzelnen Presseartikel indizierbar zu machen und in eine Datenbank einzustellen, ist von dem Privileg nicht erfasst.

VIII. Berichterstattung über Tagesereignisse

Werke, die bei **aktuellen Ereignissen** wahrnehmbar gemacht werden, dürfen im Rahmen der **Berichterstattung** über diese Ereignisse in den hierfür üblichen Medien – Funk, Film, Zeitungen, Zeitschriften oder auch in Online-Medien – in einem durch den Zweck gebotenen Umfang vervielfältigt, verbreitet und öffentlich wiedergegeben werden (§ 50). Während nach den beiden zuvor genannten Vorschriften die zulässige Information auf einzelne Sprachwerke (§ 48) oder auf Sprachwerke samt dazugehörigen Abbildungen (§ 49) beschränkt blieb, ermöglicht diese Regelung eine **Berichterstattung über alle Werkarten,** vor allem auch über Werke der bildenden Künste, Fotografien, Theateraufführungen, Filmvorführungen und andere visuelle Werke. Werden beispielsweise Opernfestspiele eröffnet, Preise für filmische Leistungen verliehen, Museen eingeweiht oder Kunstausstellungen eröffnet, so können Werke, die dort wahrnehmbar sind, ausschnittweise wiedergegeben werden (BGHZ 85, 1 – Presseberichterstattung und Kunstwerkwiedergabe I).

Malereien, Plastiken, Fotografien und andere Werke der bildenden Künste lassen sich in der Regel aber nicht ausschnittweise wiedergeben, ohne verstümmelt zu wirken. Deshalb ist dort die Wiedergabe des vollständigen Werkexemplars zulässig. Es dürfen auch zwei oder drei Bilder wiedergegeben werden, wenn hierdurch die Verschiedenartigkeit des Ereignisses verdeutlicht wird. Die wiedergegebenen Bilder müssen aber während des berichteten Ereignisses tatsächlich gezeigt worden sein. Ferner muss im Mittelpunkt der Berichterstattung das aktuelle Ereignis – z.B. die Eröffnung einer Kunstausstellung – stehen, er darf nicht auf das wiedergegebene Werk verlagert werden. Es muss also über das Ereignis selbst berichtet werden. Wird z.B. eine Fernsehsendung zu einem historischen Ereignis gezeigt, darf nur über das historische Ereignis berichtet, nicht aber die Fernsehsendung ausschnittweise wiedergegeben werden. Ebenso muss sich der Berichterstatter die für die Wiedergabe von Werken der bildenden Künste erforderlichen Fotografien oder sonstigen Vorlagen selbst beschaffen, da derartige Vorlagen nicht im Rahmen des berichteten Tagesereignisses wahrnehmbar geworden sind und ohne Zustimmung des Fotografen nicht verwendet werden dürfen. Anders kann es sich verhalten, wenn das Foto selbst Gegenstand des Tagesereignisses ist; z.B. die bildliche Wiedergabe einer Misshandlung, über die berichtet wird. In diesem Falle kann auch das Foto abgedruckt werden (BGH GRUR 2002, 1050, 1051 – Zeitungsbericht als Tagesereignis).

Tagesereignisse sind aktuelle tatsächliche Begebenheiten auf kulturellen, wissenschaftlichen, politischen, religiösen, wirtschaftlichen, sportlichen und sonstigen Gebieten. Sie müssen das Interesse einer größeren Gruppe objektiv ansprechen, also nicht lediglich nach den Vorstellungen des Berichterstatters. Die **Aktualität der Berichterstattung** hängt vom jeweiligen Medium ab. Beim Fernsehen entfällt sie in der Regel nach einer Woche. Bei wöchentlich oder monatlich erscheinenden Zeitschriften kann die erforderliche Aktualität noch gewahrt sein, wenn über das Ereignis im nächstmöglichen Heft berichtet wird. Art und Umfang der zulässigen Berichterstattung sind vor allem durch den Zweck dieser Vorschrift begrenzt. Die Öffentlichkeit soll über allgemein interessierende Ereignisse schnell unterrichtet werden und hiervon einen kurzen Eindruck erhalten. Dagegen soll die Berichterstattung die Teilnahme an diesen Ereignissen nicht ersetzen. Rundfunkübertragungen vollständiger Konzerte, Bildberichte über Ausstellungen oder vergleichbar umfassende Wiedergaben von Werken fallen nicht unter die gesetzliche Lizenz.

Privilegiert sollte die **Aktualität der Berichterstattung** sein. Sie sollte nicht durch zeitraubende Versuche, die Rechte vertraglich zu erhalten, gefährdet werden. Ist das Ereignis nicht oder nicht mehr aktuell, so dass genügend Zeit besteht, sich die Rechte vom Rechtsinhaber zu beschaffen, sollte das Privileg des § 50 entfallen (BGH GRUR 2012, 1062 Rn. 23 f. – Elektronischer Programmführer). Die erforderliche Aktualität musste im Zeitpunkt der Berichterstattung bestehen. Das dauerhafte Einstellen der Druckschrift in ein Online-Archiv wurde nicht gestattet, da es an einer dauerhaften Aktualität fehlt (BGH GRUR 2011, 415 Rn. 13 – Kunstausstellung im Online-Archiv). Nach **Auffassung des EuGH** kann die Berichterstattung über Tagesereignisse nicht von der Möglichkeit abhängig gemacht werden, zuvor eine Erlaubnis der Nutzung des geschützten Werkes zu erhalten (EuGH GRUR 2019, 940 Rn. 74 – Spiegel Online/Volker Beck). Es kann nicht ausgeschlossen werden, dass der BGH seine bisherige Rechtsprechung insoweit ändert. Jedenfalls ändert dies nichts an der Voraussetzung der Aktualität des Ereignisses.

IX. Zitate

Eine wichtige Schranke des Urheberrechts ist das Recht, andere Werke ganz oder teilweise zitieren zu dürfen. Die Vervielfältigung, Verbreitung und öffentliche Wiedergabe von Stellen eines Werkes, ggf. sogar von einzelnen vollständigen Werken in einem anderen selbstständigen Werk ist erlaubt, soweit dies der **Zitatzweck** rechtfertigt (§ 51). Ausgehend von dem Gedanken, dass der Urheber bei seinem Schaffen auf den kulturellen Leistungen seiner Vorgänger aufbaut, wird es ihm im Interesse der Allgemeinheit zugemutet, einen verhältnismäßig geringfügigen Eingriff in sein ausschließliches Verwertungsrecht hinzunehmen, wenn dies der geistigen Kommunikation und damit der **Förderung des kulturellen Lebens** zum Nutzen der Allgemeinheit dient (BGH GRUR 1987, 362, 363 – Filmzitat). Außerdem muss der Urheber, der sein Werk in die Öffentlichkeit entlässt, hinnehmen, dass es nun auch zum kulturellen Allgemeingut zählt und sich andere hiermit auseinandersetzen. Dabei ist deren Kunstfreiheit und Meinungsäußerungsfreiheit zu beachten (BVerfG GRUR 2001, 149, 151 – Germania 3). Soweit es die eigene **geistige Auseinandersetzung** mit Werken anderer verlangt, auf letztere Bezug zu nehmen oder sie in anschaulicher Form einzubringen, ist deren Wiedergabe gestattet. Folgende **drei Fallgestaltungen** sind im Gesetz – **beispielhaft,** nicht abschließend – vorgesehen:

- Am weitesten geht das **Großzitat** bei wissenschaftlichen Werken. In ein selbstständiges wissenschaftliches Werk dürfen einzelne Werke **nach ihrer Veröffentlichung** zur Erläuterung des Inhalts aufgenommen werden (§ 51 Nr. 1). Das Zitatrecht beschränkt sich also nicht auf einzelne Stellen eines Werkes, sondern gestattet die **Übernahme vollständiger Werke.** Das zitierende Werk muss jedoch wissenschaftlich sein. Hierzu zählen auch populärwissenschaftliche Werke, soweit sie sich ernsthaft um eine methodisch geordnete Suche nach Erkenntnis bemühen. In belletristischen Werken, Reportagen, alltäglichen Informationen, Zeitungsartikeln und ähnlichen eher gefühlsmäßig oder weltanschaulich bestimmten Werken dürfen fremde Werke grundsätzlich nicht vollständig zitiert werden. Das zitierte Werk muss **bereits veröffentlicht** worden sein, sei es als (körperliches) Werkexemplar oder durch Vortrag, Sendung oder in anderer unkörperlicher Form.

- Weniger weitreichend ist das **Kleinzitat.** Danach dürfen Stellen eines Werkes nach der Veröffentlichung in einem selbstständigen Sprachwerk angeführt werden (§ 51 Nr. 2). Es ist enger als das Großzitat, weil nur **einzelne Stellen** eines fremden Werkes, nicht aber vollständige Werke zitiert werden dürfen. Nach dem Wortlaut des Gesetzes ist das Kleinzitat nur in einem selbstständigen Sprachwerk gestattet. Da § 51 S. 2 Nr. 1 bis 3 die Fälle eines zulässigen Zitats nur beispielhaft auflistet, gilt das Kleinzitat auch bei anderen Werkarten. Beispielsweise können einzelne Passagen eines Films in einem anderen Film zitiert werden (BGH GRUR 1987, 362, 363 – Filmzitat).
- Schließlich dürfen **einzelne Stellen** eines erschienenen Werkes der **Musik** in einem selbstständigen Werk der Musik angeführt werden (§ 51 Nr. 3). Es genügt nicht, wenn das zitierte Werk lediglich veröffentlicht (z.B. aufgeführt) und noch nicht erschienen war. Wegen des sog. starren Melodienschutzes (vgl. § 24 Abs. 2, s.o. S. 128) ist das Musikzitat jedoch nur in begrenztem Umfang zulässig.

Diese drei Fallgestaltungen lassen sich nicht immer exakt auseinanderhalten, sondern sie überlappen sich in einzelnen Bereichen. Beispielsweise werden in wissenschaftlichen Werken häufig zwar mehr als nur einzelne Stellen eines fremden Werkes, nicht aber unbedingt vollständige Werke zitiert. Umgekehrt lassen sich bei nicht-wissenschaftlichen Werken, wo also grundsätzlich nur einzelne Stellen eines fremden Werkes angeführt werden dürfen, mitunter nur vollständige Werke sinnvoll zitieren. Ein kurzes Gedicht, ein Bild oder eine Fotografie kann meistens nur vollständig wiedergegeben werden, um hierauf in verständlicher Form Bezug nehmen zu können. Solche **Bildzitate** oder „kleinen Großzitate“ sind ebenfalls zulässig. Bei allen Zitaten ist ferner Folgendes zu beachten:

Das **zitierte Werk** oder der jeweils zitierte Werkteil muss **urheberrechtlich geschützt** sein. Fehlt z.B. einer kurzen Textpassage die hinreichende Individualität, so kann sie ohne weiteres benutzt werden.

Meistens wird das **zitierende Werk** seinerseits **urheberrechtlich geschützt** sein. Das ist aber **keine Voraussetzung** (vgl. EuGH GRUR 2012, 167 Rn. 137 – Painer/Standard). Soll allerdings der Zitatzweck erreicht werden, muss eine Auseinandersetzung mit dem zitierten Werk stattgefunden haben. Daran fehlt es z.B. bei bloßen Aneinanderreihungen fremder Zitate. Ferner muss der **Zitatzweck** gewahrt bleiben. Das zitierte Werk darf nicht um seiner selbst willen, sondern nur **als Beleg,** Erörterungsgrundlage oder sonstiges Hilfsmittel angeführt werden. Das setzt eine **innere Verbindung** zwischen dem zitierten und dem zitierenden Werk voraus. Weiterhin muss das Schwergewicht auf der eigenen geistigen Auseinandersetzung liegen. Werden z.B. 50 Bilder eines Malers mit kurzen Begleittexten, die möglicherweise nicht einmal auf jedes einzelne Bild eingehen, abgedruckt, so handelt es sich nicht um eine geistige Auseinandersetzung mit diesen Werken, sondern um einen Bildband, der erlaubnispflichtig ist. Möglicherweise tritt er sogar in Konkurrenz zu anderen Bildbänden, deren Veröffentlichung der betroffene Urheber zugestimmt hatte. Das Zitatrecht soll aber weder Erwerb und Lektüre der zitierten Werke ersetzen noch dazu beitragen, Lücken des zitierenden Werkes zu stopfen oder auszuschmücken. Vielmehr muss es sich erkennbar um ein Zitat handeln, dessen **Erläuterungszweck** jeden anderen Zweck überragt. Deshalb ist der **Umfang des Zitats** auf das unbedingt erforderliche Maß zu beschränken. Dieses Maß lässt sich nicht generell festlegen, sondern nur im Einzelfall bestimmen. Eines der zu beachtenden Kriterien ist der Gesamtumfang des zitierten sowie des zitierenden Werkes. Aus einem längeren Text kann grundsätzlich eher etwas umfangreicher zitiert werden als aus einem kürzeren Text. Der Abdruck ganzer Seiten wird in der Regel jedoch nicht gerechtfertigt sein.

Ist der Gegenstand des Zitats z.B. ein Werk der bildenden Kunst oder ein Werk der Baukunst, muss in der Regel ein Foto oder eine sonstige **Abbildung dieses Werks** verwendet werden. Früher musste deshalb häufig das Abdruckrecht des Fotografen erworben werden, auch wenn der fotografierte Gegenstand zulässigerweise zitiert werden konnte. Mittlerweile erstreckt sich die **Zitierbefugnis auch auf die Nutzung einer Abbildung** oder sonstigen Vervielfältigung des zitierten Werkes, gleichviel, ob Letzteres urheberrechtlich geschützt ist oder nicht (§ 51 S. 3).

X. Öffentliche Wiedergabe

Zulässig ist die öffentliche Wiedergabe eines veröffentlichten Werkes, wenn die Wiedergabe **keinem Erwerbszweck** des Veranstalters dient, die Teilnehmer ohne Entgelt zugelassen werden und im Falle des Vortrages oder der Aufführung des Werkes keiner der ausübenden Künstler eine besondere Vergütung erhält (§ 52 Abs. 1). Diese Vorschrift privilegiert solche Veranstaltungen, bei denen auch sämtliche anderen Personen – Veranstalter sowie darbietende Künstler – weder einen unmittelbaren noch einen mittelbaren wirtschaftlichen Vorteil aus der öffentlichen Wiedergabe des Werkes ziehen und zu denen die Teilnehmer ohne Eintrittsgebühren, Unkostenbeiträge oder ähnliche Leistungen zugelassen werden. Die Uneigennützigkeit darf also auch Dritten nicht zugutekommen. **Wohltätigkeitsveranstaltungen** sind **erlaubnispflichtig,** weil dort Eintrittspreise zugunsten Dritter verlangt werden. Ebenso müssen die privaten oder öffentlich-rechtlichen Betreiber von Heimen, Krankenhäusern, Kantinen oder ähnlichen Institutionen, wo im Rahmen der Gesamtleistung einzelne Veranstaltungen oder dauernde Musikberieselung angeboten wird, hierfür die erforderlichen Rechte erwerben (vgl. BGH GRUR 1983, 562, 564 – Zoll- und Finanzschulen). Selbst wenn es sich um eine Veranstaltung handelt, die wegen ihrer Uneigennützigkeit nach dieser Vorschrift privilegiert wird und deshalb ohne Zustimmung des Urhebers zulässig ist, muss für die Wiedergabe der Werke in jedem Fall eine **angemessene Vergütung** gezahlt werden. Vielfach kann deshalb dahinstehen, ob die Veranstaltung genehmigungspflichtig ist oder nicht; denn die hier einschlägigen Verwertungsrechte werden meistens von einer Verwertungsgesellschaft (insbesondere der GEMA) wahrgenommen, welche diese Rechte gegen Zahlung der ebenfalls angemessenen Tarife an jeden vergibt, der darum nachsucht.

Nur in **engen Ausnahmefällen** entfällt die Vergütungspflicht, nämlich für Veranstaltungen der Jugendhilfe, der Sozialhilfe, der Alten- und Wohlfahrtspflege sowie der Gefangenenbetreuung, sofern sie nach ihrem sozialen oder erzieherischen Zweck lediglich einem bestimmt abgegrenzten Kreis von Personen zugänglich sind. Dient eine solche Veranstaltung wiederum dem Erwerbszweck eines Dritten, z.B. eines Gastwirts, so ist sie vergütungspflichtig. Außerdem ist als Veranstaltung im Sinne von § 52 nur ein **zeitlich begrenztes Einzelereignis** zu verstehen. Die alltägliche Musikwiedergabe z.B. in Aufenthaltsräumen eines Altenheims zählt nicht hierzu. Sie ist ebenfalls vergütungspflichtig (BGH GRUR 1992, 386, 387 – Altenwohnheim II). Zweibettzimmer eines Krankenhauses sind nach Auffassung des BGH privat, nicht öffentlich, so dass die Wiedergabe von Fernsehsendungen dort keiner Vergütungspflicht nach § 52 unterliegt (BGH GRUR 1996, 875 – Zweibettzimmer im Krankenhaus).

Bei Gottesdiensten oder **religiösen Feiern** der Kirchen oder Religionsgemeinschaften kommt es auf den Erwerbszweck oder die Unentgeltlichkeit der öffentlichen Wiedergabe nicht an. Ein erschienenes Werk darf dort öffentlich wiedergegeben werden. Der Veranstalter hat dem Urheber aber in jedem Falle eine **angemessene Vergütung** zu zahlen (§ 52 Abs. 2). Hingegen sind öffentliche bühnenmäßige Darstellungen, öffentliche Zugänglichmachungen (z.B. über das Internet) und Funksendungen eines Werkes, z.B. die Weiterübertragung von Rundfunksendungen über die Verteileranlage einer Justizvollzugsanstalt (BGH GRUR 1994, 45, 47 – Verteileranlagen), sowie öffentliche Vorführungen eines Filmwerks stets nur mit Einwilligung des Berechtigten zulässig (§ 52 Abs. 3).

XI. Vervielfältigungen zum privaten und sonstigen eigenen Gebrauch

Die bisher aufgezählten Schranken gestatten unter bestimmten, eng auszulegenden Voraussetzungen eine Nutzung fremder Werke in der Öffentlichkeit. Im **privaten Bereich** dürfen fremde Werke grundsätzlich beliebig genutzt werden. Bücher dürfen gelesen und abgeschrieben, Gedichte im Familienkreise vorgelesen, Lieder gesungen, Hausmusik darf gemacht und Schallplatten dürfen im Partykeller abgespielt werden. Es gibt aber auch hier berechtigte Grenzen. Was in der persönlichen Privatsphäre zulässig ist, muss nicht im gleichen Umfang auch für den **sonstigen eigenen,** nämlich den beruflichen und den betriebs- und amtsinternen **Gebrauch** gelten. Außerdem haben technische Errungenschaften das Abschreiben von Texten und sonstige mühselige Vervielfältigungshandlungen abgelöst, so dass zahlreiche Werke für den eigenen Bedarf vielfach gar nicht mehr erworben werden müssen. Nicht nur einzelne Aufsätze, sondern ganze Zeitschriften oder Bücher lassen sich ohne weiteres fotokopieren. Tonträger und DVDs können per Knopfdruck oder Mausklick überspielt werden. Desgleichen lassen sich Fernsehsendungen ohne sonderlichen Aufwand mitschneiden. In einzelnen Ausnahmefällen ist eine solche Nutzung auch im privaten Bereich nur mit Zustimmung des Urhebers gestattet. Im Regelfall dürfen jedoch fremde Werke kopiert, überspielt, mitgeschnitten oder sonstwie zu privaten Zwecken genutzt werden. Das hat zwei Gründe: Zum einen sollte vermieden werden, Rechtsverletzungen bis in die private Wohnung hinein zu verfolgen. Zum anderen wäre eine Erlaubnispflicht hier unpraktisch; denn es wäre nicht nur maßlos aufwändig, für jede private Fotokopie oder für jede Aufzeichnung von Musik oder Film einen Lizenzvertrag vereinbaren zu müssen, sondern es wäre für die Urheber auch gar nicht kontrollierbar, wann und wo ihre Werke im privaten Bereich genutzt werden. Diese Nutzungen sind deshalb als **gesetzliche Lizenzen** einerseits gestattet. Andererseits steht dem Urheber und Leistungsschutzberechtigten hierfür eine **angemessene Vergütung** zu, die über die Verwertungsgesellschaften eingezogen und an die Urheber und Leistungsschutzberechtigten verteilt wird.

Was früher nur analog vervielfältigt wurde, ist mittlerweile genauso in digitaler Form nutzbar. Es stellte sich die Frage, inwieweit gesetzliche Schranken auch auf die **Digitaltechnik** anwendbar sind. Im Zuge der Umsetzung der EU-Richtlinie zur Informationsgesellschaft vom 22.5.2001 (s.o. S. 11) in nationales Recht durch das Gesetz zur Regelung des Urheberrechts in der Informationsgesellschaft vom 10.9.2003 wurde klargestellt, dass § 53 auch für die digitale Vervielfältigung gilt. Allerdings sehen sowohl besagte Richtlinie als auch die Vorschrift des § 53 bei den einzelnen privilegierten Vervielfältigungshandlungen mitunter **Einschränkungen** vor, wenn digital vervielfältigt werden soll. Im Einzelnen gilt Folgendes:

1. Privater Gebrauch

Zulässig ist, einzelne Vervielfältigungsstücke eines Werkes zum privaten Gebrauch herzustellen (§ 53 Abs. 1). Der **private Gebrauch** ist auf den Familien- und Freundeskreis beschränkt und grenzt sich hierdurch vom beruflichen, gewerblichen oder hoheitlichen Gebrauch ab. Ein Theaterregisseur, der sich ohne Erlaubnis des Theaterfotografen für künftige Inszenierungen Duplikate von Theaterfotografien anfertigt, handelt auch beruflich, nicht nur privat (BGH GRUR 1993, 899 – Dia-Duplikate). Zu privaten Zwecken dürfen nahezu alle Werke vervielfältigt werden, auch wenn sie noch unveröffentlicht sind. Ausgenommen hiervon sind ganze Bücher und Zeitschriften sowie Noten (§ 53 Abs. 4). Es dürfen **nur einzelne Vervielfältigungsstücke** hergestellt werden. Das sind je nach Einzelfall maximal 7, häufig aber auch nur 1 bis 3 Exemplare (BGH GRUR 1978, 474, 476 – Vervielfältigungsstücke).

Grundsätzlich ist eine Vervielfältigung nur dann privilegiert, wenn sie von einem **rechtmäßigen Werkexemplar** (also z.B. nicht von einer Raubkopie) hergestellt wird. Mitunter lässt sich jedoch für den Nutzer nicht erkennen, ob die Vorlage rechtmäßig ist oder nicht. Seine Gutgläubigkeit soll in der Weise berücksichtigt werden, dass private Vervielfältigungen nur dann nicht unter das Privileg des § 53 Abs. 1 fallen, wenn sie von **offensichtlich rechtswidrig** hergestellten oder öffentlich zugänglich gemachten Vorlagen stammen. Letzterenfalls können Urheber und Rechtsinhaber gegen diejenigen einschreiten, die dennoch Vervielfältigungsstücke herstellen. Offensichtlich rechtswidrig ist eine Vorlage, wenn dies klar zu Tage tritt und von jedem durchschnittlich verständigen und informierten Nutzer erkannt werden kann; desgleichen dort, wo angesichts der Gesamtumstände von einer rechtmäßigen Vorlage nicht ausgegangen werden kann. Werden erfolgreiche Musiktitel, die bei bekannten Schallplattenfirmen gerade zu marktüblichen Preisen erschienen sind, im Internet unentgeltlich angeboten, muss in der Regel von offensichtlich rechtswidrigen Vorlagen ausgegangen werden. Bei Angeboten in File-Sharing-Systemen oder vergleichbaren **Internet-Tauschbörsen** ist also Vorsicht geboten. Ebenso werden Angebote von Filmen, die im Kino noch nicht oder erst seit kurzem zu sehen sind, meistens illegal sein; denn die übliche Auswertungskette würde nach dem Durchschnittsverständnis erheblich gestört oder zunichte gemacht, wenn Filme schon zu Beginn ihrer Auswertung auch im Internet angeboten würden.

Der private Nutzer muss die Vervielfältigungsstücke nicht selbst herstellen, sondern er kann sie auch durch gewerbliche Kopieranstalten oder andere Personen **herstellen lassen,** soweit dies unentgeltlich geschieht. Gegen Entgelt herstellen lassen darf er nur Vervielfältigungen auf Papier oder einem ähnlichen Träger, z.B. Fotokopien in Copyshops oder per Telefax übermittelte Texte. Die Digitaltechnik ermöglicht es, gegen Entgelt so gut wie alle Werke ohne Qualitätsverlust für Dritte herzustellen. Das könnte zu Missbräuchen führen, die dem privaten Charakter des in § 53 Abs. 1 geregelten Privilegs widersprechen. Derartige Missbräuche sollen vermieden bleiben. Deshalb darf sich der private Nutzer **digitale Kopien** nur herstellen lassen, wenn dies unentgeltlich geschieht.

2. Sonstiger eigener Gebrauch

Der sonstige eigene Gebrauch (§ 53 Abs. 2) betrifft die **beruflichen, gewerblichen und hoheitlichen Bereiche.**

Ein Werk darf für ein **eigenes Archiv** vervielfältigt werden, wenn dies zu diesem Zweck geboten ist und als Vorlage ein eigenes Werkstück dient (§ 53 Abs. 2 Nr. 2). Hiervon machen Bibliotheken häufig Gebrauch, die ihre Bücher mikroverfilmen, um deren Bestand zu sichern. Außerdem dürfen Vervielfältigungen **nur auf Papier** vorgenommen werden. **Alternativ** darf nur eine **ausschließlich analoge Nutzung** stattfinden (§ 53 Abs. 2 S. 2). Werden digitale Medien übernommen, müssen sie also auf Papier ausgedruckt werden. **Nur interne Zwecke** sind gestattet. Elektronische Pressearchive, die manche Unternehmen für ihre Mitarbeiter einrichten, fallen nicht unter dieses Privileg (BGH GRUR 1999, 325, 327 – Elektronische Pressearchive). Desgleichen darf das Archiv nicht an Außenstehende zugänglich gemacht werden (BGH GRUR 2011, 415 Rn. 20 – Kunstausstellung im Online-Archiv).

Ferner dürfen **Funksendungen** über aktuelle und die Allgemeinheit interessierende Themen z.B. als Diskussionsgrundlage oder zur sonstigen eigenen Unterrichtung über Tagesfragen betriebsintern aufgezeichnet werden (§ 53 Abs. 2 Nr. 3). Die Vervielfältigung muss **auf Papier** oder einem ähnlichen Träger mittels beliebiger fotomechanischer Verfahren oder anderer Verfahren mit ähnlicher Wirkung vorgenommen werden. **Alternativ** darf nur eine **analoge Nutzung** stattfinden. Der Einsatz digitaler Medien wird auf diese Weise begrenzt.

Abgesehen von diesen nur zu bestimmten Zwecken zulässigen Vervielfältigungen dürfen zum **sonstigen eigenen Gebrauch** (§ 53 Abs. 2 Nr. 4) nur

- kleine Teile (etwa 10%) eines bereits erschienenen Werkes,
- einzelne Beiträge aus bereits erschienenen Zeitungen oder Zeitschriften oder
- Werke vervielfältigt werden, die mindestens seit zwei Jahren vergriffen sind.

Die Kopiervorlagen müssen also bereits in körperlicher Form – als Werkexemplare – veröffentlicht sein. Wie beim Vervielfältigen zum privaten Gebrauch dürfen nur einzelne – maximal sieben Vervielfältigungsstücke hergestellt werden. Grundsätzlich sind nur Papierkopien oder analoge Nutzungen gestattet.

3. Kopierverbot bei Noten und vollständigen Druckwerken

Musiknoten und im Wesentlichen **ganze Bücher oder Zeitschriften** dürfen zwar manuell abgeschrieben, ansonsten aber grundsätzlich nur mit Einwilligung des Berechtigten vervielfältigt werden, es sei denn, dass die Kopie zur Aufnahme in ein eigenes Archiv (§ 53 Abs. 2, Nr. 2) oder zum eigenen Gebrauch von einem seit mindestens zwei Jahren vergriffenen Werk hergestellt wird (§ 53 Abs. 4).

Wer Noten und (im Wesentlichen) vollständige Bücher oder Zeitschriften besitzen will, darf sie also nicht kopieren, sondern muss sie erwerben. Der wesentliche Teil eines Buchs liegt bei etwa 75 bis 90% des Gesamtumfangs. Das Kopieren bleibt also auch dann erlaubnispflichtig, wenn z.B. Inhaltsverzeichnis und Register weggelassen werden.

Für **Rechenprogramme** gelten die gesonderten Vorschriften in §§ 69c bis 69e (s.o. S. 28 ff. und u. S. 180 f.).

4. Kopierverbot bei elektronischen Datenbankwerken

Datenbankwerke gab es zunächst als Zettelkästen und in anderer nicht-elektronischer Form. Als Sammelwerke (vgl. § 4) unterliegen diese Datenbankwerke grundsätzlich denselben gesetzlichen Schranken wie andere Werke, auch hinsichtlich der Privatkopie. Ihren besonderen Wert haben Datenbanken vor allem in **elektronischer Form** erhalten, nicht zuletzt weil sie eine leichte und schnelle Recherche ermöglichen und einen schnellen Zugang zu den einzelnen Daten gewährleisten. Ihre Auswertung wäre durch die Privilegierung der Kopie zum privaten und sonstigen eigenen Gebrauch in starkem Maße beeinträchtigt worden. Das wurde dadurch verhindert, dass die in § 53 Abs. 1 (Kopie für den Privatgebrauch) und Abs. 2 S. 1 Nr. 2 bis 4 (Kopie für den sonstigen eigenen Gebrauch) vorgesehenen Schranken keine Anwendung auf Datenbankwerke finden, deren Elemente einzeln mit Hilfe elektronischer Mittel zugänglich sind (§ 53 Abs. 5 S. 1). Hat jemand ein mit Zustimmung des Urhebers in Verkehr gebrachtes Vervielfältigungsstück des Datenbankwerkes erworben, kann er grundsätzlich diejenigen Bearbeitungen und Vervielfältigungen dieses Datenbankwerkes vornehmen, die für dessen übliche Benutzung erforderlich sind (§ 55a).

Wird ein Datenbankwerk genutzt, ist häufig auch die Leistung des **Datenbankherstellers** betroffen, nämlich der mit wesentlichen Investitionen geschaffene Inhalt der Datenbank oder Teile hiervon (§ 87a). Die Schranken des Rechts des Datenbankherstellers sind in § 87c abschließend aufgelistet; nämlich die Vervielfältigung zum privaten Gebrauch (insoweit aber nur bei nicht elektronischen Datenbanken), zum eigenen wissenschaftlichen Gebrauch und zum

Gebrauch für Unterrichtszwecke (§ 87c Abs. 1 S. 1) sowie die Vervielfältigung, Verbreitung und öffentliche Wiedergabe in Verfahren vor Gericht, vor einer Behörde oder für Zwecke der öffentlichen Sicherheit (§ 87c Abs. 2). **Gewerbliche Zwecke**, insbesondere der gesamte „sonstige eigene Gebrauch" (§ 53 Abs. 2 S. 1 Nr. 4) oder andere Schrankenregelungen der § 44a ff., die in § 87c nicht erwähnt werden, sind **unzulässig**. Wer jedoch rechtmäßig ein Vervielfältigungsstück der Datenbank besitzt, darf sie vervielfältigen, verbreiten oder öffentlich wiedergeben, soweit dies der normalen Auswertung der Datenbank entspricht und berechtigte Interessen des Datenbankherstellers nicht unzumutbar beeinträchtigt werden. Entgegenstehende vertragliche Verpflichtungen sind insoweit unwirksam (§ 87e).

5. Mitschnitt auf Bild- oder Tonträger, Nachbau

Mitschnitte in Konzertsälen, Opernhäusern sowie Vortrags- und Hörsälen sind ohne Genehmigung des Urhebers unzulässig; denn nur das **Mitschneiden von Funksendungen** oder das Überspielen von Bild- oder Tonträgern, nicht dagegen die Aufnahme öffentlicher Vorträge, Aufführungen oder Vorführungen eines Werkes auf Bild- oder Tonträger sind gestattet. Ebenso bedürfen die **Ausführung von Plänen** und Entwürfen zu Werken der bildenden Künste sowie der **Nachbau** eines Werkes der Baukunst stets der Einwilligung durch den Berechtigten (§ 53 Abs. 7).

6. Nutzung der Vervielfältigungsstücke

Die Vervielfältigungsstücke dürfen in jedem Fall nur zum privaten und eigenen Gebrauch hergestellt werden. Ihre **Verbreitung** oder öffentliche Wiedergabe ist **unzulässig** (§ 53 Abs. 6 S. 1). Eine Ausnahme wird bei solchen rechtmäßig hergestellten Vervielfältigungsstücken von Zeitungen und vergriffenen Werken gemacht, bei denen kleine beschädigte oder abhanden gekommene Teile durch Vervielfältigungsstücke ersetzt worden sind. Solche durch Kopien vervollständigte Werke dürfen z.B. von Bibliotheken verliehen werden (§ 53 Abs. 6 S. 2). Ansonsten dürfen die Vervielfältigungsstücke nicht an andere Personen abgegeben werden. Wer Wirtschaftsberichte aus fremden Zeitungen in einer Datenbank sammelt und individuelle Recherchen anbietet, verstößt gegen das Vervielfältigungs- und Verbreitungsrecht der Urheber oder Rechtsinhaber dieser Wirtschaftsberichte, wenn er seinen Auftraggebern Kopien des recherchierten Informationsmaterials zuschickt (BGH GRUR 1997, 459, 462 – CB-infobank I).

7. Vergütungspflicht

Soweit nach der Art des Werkes zu erwarten ist, dass es durch Aufnahme von Funksendungen auf Bild- oder Tonträger (Mitschnitt), durch Übertragung von einem Bild- oder Tonträger auf einen anderen (Überspielen), durch Ablichtung eines Werkstückes (Kopieren) oder auf andere gesetzlich gestattete Weise vervielfältigt wird, ist hierfür eine **angemessene Vergütung** zu zahlen (vgl. § 54 Abs. 1). Letztlich muss der Endverbraucher, der das Werk kopiert, überspielt oder sonstwie für den privaten oder eigenen Gebrauch auf technischem Wege vervielfältigt, für diese Vergütung aufkommen. Es wäre aber unverhältnismäßig aufwändig, kostspielig und auch wenig praktikabel, wenn jeder einzelne Endverbraucher gesondert zur Zahlung aufgefordert werden müsste. Deshalb werden die **Hersteller,** Importeure und Betreiber **derjenigen Geräte** sowie der einschlägigen **Speichermedien** in Anspruch genommen, die solche Vervielfältigungen ermöglichen. Sie schlagen dann diese Abgaben auf ihre Verkaufspreise auf.

Mit der Digitaltechnik wird es zunehmend ermöglicht, sich Werke weitgehend unkontrolliert selbst, z.B. aus dem Internet, zu beschaffen und den **Erwerb von Werkexemplaren durch eigene Vervielfältigungen zu ersetzen.** Parallel hierzu erweitert sich der Kreis der gesetzlichen Lizenzen, die derartige Nutzungen gegen angemessene Vergütung gestatten. Damit einhergehend werden auch die Vergütungen über die gesetzlichen Lizenzen für die Urheber und Rechtsinhaber zunehmend bedeutsam. Werden ihnen die Exklusivrechte laufend durch weitere Schranken beschnitten, wollen sie verständlicherweise, dass sämtliche Geräte und Speichermedien, mit denen urheberrechtlich relevant vervielfältigt wird, vergütungspflichtig sind und dass sie auf diesem Wege eine angemessene Vergütung für die urheberrechtlich relevante Nutzung erhalten.

Anders als bis Ende 2007 sieht das Gesetz keine bezifferten Vergütungssätze für Geräte und Speichermedien mehr vor. Seit dem 1.1. 2008 sollen die beteiligten Kreise (Verwertungsgesellschaften einerseits und Geräteindustrie andererseits) die **Höhe der Geräte- und Speichermedienvergütung selbst regulieren**. Ferner sollen sie klären, in welchem Umfang die jeweiligen Geräte benutzt werden, um urheberrechtlich relevant zu vervielfältigen, und welche Vergütung hierfür angemessen ist. Kommt eine einvernehmliche Lösung nicht zustande, muss mittels **empirischer Untersuchungen** festgestellt werden, in welchem Maß die Geräte und Speichermedien als Typen tatsächlich für gesetzlich gestattete Vervielfältigungen genutzt werden (§ 54a Abs. 1 UrhG; § 40 Abs. 1 VGG). Die Verwertungsgesellschaften können die Schiedsstelle anrufen, damit die Ermittlungen dort gewissermaßen auf einer neutralen Basis durchgeführt werden (§ 93 VGG). Auf diese Weise werden die **Hersteller** von Tonbandgeräten, Fotokopiergeräten, Faxgeräten, Scannern, Multifunktionsgeräten, PCs, Druckern, Laptops, Mobiltelefonen und sonstigen **Geräten,** mit denen urheberrechtlich relevant vervielfältigt werden kann, verpflichtet, die für diese Nutzung mit diesem Gerät zu entrichtende Vergütung an die Verwertungsgesellschaften abzuführen. Dasselbe gilt für die **Hersteller** von CD-Rohlingen, Disketten, USB-Sticks und anderen einschlägigen **Speichermedien.** Neben den Herstellern haftet auch derjenige, der solche Geräte oder Speichermedien in die Bundesrepublik Deutschland gewerblich einführt (§ 54b).

Darüber hinaus wird von den Betreibern von Ablichtungsgeräten oder vergleichbaren Geräten dort eine zusätzliche Betreiberabgabe verlangt (§ 54c Abs. 1), wo diese Geräte in besonders hohem Maße genutzt werden, nämlich in Schulen, Hochschulen sowie Einrichtungen der Berufsausbildung oder der sonstigen Aus- und Weiterbildung (Bildungseinrichtungen), Forschungseinrichtungen, öffentlichen Bibliotheken oder in Einrichtungen, die Geräte für die Herstellung von Ablichtungen entgeltlich bereithalten (Copyshops, Kaufhäuser etc.). Die **Höhe der Betreibervergütung** bemisst sich nach Art und Umfang der wahrscheinlichen Nutzung des Gerätes.

Hierzu hat die **VG Wort** verschiedene Tarifgruppen aufgestellt, die sie den Betreibern berechnet. Behörden und die gewerbliche Wirtschaft – außer deren selbstständige Bildungs- und Forschungseinrichtungen (BGH ZUM-RD 1997, 425, 428 – Betreibervergütung bei Großunternehmen) – fallen nicht unter diese Betreiberabgabe. Die VG Wort darf bei Copyshops und dergleichen **Kontrollbesuche** durchführen, um z.B. festzustellen, wie viele Geräte dort im Einsatz sind (§ 54g).

Mit dem Abbau der Binnengrenzen innerhalb der EU fallen die Kontrollmitteilungen der Grenzbehörden über den Umfang der eingeführten Geräte und Leerkassetten weg, so dass manche Geräte und Leerkassetten unvergütet in den Handel gelangen könnten. Deshalb unterliegen die neben dem Hersteller als Gesamtschuldner für die Gerätevergütung haftenden Händler und Importeure einer **Meldepflicht** (§ 54e). Wer Geräte oder Speichermedien nach Deutschland gewerblich einführt oder wieder einführt, muss von sich aus Art und Stückzahl der eingeführten Gegenstände einer vom Deutschen Patent- und Markenamt bezeichneten gemeinsamen Empfangsstelle monatlich schriftlich mitteilen. Tut er dies nicht, nur unvollständig oder sonst unrichtig, kann die Verwertungsgesellschaft den doppelten Vergütungssatz verlangen (§ 54e Abs. 2).

Sämtliche Vergütungsansprüche können nur durch Verwertungsgesellschaften geltend gemacht werden. Sie müssen die Erlöse an alle Berechtigte angemessen verteilen (§ 54h).

XII. Vervielfältigung durch Sendeunternehmen

Sendeunternehmen müssen ihr Programm auf Bild- oder Tonträger aufnehmen, um die einzelnen Sendungen programmgemäß ausstrahlen zu können; denn nur ein Bruchteil des Programms wird live gesendet. Solche Aufzeichnungen sind ebenfalls Vervielfältigungen der Werke, die mit dem Erwerb des Senderechts noch nicht gestattet sind. Sie sind für eine kurze Zeit und nur für eine einmalige Sendung als so genannte **ephemere Aufzeichnungen** zulässig (§ 55).

Vorausgesetzt wird aber, dass das Sendeunternehmen ein **eigenes Programm** zusammenstellt und sendet, gleichgültig, ob terrestrisch, per Kabel oder über Satellit. Die Deutsche Telekom, Kabelunternehmen oder sonstige Unternehmen, die lediglich fremde Sendungen ausstrahlen oder weiterleiten, sind zu solchen Vervielfältigungen nicht befugt. Ferner muss das Programm mit eigenen Mitteln aufgezeichnet werden. Die Weitergabe der Bild- oder Tonträger an andere Sendeunternehmen fällt nicht unter diese gesetzliche Lizenz. Spätestens einen Monat nach der ersten Funksendung des Werkes sind die Bild- oder Tonträger zu löschen. Haben sie einen außergewöhnlichen dokumentarischen Wert, so dürfen sie in ein amtliches Archiv aufgenommen werden (§ 55 Abs. 2). Hiervon ist der Urheber unverzüglich zu benachrichtigen.

XIII. Vervielfältigung und öffentliche Wiedergabe durch Geschäftsbetriebe

In Geschäftsbetrieben, die Bild- oder Tonträger, Geräte zu deren Herstellung oder Wiedergabe, zum Empfang von Funksendungen oder zur elektronischen Datenverarbeitung vertreiben oder instandsetzen, dürfen Werke auf Bild-, Ton- oder Datenträger übertragen und mittels Bild-, Ton- oder Datenträger öffentlich wiedergegeben sowie Funksendungen von Werken öffentlich wahrnehmbar gemacht werden, soweit dies notwendig ist, um Kunden diese Geräte vorzuführen oder um die Geräte instand zu setzen (§ 56 Abs. 1). Dasselbe gilt für die öffentliche Zugänglichmachung von Werken in diesem Rahmen. Der **Elektrohandel** darf seine Kunden also realitätsnah bedienen, indem er ihnen Radio-, Fernseh- und Tonbandgeräte, Schallplattenspieler, Videogeräte, Geräte zur elektronischen Datenverarbeitung und sonstige vergleichbare Geräte so vorführt, wie sie später in privaten, geschäftlichen oder sonstigen Bereichen genutzt werden sollen. Überspielung und Wiedergabe von Funksendungen sowie die Aufnahme von Werken auf Bild- oder Tonträger und deren Wiedergabe sind jedoch nur im jeweils notwendigen Rahmen zulässig. Eine dauernde Musikberieselung oder der ständige Einsatz solcher Geräte, um Kunden überhaupt erst anzulocken, fällt nicht hierunter. Sollen nicht die Geräte, sondern die Werke auf den Bild- oder Tonträgern vorgeführt werden, ist dies ebenfalls erlaubnispflichtig. Ferner dürfen die Werke nur zum Zwecke der konkreten einzelnen Vorführung auf Bild- oder Tonträger übertragen werden. Sie sind danach unverzüglich zu löschen (§ 56 Abs. 2). Soll hiervon abgewichen werden, muss dies – meistens mit den einschlägigen Wahrnehmungsgesellschaften – entsprechend vereinbart werden.

XIV. Unwesentliches Beiwerk

Vervielfältigung, Verbreitung und öffentliche Wiedergabe von Werken sind zulässig, wenn sie als **unwesentliches Beiwerk** hinter dem eigentlichen Gegenstand der Vervielfältigung, Verbreitung oder öffentlichen Wiedergabe zurücktreten (§ 57). Ebenso dürfen Bilder, auf denen Personen nur als Beiwerk neben einer Landschaft oder sonstigen Örtlichkeit erscheinen, ohne Einwilligung des Abgebildeten verbreitet und öffentlich zur Schau gestellt werden (§ 23 Abs. 1 Nr. 2 KUG). **Unwesentlich** ist das Beiwerk aber nur, wenn man es beliebig austauschen kann und wenn es im Hintergrund untergeht. Gehört es dagegen zur „Inszenierung", z.B. für das Ambiente des Hintergrundes einer Filmszene oder für die gefällige Gestaltung einer Möbel-Verkaufsausstellung, ist es nicht mehr unwesentlich, sondern erlaubnispflichtig. Maßgeblich ist ferner der **konkrete Gegenstand**. Enthält beispielweise ein Möbelkatalog mehrere Fotos, dann ist hinsichtlich jedes einzelnen Fotos zu beurteilen, ob dort das Werk unwesentlich ist oder nicht. Es wäre verfehlt, die Wesentlichkeit im Hinblick auf den gesamten Katalog zu beurteilen. Hat das Werk auf dem konkreten Foto einen dramaturgischen Zweck, ist es kein Beiwerk, sondern wesentlich (BGH GRUR 2015, 667 Rn. 23, 27 – Möbelkatalog).

XV. Werbung für die Ausstellung und den öffentlichen Verkauf von Werken

§ 58 regelt die sog. **Katalogbildfreiheit.** Museen und andere Aussteller sollen für ihre **öffentlichen Ausstellungen** sowie Galerien, Versteigerungshäuser und andere Kunsthändler für den **öffentlichen Verkauf** von Werken der bildenden Künste (einschließlich angewandter Kunst und Baukunst), Lichtbildwerken und Filmwerken im erforderlichen Rahmen hierfür werben können (§ 58 Abs. 1). Hierzu zählt die Vervielfältigung, Verbreitung und auch die öffentliche Zugänglichmachung dieser Werke, sei es in Form von analogen oder digitalen Verzeichnissen (**Katalogen,** CD-ROMs etc.) oder sei es online über das Internet. Ferner zählen hierzu Plakate, Eintrittskarten, Prospekte und andere **Werbemittel,** die mit Abbildungen derartiger Werke auf das stattfindende Ereignis (Ausstellung, Versteigerung etc.) hinweisen; aber nur soweit sie üblicherweise als Werbemittel für derartige Veranstaltungen dienen. Werden Postkarten oder Poster von einzelnen Werken um ihrer selbst willen, also nicht als Werbemittel für Ausstellungen und dergl., hergestellt und vertrieben, fällt dies nicht unter das Privileg (BGH ZUM 2000, 1082, 1084 – Parfumflakon). Desgleichen bedarf es der Erlaubnis des Urhebers, wenn sein Werk in einem Werbeprospekt abgedruckt wird, der nicht allein die konkrete Ausstellung oder Verkaufsveranstaltung, sondern allgemein die Tätigkeit oder das Angebot des Ausstellers oder Kunsthändlers bewirbt (BGH GRUR 1993, 822, 824 – Katalogbilder).

Derartige Kataloge und Verzeichnisse dürfen nur als **Begleitmaterial** zu – **vorübergehenden** – Ausstellungen, Versteigerungen oder Verkaufsveranstaltungen erscheinen, um den Ausstellungszweck und den Absatz der abgebildeten Werke zu fördern (BGH GRUR 1994, 800, 802 – Museumskatalog). Mit Ende der Ausstellung oder Verkaufsveranstaltung endet auch das Privileg, die Werke unentgeltlich und ohne Zustimmung des Urhebers nutzen zu dürfen. Vielfach haben Ausstellungskataloge mittlerweile jedoch die Funktion von **Kunstbänden.** Werden sie nicht nur während der Ausstellung und an der Ausstellungskasse, sondern auch danach und im Buchhandel angeboten, muss insoweit die Zustimmung des Urhebers eingeholt und hierfür in der Regel eine Vergütung bezahlt werden. Außerdem sind nur solche Kataloge und Verzeichnisse privilegiert, die vom Veranstalter der Ausstellung oder Versteigerung herausgegeben werden. Begleitende Kunstbände oder Museumsführer eines Verlags fallen nicht hierunter.

In den Katalogen dürfen nur diejenigen Werke abgebildet werden, die in der Ausstellung tatsächlich zu sehen, auf der Versteigerung zu ersteigern oder zum Verkauf angeboten sind. Soweit z.B. ausgestellte Skizzenbücher nicht durchgeblättert werden können, sondern in einer Vitrine liegen, dürfen nur die auf der aufgeschlagenen Seite sichtbaren Werke in den Katalog aufgenommen werden. Bei **Wanderausstellungen** ist es gestattet, auch diejenigen Werke wiederzugeben, die zwar an einigen, nicht aber an allen Ausstellungsorten zu sehen sind.

XVI. Werke an öffentlichen Plätzen

Zulässig ist, Werke, die sich bleibend an öffentlichen Wegen, Straßen oder Plätzen befinden, mit Mitteln der Malerei oder Grafik, durch Lichtbild oder durch Film zu vervielfältigen, zu verbreiten und öffentlich wiederzugeben, die sog. **Panoramafreiheit.** Bei **Bauwerken** erstrecken sich diese Befugnisse nur auf die **äußere Ansicht** (§ 59). Jedermann darf von der Straße aus frei sichtbare Skulpturen, Bauwerke und sonstige Kunstwerke ohne Zustimmung des Urhebers auf Postkarten, in Bildbänden oder Reiseführern gewinnbringend vermarkten. Nur die zweidimensionale Vervielfältigung ist gestattet. Sie darf außerdem nicht – z.B. bei Wandgemälden – an einem Bauwerk vorgenommen werden (§ 59 Abs. 2). Was nicht von der Straße aus einsehbar ist, sondern erst durch Betreten des Grundstücks oder des Gebäudes wahrgenommen werden kann, sowie das Innere eines Gebäudes selbst fällt nicht unter dieses Privileg. Auch die Aussicht von einer Wohnung in der Nachbarschaft blieb außerhalb des Privilegs (BGH GRUR 2003, 1035, 1037 – Hundertwasser-Haus). Für solche Aufnahmen muss die Zustimmung des

Architekten oder sonstigen Urhebers eingeholt werden. Außerdem muss sich das betreffende Werk **bleibend** an öffentlichen Plätzen befinden. Hieran fehlt es, wenn ein Kunstwerk, wie z.B. der von dem Künstler *Christo* verhüllte Reichstag (BGH GRUR 2002, 605, 606 – Verhüllter Reichstag), von vornherein nur zeitlich befristet installiert oder wenn es nur vorübergehend im Schaufenster oder an einem sonstigen für Passanten frei sichtbaren Ort ausgestellt wird. Ein bemaltes Kreuzfahrtschiff ist auch bei einem **Ortswechsel** bleibend (dauerhaft) an einem öffentlichen Ort (BGH GRUR 2017, 798 Rn. 27, 33 – AIDA Kussmund).

XVII. Bildnisse

Bildnisse sind Passfotos und sonstige Fotografien, Porträts, Büsten, Zeichnungen, Gemälde, Reliefs, Totenmasken oder sonstige **Personendarstellungen**, gleichgültig aus welchem Material. Wird beispielsweise ein Porträt in Auftrag gegeben, so erhält der Besteller oder der Porträtierte lediglich das Eigentum an dem Porträt, aber keinerlei Nutzungsrechte hieran (vgl. § 44). Er darf also grundsätzlich keine Abzüge hiervon herstellen, um sie z.B. an Freunde zu verschenken. Letzteres wird ihm durch § 60 Abs. 1 gestattet. Der Besteller eines Bildnisses oder sein Rechtsnachfolger darf es vervielfältigen oder vervielfältigen lassen (§ 60 Abs. 1), sei es fotografisch, zeichnerisch oder auf andere Weise. Ist das Bildnis ein Werk der bildenden Künste, darf es aber nur durch Lichtbild verwertet werden (§ 60 Abs. 1 S. 2). Der Porträt-Maler muss also keine schlechten Kopien befürchten. Das Privileg des § 60 beschränkt sich auf die Vervielfältigung und die Verbreitung. Eine **öffentliche Wiedergabe,** z.B. durch öffentliche Zugänglichmachung im Internet, ist **nicht gestattet** (OLG Köln ZUM 2004, 227, 228). Außerdem muss die Verbreitung **unentgeltlich** sein. Eine Verbreitung in Tageszeitungen ist bereits entgeltlich. Ferner darf die Verbreitung keinen gewerblichen Zwecken dienen. Wer mit seinem Porträt werben will, bedarf der Zustimmung des Fotografen oder sonstigen Rechtsinhabers.

Die gleichen Rechte stehen bei einem auf Bestellung geschaffenen Bildnis dem Abgebildeten und nach seinem Tode seinen Angehörigen (Ehegatten, Lebenspartner, Kindern oder wenn erstere nicht vorhanden sind, den Eltern) zu (§ 60 Abs. 2).

XVIII. Gesetzlich erlaubte Nutzungen für Unterricht, Wissenschaft und Institutionen

Unterricht, Lehre und Forschung bedürfen in besonderem Maße eines leichten und komplikationslosen Zugangs zu fremden Werken, um Schülern und Studenten Wissen zeitgemäß zu vermitteln, den Lehrenden die Präsentation des Unterrichts mit Beispielen aus sämtlichen Wissensgebieten zu erleichtern und zu veranschaulichen und den Wissenschaftlern aktuelle Erkenntnisse schnell zugänglich zu machen, damit neue Erkenntnisse erarbeitet werden können. Das soll mit den Schranken der §§ 60a bis 60 h realisiert werden. Sie privilegieren nicht nur die Schüler, Studenten, deren Lehrer und die Forscher, sondern auch diejenigen Institutionen, bei denen das Wissen gesammelt und bewahrt wird, nämlich die Bibliotheken, Archive, Museen und Bildungseinrichtungen. Diese gesetzlichen Erlaubnisse beschränken die Exklusivrechte der Rechtsinhaber, z.B. der Verleger. Gerade im Bereich von Unterricht und Wissenschaft könnte die Primärverwertung der Verlage arg beeinträchtigt werden, denn deren Zielgruppe sind exakt die privilegierten Personen und Institutionen. Deshalb sind nur **nicht kommerzielle Nutzungen** gestattet. Ferner müssen die **Institutionen öffentlich zugänglich** sein. Private Institutionen, die mit Gewinnerzielung arbeiten, sind nicht privilegiert. Das gilt auch für die Forschung. Außerdem sind in der Regel sämtliche Nutzungen **angemessen zu vergüten**.

Manche Beschränkungen der Exklusivrechte liegen auch im besonderen Interesse der EU. Demgemäß sieht die Richtlinie über das Urheberrecht im digitalen Binnenmarkt vom 17.4.2019 (CDSM-RL) für Text und Data-Mining (Art. 4 RL), für Unterrichtszwecke (Art. 5 RL) und für den Erhalt der Kulturgüter (Art. 6 RL) Beschränkungen der Exklusivrechte vor, von denen auch durch Vertrag nicht abgewichen werden kann (Art. 7 RL). Möglicherweise wird der deutsche Gesetzgeber im Zuge der Umsetzung dieser Richtlinie die eine oder andere bisherige Regelung an die Richtlinie anpassen müssen. Die Umsetzungsfrist dieser Richtlinie läuft im Juni 2021 ab.

1. Unterricht und Lehre

Mit der Schranke zu Gunsten Unterricht und Lehre (§ 60a) soll den Lehrern ermöglicht werden, **Lernmaterial** für den Unterricht zu vervielfältigen und den Schülern auszuhändigen oder online am Bildschirm zugänglich zu machen. Das gilt zu Gunsten aller Schulen, Vorschulen, Hochschulen und vergleichbaren **nicht kommerziellen Bildungseinrichtungen**, die der Aus- und Weiterbildung dienen (§ 60a Abs. 4). Das Material darf nicht nur während des Unterrichts, sondern auch für dessen Vor- und Nachbereitung sowie für den Fernunterricht verwendet werden. Es ist aber grundsätzlich begrenzt auf **bis zu 15% eines veröffentlichten Werkes** (§ 60a Abs. 1). Ferner darf das Material nur an die Schüler oder Studenten der betreffenden Schulklasse, Vorlesung oder sonstigen Unterrichtsveranstaltung weitergereicht werden, nicht an weitere Schüler oder Studenten anderer Veranstaltungen (§ 60 Abs. 1 Nr. 1). Für Prüfungszwecke dürfen Lehrende und Prüfer im gleichen Umfang **Prüfungsmaterialien** zusammenstellen (§ 60a Abs. 1 Nr. 2), das in mehreren Klassen oder Kursen derselben Bildungseinrichtung verwendet werden darf (§ 60a Abs. 1 Nr. 2). Schließlich dürfen die Bildungseinrichtungen Dritten Einblick in die Ergebnisse ihres Unterrichts gewähren (z.B. Eltern oder Besuchern; § 60 Abs. 1 Nr. 3).

Die Begrenzung auf 15% des Werkes gilt nicht bei Abbildungen (Fotos etc., die sinnvollerweise nicht nur als Ausschnitt wiedergegeben werden), einzelnen Beiträgen aus Fachzeitschriften (z.B. ein Aufsatz), Werken geringen Umfangs (z.B. Gedichte oder Liedtexte) und vergriffenen Werken (§ 60a Abs. 2). Komplette Hefte einer Fachzeitschrift dürfen nicht kopiert werden. Von Zeitungsaufsätzen dürfen wiederum nur bis zu 15% vervielfältigt werden.

Ausgenommen von diesem Privileg sind

- Aufnahmen auf Bild- oder Tonträger sowie die Wiedergabe eines Werks, während es öffentlich vorgeführt wird; z.B. der Mitschnitt von Filmvorführungen oder Livekonzerten und deren Wiedergabe (§ 60a Abs. 3 Nr. 1);

- die Nutzung von Werken, die **ausschließlich für den Schulunterricht** geeignet, bestimmt und als solche gekennzeichnet sind. Um den wesentlichen Markt der Schulbuchverlage nicht zu beeinträchtigen, muss insoweit die Zustimmung des jeweiligen Schulbuchverlags eingeholt werden (§ 60a Abs. 3 Nr. 2).
- die Vervielfältigung von **Musiknoten** (§ 60a Abs. 3 Nr. 3). Wer jedoch die Noten besitzt, darf sie per Scan für den Unterricht zugänglich machen. Tonaufnahmen von Musikwerken sind von dieser Ausnahme nicht erfasst.

2. Unterrichts- und Lehrmedien

Während nach § 60a Unterrichts- und Lehrmaterial nur zu einzelnen konkret bestimmten Veranstaltungen von den beteiligten Personen zusammengestellt werden darf, gestattet § 60b die **Herstellung von Unterrichtsmaterialien durch Verleger** und andere Hersteller **generell** für den Unterricht und die Lehre, also für Schulbücher und vergleichbare Publikationen. Die in § 60a aufgezählten Voraussetzungen sind grundsätzlich auch hier zu beachten (§ 60b Abs. 2). Es müssen Sammlungen sein, die Werke einer größeren Anzahl von Urhebern vereinigen. Sie müssen ausschließlich zur Veranschaulichung des Unterrichts und der Lehre an Bildungseinrichtungen sein, also nicht kommerziell (z.B. für kommerzielle Unterrichtsveranstaltungen) und für den Unterrichtungszweck geeignet, bestimmt und entsprechend gekennzeichnet sein (§ 60b Abs. 3). Der **Nutzungsumfang** ist auf **bis zu 10%** eines veröffentlichten Werkes begrenzt (§ 60b Abs. 1). Abbildungen, einzelne Beiträge aus einer Zeitschrift, Werke geringen Umfangs und vergriffene Werke dürfen vollständig genutzt werden (§ 60a Abs. 2). Es gelten die weiteren Einschränkungen des § 60a Abs. 3 (s.o. S. 170 f.). Gestattet ist die Vervielfältigung, Verbreitung und öffentliche Zugänglichmachung. Dieses Privileg ermöglicht nicht nur Druckwerke, sondern auch online zugängliches Material. Damit letzterenfalls Dritten der Zugang außerhalb von Unterrichts- und Lehrveranstaltungen versagt bleibt, müssen ggf. technische Vorkehrungen (Passwort oder andere Kontrollen) eingerichtet werden.

3. Wissenschaftliche Forschung

Für die wissenschaftliche Forschung soll die Nutzung fremder Werke generell erleichtert werden. Sie darf allerdings **nicht kommerziell** und auf Gewinnerzielung ausgerichtet sein. Außerdem ist die Nutzung grundsätzlich auf **bis zu 15%** des Gesamtumfangs (einschließlich Inhaltsverzeichnis, Vorwort etc.; vgl. BGH GRUR 2014, 549 Rn. 24 ff. – Meilensteine der Psychologie) eines Werkes beschränkt. Hiervon ausgenommen sind Abbildungen (z.B. Fotos), einzelne Beiträge aus wissenschaftlichen Fachzeitschriften (nicht aus Zeitungen oder nicht wissenschaftlichen Zeitschriften), Werke geringen Umfangs (z.B. Gedichte) und vergriffene Werke (§ 60c Abs. 3). Sie dürfen vollständig kopiert, verbreitet und (z.B. über das Intranet) öffentlich zugänglich gemacht werden. Darüber hinaus darf für die **eigene wissenschaftliche Forschung eines Wissenschaftlers bis zu 75%** eines Werkes genutzt werden (§ 60c Abs. 2). In allen Fällen ist die Nutzung nur zu Gunsten der betreffenden Person gestattet. Die privilegierte Person ist nicht befugt, das Material an andere weiterzugeben. Demgemäß ist auch die **Intranet-Nutzung** auf den abgegrenzten Personenkreis der konkreten Forschungsveranstaltung beschränkt (§ 60c Abs. 1 Nr. 1). Außerhalb dieses begrenzten Kreises darf das Werk (z.B. über das Intranet) nicht zugänglich gemacht werden.

Zur Überprüfung (z.B. Peer Review) wissenschaftlicher Arbeiten darf Dritten das Werk in Kopie oder online zur Verfügung gestellt werden, aber grundsätzlich begrenzt auf bis zu 15% (§ 60c Abs. 1 Nr. 2).

Öffentliche Live-Darbietungen (z.B. Vorträge, Konzerte) dürfen nicht auf Bild- oder Tonträger aufgenommen werden (§ 60c Abs. 4).

4. Text und Data Mining

Wissenschaftliche Publikationen und für die Wissenschaft notwendige Materialien sind immens. Ohne technische Hilfe, die ein Auffinden der für die wissenschaftliche Arbeit wesentlichen Informationen erleichtert, wäre die wissenschaftliche Arbeit sehr eingeengt.

Um dies zu erleichtern wird auf automatische Hilfen zurückgegriffen, indem die Materialien durchsucht, gespeichert und geordnet werden. Dafür dient das **Text und Data Mining.** Mit diesem Vorgang werden die Werke vervielfältigt, bearbeitet und öffentlich zugänglich gemacht. Es entsteht ein **Korpus,** auf den zurückgegriffen werden kann. Das ist nach § 60d gestattet, und zwar auch hinsichtlich der Daten die in Datenbanken enthalten sind (§ 60d Abs. 2). Dieser Korpus darf aber nur von einem bestimmt abgegrenzten Kreis von Personen für die gemeinsame wissenschaftliche Forschung genutzt werden (§ 60d Abs. 1 Nr. 2). Einzelnen Dritten darf dieser Korpus nur zur Überprüfung der Qualität wissenschaftlicher Forschung (z.B. für Peer Review) zugänglich gemacht werden (§ 60d Abs. 1 S. 1 Nr. 2). Der Nutzer muss diesen Korpus nicht selbst herstellen, sondern kann ihn von einer hierauf spezialisierten Firma herstellen lassen. Der Nutzer darf aber **keine kommerziellen Zwecke** verfolgen (§ 60d Abs. 1 S. 2).

Nach Abschluss der Forschungsarbeit sind Korpus und die Vervielfältigungen des Ursprungsmaterials zu löschen, so dass keine öffentliche Zugänglichmachung mehr möglich ist (§ 60d Abs. 3 S. 1). Die mit der Erstellung des Korpus aufgewendete Arbeit ist gleichwohl nicht verloren; denn Korpus und Vervielfältigungen des Ursprungsmaterials dürfen in einer Bibliothek oder einem Archiv dauerhaft aufbewahrt werden (§ 60d Abs. 3 S. 2).

5. Bibliotheken

Bibliotheken sammeln und bewahren u.a. urheberrechtlich geschützte Werke. Ferner machen sie ihren Bestand durch Ausstellungen, Verleihen und auf andere Weise der Öffentlichkeit zugänglich. In bestimmtem Umfang sollen sie diese Werke vervielfältigen, verbreiten und auch zugänglich machen dürfen, ohne sich hierfür die Rechte im Einzelnen beschaffen zu müssen (§ 60e Abs. 1). Das gilt aber nur für **Bibliotheken, die öffentlich zugänglich sind** und **weder mittelbar noch unmittelbar kommerzielle Zwecke** verfolgen (§ 60e Abs. 1). Sie dürfen die Werke zur Zugänglichmachung (da dieser Vorgang meistens mit einer Vervielfältigung verbunden ist), zur Indexierung, Katalogisierung, Erhaltung und zur Restaurierung vervielfältigen. Nur Werke aus dem **eigenen Bestand** darf die Bibliothek vervielfältigen. Es geht um die Erfassung und Wahrung ihres Bestandes.

Zu **Restaurationszwecken** dürfen sie ein Werkexemplar auch an eine andere Bibliothek sowie an ein Archiv, Museum oder eine Bildungseinrichtung weitergeben (§ 60e Abs. 2 S. 1). In der Regel ist eine Bibliothek Eigentümerin ihres Bestands. Das Verbreitungsrecht an den dort befindlichen Werken ist erschöpft, so dass die Werkexemplare aus dem Bestand **verliehen** werden dürfen. Letzteres wird der Bibliothek auch für diejenigen Exemplare gestattet, die durch Restaurierung hinzugekommen sind und beschädigte Exemplare ersetzen. Desgleichen dürfen sie Zeitungen und vergriffene Werke aus ihrem Bestand verleihen (§ 60e Abs. 2 S. 2).

Stellt die Bibliothek Werke der bildenden Kunst, der Fotografie, des Films oder der Darstellungen wissenschaftlicher oder technischer Art (z.B. Skizzen, Schaubilder) aus, darf sie hiervon Kataloge mit Vervielfältigungen dieser Werke verbreiten. Ebenso darf sie **Verzeichnisse ihres eigenen Bestands** an diesen Werken herstellen und verbreiten (§ 60e Abs. 3).

§ 60e Abs. 4 gestattet die sog. **On-the-Spot-Consultation**, nämlich den Nutzern der Bibliothek in ihren Räumen Werke aus ihrem Bestand für deren Forschung oder private Studien an elektronischen Terminals zugänglich zu machen. Es müssen eigens hierfür eingerichtete Terminals in der Bibliothek sein. Nur dort dürfen sie von den Bibliotheksbesuchern genutzt werden. Eine Nutzung von außerhalb der Bibliothek ist nicht gestattet. An diesen Leseplätzen können die Nutzer analoge oder digitale Vervielfältigungen (Ausdrucke oder USB-Sticks) herstellen, aber begrenzt **bis zu 10%** eines Werkes je Sitzung. Vollständige Vervielfältigungen sind bei Abbildungen, Beiträgen aus derselben Fachzeitschrift oder wissenschaftlichen Zeitschrift, Werken geringen Umfangs und vergriffenen Werken zulässig, aber nur zu nicht kommerziellen Zwecken, also für den privaten Gebrauch oder die reine Forschung (§ 60e Abs. 4 S. 2). Hat die Bibliothek mit dem Rechtsinhaber des Werkes ausschließlich für die Zugänglichmachung an den Terminals eine Vereinbarung getroffen, ist letztere vorrangig (§ 60g Abs. 2; s.a. S. 176 f.). Das

Privileg der On-the-Spot-Consultation **gilt nicht** für **Zeitungen** und (**nicht wissenschaftliche**) **Zeitschriften**. Diese Begrenzung sowie die Begrenzung auf nicht kommerzielle Zwecke muss die Bibliothek durch technische Mittel sicherstellen.

§ 60e Abs. 5 regelt den **Kopienversand auf Bestellung**. Auf Bestellung eines Nutzers darf die öffentlich zugängliche Bibliothek (also kein privater Versanddienst) ihm Vervielfältigungen von **bis zu 10%** eines erschienenen Werkes sowie einzelne Beiträge, die in Fachzeitschriften oder wissenschaftlichen Zeitschriften erschienen sind, übermitteln. Das kann analog (Kopie per Post, Fax) oder digital (E-Mail) geschehen, aber nur zu **nicht kommerziellen Zwecken**. Hat die Bibliothek mit dem Rechtsinhaber des Werks für diesen Kopienversand eine Vereinbarung getroffen, geht sie vor (z.B. der zwischen diversen Bibliotheken unter dem Dach von Subito einerseits und diversen Verlagen andererseits geschlossene Vertrag). Der Vertrag muss aber zwischen Bibliothek und Rechtsinhaber bereits abgeschlossen worden sein. Auf bloße Vertragsangebote braucht sich die Bibliothek nicht einzulassen (s.a. S. 176 f.).

6. Archive, Museen und Bildungseinrichtungen

Archive, Museen und Bildungseinrichtungen haben ähnliche Aufgaben wie Bibliotheken. Sie sammeln, katalogisieren, strukturieren, bewahren und erhalten Werke und machen sie für kulturelle Zwecke zugänglich. Deshalb sind sie nahezu genauso privilegiert wie Bibliotheken (§ 60f Abs. 1 mit Verweis auf § 60e). Sie dürfen Werke aus ihrem Bestand für Zwecke der Zugänglichmachung, Indexierung, Katalogisierung, Erhaltung und Restaurierung vervielfältigen oder vervielfältigen lassen (§ 60e Abs. 1), Werkexemplare für Restaurationszwecke zur Verfügung stellen (§ 60e Abs. 2), Kataloge und Bestandsverzeichnisse verbreiten (§ 60e Abs. 3) und ihren Bestand an Terminals in ihren Räumen für die Forschung oder für private Studien in begrenztem Rahmen zugänglich machen (§ 60e Abs. 4; s.o. S. 174 f.). Nur der Kopienversand auf Einzelbestellung (§ 60e Abs. 5) ist ihnen – anders als den Bibliotheken – gesetzlich nicht gestattet. Privilegiert sind Archive, Einrichtungen im Bereich des Film- oder Tonerbes sowie Museen und Bildungseinrichtungen (§ 60a Abs. 4).

Museen und Bildungseinrichtungen müssen **öffentlich zugänglich** sein. Außerdem dürfen diese Institutionen **keine kommerziellen Zwecke** verfolgen. Private Institutionen mit Gewinnerzielungsabsicht sind nicht privilegiert.

Archive, die im öffentlichen Interesse tätig sind, dürfen darüber hinaus nicht nur den eigenen Bestand der Werke, sondern auch fremde Werke vervielfältigen, um sie als Archivgut in ihre Bestände aufzunehmen (§ 60f Abs. 2 S. 1). Auf diese Weise soll das Archivgut nicht auf mehrere Stellen verteilt werden, sondern die abgebende Stelle hat unverzüglich die bei ihr vorhandenen Vervielfältigungen zu löschen (§ 60f Abs. 2 S. 2). Demgemäß ist auch eine elektronische Archivierung gestattet. Technisch bedingte Änderungen des archivierten Werkes sind zulässig (§ 60e Abs. 1).

7. Gesetzlich erlaubte Nutzung und vertragliche Nutzungsbefugnis

Die Schranken für Unterricht, Wissenschaft und Institutionen (§ 60a bis § 60f) begrenzen die Exklusivrechte der Rechtsinhaber. Letztere könnten geneigt sein, den Beschränkungen ihrer Exklusivrechte durch **Vereinbarungen mit den Nutzern** zu entgehen oder für die Nutzung höhere Vergütungen zu verlangen. Für die Urheber wäre dies eventuell nachteilig; denn sie liefen Gefahr, an den Einnahmen der Verwerter nicht oder unangemessen niedrig beteiligt zu werden. Derartige Vereinbarungen sind zwar grundsätzlich möglich, der Rechtsinhaber kann sich hierauf aber nicht berufen. Im Ergebnis bedeutet dies, dass die **gesetzlich erlaubten Nutzungen vorrangig** sind vor etwaigen Vereinbarungen. Außerdem wird auf diese Weise der Urheber angemessen vergütet, weil er über die Verteilung der Einnahmen durch die Verwertungsgesellschaft den ihm zustehenden Anteil erhält.

Hiervon gibt es **zwei Ausnahmen**. Die Nutzung der Werke an elektronischen Terminals (§ 60e Abs. 4) und der Kopienversand der Bibliotheken (§ 60e Abs. 5) können vertraglich vereinbart werden. Ein derartiger Vertrag muss aber wirksam abgeschlossen worden sein. Dann hat er Vorrang. Der Nutzer ist aber nicht verpflichtet, auf entsprechende Vertragsangebote einzugehen. Deshalb dürfte es in der Regel bei den gesetzlich gestatteten Nutzungen bleiben.

8. Angemessene Vergütung der gesetzlich erlaubten Nutzungen

Grundsätzlich sind **sämtliche Nutzungen**, die nach §§ 60a bis 60f privilegiert sind, **angemessen zu vergüten**. Die Vergütung wird von der einschlägigen Verwertungsgesellschaft wahrgenommen, die die Erlöse an die Wahrnehmungsberechtigten verteilt (§ 60h Abs. 1). Demgemäß erhält der Urheber seinen angemessenen Anteil. Er kann ihm nicht durch abweichende Vereinbarungen mit den Verwertern entzogen werden.

Vergütungsfrei ist zum einen nur die öffentliche Wiedergabe von Werken für die Teilnehmer an Unterrichtsveranstaltungen und für deren Angehörige, z.B. bei Schulkonzerten. Letztere dürfen aber nur live angehört werden. Eine öffentliche Zugänglichmachung dieser Konzerte wäre wieder vergütungspflichtig (§ 60h Abs. 2 Nr. 1). Zum anderen darf das Werk vergütungsfrei indexiert, katalogisiert, erhalten und restauriert werden (§ 60 Abs. 2 Nr. 2), also für die Wahrung und Erhaltung der Bestände einer Bibliothek, eines Archivs, Museums und einer Bildungseinrichtung.

XIX. Verwaiste und vergriffene Werke

Die Digitalisierung und die hierdurch entstandenen neuen Nutzungsarten insbesondere durch die elektronische Übermittlung im Internet ermöglichen es, der Öffentlichkeit auf einfache Weise **alte Bestände** urheberrechtlich geschützter Werke und Leistungen zugänglich zu machen, die in Vergessenheit geraten oder **schwer zugänglich** sind und häufig in Bibliotheken oder Archiven schlummern. Der technischen Möglichkeit steht allerdings eine **rechtliche Hürde** im Wege. Sollen diese Werke digitalisiert (vervielfältigt) und öffentlich zugänglich gemacht werden, sind die Rechte aus §§ 16, 19a betroffen. Sie liegen häufig noch beim Urheber, dessen Rechtsnachfolger oder einem anderen Rechtsinhaber. Ist der Rechtsinhaber bekannt, kann man sich um den Erwerb der erforderlichen Rechte bemühen. Hat er mit der einschlägigen Verwertungsgesellschaft einen Wahrnehmungsvertrag geschlossen und ihr die genannten Rechte übertragen, kann eine Nutzung in diesem Rahmen stattfinden. Liegt kein Wahrnehmungsvertrag mit dem Rechtsinhaber vor, ist Letzterer unbekannt oder lässt er sich nicht auffinden, müssten derartige Nutzungen unterbleiben, wenn man eine Urheberrechtsverletzung vermeiden will. Dieses Dilemma sollte dadurch gelöst werden, dass die Nutzung verwaister und vergriffener Werke für bestimmte Zwecke gestattet wird, bis sich der Rechtsinhaber meldet. Das wurde für verwaiste und vergriffene Werke auf verschiedene Weise geregelt.

1. Verwaiste Werke

Die EU hatte das Problem, der Öffentlichkeit den Zugang zu verwaisten Werken zu verschaffen, ebenfalls gesehen und mit der **Richtlinie 2012/28/EU vom 25.10.2012** neben dem in Art. 5 Info-RL abschließend geregelten Schrankenkatalog eine **weitere Schranke** zur Nutzung verwaister Werke geschaffen. Sie wurde mit Gesetz vom 1.10.2013 in das deutsche Urheberrechtsgesetz umgesetzt. Im Sinne dieses Gesetzes sind **verwaiste Werke** Sprachwerke einschließlich Abbildungen in Büchern, Fachzeitschriften, Zeitungen, Zeitschriften oder anderen Schriften, Filmwerke sowie Bild- und Tonträger, auf denen die Filmwerke aufgenommen worden sind, und Tonträger, und zwar aus Beständen (Sammlungen) von **öffentlich zugänglichen** Bibliotheken, Bildungseinrichtungen, Museen, Archiven sowie von Einrichtungen im Bereich des Film- und Tonerbes (§ 61 Abs. 2). Sie müssen bereits veröffentlicht worden sein, und deren **Rechtsinhaber** konnte trotz sorgfältiger Suche **nicht festgestellt** oder ausfindig gemacht werden. Privilegiert sind die genannten Institutionen, wenn sie zur Erfüllung ihrer im Gemeinwohl liegenden Aufgaben handeln, insbesondere wenn sie Bestandsinhalte bewahren und restaurieren und den Zugang zu ihren Sammlungen eröffnen, sofern dies kulturellen und bildungspolitischen Zwecken dient (§ 61 Abs. 5). Ein **Entgelt** darf nur die Kosten der Digitalisierung und der öffentlichen Zugänglichmachung decken. Im Übrigen dürfen sie **nicht mit Gewinnerzielungsabsicht** arbeiten.

Unter dieser Voraussetzung dürfen sie diese Werke vervielfältigen (digitalisieren) und öffentlich zugänglich machen, z.B. über das Internet. Weitere Voraussetzung ist jedoch, dass **zuvor** sorgfältig nach dem möglichen Rechtsinhaber **recherchiert wird** (§ 61a). Hierfür sind die einschlägigen Quellen (Kataloge von Bibliotheken, Informationen von Verbänden, Verwertungsgesellschaften und einschlägigen Datenbanken) zu konsultieren. Diese **Recherche** ist zu dokumentieren und dem Deutschen Patent- und Markenamt **vorzulegen**, welches diese Informationen an das Harmonisierungsamt für den Binnenmarkt (in Alicante) weiterleitet (§ 61a Abs. 4). Auf diese Weise können sich Recherchen erübrigen, die bereits in einem anderen Mitgliedstaat durchgeführt worden sind.

Wird der **Rechtsinhaber** eines verwaisten Werkes **nachträglich festgestellt** oder ausfindig gemacht, muss die nutzende Institution jegliche Nutzungshandlung unverzüglich unterlassen, sobald sie hiervon Kenntnis erlangt. Der Rechtsinhaber hat gegen die nutzende Institution einen Anspruch auf Zahlung einer angemessenen Vergütung für die bereits stattgefundene Nutzung (§ 61b). Mit Kenntnis des Rechtsinhabers ist das Werk nicht mehr verwaist. Infolgedessen muss nun mit dem Rechtsinhaber eine Vereinbarung getroffen werden, wenn das Werk weiterhin genutzt werden soll. Da die bisherige Nutzung einen nicht kommerziellen Charakter haben muss, ist die für die erfolgte Nutzung zu zahlende Vergütung entsprechend zu bemessen.

2. Vergriffene Werke

Für vergriffene Werke hatte die EU bislang keine Schrankenregelung vorgesehen, sondern lediglich ermöglicht, spezifische Regelungen für die Nutzung vergriffener Werke zu treffen. Einzelheiten blieben den Mitgliedstaaten überlassen. In **Deutschland** wurde eine **Verwertungsgesellschaften-Lösung** getroffen (§ 51 VGG). Danach wird zu Gunsten der Verwertungsgesellschaft vermutet, sie habe an dem vergriffenen Werk die Rechte zur Vervielfältigung (Digitalisierung) und zur öffentlichen Zugänglichmachung, solange der jeweilige Rechtsinhaber der Wahrnehmung seiner Rechte durch die Verwertungsgesellschaft nicht widerspricht (§ 51 VGG). Dieses Privileg gilt nur für **Werke**, die bereits **vor dem 1.1.1966 veröffentlicht** worden waren. Sie müssen sich im Bestand von öffentlich zugänglichen Bibliotheken oder vergleichbaren Institutionen befinden. Außerdem darf die Nutzung nur nicht gewerblichen Zwecken dienen, und das Werk ist in ein **Register** beim Deutschen Patent- und Markenamt einzutragen (vgl. § 52 VGG), wo auch der **Rechtsinhaber** Einblick nehmen und in Erfahrung bringen kann, ob sein Werk in das Repertoire einer Verwertungsgesellschaft fällt. Er kann einer Wahrnehmung seiner Rechte **jederzeit widersprechen** und für die bisherige Nutzung eine angemessene Vergütung verlangen (§ 51 Abs. 2 und 4 VGG).

Diese Regelung und die danach mögliche Nutzung vergriffener Werke sind auf Deutschland begrenzt. Um vergriffene Werke innerhalb der gesamten EU zugänglich zu machen, hat die EU innerhalb der Richtlinie über das Urheberrecht im digitalen Binnenmarkt vom 17.4.2019 eine weitgehend entsprechende Regelung vorgesehen (Art. 8 RL), die außerdem eine grenzüberschreitende Nutzung innerhalb der EU ermöglicht (Art. 9 RL).

XX. Ausnahmen bei Rechenprogrammen – Dekompilierung

Unter den Werkarten nehmen Rechenprogramme einen **Sonderstatus** ein (§§ 69a bis 69g). Einerseits sind sie so schutzbedürftig, dass für sie ein eigener Werkbegriff mit geringeren Schutzvoraussetzungen geschaffen wurde (s.o. S. 28 ff.). Andererseits besteht die Gefahr, dass auch Ideen und Grundsätze, die ausdrücklich frei bleiben sollen (§ 69a Abs. 2) schon deshalb mitgeschützt werden und auf diese Weise für einen sehr langen Zeitraum monopolisierbar sind, weil jede Beschäftigung mit einem Programm die Frage aufwirft, ob sie bereits eine erlaubnispflichtige Vervielfältigung ist, obwohl der reine Werkgenuss oder die reine Benutzung eines Werks urheberrechtlich nicht erfasst sein soll (BGH CR 1994, 275, 276 – Holzhandelsprogramm). Die bisherige Vertragspraxis unterstützt dies noch. Deshalb musste klargestellt werden, dass der rechtmäßige Erwerber eines Programms es jedenfalls **bestimmungsgemäß nutzen** und dabei auch vervielfältigen und umarbeiten, eine Sicherungskopie herstellen und das Funktionieren des Programms testen darf (§ 69d Abs. 1 bis 3).

Darüber hinaus soll die sog. **Dekompilierung** gestattet sein. Wer ein Programm rechtmäßig besitzt, soll es mit anderen, hiervon unabhängig geschaffenen Programmen interoperabel machen und sich hierfür die erforderlichen und noch nicht bekannten Informationen verschaffen dürfen. Die **Schnittstellen** eines Programms sollen also **frei zugänglich** sein. Nur hierfür notwendige Vervielfältigungen, Übersetzungen oder Umarbeitungen sind gestattet, alles andere nicht. Wer auf diese Weise andere Zwecke verfolgt, insbesondere im Wesentlichen ähnliche Konkurrenzprodukte herstellen will, bewegt sich nicht mehr innerhalb der zulässigen Schranken, sondern handelt rechtswidrig, wenn er sich hierfür keine Erlaubnis des Urhebers beschafft (§ 69e Abs. 2). Diese Freiräume dürfen grundsätzlich auch durch Vertrag nicht eingeengt werden (§ 69g Abs. 2).

XXI. Wahrung gesetzlicher Schranken gegenüber technischen Schutzmaßnahmen

Gesetzliche Privilegien, wie sie in den Schrankenregelungen vorgesehen sind, können durch technische Sperren (Kopierschutz und dergl.) zunichte gemacht werden. Auf diese Weise ließe sich der Wille des Gesetzgebers, der in den Schrankenregelungen zum Ausdruck kommt, umgehen. Auf der einen Seite befürwortet er technische Schutzmaßnahmen und schützt sie gegen Umgehungen (§ 95a). Auf der anderen Seite setzt er ihnen Grenzen (§ 95b). Wer technische Schutzmaßnahmen einsetzt, muss dem Nutzer die Mittel an die Hand geben, um die in § 95b Abs. 1 abschließend aufgelisteten Privilegien in Anspruch nehmen zu können (s.o. S. 75 ff.).

10. Kapitel

Wie lange gilt der Urheberrechtsschutz – zeitliche Schranken?

Während das Eigentum am Werkstück (Manuskript, Bild, Skulptur, Fotografie etc.) wie jedes sonstige **Sacheigentum ewig** gilt, ist das Eigentum am Werkgehalt – also das **geistige Eigentum – zeitlich beschränkt.** Das ist die einschneidendste Schranke des Urheberrechts. Mit Ablauf der Schutzfrist des Werkes enden sämtliche hieran bestehenden Nutzungsrechte und Urheberpersönlichkeitsrechte. Dann steht es jedem grundsätzlich frei, das Werk auf beliebige Art zu nutzen, dessen Urheber zu benennen oder nicht, es zu ändern oder zu bearbeiten, solange andere Rechtsgüter – z.B. das allgemeine Persönlichkeitsrecht des Urhebers oder seiner Nachfahren – nicht verletzt werden. Das Werk ist **gemeinfrei** geworden. Einen zeitlich unbegrenzten Denkmalschutz gibt es im Urheberrecht nicht. Zwar wurde des Öfteren daran gedacht, die Nutzung gemeinfreier Werke zur Förderung der Werkschaffenden mit einer Kulturabgabe zu belasten. Diese Überlegungen sind aber bislang nicht Gesetz geworden.

I. Berechnung der Schutzdauer

In den meisten Ländern umfasst die urheberrechtliche Schutzdauer das Leben des Urhebers sowie weitere 50 Jahre nach seinem Tod (post mortem auctoris). In der Bundesrepublik Deutschland und in der EU ist die Schutzdauer länger. Das Urheberrecht erlischt erst **70**

Jahre nach dem Tod des Urhebers (§ 64 Abs. 1). Das Todesjahr wird nicht mitgerechnet. Stirbt der Urheber z.B. am 1.6.1981, beginnt die 70-jährige Schutzdauer am 1.1.1982, und sie endet am 31.12. des Jahres 2051 (vgl. § 69). Wurde das Werk von mehreren Miturhebern geschaffen, erlischt das Urheberrecht 70 Jahre nach dem **Tode des längstlebenden Miturhebers** (§ 65 Abs. 1). Bei Filmwerken ist der Kreis der für die Berechnung der Schutzdauer maßgeblichen Personen auf den Hauptregisseur, den Urheber des Drehbuchs, den Urheber der Dialoge und den Komponisten der für das betreffende Filmwerk komponierten Musik beschränkt (§ 65 Abs. 2). Auf diese Weise kann z.B. manches Alterswerk eines Regisseurs durch Mitwirkung eines jüngeren Drehbuchautors in den Genuss einer noch sehr langen Schutzdauer kommen.

II. Anonyme und pseudonyme Werke

Bei anonymen oder pseudonymen Werken kann man den Tod des wahren Urhebers oft nicht ermitteln. Deshalb berechnet sich die 70-jährige Schutzdauer dort von demjenigen **Zeitpunkt, an welchem das Werk veröffentlicht worden ist** (§ 66 Abs. 1). Auf diese Weise könnte jedoch die Regelschutzdauer von 70 Jahren post mortem auctoris erheblich überschritten werden, wenn das Werk z.B. erst 100 Jahre nach dem Tod des Urhebers veröffentlicht wird. Die 70-Jahres-Frist berechnet sich deshalb schon ab der Schaffung des Werkes, wenn das Werk nicht innerhalb 70 Jahren veröffentlicht worden ist (§ 66 Abs. 1 S. 2).

Die Regelschutzdauer von 70 Jahren post mortem auctoris kann bei anonymen oder pseudonymen Werken nachträglich zum Zuge kommen, wenn der Urheber aus seiner Anonymität heraustritt oder wenn das Pseudonym über den wahren Urheber nicht hinwegtäuscht, sei es, dass der Urheber sich zu seinem Werk bekennt – und zwar innerhalb 70 Jahren seit der Veröffentlichung, denn sonst ist der Schutz bereits erloschen –, sei es, dass bekannt ist, welchem Urheber das Pseudonym zuzuordnen ist, oder sei es, dass der wahre Name des Urhebers innerhalb 70 Jahren seit Veröffentlichung des Werkes zur Eintragung in die beim Deutschen Patentamt geführte

Urheberrolle (§ 138) angemeldet wird (§ 66 Abs. 2). Zu diesen Handlungen ist der Urheber und nach seinem Tode sein Rechtsnachfolger (§ 30) oder der Testamentsvollstrecker (§ 28 Abs. 2) berechtigt (§ 66 Abs. 3).

III. Lieferungswerke

Erscheint ein Werk, z.B. ein Fortsetzungsroman oder ein mehrbändiges Lexikon, in mehreren Lieferungen, bietet die Berechnung der Schutzdauer dann keine Probleme, wenn der Urheber bekannt ist; denn für sämtliche Lieferungen endet die Schutzdauer einheitlich 70 Jahre nach dem Tode des Urhebers. Ist der **Urheber unbekannt,** da er anonym oder unter einem Pseudonym veröffentlicht hat, berechnet sich die Schutzdauer **für jede Teillieferung gesondert** ab deren Veröffentlichung. Demnach läuft die 70-jährige Schutzdauer für den vorangegangenen Teil früher ab als für die später veröffentlichten Teile.

IV. Wiederaufleben eines bereits erloschenen Schutzes

Die **Schutzdauer** wurde innerhalb der **EU harmonisiert** (s.o. S. 10). Das Ziel jeder Harmonisierung ist ein einheitlicher Schutz für denselben Schutzgegenstand innerhalb der gesamten EU, und zwar nach oben wie nach unten. Der Schutzumfang soll anderenorts nicht größer, aber auch nicht geringer sein, damit u.a. Verzerrungen des Wettbewerbs unterbleiben. Das betrifft insbesondere die Schutzdauer; denn es widerspräche dem Harmonisierungsgedanken, wenn ein und dasselbe Werk in manchen EU-Mitgliedstaaten noch geschützt wäre, in anderen aber nicht, weil dort die Schutzdauer nach den bisherigen Regelungen bereits abgelaufen ist. Mit der Harmonisierung wurde deshalb in der Regel ein **einheitlich hohes Schutzniveau** angestrebt. Grundsätzlich bestand dieses hohe Schutzniveau, insbesondere die 70-jährige Schutzdauer post mortem auctoris, in der Bundesrepublik Deutschland schon zuvor, so dass dort das bisherige Gesetz verhältnismäßig wenig geändert werden musste. In manchen Fällen trat sogar eine Verkürzung der bisherigen Schutzdauer ein, so dass für eine Übergangszeit auch noch das – weiterreichende – alte Recht maßgeblich ist. In anderen Bereichen blieb der Schutz nach altem Recht aber hinter dem europäischen Standard zurück.

Beispielsweise waren **Lichtbildwerke** bis zur Urheberrechtsnovelle von 1985 nur 25 Jahre ab Herstellung oder Veröffentlichung geschützt, während z.B. das französische Urheberrechtsgesetz auch für Lichtbildwerke schon damals eine 50-jährige Schutzdauer post mortem auctoris vorsah und in Spanien die Schutzdauer ebenfalls seit langem sogar 80 Jahre post mortem auctoris betrug. Seinerzeit gab es zwar den sog. **Schutzfristvergleich** gem. Art. 7 Abs. 8 RBÜ (s.u. S. 383, 386 f.), so dass die Urheber eines Mitgliedstaats in einem anderen Mitgliedstaat maximal diejenige Schutzdauer in Anspruch nehmen konnten, die auch ihr Heimatstaat vorsah, selbst wenn der andere Mitgliedstaat für seine Staatsangehörigen eine längere Schutzdauer vorsah. Dieser Schutzfristvergleich entfällt jedoch innerhalb der Mitgliedstaaten der EU, da er gegenüber Angehörigen eines anderen Mitgliedstaates der EU diskriminierend wirken würde und gegen Art. 18 AEUV verstieße (s.u. S. 384). Dieses **Diskriminierungsverbot** gilt nicht nur gegenüber lebenden Urhebern oder solchen, die die EU-Mitgliedschaft ihres Heimatstaates noch erlebt haben, sondern auch gegenüber längst verstorbenen Staatsangehörigen (und ihren Rechtsnachfolgern) eines jetzigen EU-Mitgliedstaats (EuGH GRUR 2002, 689, 690 – Ricordi). Demnach waren z.B. die Lichtbildwerke eines deutschen Fotografen, der im Jahre 1932 gestorben ist und dessen Urheberrechtsschutz in Deutschland nach damaliger Gesetzeslage spätestens im Jahre 1957 endete, z.B. in Spanien nach wie vor geschützt, wenn man die dort schon immer geltende längere Schutzdauer für Lichtbildwerke zugrunde legt und den Schutzfristvergleich (Art. 7 Abs. 8 RBÜ) wegen des Diskriminierungsverbots (Art. 18 AEUV) ausschließt. Um auch hier einen einheitlichen Schutz zu gewährleisten, sind die Vorschriften des Urheberrechtsgesetzes in der **ab 1.7.1995 geltenden Fassung** auch auf

Werke anzuwenden, deren Schutz nach dem bisherigen Gesetz **vor dem 1.7.1995 bereits abgelaufen ist,** nach dem **Gesetz eines anderen Mitgliedstaates der EU** oder des EWR zu diesem Zeitpunkt aber **noch bestand** (§ 137f Abs. 2). Es kommt also darauf an, ob z.B. ein Lichtbildwerk am 1.7.1995 in irgendeinem Mitgliedstaat der EU oder des EWR noch als Lichtbildwerk geschützt war. Ist dies der Fall, dann lebt ein nach bisheriger Gesetzeslage eines anderen Mitgliedstaates bereits erloschener Schutz dort wieder auf. Folglich waren die Lichtbildwerke des im Jahre 1932 gestorbenen Fotografen, die am 1.7.1995 in Spanien noch geschützt waren, auch in Deutschland wieder geschützt. Die obere Grenze der Schutzdauer bleiben aber nach wie vor 70 Jahre post mortem auctoris. Demnach endete der Schutz der Lichtbildwerke im genannten Beispiel im Jahre 2002 (vgl. OLG Hamburg ZUM-RD 2004, 303, 305).

Bei **anderen Werkarten** außer Lichtbildwerken wird ein Wiederaufleben des Schutzes in Deutschland kaum in Betracht kommen, weil dort schon immer die 70-jährige Schutzdauer (post mortem auctoris) galt. In anderen Mitgliedstaaten, die zuvor lediglich eine 50-jährige Schutzdauer kannten, dürfte der Schutz zahlreicher dort bereits nicht mehr geschützter Werke wieder aufleben; denn die dahingehende Vorgabe des Art. 10 Abs. 2 der EG-Schutzdauerrichtlinie ist für sämtliche Mitgliedstaaten verbindlich. Vielfach waren diese Werke am 1.7.1995 z.B. in Deutschland noch geschützt, weil dort bereits die 70-jährige Schutzdauer galt und ein Schutzfristvergleich (Art. 7 Abs. 8 RBÜ) gegenüber Angehörigen anderer EU-Mitgliedstaaten, wo lediglich eine 50-jährige Schutzdauer bestand, wegen des Diskriminierungsverbots (Art. 18 AEUV) entfiel.

Entsprechendes gilt für die Schutzrechte der Herausgeber nachgelassener Werke (§ 71), der ausübenden Künstler (§ 73), der Hersteller von Tonträgern (§ 85), der Sendeunternehmen (§ 87) und der Filmhersteller (§§ 94, 95; vgl. § 137f Abs. 2 S. 2). Die **Schutzdauer des Tonträgerherstellers** (§ 85) wurde durch das 3. Urheberrechtsänderungsgesetz vom 23.6.1995 von 25 auf 50 Jahre verlängert. Ein bis zum 30.6.1995 in Deutschland bereits erloschener Schutz lebte wieder auf, wenn der Tonträger in England wegen der dort schon damals geltenden 50-jährigen Schutzdauer für Tonträger am 1.7.1995 noch geschützt war (OLG Hamburg GRUR 2000, 707, 709 – Frank Sinatra). Das gilt auch für **Tonträger aus der Zeit vor 1966**, als es in Deutschland noch kein Tonträgerherstellerrecht gab. Darüber hinaus gilt dies auch zu Gunsten Angehöriger von Nicht-Mitgliedstaaten der EU (z.B. Bürger der USA), wenn der Tonträger nach nationalem Recht eines Mitgliedstaats (z.B. England) am 1.7.1995 noch geschützt war (EuGH ZUM 2009, 205 Rn. 25, 37 – Sony/Falcon; BGH ZUM 2010, 429 Rn. 18, 24 – Tonträger aus Drittstaaten II).

Sofern der **Schutz bereits erloschen** war, haben manche Verwerter das Werk in der berechtigten Annahme genutzt, es ohne Erwerb von Rechten (die ja ebenfalls bereits erloschen waren) nutzen zu dürfen. War diese Nutzungshandlung vor dem 1.7.1995 begonnen worden, **darf** sie in dem seinerzeit vorgesehenen Rahmen **fortgesetzt werden.** Für die Nutzung ab dem 1.7.1995 ist dem Urheber jedoch eine **angemessene Vergütung** zu zahlen (§ 137f Abs. 3). Eine vor dem 1.7.1995 eingeräumte Lizenz erstreckt sich im Zweifel – soweit also nichts Abweichendes vereinbart wurde – auch auf die nun ggf. verlängerte Schutzdauer, allerdings gegen Zahlung einer angemessenen Vergütung (§ 137f Abs. 4).

Die Schutzdauer für die Verwertungsrechte der **ausübenden Künstler** sowie der Tonträgerhersteller beträgt nicht nur 50, sondern **70 Jahre**, wenn die Darbietung des ausübenden Künstlers innerhalb von 50 Jahren nach der Darbietung auf einem Tonträger erschienen oder zu einer öffentlichen Wiedergabe benutzt worden war (§§ 82 Abs. 1, 85 Abs. 3).

V. Verlängerung der Schutzdauer

Im Laufe der Urheberrechtsgesetzgebung wurde die **Schutzdauer** von Werken und Leistungen **mehrfach verlängert**. Grundsätzlich kamen diejenigen Werke und Leistungen in den Genuss der jeweiligen Verlängerung, die am Tage des Inkrafttretens der Verlängerungsregel nach der bisherigen Vorschrift zur Schutzdauer noch geschützt waren (§ 129 Abs. 1). Für weit zurückliegende Sachverhalte und deren rechtliche Beurteilung können deshalb **frühere Gesetze**

noch bedeutsam sein, z.B. wenn sich die Verlängerung der Schutzdauer auf das betreffende Werk oder die betreffende Leistung nicht mehr ausgewirkt hatte, weil hierfür die früher gegoltene Schutzdauer bereits abgelaufen war, bevor die Verlängerung in Kraft trat.

11. Kapitel

Welche Rechte hat der Urheber zu beachten?

Der **Urheber** arbeitet nicht im rechtsfreien Raum, sondern er **baut auf dem bisherigen Werkschaffen auf,** lehnt sich an fremde Werke an, bearbeitet sie oder übernimmt einzelne Elemente aus ihnen. Häufig entstehen seine Werke nicht aus reiner Phantasie, sondern er wird durch sein Umfeld angeregt. Geschehnisse, Namen, Figuren, Charaktere, Lebensläufe und andere Fakten tauchen in dokumentierter oder umgestalteter Form in seinen Werken wieder auf. An diesem dort wiederkehrenden Material können Dritte Namensrechte, Kennzeichnungsrechte, Persönlichkeitsrechte, Urheberrechte oder sonstige Rechte besitzen. Will der Urheber später einem Verlag, Filmproduzenten oder einem anderen Verwerter Nutzungsrechte an seinem Werk einräumen, muss er in der Regel **garantieren,** dass es **frei von Rechten Dritter** ist. Stellt er sein Werk selbst ins Internet, muss er sich ebenso vergewissern, inwieweit er mit seinem Werk in solche Rechte eingreift. Es würde zu weit führen, sämtliche möglichen – z.B. auch strafrechtliche oder öffentlich-rechtliche – Rechte Dritter aufzuzählen. Es sollen deshalb nur folgende urheberrechtsnahe Bereiche angesprochen werden:

I. Schutzrechte an vorbestehenden Werken

Lässt sich der Urheber von seiner eigenen Phantasie leiten, kann er schaffen, was er will. Sollte sein Werk einem älteren fremden Werk gleichen, obwohl er letzteres überhaupt nicht gekannt hatte, schadet dies nichts; denn **Doppelschöpfungen** sind im Urheberrecht grundsätzlich möglich. Beide Urheber genießen dann Urheberrechtsschutz für ihr Werk und können es verwerten, ohne dass einer Rechte des anderen benötigte. Doppelschöpfungen kommen allerdings sehr selten vor (s.a. S. 352). War dem Urheber das fremde Werk bekannt (hierfür genügt auch die unbewusste Kenntnisnahme) und hat er es in mehr oder weniger großem Umfang für sein Werk verwertet, ist zu prüfen, ob das fremde Werk noch urheberrechtlich geschützt ist und ob er es unfrei bearbeitet oder frei benutzt hat (s.o. S. 126). Letzterenfalls kann der Urheber sein Werk beliebig verwerten, ohne hierfür irgendwelche Rechte des Urhebers des benutzten Werkes einholen zu müssen. Im Falle einer Bearbeitung muss er das Bearbeitungsrecht erwerben, wenn er sein Werk verwerten will. Lässt er es durch andere Personen verwerten, hat er sie auf mögliche Rechte Dritter hinzuweisen.

Internet und **Digitaltechnik** ermöglichen spielend leicht den **Zugriff auf fremde Werke**, z.B. den eigenen Beitrag mit fremden Fotos zu verschönen. Das technisch Mögliche ist deshalb noch lange nicht zulässig. Hier ist Vorsicht geboten und zu prüfen, ob das fremde Material insbesondere für eigene kommerzielle Zwecke genutzt werden darf.

Darüber hinaus sind die **Urheberpersönlichkeitsrechte** anderer zu beachten. Wird aus einem fremden Werk zitiert, darf dies nicht sinnentstellend geschehen. Änderungen sind nur in dem gebotenen Umfang zulässig. Ferner muss die **Quelle deutlich angegeben** werden. Es sind also dieselben Voraussetzungen und Rechte zu beachten, die der Urheber seinerseits für sein eigenes Werk beansprucht. Ferner muss er prüfen, ob der **Titel** seines Werkes schon früher von einem anderen für ein vergleichbares Werk befugtermaßen benutzt wird; denn einen verwechselbar ähnlichen Titel darf er nicht verwenden (vgl. § 5 Abs. 3 MarkenG; s.o. S. 28). Bei gängigen Titeln kann es sinnvoll sein, eine sog. **Titelrecherche** durchzuführen und bei hierfür spezialisierten Auskunfteien anzufragen, ob der Titel für ein vergleichbares Werk schon vergeben ist oder nicht.

II. Persönlichkeitsrechte

Vielfach macht der Urheber Handlungen oder Erlebnisse anderer Personen zum Thema seines Werkes. Da solche **Geschehnisse** urheberrechtlich gesehen schutzlos bleiben, ist dies ohne weiteres zulässig. Ebenso ist die **Biographie** eines Menschen grundsätzlich gemeinfrei. Es steht jedem frei, sie zu schreiben oder zu verfilmen. Der Urheber darf sich auch kritisch über die fremde Person äußern, soweit es sich um eine erkennbare Meinungsäußerung des Urhebers handelt und soweit die Fakten nicht verfälscht werden. Unwahre Tatsachen dürfen nicht behauptet werden. Mitunter ist schwer zu unterscheiden, was **Tatsachenbehauptung** und was **Meinungsäußerung** ist. Sie lassen sich dadurch voneinander abgrenzen, dass Erstere objektiv überprüfbar ist, während Letztere die subjektive Ansicht des Urhebers wiedergibt. Die Übergänge sind jedoch fließend, so dass der Urheber im Zweifel seine subjektive Ansicht deutlich erkennbar machen sollte. Beleidigend oder verunglimpfend darf aber auch die eigene Meinung nicht vorgetragen werden; denn Ruf und Ansehen der geschilderten Person dürfen nicht ohne Grund geschädigt werden. Je mehr die betreffende Person jedoch durch ihr Verhalten oder aus anderem Grunde in der Öffentlichkeit bekannt ist und Anlass zu Kritik gegeben hat, desto mehr muss sie sich solche Kritik auch in Form von drastischen Formulierungen gefallen lassen, solange sie nicht beleidigend sind (vgl. BVerfGE 60, 234 – Kredithaie).

Grundsätzlich muss ein **schwerwiegender Eingriff** vorliegen, um eine Verletzung des **allgemeinen Persönlichkeitsrechts** annehmen zu können. In besonderem Maße gilt dies bei verstorbenen Personen. Der Bundesgerichtshof und das Bundesverfassungsgericht sahen in dem zeitkritischen Roman „Mephisto – Roman einer Karriere" von *Klaus Mann* eine Verfälschung des Lebensbilds des Schauspielers und

Intendanten *Gustav Gründgens.* Sein allgemeines Persönlichkeitsrecht sei hierdurch verletzt worden. Dieses Recht wurde von den Angehörigen des Schauspielers nach dessen Tode geltend gemacht. Das Buch wurde daraufhin in der Bundesrepublik Deutschland verboten (vgl. BGHZ 50, 133 – Mephisto; BVerfGE 34, 269 – Mephisto). Etwa 10 Jahre später war der Roman auch in der Bundesrepublik Deutschland wieder erhältlich. Die beiden Urteile sind damals heftig kritisiert worden. Abgesehen von dieser Kritik ist das Persönlichkeitsrecht keine starre Größe. Mit dem Ablauf der Zeit verringert sich nicht nur die Erinnerung an die Person, sondern auch der Schutzumfang des Persönlichkeitsrechts. Der Roman von *Klaus Mann* darf jetzt verbreitet werden, auch wenn erneut über diesen Fall zu befinden wäre.

Einerseits schließt die **Kunstfreiheit** (Art. 5 Abs. 3 GG) das Recht zur Verwendung von Vorbildern aus der Lebenswirklichkeit ein. Zugunsten eines Romanautors kann vermutet werden, sein literarischer Text sei fiktiv. Andererseits sind die Persönlichkeitsrechte derjenigen Personen, die in diesem Roman erkennbar wiederkehren, zu beachten, insbesondere wenn Intimitäten dargestellt werden und sich der Leser des Romans die Frage stellen muss, ob sich die dort berichteten Geschehnisse auch in der Realität zugetragen haben. Je stärker Abbild und Urbild übereinstimmen, desto schwerer kann die Beeinträchtigung des Persönlichkeitsrechts wiegen. Je mehr die künstlerische Darstellung besonders geschützte Dimensionen des Persönlichkeitsrechts berührt, desto stärker muss die Fiktionalisierung sein, um eine Persönlichkeitsrechtsverletzung auszuschließen (so BVerfG GRUR 2007, 1085, 1090 – Roman „Esra“).

Teil der Persönlichkeit ist auch die menschliche Stimme. **Imitationen der Stimme** bekannter Persönlichkeiten sind zwar im Bereich des politischen Kabaretts und zu ähnlichen künstlerischen Zwecken in der Regel zulässig. Niemand muss jedoch ungefragt hinnehmen, dass erkennbar seine Stimme für Werbezwecke eingesetzt wird (OLG Hamburg GRUR 1989, 666 – Heinz Ehrhardt).

III. Recht am eigenen Bilde

Bildnisse dürfen **nur mit Einwilligung des Abgebildeten** verbreitet oder öffentlich zur Schau gestellt werden (§ 22 KUG). Dieses **Recht am eigenen Bilde** verletzt, wer eine Person z.B. fotografiert oder portraitiert und dieses Bild dann ohne Zustimmung des Abgebildeten verwertet. Die bloße **Herstellung des Bildnisses** verstößt zwar nicht gegen das Recht am eigenen Bilde. Es liegt aber in der Regel ein Verstoß gegen das allgemeine Persönlichkeitsrecht vor, wenn der Abgebildete nicht gefragt und das Bildnis zum Zwecke der Veröffentlichung angefertigt wird (vgl. BGHZ 24, 200, 208 – Spätheimkehrer). Nach dem Tode des Abgebildeten kann dieses Recht noch zehn Jahre von seinen Angehörigen – Ehegatte und Kinder oder ersatzweise Eltern – geltend gemacht werden. Wurde der Abgebildete dafür, dass er sich abbilden ließ, entlohnt, ist im Zweifel anzunehmen, er habe in die Verwertung des Bildnisses eingewilligt. Ferner bedarf es in folgenden Ausnahmefällen **keiner Einwilligung** des Abgebildeten (vgl. § 23 KUG):

- Bildnisse aus dem **Bereich der Zeitgeschichte,** z.B. Politiker und bekannte Personen aus der Sport- und Unterhaltungsszene;
- Bilder, auf denen die **Personen nur als Beiwerk** neben einer Landschaft oder sonstigen Örtlichkeit erscheinen;
- Bilder von **Versammlungen,** Aufzügen und ähnlichen Vorgängen, an denen die dargestellten Personen teilgenommen haben, wo also das Geschehen, nicht aber die einzelne Person gezeigt wird;
- Bildnisse, die nicht auf Bestellung angefertigt sind, sofern die Verbreitung oder Schaustellung einem **höheren Interesse der Kunst** dient.

In jedem Fall müssen jedoch die **berechtigten Interessen des Abgebildeten** oder, falls dieser verstorben ist, seiner Angehörigen gewahrt bleiben (§ 23 Abs. 2 KUG). Auch Personen der Zeitgeschichte – oder Personen auf Bildnissen im Bereich der Zeitgeschichte (vgl. BVerfG ZUM 2008, 420, 429 – Caroline von Hannover) – brauchen nicht hinzunehmen, dass ihr Bildnis ohne ihre Einwilligung für

Werbezwecke benutzt wird (BGH GRUR 1992, 557 – Talkmaster-Foto). Hierzu zählen auch sog. **Look-Alikes,** bei denen bekannte Persönlichkeiten durch ähnlich ausschauende Personen ersetzt und so geschminkt, gekleidet und zurechtgemacht werden, dass Dritte sie mit den bekannten Personen verwechseln (BGH ZUM 2000, 589, 590 – Der blaue Engel). Ebenso bleibt ihre Privat- und Intimsphäre vor ungewollten Zugriffen eines Fotografen geschützt. In diesen Intimbereich fallen nicht nur die Nacktaufnahmen, welche die Gerichte immer wieder beschäftigen, sondern z.B. auch die Todessituation, wie sie mit einer Totenmaske festgehalten wird. Nur mit Einwilligung des Verstorbenen oder dessen Angehörigen darf der Bildhauer eine Totenmaske herstellen und veröffentlichen. Einem Karikaturisten bieten sich bei Bildnissen größere Freiräume, soweit sein Bildnis als Karikatur erkennbar ist und nach Abzug dieser Übertreibung nicht beleidigend wirkt.

12. Kapitel

In welchem Umfang kann das Urheberrecht vererbt oder übertragen werden?

Das **Urheberrecht entsteht beim Urheber.** Er hat das ausschließliche Recht, sein Werk zu verwerten, und kann anderen die Verwertung verbieten. In der Regel lässt er sein Werk jedoch durch Verleger, Theaterunternehmen, Konzertveranstalter, Rundfunkanstalten, Filmproduzenten, durch seinen Arbeitgeber oder durch sonstige Verwerter nutzen. Beispielsweise gestattet er dem einen, sein Manuskript zu verlegen, während er einem anderen erlaubt, es zu verfilmen. Oft überlässt er die gesamte Verwertung einer einzigen Person, die wiederum einzelne Lizenzen an verschiedene weitere Werknutzer vergibt. Zum einen muss der jeweilige Verwerter das erforderliche Nutzungsrecht besitzen, damit ihm die Verwertung nicht untersagt werden kann. Zum anderen ist nun nicht allein der Urheber, sondern sind auch die einzelnen Lizenznehmer (Verwerter) daran interessiert, Dritten die unerlaubte Nutzung verbieten zu können. Schließlich überdauert das Urheberrecht den Tod des Urhebers um 70 Jahre. Es stellt sich also die Frage, wer dieses Recht nach seinem Tode innehat und inwieweit er sein Recht schon zu Lebzeiten auf andere übertragen kann.

Das Urheberrecht ist zwar **vererblich** (§ 28), aber grundsätzlich **nicht übertragbar** (§ 29 Abs. 1). Das hat seinen Grund in der einheitlichen Betrachtungsweise von materiellen und ideellen Interessen im gesamten Urheberrecht. Jedes Verwertungsrecht hat einen **urheberpersönlichkeitsrechtlichen Kern**, der immer mit dem Urheber verbunden bleiben soll. Das Urheberrecht ist deshalb weder als Ganzes noch in seinen einzelnen Verwertungsrechten vollständig übertragbar. Vielmehr können Dritten nur **Nutzungsrechte** am Werk für die einzelnen Nutzungsarten eingeräumt werden (§§ 29 Abs. 2, 31 ff.). Man spricht deshalb auch von einem beim Urheber verbleibenden Mutterrecht und einem übertragbaren Tochterrecht. Endet das Tochterrecht z.B. nach Ablauf der vereinbarten Nutzungszeit, so fällt es automatisch an das beim Urheber verbliebene Mutterrecht zurück, ohne dass es hierfür einer gesonderten Rückübertragung bedarf. Außerdem bleibt der Urheber in der Regel befugt, gegen Rechtsverletzungen durch Dritte vorzugehen, selbst wenn er die entsprechenden Nutzungsrechte zuvor an andere vergeben hat. Schließlich ist auch die Zwangsvollstreckung wegen Geldforderungen in das Urheberrecht als Ganzes unzulässig. Sie kann nur hinsichtlich einzelner Nutzungsrechte betrieben werden (§ 113).

I. Rechtsnachfolge

Stirbt der Urheber, muss eine andere Person auch die Interessen des ihm immer verbleibenden urheberpersönlichkeitsrechtlichen Kerns sämtlicher Verwertungsrechte wahrnehmen können. Das Urheberrecht ist deshalb **vererblich** (§ 28 Abs. 1). Außerdem kann der Urheber die Ausübung des Urheberrechts durch letztwillige Verfügung einem Testamentsvollstrecker übertragen (§ 28 Abs. 2), so dass den Erben zwar die wirtschaftlichen Früchte aus der Verwertung der Rechte bleiben, jedoch der Testamentsvollstrecker – meistens eine besondere Vertrauensperson des Urhebers – Art und Umfang der Verwertung bestimmt. Das Urheberrecht ist ferner **übertragbar, soweit eine Verfügung von Todes wegen erfüllt,** es also einem Nicht-Erben testamentarisch vermacht werden soll. Ebenso kann das Urheberrecht im Wege der Erbauseinandersetzung einem der Miterben zugesprochen werden (§ 29 Abs. 1).

Wer als Erbe, Miterbe oder Vermächtnisnehmer Rechtsnachfolger des Urhebers geworden ist, rückt in dessen volle Rechtsposition nach. Er nimmt also **auch dessen Urheberpersönlichkeitsrechte** z.B. bei Änderungen, Bearbeitungen oder Entstellungen des Werkes wahr.

Beschränkt wird diese Wahrnehmungsbefugnis grundsätzlich nur dort, wo das Gesetz ausdrücklich etwas anderes bestimmt. Das ist beispielsweise beim **Rückrufsrecht wegen gewandelter Überzeugung** der Fall. Dort soll die Überzeugung des Rechtsnachfolgers nicht an diejenige des Urhebers treten. Dieser Rückruf ist deshalb nur dann möglich, wenn der Urheber ihn bereits letztwillig verfügt hatte oder ihn hätte aussprechen können, daran aber gehindert war (vgl. § 42 Abs. 1). Vermacht der Urheber sein Werk nur unter bestimmten **Auflagen,** z.B. seine Romane nicht zu verfilmen, ist sein Rechtsnachfolger hieran ebenfalls – bis zum Ende der Schutzdauer – gebunden.

Umstritten ist, inwieweit der Rechtsnachfolger auch ohne ausdrückliche Auflagen des Urhebers an dessen **mutmaßlichen Willen** gebunden ist, beispielsweise Werke nicht zu vernichten, zu bearbeiten (z.B. zu verfilmen) oder anderweitig zu ändern oder die bisherige Anonymität des Urhebers nicht aufzudecken. Vor allem im Bereich des Theaters wird nicht selten darum gestritten, inwieweit die moderne Inszenierung eines Theaterstücks bereits entstellend ist und ob hier die Interessen der Rechtsnachfolger (z.B. der Autorenwitwe) maßgeblich sind oder ob auf die mutmaßlichen Interessen des verstorbenen Autors abzustellen ist. Grundsätzlich sind die urheberpersönlichkeitsrechtlichen Interessen des verstorbenen Urhebers maßgebend. Sie können jedoch nach seinem Tod mit der Zeit an Gewicht verlieren (BGH ZUM 2012, 33 Rn. 5 – Stuttgart 21). Ferner kommt es auf den konkreten Einzelfall und die jeweilige Werkart an. Vielfach lassen sich die mutmaßlichen Interessen des verstorbenen Urhebers gegenüber denjenigen seines Erben allein deshalb nicht durchsetzen, weil niemand da ist, der sie durchsetzen könnte. Wenn der Urheber also bestimmte Vorstellungen hinsichtlich der Nutzung seiner Werke hat, sollte er dies ausdrücklich regeln, sei es im Nutzungsvertrag oder sei es in seinem Testament.

II. Übertragung von Urheberpersönlichkeitsrechten

Da das Urheberrecht gerade wegen seines urheberpersönlichkeitsrechtlichen Gehalts als Ganzes nicht übertragbar ist, können auch die einzelnen **Urheberpersönlichkeitsrechte nicht übertragen** werden. Selbst als Ghostwriter kann der Urheber sein Recht auf Anerkennung der Urheberschaft (§ 13) nicht vollständig und zeitlich unbegrenzt aufgeben. Ebenso bleibt er befugt, gegen Entstellungen (§ 14) seines Werkes vorzugehen und sein Zugangsrecht (§ 25) auszuüben. Soweit Urheberpersönlichkeitsrechte jedoch bei der Nutzung des Werkes – zwangsläufig – tangiert werden, kann sie der Urheber dem Verwerter zur ungehinderten Werknutzung überlassen. Beispielsweise bleibt meistens dem Verleger die Entscheidung überlassen, wann und in welcher Aufmachung ein Werk veröffentlicht werden soll (vgl. § 12). Ferner kann ihn der Urheber ermächtigen, gegen Entstellungen seines Werkes durch Dritte vorzugehen.

III. Einräumung von Nutzungsrechten, Urhebervertragsrecht

Die einzelnen Verwertungsrechte bleiben in ihrem Kern beim Urheber. Er kann einem anderen lediglich **das Recht einräumen**, das Werk auf einzelne oder auch auf mehrere Arten zu nutzen (§§ 29 Abs. 2, 31 Abs. 1). Bedenkt man, in wie vielen Wirtschaftsbereichen urheberrechtlich geschützte Werke genutzt werden, wie verschiedenartig die einzelnen Nutzungen sind und um wie viele Werke es geht, müsste man meinen, es gäbe ein zusätzliches Gesetz zum **Urhebervertragsrecht,** in welchem diverse Vertragstypen geregelt sind, nämlich Verlagsverträge, Musikverlagsverträge, Bandübernahmeverträge, Bildagenturverträge, Filmproduktionsverträge, Senderechtsverträge, Aufführungsverträge, Multimediaverträge und dergleichen. Ein derartiges umfassendes Gesetz gibt es jedoch nicht. Lediglich zum Verlagsvertrag kann auf die schon seit dem 19.6.1901 bestehenden Regelungen des Verlagsgesetzes zurückgegriffen werden (s.u. S. 241 ff.). Im Übrigen gelten für die zahlreichen Verwertungs- und Lizenzverträge die §§ 31 bis 44. Sie enthalten in erster Linie allgemeine Grundsätze zur Einräumung von Nutzungsrechten, nicht hingegen umfassende Vorschriften für einzelne Vertragstypen. Vielmehr ist für die weiteren Regelungen auf die **allgemeinen Grundsätze** z.B. der Leistungsstörungen (§§ 320 ff. BGB), die Regelungen zu allgemeinen Geschäftsbedingungen (§§ 305 ff. BGB) und die Vorschriften zu den im Schuldrecht des BGB geregelten Vertragstypen zurückzugreifen. Dabei hatte es der Gesetzgeber schon bei der Urheberrechtsreform von 1965 grundsätzlich für erforderlich erachtet, ein gesondertes Urhebervertragsrecht zu regeln. Über mehrere Jahrzehnte hinweg blieb es bei dieser Ankündigung, obwohl der Urheber als die gegenüber dem Verwerter in der Regel schwächere Vertragspartei ist und deshalb als besonders schutzbedürftig angesehen wurde. Mit dem **Gesetz zum Urhebervertragsrecht vom 22.3.2002** und dem weiteren Gesetz zur verbesserten Durchsetzung des Anspruchs der Urheber und ausübenden Künstler auf angemessene Vergütung vom 20.12.2016 wurden bisher bestehende Grundsätze zum Urhebervertragsrecht ergänzt und verstärkt. Ziel dieser Bemühungen ist, den Urhebern eine angemessene Vergütung für die Nutzung ihrer Werke tatsächlich zukommen zu lassen, wie es § 11 S. 2 verlangt. Dieses Ziel wird auch EU-weit verfolgt (Art. 18 CDSM-RL vom 17.4.2019). Bei der **Einräumung von Nutzungsrechten** sind folgende Grundsätze zu beachten:

1. Abgrenzung zwischen Verwertungsrecht und Nutzungsrecht

Im Urheberrechtsgesetz ist von Verwertungsrechten (§§ 15 ff.) und Nutzungsrechten (§§ 31 ff.) die Rede. Sprachlich werden die verschiedenen Begriffe mitunter für denselben Vorgang verwendet. Es wird allgemein von einer Verwertung der Werke gesprochen, gleichviel, ob der Urheber sie selbst verwertet oder ob er hierzu einen „Verwerter“ (Verlag, Filmproduzenten etc.) einschaltet und letzterer die Werke nutzt. Dogmatisch bestehen Unterschiede im Hinblick auf die Person, welche verwertet oder welche nutzt. Sämtliche **Ver-**

wertungsrechte entstehen durch die Erschaffung des Werkes bei seinem Urheber (§ 7). Dem Wortlaut nach kann nur er das Werk verwerten, indem er es selber vervielfältigt, verbreitet, aufführt etc. oder indem er anderen Personen **Nutzungsrechte** einräumt, so dass nun diese Personen das Werk vervielfältigen, verbreiten oder anderweitig nutzen dürfen. Als Folge der Unübertragbarkeit der Verwertungsrechte können diese Personen nur Inhaber von Nutzungsrechten, nicht jedoch Inhaber von Verwertungsrechten sein. Streng genommen kann also nur der Urheber oder sein Rechtsnachfolger das Werk verwerten, während eine andere Person das Werk nur nutzen, nicht aber verwerten kann. Konsequenterweise ist deshalb auch in den §§ 31 ff. nur von Nutzungsrechten und Nutzungsarten die Rede. In der Praxis werden diese Begriffe mitunter vermengt, indem der allgemeine Sprachgebrauch den gleichen Vorgang mitunter als Nutzung und auch als Verwertung bezeichnet. Ähnlich verhält es sich mit den Begriffen **Einräumung** und **Übertragung der Rechte**, wenn Dritten eine Nutzung des Werkes gestattet wird. Dogmatisch ist damit in der Regel nur die Rechtseinräumung gemeint. Schließlich kann ein geistiges Werk grundsätzlich nur geistig genutzt, nämlich durch Lesen, Hören oder Betrachten wahrgenommen werden. Gleichwohl ist bei den vorangehenden Vermittlungshandlungen (Vervielfältigung, Verbreitung, öffentliche Wiedergabe etc.) von einer Nutzung die Rede. Die einzelnen Verwertungsrechte lassen sich in mehrere Nutzungsrechte aufspalten, die wiederum den einzelnen **Nutzungsarten** entsprechen, z.B. ein Buch im Hardcoverformat, als Taschenbuchausgabe, als Buchclubausgabe oder als Hörbuch oder E-Book herzustellen und zu verbreiten.

2. Primäres und sekundäres Urhebervertragsrecht

Da die Rechte immer beim Urheber entstehen (§ 7), muss er zunächst einem Verleger, Filmproduzenten oder sonstigem Nutzer (im allgemeinen Sprachgebrauch auch: Verwerter) Rechte einräumen, wenn er sein Werk nicht selbst, z.B. im Eigenverlag oder auf seiner Website, nutzen will. Man spricht hier vom **primären Urhebervertragsrecht.** Es ist insbesondere dadurch gekennzeichnet, dass der **Urheber** häufig die **wirtschaftlich schwächere Position** gegenüber seinem Vertragspartner hat. Er ist deshalb besonders schutzbedürftig, da er Gefahr läuft, z.B. gegen geringe Pauschalentgelte „über den Tisch gezogen zu werden". Außerdem stehen ihm häufig Medienkonzerne gegenüber, die mit Rechtsabteilungen einseitige Vertragstexte ausarbeiten, während er sich juristischen Beistand und dergleichen meistens gar nicht leisten kann.

Nutzungsrechte können nicht nur erstmalig vom Urheber an einen Verleger oder sonstigen Nutzer eingeräumt werden, sondern sie werden von dem Vertragspartner des Urhebers auf Dritte weiterübertragen bzw. weiter eingeräumt. Dieses **sekundäre Urhebervertragsrecht** betrifft Nutzungsverträge auf weiterer Stufe, z.B. zwischen einem Verleger und einem Subverleger, einem Verleger und einem Filmproduzenten etc. Häufig werden diese Verträge als **Lizenzverträge** bezeichnet. Vertragspartner sind dann Lizenzgeber und Lizenznehmer. Meistens stehen sich hier wirtschaftlich gesehen gleich starke Vertragspartner gegenüber, so dass manche den Urheber schützende Vorschriften nicht unbedingt auch zu Gunsten der Verwerter, die ihrerseits Rechte Dritten einräumen, zugutekommen müssen.

3. Konstitutive Rechtseinräumung

Die Unübertragbarkeit des Urheberrechts führt dazu, dass auch einzelne **Verwertungsrechte nicht vollständig (translativ) übertragen,** sondern dass nur Nutzungsrechte, nämlich einzelne Ausschnitte dieser Verwertungsrechte, **einem anderen (konstitutiv) eingeräumt werden** können. Das jeweilige Nutzungsrecht wird vertraglich bestimmt (z.B. ein Manuskript vervielfältigen und verbreiten zu dürfen) und in diesem festgelegten Umfang aus dem immer beim Urheber verbleibenden (umfassenden) Verwertungsrecht herausgelöst und dem Nutzer (Vertragspartner) überlassen. Das auf diese Weise abgespaltene Recht entsteht als neues Recht (Nutzungsrecht) in der Person des Nutzungsberechtigten. Endet der Vertrag, fällt es automatisch an den Urheber zurück. Man spricht deshalb von dem beim Urheber verbleibenden Mutterrecht und dem durch den jeweiligen Vertragszweck gebundenen Tochterrecht. Dieses Tochterrecht ist wiederum an Dritte übertragbar (§ 34 Abs. 1). Wurde es ausschließlich eingeräumt, kann auch hiervon ein Ausschnitt, z.B. ein einfaches Nutzungsrecht, an einen Dritten eingeräumt werden, so dass ein Enkelrecht entsteht. Enkelrecht und Tochterrecht fallen an das beim Urheber verbleibende Mutterrecht zurück, wenn der Vertrag endet.

4. Verpflichtungs- und Verfügungsgeschäft

Jeder Rechtseinräumung liegt ein **Verpflichtungsgeschäft** zugrunde, mit welchem der Umfang des Nutzungsrechts sowie die einzelnen Konditionen festgelegt werden, zu denen das Nutzungsrecht überlassen werden soll. In § 31 ist nur von der Einräumung (also der Verfügung) die Rede. Die Verpflichtung selbst ist dort nicht geregelt. Vielmehr sind neben den besonderen Vorschriften der §§ 31 ff. die allgemeinen Vorschriften des BGB (insbesondere §§ 145 ff., 311 ff. BGB) anwendbar. Es handelt sich um **schuldrechtliche Verträge eigener Art,** in denen verschiedene Elemente des Kauf–, Miet–, Pachtvertrags oder anderer Vertragsarten infrage kommen können, je nachdem welcher Zweck mit dem Vertrag verfolgt wird.

Außerdem wird im Wege der Rechtseinräumung über **das Nutzungsrecht verfügt.** Hierfür gelten ergänzend zu den urheberrechtlichen Vorschriften die §§ 413, 398 ff. BGB. Meistens wird mit Abschluss des Vertrages zugleich über das betreffende Nutzungsrecht verfügt (§ 398 BGB). Eines Realakts z.B. durch Übergabe eines Werkexemplars bedarf es grundsätzlich nicht. Im Verlagsbereich verlangt jedoch § 9 VerlG die Ablieferung des Werkes, damit das Verlagsrecht entstehen kann. Häufig besitzt der Verleger schon eine Kopie des Manuskripts, so dass bei Abschluss des Verlagsvertrags keine weitere Übergabe erforderlich ist. Außerdem ist § 9 VerlG dispositiv, so dass hiervon abweichende Vereinbarungen getroffen werden können.

5. Trennungsprinzip, Abstraktionsprinzip, Kausalitätsprinzip

Im deutschen Zivilrecht wird zwischen dem **schuldrechtlichen Verpflichtungsgeschäft** und dem **dinglichen Verfügungsgeschäft** unterschieden. Grundsätzlich bestehen beide unabhängig voneinander, so dass beim Wegfall des Verpflichtungsgeschäfts das Verfügungsgeschäft nach wie vor wirksam bleibt (Abstraktionsprinzip) und es ggf. einer gesonderten Rück-Verfügung bedarf. Auch bei der Einräumung eines Nutzungsrechts wird über einen Teil des dem Urheber zustehenden Gesamtrechts verfügt. Im Umfang dieses Teilrechts begibt sich der Urheber seines Gesamtrechts. Während das Verfügungsgeschäft nach dem Abstraktionsprinzip nicht vom Bestand des zugrunde liegenden Verpflichtungsgeschäfts abhängig ist, gilt im Urheberrecht nach h.M. das **Kausalitätsprinzip**. Danach wird die Verfügung hinfällig, wenn das zugrunde liegende Verpflichtungsgeschäft unwirksam ist, endet oder aus einem sonstigen Grunde keinen Bestand mehr hat. Einer gesonderten Rück-Verfügung bedarf es nicht. Für den Bereich des Verlagsrechts sieht dies § 9 Abs. 1 VerlG ausdrücklich vor. Das Verlagsrecht erlischt mit der Beendigung des zugrunde liegenden Vertragsverhältnisses. Das eingeräumte Nutzungsrecht fällt automatisch an den Urheber zurück. Dieser Grundsatz ist nach überwiegender Meinung auch auf das übrige Urhebervertragsrecht anzuwenden (BGH GRUR 2012, 916 Rn. 19 – M2Trade).

6. Formvorschriften, Verträge über künftige Werke

Die Übertragung oder Einräumung von Nutzungsrechten bedarf grundsätzlich **keiner bestimmten Form.** Ein Vertrag kommt also auch mündlich oder stillschweigend wirksam zustande. Fehlen ausdrückliche Bezeichnungen oder sind sie nicht eindeutig, ist der Umfang der Rechtseinräumung durch Auslegung zu ermitteln.

Rechte für bei Vertragsschluss noch **unbekannte Nutzungsarten** können aber nur wirksam eingeräumt werden, wenn dies **schriftlich** geschieht (§ 31a Abs. 1). Auf die Schriftform kann im Voraus nicht verzichtet werden (§ 31a Abs. 4). Die Einräumung von Rechten für unbekannte Nutzungsarten muss also auf einer von beiden Parteien unterzeichneten Urkunde oder auf zwei gleichlautenden und jeweils von einer Partei unterzeichneten Urkunden schriftlich festgehalten sein (§ 126 Abs. 2 BGB). Dieses Schriftformerfordernis gilt nur für den Vertrag mit dem Urheber, also im primären Urhebervertragsrecht (s.o. S. 202), nicht hingegen auf weiterer Stufe bei Nutzungsverträgen zwischen Verwertern des Werkes.

Häufig wollen Verleger, Filmproduzenten, Plattenfirmen und sonstige Verwerter die Urheber auch hinsichtlich ihrer **künftigen Werke** an sich binden und sie verpflichten, ihnen die Nutzungsrechte an künftigen Werken schon im Voraus einzuräumen. Sind die künftigen Werke überhaupt nicht (z.B. alle künftigen Werke) oder nur der Gattung nach (z.B. alle künftigen Romane, Bilder, Drehbücher oder Songs) bestimmt, kann ein solcher Vertrag wirksam nur **schriftlich** abgeschlossen werden (§ 40 Abs. 1). Außerdem können ihn beide Vertragspartner spätestens 5 Jahre nach Vertragsschluss kündigen. Die Kündigungsfrist beträgt maximal 6 Monate. Dieses **Kündigungsrecht** ist im Voraus **unverzichtbar,** so dass der Urheber vor allzu starken Bindungen seitens der Verwerter geschützt bleibt (§ 40 Abs. 1 und 2). Hatte der Urheber bereits Nutzungsrechte an künftigen Werken eingeräumt, braucht er bei Beendigung des Vertrages – also im Zeitpunkt des Wirksamwerdens der Kündigung – diejenigen Werke nicht mehr abzuliefern, die bis dahin noch bei ihm verblieben waren (vgl. § 40 Abs. 3). Die anderen Werke, die er zu diesem Zeitpunkt schon abgeliefert hatte, waren nicht mehr künftige, sondern bereits bestimmte Werke, die der Urheber von seinem Vertragspartner auch auswerten lassen wollte; denn sonst hätte er sie ihm nicht ausgehändigt.

Sind die **künftigen Werke** z.B. durch ihren Titel, Skizzen, Inhaltsangaben oder Vorentwürfe **bestimmt,** bedarf es **keiner Schriftform.** Wird der Urheber aber über den üblichen Inhalt der Rechtseinräumung hinaus z.B. durch Wettbewerbsklauseln exklusiv an einen bestimmten Verwerter gebunden, konnte dieser Vertrag wiederum nach dem **Kartellgesetz** (vgl. §§ 18, 34 GWB a.F.) der Schriftform bedürfen. Die Formvorschrift des § 34 GWB a.F. wurde durch die 6. GWB-Novelle von 1998 ersatzlos gestrichen. Sie gilt aber noch für **Verträge,** die **vor dem 1.1.1999** geschlossen worden sind (BGH

GRUR 1999, 776, 777 – Coverdisc). Außerdem können Verträge über künftige Werke aus anderen Gründen unwirksam oder kündbar sein. Enthält z.B. ein **Optionsvertrag** nur die einseitige Verpflichtung des Urhebers, seine künftigen Werke einem bestimmten Verwerter anzubieten, ohne dass letzterer sich verpflichtet, sie zu verwerten oder für die gewährte Option eine angemessene Gegenleistung (in der Regel eine Vergütung) zu erbringen, ist diese Abrede unwirksam.

7. Kein gutgläubiger Erwerb von Rechten

Das Urheberrecht entsteht beim Urheber. Sämtliche Nutzungsrechte liegen ausschließlich bei ihm, soweit er nicht einzelne Rechte übertragen hat. Nutzt ein anderer sein Werk oder behauptet ein anderer, Nutzungsrechte hieran erworben zu haben, muss er den Erwerb der Rechte konkret dartun und beweisen. Stützt er sich auf Vereinbarungen mit Dritten, muss er eine **lückenlose Vertragskette** bis zurück zum Urheber **nachweisen** können. Ist diese Kette an irgendeiner Stelle lückenhaft, fällt sein Beweisgebäude zusammen; denn einen **gutgläubigen Erwerb von Rechten gibt es nicht** (BGH GRUR 2011, 418 Rn. 15 – UsedSoft). Niemand kann also mehr Rechte übertragen als er tatsächlich besitzt. Ebenso kann niemand Rechte von jemandem wirksam erwerben, der sie nicht besitzt.

8. Einfaches Recht, ausschließliches Recht

Ein Werk kann von mehreren Verwertern gleichzeitig genutzt werden. Beispielsweise lassen sich nach dem Entwurf eines Architekten mehrere gleiche Häuser verschiedener Bauherren errichten. Manuskripte können von verschiedenen Verlagen gedruckt und Musikstücke von mehreren Plattenfirmen aufgenommen werden. Jedem einzelnen Verwerter kann der Urheber ein **einfaches Nutzungsrecht** einräumen mit der Folge, dass er berechtigt bleibt, das Werk selbst auf dieselbe Art weiterhin zu nutzen oder durch andere Verwerter nutzen zu lassen (§ 31 Abs. 2). In diesem Fall erhält der Verwerter keine Verbotsrechte gegenüber Dritten.

Vielfach ist es jedoch unwirtschaftlich und auch erfolgshemmend, wenn mehrere dasselbe Werk anbieten und dabei miteinander konkurrieren. Der Verwerter ist deshalb in der Regel an einem **ausschließlichen – exklusiven – Nutzungsrecht** interessiert mit der Folge, dass sowohl der Urheber als auch alle anderen Personen das Werk auf diese – ausschließlich vergebene – Nutzungsart nicht mehr verwerten dürfen (§ 31 Abs. 3). In diesem Fall erwirbt der Verwerter also nicht nur ein Nutzungsrecht, sondern auch ein Verbotsrecht. Es wird auch als quasidingliches Recht bezeichnet.

Die Art der jeweiligen Nutzung des Werkes ist beim einfachen und beim ausschließlichen Nutzungsrecht grundsätzlich dieselbe. Lediglich der Umfang der Berechtigung ist graduell verschieden.

9. Weiterwirkung einfacher Nutzungsrechte

Hat der Urheber zunächst dem einen Verwerter ein einfaches oder ausschließliches Nutzungsrecht und erst später einem anderen Verwerter dasselbe Nutzungsrecht ausschließlich eingeräumt – mit der Folge, dass letzterem ein Verbotsrecht zusteht –, stellt sich die Frage, ob das früher eingeräumte Nutzungsrecht gegenüber dem späteren Nutzungsberechtigten fortbesteht oder nicht. Das Gesetz hat diese Frage geregelt (vgl. § 33). Das **zuvor eingeräumte Nutzungsrecht bleibt** gegenüber dem Inhaber des später eingeräumten ausschließlichen Nutzungsrechts **wirksam,** wenn nichts anderes zwischen dem Urheber und dem Inhaber des zuvor eingeräumten Nutzungsrechts vereinbart ist. Die Position des nachträglichen Erwerbers einer ausschließlichen Lizenz ist also grundsätzlich um den Inhalt vorher bereits eingeräumter Nutzungsrechte beschränkt. Das gilt nicht nur beim primären, sondern auch beim sekundären Urhebervertragsrecht, also wenn der Inhaber eines ausschließlichen Nutzungsrechts weiteren Nutzern Rechte einräumt. Hat sich z.B. ein Verlag die Verlagsrechte vom Urheber umfassend einräumen lassen und erteilt er zunächst einem anderen Verlag eine Taschenbuchlizenz, während er danach seine umfassenden Verlagsrechte an einen anderen Verlag ausschließlich überträgt, bleibt die zuvor erteilte Taschenbuchlizenz weiterhin wirksam. Will der spätere Lizenznehmer sichergehen, dass allein er zur Nutzung des Werkes befugt ist, muss er sich vom Lizenzgeber versichern lassen, dass zuvor keine weiteren Nutzungsrechte erteilt worden waren. Täuscht ihn der Lizenzgeber, so gelten zwar ältere Rechte Dritter weiter, der Lizenznehmer kann sich aber am Lizenzgeber schadlos halten.

10. Beschränkung und Aufspaltung der einzelnen Nutzungsrechte

Das Werk kann zur gleichen Zeit an verschiedenen Orten, über einen langen Zeitraum hinweg immer wieder und darüber hinaus auf verschiedenste Art und Weise genutzt werden. Dementsprechend steht es dem Urheber frei, das **Nutzungsrecht** an diesem Werk räumlich auf ein bestimmtes Gebiet, zeitlich für einen bestimmten Zeitraum oder inhaltlich auf eine bestimmte Nutzungsart zu **beschränken** (§ 31 Abs. 1 S. 2).

Räumlich wird das Nutzungsrecht meistens nach einzelnen Ländern oder Sprachräumen – z.B. Deutschland, Österreich und Schweiz – beschränkt. Bei Bühnenwerken werden Aufführungsrechte in der Regel nur für einen bestimmten Ort vergeben. Manche Nutzungsrechte werden auch weltweit eingeräumt, zumal eine Nutzung des Werks im Internet allenfalls durch sog. **Geoblocking** oder andere technische Sperren räumlich beschränkt werden könnte.

Für den Urheber ist es sinnvoll, ein **Nutzungsrecht nur befristet zu erteilen,** um die Möglichkeit zu haben, im Falle des Erfolgs die Konditionen hieran anpassen oder sich beim Ausbleiben des Erfolgs mit einem anderen Verwerter zusammentun zu können. Mitunter ergibt sich die **zeitliche Beschränkung** auch aus anderen Gründen. Wird dem Verwerter z.B. gestattet, nur eine begrenzte Anzahl an Vervielfältigungsstücken oder Auflagen zu verbreiten, so muss neu verhandelt werden, wenn sie verkauft sind.

Inhaltlich lassen sich die Nutzungsrechte zunächst auf die im Gesetz (§§ 15 ff.) umschriebenen **Nutzungsarten** – Vervielfältigung, Verbreitung, Vorführung, Aufführung, Sendung etc. – **beschränken.** Die möglichen Nutzungsarten sind dort aber nur beispielhaft aufgezählt. Sie lassen sich noch weiter aufteilen. Im Verlagswesen könnte z.B. das Vervielfältigungs- und Verbreitungsrecht nur für eine Hardcoverausgabe, Luxusausgabe, Taschenbuchausgabe oder Buchclubausgabe vergeben werden. Ebenso wäre es denkbar, bei Büchern das Verbreitungsrecht getrennt für den Verkauf in Kaufhäusern, Galerien, Museen, Versandhäusern, Universitätsbuchhandlungen oder in Kaffee-Filialen zu vergeben. Zwischen den einzelnen Vertragsparteien ist grundsätzlich jede Beschränkung möglich. Sie gilt aber nur in diesem Vertragsverhältnis. Im **Interesse der Rechts- und Verkehrssicherheit** lassen sich die **Nutzungsrechte** mit Wirkung gegenüber Dritten dagegen nicht beliebig aufspalten. Vielmehr muss hier jedes **einzelne Nutzungsrecht klar abgrenzbar** und auch **wirtschaftlich eigenständig** und **in sich geschlossen** sein. Unter diesen Voraussetzungen wurde z.B. die Verbreitung von Büchern innerhalb von Buchgemeinschaften als selbstständige Nutzungsart gegenüber dem Vertrieb im Sortimentsbuchhandel angesehen, weil es sich um zwei völlig verschiedene Vertriebswege handelt (BGH GRUR 1959, 200, 203 – Der Heiligenhof). Desgleichen wird man den Vertrieb von Büchern über sog. Nebenmärkte (Versandhäuser, Kaufhäuser, Verbrauchermärkte, Zeitungsverlage etc.) gegenüber dem Sortimentsbuchhandel als selbständig ansehen können. Innerhalb dieser Nebenmärkte wird jedoch nicht zwischen Kaufhausausgaben und Ausgaben in Kaffee-Filialen unterschieden (BGH GRUR 1990, 669, 672 – Bibelreproduktion). Die Taschenbuchausgabe stellt gegenüber der Hardcoverausgabe wiederum eine selbständige Nutzungsart dar (BGH GRUR 1992, 310 – Taschenbuch-Lizenz). Nicht zuletzt durch den Einfluss neuer Techniken wandeln sich die Verwertungspraktiken und auch die Verkehrsauffassungen. Selbständige Nutzungsarten sind beispielsweise Videogramme oder digitale Werkträger wie E-Books oder CD-ROMs (BGH GRUR 2002, 248, 251 – Spiegel-CD-ROM). Desgleichen sind Verfilmung, Videozweitauswertung, Online-Nutzung und andere neue Erscheinungsformen des Internets und der Digitaltechnik grundsätzlich als **selbständige Nutzungsarten** anzusehen, für die jeweils **eigenständige Nutzungsrechte** bestehen und erworben werden müssen, wenn man hiervon Gebrauch machen will.

11. Übertragungszwecklehre, Auslegungsregeln

So vielfältig und verschiedenartig ein Werk genutzt werden kann, so zahlreich sind meistens auch die einzelnen Nutzungsrechte, die der Urheber zu vergeben hat. In früherer Zeit wurden nicht selten Pauschalvereinbarungen getroffen, wonach der Urheber dem Verwerter gegen Zahlung eines einmaligen Pauschalbetrages sämtliche Rechte übertrug. Das war schon damals unausgewogen. Bereits seit den zwanziger Jahren des vergangenen Jahrhunderts gilt im Urheberrecht der **Grundsatz, den Urheber tunlichst an allen Nutzungsarten wirtschaftlich zu beteiligen.** Er wurde mit dem Gesetz zum Urhebervertragsrecht vom 22.3.2002 in § 11 S. 2 besonders betont. Dementsprechend hat das Urheberrecht die Tendenz, möglichst weitgehend beim Urheber zu verbleiben. Im Zweifel überträgt er nur diejenigen Rechte, die erforderlich sind, damit der Vertragszweck erreicht werden kann.

Am deutlichsten kommt diese **Übertragungszwecklehre** (früher: Zweckübertragungslehre) in § 31 Abs. 5 zum Ausdruck. Danach bestimmt sich der Umfang des Nutzungsrechts nach dem **mit seiner Einräumung verfolgten Zweck,** wenn bei der Einräumung des Nutzungsrechts die Nutzungsarten, auf die sich das Recht erstrecken soll, nicht einzeln bezeichnet sind. Eine Übertragung „sämtlicher Rechte" umfasst also in der Regel gerade nicht alle Rechte, sondern nur diejenige Nutzungsart, die mit dem Vertrag erkennbar beabsichtigt war. Weitergehende Nutzungsarten müssen ausdrücklich angegeben werden. Erwirbt ein Verlag z.B. das Recht, ein Manuskript zu vervielfältigen und zu verbreiten, so liegt darin zwar auch die Befugnis, dieses Manuskript als Buch zu veröffentlichen, denn sonst ließe es sich nicht verbreiten. Der Verlag ist aber nicht berechtigt, das Buch als Buchgemeinschaftsausgabe anzubieten oder gar zu verfilmen. Ebenso erstreckte sich das Recht zur Herstellung und Verwertung eines Kinofilms nicht auf das Senderecht für das Fernsehen, wenn dies nicht ausdrücklich erwähnt worden war (BGH GRUR 1969, 364, 366 – Curt Goetz Filme II). Räumte der Autor das Recht zur Verwendung seines Drehbuchs für alle Rundfunk-und Fernsehzwecke ein, so erstreckte sich dies nicht ohne weiteres auch auf die Wiedergabe von Kassettenfilmen im nichtöffentlichen Bereich (BGH GRUR 1974, 786, 787 f. – Kassettenfilm; zu den besonderen Bestimmungen bei Filmen s.u. S. 231 ff.). Der Architekt, der laut Vertrag ein Bauwerk plant und errichtet, vergibt hiermit noch nicht etwaige Rechte hinsichtlich eines Erweiterungsbaues (BGH GRUR 1981, 196 f. – Honorarvereinbarung). Wer jedoch der betreffenden Nutzung ausdrücklich zustimmt, kann sich auf die Übertragungszwecklehre in der Regel nicht berufen (BGH GRUR 1984, 119, 121 – Synchronisationssprecher). Allerdings ist auch bei eindeutig formulierten Rechtseinräumungen der Umfang des Nutzungsrechts durch den **Vertragszweck** bestimmt und im Allgemeinen beschränkt (BGH GRUR 1996, 121, 122 – Pauschale Rechtseinräumung). Was außerhalb des Vertragszwecks liegt, bleibt beim Urheber.

Die Übertragungszwecklehre ist eine **Auslegungsregel** (BGH ZUM 1998, 497, 500 – Comic-Übersetzungen), die nicht nur in § 31 Abs. 5, sondern in **mehreren Vorschriften** des Urheberrechtsgesetzes zum Ausdruck kommt:

Veräußert der Urheber das Original oder auch Vervielfältigungsstücke des Werks, räumt er damit dem Erwerber im Zweifel kein Nutzungsrecht ein (§ 44 Abs. 1). Letzterer darf das Werk zwar lesen, anhören, betrachten oder sonstwie genießen. Er ist aber nicht berechtigt, es zu vervielfältigen und zu verbreiten oder auf sonstige Art und Weise – über die gesetzlichen Schranken hinaus (s.o. S. 137 ff.) – zu nutzen. Wer sich z.B. ein Gebäude errichten lässt, darf die urheberrechtlich geschützten Pläne nicht ohne Zustimmung des Urhebers weiteren Bauwerken zugrunde legen. Ebenso wenig deutet der Besitz von Briefen, Manuskripten oder sonstigen Werken auf die Inhaberschaft von Nutzungsrechten hin.

Wer ein Nutzungsrecht an einem Werk erwirbt, darf es zwar für sich bearbeiten, es aber nicht ohne Einwilligung des Urhebers in dieser bearbeiteten Form veröffentlichen oder verwerten (§ 37 Abs. 1). Das Vervielfältigungsrecht umfasst im Zweifel nicht die Übertragung des Werkes auf Bild- oder Tonträger (§ 37 Abs. 2). Auch das Recht zur öffentlichen Wiedergabe des Werkes ist im Zweifel nur auf den Raum der Veranstaltung beschränkt. Die Wiedergabe außerhalb dieses Raumes z.B. durch Lautsprecher oder Bildschirme bedarf einer gesonderten Erlaubnis (§ 37 Abs. 3).

Weitere **Besonderheiten** gelten bei **Zeitschriften, Zeitungen** und ähnlichen Sammlungen von Beiträgen. Gestattet der Urheber die Aufnahme seines Werkes in eine periodisch erscheinende Sammlung – z.B. in eine Zeitschrift –, die Werke mehrerer Urheber enthält, erwirbt der Verleger im Zweifel zwar ein ausschließliches Nutzungsrecht zur Vervielfältigung und Verbreitung des Beitrags. Der Urheber darf ihn aber ein Jahr nach Erscheinen der Zeitschrift anderweitig vervielfältigen und verbreiten (§ 38 Abs. 1). Das gilt auch bei nicht periodisch erscheinenden Sammlungen – z.B. Festschriften oder Handbüchern –, wenn dem Urheber für seinen Beitrag kein Honorar zusteht (§ 38 Abs. 2). Wird der Beitrag wiederum einer Zeitung überlassen, so erwirbt der Verleger grundsätzlich nicht das ausschließliche, sondern nur das einfache Nutzungsrecht, so dass der Urheber den Beitrag auch anderweitig veröffentlichen kann. Selbst wenn er dem Verleger ausdrücklich ein ausschließliches Nutzungsrecht eingeräumt hat, darf er seinen Beitrag nach Erscheinen anderweitig vervielfältigen und verbreiten, solange nichts anderes vereinbart ist (§ 38 Abs. 3). Abweichungen hiervon können und müssen entsprechend vereinbart werden. Außerdem hat der Urheber ein **unverzichtbares Zweitverwertungsrecht** für wissenschaftliche Beiträge, die im Rahmen einer mindestens zur Hälfte mit **öffentlichen Mitteln geförderten Forschungstätigkeit** entstanden und in einer periodisch mindestens zweimal jährlich erscheinenden Sammlung (z.B. Fachzeitschrift) erschienen sind (§ 38 Abs. 4). Auf diese Weise soll der Urheber seinen Beitrag nach Ablauf von zwölf Monaten ab Erstveröffentlichung in einem Repositorium öffentlich zugänglich machen können, soweit dies keinem gewerblichen Zweck dient. Ein mit dem Erstverleger vereinbartes Ausschließlichkeitsrecht hindert ihn daran nicht. Er darf aber nur die **akzeptierte Manuskriptversion** (also nicht das vom Erstverleger geschaffene Layout) seines Beitrags öffentlich zugänglich machen und muss die Quelle der Erstveröffentlichung angeben.

12. Bei Vertragsschluss unbekannte Nutzungsarten

Es widerspräche dem Grundsatz, den Urheber an allen Nutzungsarten wirtschaftlich zu beteiligen, wenn er Rechte für Nutzungsarten einräumen könnte, die bei Vertragsschluss noch gar nicht bekannt sind; denn er wäre weder in der Lage, deren wirtschaftliche Bedeutung abzuschätzen, noch könnte er absehen, inwieweit die bei Vertragsschluss noch unbekannte Nutzungsart möglicherweise seine Urheberpersönlichkeitsrechte tangiert. Deshalb war die Einräumung von Nutzungsrechten für noch nicht bekannte Nutzungsarten und waren Verpflichtungen hierzu **bis Ende 2007 unwirksam** (§ 31 Abs. 4 a.F.). Dem Urheber sollte nicht nur eine angemessene Honorarregelung, sondern auch die Entscheidung vorbehalten bleiben, ob und von wem er sein Werk auf diese neue Nutzungsart verwerten lassen will. Entstanden durch neue Techniken, z.B. Videokassette, Digitaltechnik, DVD, Internet, **neue Nutzungsarten,** mussten sich die Verwerter alter Werke die hierfür erforderlichen weiteren Nutzungsrechte für die mittlerweile bekannt gewordenen neuen Nutzungsarten nachträglich vom Urheber beschaffen. Einerseits war dies problemlos möglich; denn in der Regel hatte der Urheber gegen eine Verwertung seiner Werke auf neue Nutzungsarten nichts einzuwenden, wenn er hierfür angemessen vergütet wird, was er nach § 32 ohnehin verlangen konnte. Andererseits konnte es schwierig sein, insbesondere bei Mehrautorenwerken (z.B. Filmen) oder Werk-Gesamtheiten (z.B. Zeitschriften mit vielen Beiträgen verschiedener Verfasser) aus mitunter weit zurückliegenden Jahren nachträglich sämtliche erforderlichen neuen Nutzungsrechte zu erwerben. Manche Urheber waren schon verstorben, so dass zunächst deren Rechtsnachfolger ermittelt werden mussten. Aufgrund dieser **Schwierigkeiten** unterblieb manche zeitgemäße Nutzung alter Werke. Es wurde beklagt, dass sich alte Filme, Zeitschriften und sonstige Archivbestände der Öffentlichkeit nicht auf zeitgemäße Form (z.B. über das Internet) zugänglich machen ließen. Das führte dazu, **§ 31 Abs. 4 a.F.,** wonach Rechtseinräumungen für bei Vertragsschluss unbekannte Nutzungsarten strikt unwirksam waren, durch das 2. Gesetz zur Regelung des Urheberrechts in der Informationsgesellschaft vom 26.10.2007 **zu streichen.** Diese Vorschrift wurde jedoch nicht ersatzlos aufgehoben. **An seine Stelle traten die §§ 31a, 32c, 137l.** Grundsätzlich können ab 1.1.2008 Rechte für unbekannte Nutzungsarten vertraglich eingeräumt werden. Zum einen sind hier weitere Voraussetzungen und Rechte zu beachten. Zum anderen muss weiterhin festgestellt werden, welche Nutzungsart bei Vertragsschluss bereits bekannt oder welche noch unbekannt war.

a) Unbekannte Nutzungsart

Bekannt ist nicht schon jede sich entfernt abzeichnende Nutzungsart. Vielmehr muss sie nicht nur **technisch möglich,** sondern aus Sicht des Urhebers bereits **wirtschaftlich relevant** sein, so dass er die wirtschaftliche Tragweite seiner Vereinbarung abschätzen kann. Beispielsweise wurden Videogeräte erstmals im Jahre 1969 auf Messen vorgeführt. Dennoch war die audiovisuelle Verwertung von Filmen frühestens ab etwa 1977 so bekannt, dass sie allgemein von den Verwertern ernsthaft verfolgt und somit wirtschaftlich relevant wurde. Sollen also ältere Filme audiovisuell genutzt werden, müssen hierfür die Rechte von den Urhebern oder deren Rechtsnachfolgern nachträglich erworben werden (BGH GRUR 1991, 133 – Videozweitauswertung).

Mitunter ist eine neue Nutzungsart zwar technisch gesehen gerade bekannt, von ihrem wirtschaftlichen Gehalt aus betrachtet aber unbekannt, weil hiermit noch keine Erfahrungen gemacht worden waren, so dass der Urheber die wirtschaftliche Tragweite dieser neuen Nutzungsart gar nicht abschätzen kann. Einerseits soll der Urheber vor Rechtseinräumungen geschützt werden, deren wirtschaftliche Auswirkungen er noch nicht absehen kann. Andererseits muss irgendwann einmal der Anfang gemacht werden. **Risikogeschäfte** über Verwertungsformen, die sich erst zu einer wirtschaftlichen Eigenständigkeit entwickeln, waren deshalb auch nach § 31 Abs. 4 a.F. zulässig. Die Wirksamkeit derartiger Risikoverträge erforderte allerdings, dass die neue, wirtschaftlich noch bedeutungslose Nutzungsart konkret benannt, ausdrücklich vereinbart und von den Vertragsparteien auch erörtert und damit erkennbar zum Gegenstand von Leistung und Gegenleistung gemacht wurde (BGH GRUR 1995, 212, 214 – Videozweitauswertung III; BGH GRUR

2011, 714 Rn. 39 – Der Frosch mit der Maske). Demnach musste für diese Nutzung auch eine entsprechende Vergütung vereinbart worden sein. Nachdem Verträge über unbekannte Nutzungsarten seit 1.1.2008 möglich sind, könnte die Rechtsprechung zu Risikogeschäften an Bedeutung verlieren, weil solche Geschäfte nun ohnehin wirksam sind, wenn sie schriftlich vereinbart werden. Werden die Rechte jedoch nicht schriftlich eingeräumt oder wird widerrufen (§ 31a Abs. 1 S. 3) oder widersprochen (§ 137l Abs. 1), kann es weiterhin darauf ankommen, ob die Nutzungsart unter dem Blickwinkel eines Risikogeschäfts bereits bekannt war, so dass Schriftform, Widerruf oder Widerspruch dahinstehen können.

Es kann im Einzelfall schwierig sein, abzugrenzen, was technisch neu und deshalb unbekannt (i.S.d. § 31 Abs. 4 a.F. und § 31a Abs. 1) oder was lediglich technisch fortschrittlich ist und die bisherige Technik ersetzt, ohne deshalb als unbekannt gelten zu müssen. Noch unter der alten Gesetzeslage (§ 31 Abs. 4 a.F.) sollte es nach Auffassung des BGH hierfür auf die **Sicht der Endverbraucher** ankommen. Habe sich für sie nichts Wesentliches verändert, könne auch eine neue Technik (Satellitenfernsehen und Kabelfernsehen gegenüber dem herkömmlichen terrestrischen Fernsehen) als bekannt angesehen werden (BGH GRUR 1997, 215, 217 – Klimbim). Desgleichen sollte eine neue Technik, die die **bisherige Technik ersetzt (substituiert),** keine neue Nutzungsart sein, solange hierdurch dieselben Nutzungsgepflogenheiten und dieselben Märkte erreicht, nicht hingegen durch neue Vertriebswege neue Märkte mit neuen Erwerbsmöglichkeiten erschlossen werden. Lediglich technische Neuerungen, die eine neue Verwendungsform kennzeichnen, ohne wirtschaftlich eigenständige Vermarktungsmöglichkeiten zu erschließen, sollten nicht ausreichen, um eine neue Nutzungsart annehmen zu können (BGH GRUR 2005, 937, 939 – Der Zauberberg). Deshalb sei die DVD eines Films gegenüber der schon früher bekannten (und gestatteten) Videokassette trotz weiterer Anwendungsmöglichkeiten nur ein technischer Ersatz, nicht hingegen eine neue und seinerzeit unbekannte Nutzungsart (BGH GRUR 2005, 937, 939 – Der Zauberberg). Diese eher restriktive Sichtweise basierte nicht zuletzt auf der Grundlage, dass Verträge über bei Vertragsschluss unbekannte Nutzungsarten unwirksam waren. Nachdem nun Verträge über unbekannte Nutzungsarten (schriftlich) möglich sind, gibt es keinen Grund, bei der Annahme einer noch unbekannten Nutzungsart restriktiv zu verfahren. Meines Erachtens ist **im Zweifel** von einer **unbekannten Nutzungsart** auszugehen.

b) Schriftform

Verträge über Rechte für unbekannte Nutzungsarten bedürfen der Schriftform (s.o. S. 205 f.). Einerseits muss es genügen, pauschal von unbekannten Nutzungsarten zu sprechen; denn solange sie unbekannt sind, können sie kaum näher konkretisiert werden. Andererseits muss dasjenige angegeben werden, was bereits konkretisiert werden kann (z.B. zeitliche, räumliche und inhaltliche Beschränkungen, einfache oder ausschließliche Rechte, Weiterübertragung der Rechte, etwaige einhergehende Anpassungen des Werkes etc.). Wird die Schriftform nicht eingehalten, ist die Rechtseinräumung oder die Verpflichtung dazu unwirksam. Die Rechte für unbekannte Nutzungsarten bleiben beim Urheber. Die Unwirksamkeit beschränkt sich auf die unbekannten Nutzungsarten. Anderweitige Regelungen, insbesondere zur Einräumung von Rechten für bekannte Nutzungsarten, sind vom Schriftformerfordernis nicht betroffen und bleiben wirksam.

Eine **Ausnahme** von der Schriftform wird beim sog. **Open Content** gemacht (§ 31a Abs. 1 S. 2). Dort wäre die Schriftform abträglich, weil das Nutzungsrecht als einfaches Recht für jedermann unentgeltlich zur Verfügung gestellt werden soll.

c) Widerrufsrecht

Der Vertragspartner des Urhebers erhält die **Rechte** für unbekannte Nutzungsarten jedoch **nur aufschiebend bedingt.** Bevor er mit der Nutzung beginnt, muss er dem Urheber die beabsichtigte **Aufnahme der neuen Art der Werknutzung mitteilen** (§ 31a Abs. 1 S. 4). Der Urheber kann das dem Vertragspartner eingeräumte Recht der unbekannten Nutzungsart oder auch der zwischenzeitlich bekannt gewordenen Nutzungsart **widerrufen,** und zwar bis spätestens drei Monate, nachdem sein Vertragspartner ihm mitgeteilt hatte, das Werk auf die neue Art nutzen zu wollen (§ 31a Abs. 1 S. 4). Der Urheber muss nicht abwarten, bis ihm die Nutzungsabsicht mitgeteilt wird. Theoretisch könnte er schon kurz nach Vertragsschluss die Rechte für unbekannte Nutzungsarten widerrufen. Das dürfte jedoch kaum in Betracht kommen; denn in der Regel werden mit dem Vertrag nicht nur Rechte für unbekannte Nutzungsarten, sondern in erster Linie für bekannte Nutzungsarten eingeräumt. Letztere sind nicht widerrufbar.

Solange der Vertragspartner dem Urheber die Nutzungsabsicht nicht mitteilt, beginnt die **Dreimonatsfrist** nicht zu laufen. Der Urheber kann also weiterhin widerrufen. Sollte der Vertragspartner den Urheber nicht erreichen, genügt es, die Mitteilung an seine zuletzt bekannte Anschrift abzusenden. Seitens des Urhebers wird es sinnvoll sein, seinem Vertragspartner laufend die aktuelle Adresse bekannt zu geben, damit ihm die Nutzungsabsicht an die richtige Adresse mitgeteilt werden kann. Hat der Urheber einen Wahrnehmungsvertrag mit einer Verwertungsgesellschaft abgeschlossen, sollte er auch dorthin seine aktuelle Adresse bekannt geben. Ist dem Vertragspartner die aktuelle Adresse des Urhebers unbekannt, darf er nicht untätig bleiben. Ein gewisser **Rechercheaufwand** ist ihm zumutbar. Dazu zählt auch die Anfrage bei der einschlägigen Verwertungsgesellschaft. War dem vor der Mitteilung Genüge geleistet worden und widerruft der Urheber das betreffende neue Nutzungsrecht nicht, erlischt sein Widerrufsrecht. Das neue Nutzungsrecht bleibt nun uneingeschränkt beim Vertragspartner. Außerdem muss der Vertragspartner nicht abwarten, ob der Urheber sein Widerrufsrecht ausübt, sondern er kann nach Bekanntwerden der neuen Nutzungsart an ihn herantreten und mit ihm eine angemessene Vergütung für die betreffende Nutzung vereinbaren. Dann entfällt das Widerrufsrecht des Urhebers (§ 31a Abs. 2). Ferner **erlischt** es **mit seinem Tod** (§ 31a Abs. 2 S. 3). Hatte der Urheber zu Lebzeiten nicht widerrufen, sollen dem Vertragspartner die bereits vertraglich eingeräumten Rechte für unbekannte Nutzungsarten uneingeschränkt verbleiben. Den Rechtsnachfolgern steht das Widerrufsrecht nicht zu (§ 31a Abs. 2 S. 3). Es bleibt ihnen jedoch unbenommen, ihr Rückrufsrecht wegen Nichtausübung (§ 41) wahrzunehmen, wenn der Vertragspartner von dem neuen Nutzungsrecht keinen Gebrauch macht (s.o. S. 98 f.).

Außerdem ist das **Widerrufsrecht beschränkt,** wenn mehrere Werke oder Werkbeiträge zu einer Gesamtheit zusammengefasst sind, die sich nur einheitlich verwerten lassen (§ 31a Abs. 3). Dort soll vermieden werden, dass einer von zahlreichen Urhebern durch seinen Widerruf die anderen blockiert, z.B. ein Sammelwerk auf zeitgemäße Art auszuwerten. Häufig können diese Urheber einen Widerruf ohnehin nur gemeinschaftlich erklären. Darüber hinaus dürfen sie das Widerrufsrecht nicht wider Treu und Glauben ausüben. Es kommt auf die Umstände des Einzelfalls an.

Solange das Widerrufsrecht besteht, erhält der Vertragspartner das Recht für die unbekannte Nutzungsart nur unter einer **aufschiebenden Bedingung.** Wird der Widerruf rechtzeitig erklärt, tritt die Bedingung nicht ein, so dass dieses Recht uneingeschränkt beim Urheber verbleibt.

d) Widerspruchsrecht

Erst ab 1.1.2008 kann man gem. § 31a Rechte für unbekannte Nutzungsarten wirksam einräumen. Allein mit dieser Regelung wäre das eigentliche Problem des § 31 Abs. 4 a.F., **Werk-Gesamtheiten, Mehrautorenwerke** und insbesondere alte Archivbestände solcher Werke auf der Basis neuer Technologien der Allgemeinheit zugänglich zu machen, nicht gelöst, weil nach wie vor zahlreiche Urheber und vor allem deren Rechtsnachfolger ermittelt werden müssten, um die Rechte für vor 2008 unbekannte, mittlerweile aber bekannte neue Nutzungsarten nacherwerben zu können. Dieses Problem wurde durch die **Übergangsregelung des § 137l** gelöst. Danach wird zugunsten desjenigen, der vor 2008 alle wesentlichen Nutzungsrechte des Urhebers ausschließlich sowie räumlich und zeitlich unbegrenzt erworben hatte, fingiert, er habe auch die Rechte für damals unbekannte, bis Ende 2007 aber bekannt gewordene neue Nutzungsarten erworben, sofern der Urheber dieser Nutzung innerhalb eines Jahres ab Inkrafttreten der Neuregelung, also bis zum 31.12. 2008, nicht widersprochen oder sofern er diese Rechte für neue Nutzungsarten nicht bereits einem Dritten eingeräumt hat (§ 137l Abs. 1 S. 1 und 4). Hatte der Urheber bis zum 31.12.2008 nicht widersprochen, erhielt der andere (sein damaliger Vertragspartner) zusätzlich diejenigen Nutzungsrechte, die bei Vertragsschluss noch nicht bekannt waren, aber bis Ende 2007 bekannt geworden sind, vorausgesetzt, dass er seinerzeit alle wesentlichen Nutzungsrechte erhalten hatte.

Für alle **Nutzungsarten,** die erst **ab 1.1.2008 bekannt** wurden und künftig bekannt werden, gilt eine **dreimonatige Widerspruchsfrist** ähnlich wie die dreimonatige Widerrufsfrist bei Verträgen, die erst ab 1.1.2008 geschlossen worden sind. Der andere erwirbt auch diese weiteren neuen Nutzungsrechte, wenn der Urheber nicht binnen 3 Monaten widerspricht, nachdem ihm der andere die beabsichtigte Aufnahme der neuen Art der Werknutzung mitgeteilt hatte. Es genügt, die Mitteilung an die zuletzt bekannte Anschrift des Urhebers abzusenden.

Häufig waren die Verträge schon vor langer Zeit abgeschlossen worden. Nicht selten wurden die ursprünglich eingeräumten Nutzungsrechte **einem Dritten übertragen.** In diesem Fall soll die Übertragungsfiktion zugunsten des Dritten eintreten (§ 137l Abs. 2 S. 1). Demgemäß soll auch ihm widersprochen werden. Allerdings kennt der Urheber dessen Adresse häufig nicht. Deshalb soll ihm sein Vertragspartner die hierfür erforderlichen Auskünfte erteilen (§ 137l Abs. 2 S. 2).

Ähnlich wie beim Widerrufsrecht (§ 31a Abs. 2) bedarf es eines Widerspruchsrechts nicht mehr, wenn die Parteien über eine zwischenzeitlich bekannt gewordene Nutzungsart eine ausdrückliche Vereinbarung geschlossen haben (§ 137l Abs. 3). Desgleichen soll auch das Widerspruchsrecht zwar nicht ausgeschlossen, aber beschränkt sein, wenn es um die Nutzung von Werk-Gesamtheiten geht (§ 137l Abs. 4). Eine Blockade durch Einzelne soll hier ebenfalls ausgeschlossen sein. Das Widerspruchsrecht darf in diesem Falle nicht wider Treu und Glauben ausgeübt werden.

Die Übergangsregelung gilt nur für **Verträge,** die **zwischen dem 1.1. 1966 und dem 1.1.2008 geschlossen** worden waren. Für **Verträge ab 1.1.2008** müssen Rechte für unbekannte Nutzungsarten ausdrücklich (schriftlich) eingeräumt worden sein. Nach der Gesetzeslage **vor dem 1.1.1966** konnten Rechte für unbekannte Nutzungsarten ebenfalls wirksam eingeräumt werden (BGH GRUR 1988, 296, 299 – GEMA-Vermutung IV). Häufig wird jedoch nach der schon früher geltenden Zweckübertragungslehre (§ 31 Abs. 5) eine wirksame Rechtseinräumung für Nutzungsarten, die vor 1966 noch unbekannt waren, ausscheiden. Sah der damalige Vertrag aber ausdrücklich vor, dass Rechte auch für noch nicht bekannte zukünftige Nutzungsarten eingeräumt werden, kann dies z.B. hinsichtlich der Videorechte für Filme von 1949 und 1950 wirksam sein; denn nach früherer Gesetzeslage war auch eine Übertragung des Urheberrechts insgesamt möglich gewesen. Waren die Rechte jedoch nicht ausdrücklich für unbekannte Nutzungsarten eingeräumt worden, müssen sie, wie bisher, nacherworben werden. Die gesetzliche **Übertragungsfiktion** des § 137l Abs. 1 ist **für Verträge vor 1966 nicht anwendbar**.

e) Gesonderte angemessene Vergütung

In jedem Falle erhält der Urheber für die neue Art der Werknutzung eine **gesonderte angemessene Vergütung,** gleichviel ob der zugrunde liegende Vertrag vor der Neuregelung (also bis Ende 2007) abgeschlossen worden ist (dann nach § 137l Abs. 5) oder erst ab 1.1.2008 zustande kam (dann nach § 32c). Ersterenfalls wird der Vergütungsanspruch von den Verwertungsgesellschaften wahrgenommen, die die Erlöse an die Berechtigten verteilen (§ 137l Abs. 5 S. 3). Letzterenfalls muss der Vertragspartner den Urheber **unverzüglich** über die Aufnahme der neuen Art der Werknutzung **unterrichten,** damit er seinen Vergütungsanspruch geltend machen kann (§ 32c Abs. 1 S. 3). Waren die Rechte auf einen Dritten übertragen worden, haftet dieser für den Vergütungsanspruch. (§§ 32c Abs. 2, 137l Abs. 5 S. 4).

13. Im Zweifel für den Urheber

Die Tendenz des Urheberrechts, den Urheber an jeder Nutzung seines Werkes wirtschaftlich teilhaben zu lassen, kommt ferner bei der **Höhe des vereinbarten Honorars** zur Geltung. Zwar können die Vertragsparteien die Höhe des Honorars frei vereinbaren. Stehen Nutzungsumfang und das hierfür vereinbarte Honorar jedoch in einem Missverhältnis und gehen die einzelnen Nutzungsarten nicht eindeutig aus dem Vertragszweck hervor oder werden sie unklar formuliert, deutet ein geringes Honorar im Zweifel auf eine entsprechend beschränkte Rechtseinräumung hin. Tendenziell gilt allgemein der **Grundsatz,** dass die Rechte in Zweifelsfällen beim Urheber bleiben.

14. Anspruch auf angemessene Vergütung

Seit dem Gesetz zum Urhebervertragsrecht vom 22.3.2002 hat der Urheber für die Einräumung von Nutzungsrechten einen **unverzichtbaren Anspruch auf angemessene Vergütung** (§ 32). Grundsätzlich gilt, was vertraglich vereinbart wurde. Unangemessene Vergütungsvereinbarungen können jedoch nachträglich korrigiert werden (§ 32 Abs. 1 S. 3). Dieses Recht kann dem Urheber auch nicht durch für ihn nachteilige Vereinbarungen genommen werden (§ 32 Abs. 3). Hierdurch wird seine gegenüber Verwertern häufig schwächere Position gestärkt.

Nach § 32 Abs. 1 S. 2 hat der Urheber nicht nur Anspruch auf die vertraglich vereinbarte Vergütung (das ist ohnehin eine Selbstverständlichkeit), sondern auch darauf, dass eine Vergütung vertraglich vereinbart wird. Fehlt eine derartige Vereinbarung oder wird sie vom Vertragspartner bewusst verweigert, ist gleichwohl von einer Vergütungsvereinbarung auszugehen.

Wurde keine Vergütung vereinbart oder ist die Höhe der Vergütung nicht bestimmt, gilt die angemessene Vergütung als vereinbart. Sie wird fingiert. Die **Höhe der angemessenen Vergütung** richtet sich nach den gemeinsamen Vergütungsregeln, die nach § 36 von den Urhebervereinigungen einerseits und den Nutzervereinigungen andererseits gemeinsam aufgestellt wurden (s.u. S. 272 f.). Derartige **Vergütungsregeln** haben **Vorrang.** Ebenfalls vorrangig sind **tarifvertragliche Regelungen** (§ 32 Abs. 4); denn es ist davon auszugehen, dass die Tarifvertragsparteien angemessene Vergütungsregeln aufstellen. Bestehen weder gemeinsame Vergütungsregeln noch Tarifverträge, an denen man sich orientieren kann, muss die angemessene Vergütung im Einzelfall bestimmt werden (§ 32 Abs. 2 S. 2).

Gemeinsame Vergütungsregeln sind bisher zwar nicht in dem Umfang zustande gekommen, wie es sich der Gesetzgeber vorgestellt hatte (s.u. S. 273 f.). Mittlerweile gibt es aber **einzelne Vergütungs-**

regeln für: Autoren belletristischer Werke, freie hauptberufliche Journalisten an Tageszeitungen, freie hauptberufliche Fotojournalisten an Tageszeitungen, Übersetzungen, Drehbuchautoren, Film- und Fernsehregisseure, Kameraleute. Im Filmbereich sind die jeweiligen Vergütungsregeln mitunter nur mit bestimmten Verwertern, nicht aber mit der ganzen Branche zustande gekommen. Für manche Bereiche gibt es **vergleichbare Regelungen**, z.B. die Regelsammlung Verlage(Vertriebe)/Bühnen für Bühnenaufführungen, den Vergütungstarifvertrag Design für manche Werke der angewandten Kunst und die Bildhonorare der Mittelstandsgemeinschaft Foto/Marketing für den Bereich der Fotografie.

War eine Vergütung vereinbart worden, die jedoch unangemessen niedrig ist, kann der Urheber nachträglich eine **Änderung des Vertrages** verlangen und auf diese Weise zu einer angemessenen Vergütung kommen. Was angemessen ist, richtet sich wiederum nach den einschlägigen Tarifverträgen, gemeinsamen Vergütungsregeln (§ 36) oder demjenigen, was in der betreffenden Branche als angemessen angesehen wird.

Dieser Anspruch ist **unverzichtbar** (§ 32 Abs. 3). Abweichende Vereinbarungen sind unwirksam. Nur wenn der Urheber für jedermann unentgeltlich ein einfaches Nutzungsrecht einräumt, kann hierauf verzichtet werden. Das betrifft die sog. Linux-Klausel oder den sog. open source, z.B. wenn Software zur freien Benutzung für jedermann zur Verfügung gestellt wird (§ 32 Abs. 3 S. 3).

§ 32 gilt für Verträge seit 1.6.2001, sofern von dem mit diesem Vertrag eingeräumten Recht nach dem 28.3.2002 Gebrauch gemacht wird, im Übrigen erst bei **Verträgen,** die **ab 1.7.2002** geschlossen worden sind. Auf Verträge, die vor dem 1.6.2001 geschlossen worden waren, ist § 32 auch dann nicht anwendbar, wenn mit einer Nutzung erst nach dem 28.3.2002 begonnen wurde oder wenn die Nutzung über diesen Zeitpunkt hinaus andauert. Alte Verlagsverträge, Filmverträge und sonstige Nutzungsverträge bleiben in ihrem Bestand grundsätzlich unberührt, selbst wenn sie noch lange andauern, weil sie z.B. für die Dauer der urheberrechtlichen Schutzfrist vereinbart worden waren. Auf Nutzungen für die Zeit ab 29.3.2002 ist jedoch auch hier ein Anspruch auf weitere Beteiligung des Urhebers nach

§ 32a möglich (s.u. S. 226). Nach Art. 18 CDSM-RL vom 17.4.2019 soll die angemessene Vergütung dem Urheber EU-weit zustehen, wenn er seine Rechte jemandem ausschließlich einräumt.

15. Weitere Beteiligung des Urhebers, Bestsellerparagraf, Fairnessparagraf

Der Urheber kann von seinem Vertragspartner verlangen, den **Vertrag nachträglich so zu ändern,** dass er angemessen an den Erträgnissen aus der Verwertung seines Werkes beteiligt wird, wenn die bisher vereinbarten Bedingungen dazu führen, dass die vereinbarte Gegenleistung unter Berücksichtigung der gesamten Beziehungen des Urhebers zu seinem Vertragspartner in einem **auffälligen Missverhältnis** zu den Erträgen und Vorteilen aus der Nutzung des Werkes steht (§ 32a Abs. 1). Diese weitere Beteiligung des Urhebers (der sog. **Fairnessausgleich**) soll dort einen Ausgleich schaffen, wo das Werk besonders erfolgreich ausgewertet wird, gleichviel, ob dies vorhersehbar war oder nicht (§ 32a Abs. 1 S. 2). Dieser Fairnessausgleich wurde durch das Gesetz zum Urhebervertragsrecht vom 22.3.2002 eingeführt. Er löste den bisherigen Bestsellerparagrafen (§ 36 a.F.) ab. Da letzterer für zurückliegende Fälle noch anwendbar sein kann, könnte man § 32a zur leichteren Unterscheidung auch als **Fairnessparagrafen** bezeichnen.

Der früher geltende **Bestsellerparagraf** unterscheidet sich von dem jetzigen Fairnessparagraf insbesondere dadurch, dass seinerzeit nicht schon ein auffälliges, sondern erst ein grobes Missverhältnis zwischen Nutzungsertrag und Gegenleistung vorliegen musste. Außerdem musste es unerwartet sein. Hatten die Vertragsparteien eine geringe Vergütung trotz vorhersehbarer Erfolge oder auch für den Fall vereinbart, dass sich solche Erfolge einstellen sollten, wurde das Missverhältnis nicht mehr als unerwartet angesehen, so dass eine Vertragsanpassung entfiel (vgl. BGH GRUR 1991, 901, 902 – Horoskop-Kalender). Der Bestsellerparagraf kam deshalb nur sehr selten zum Zuge. Beim **Fairnessparagraf** genügt bereits ein auffälliges Missverhältnis. Hierdurch sollten die diesbezüglichen Anforderungen deutlich herabgesetzt werden. Außerdem kommt es nicht mehr darauf an, ob das Missverhältnis unerwartet war. Auch wenn die Vertragsparteien die erzielten Erträge oder Vorteile vorhergesehen haben oder hätten vorhersehen können, ist der Anspruch des Urhebers auf Vertragsänderung begründet. Demnach handelt es sich um eine **Inhaltskontrolle sämtlicher Verträge.** § 32a ist dort anwendbar, wo sich die Vergütung nachträglich als unangemessen herausstellt. Ist sie schon von Anfang an unangemessen, kann eine angemessene Vergütung nach § 32 Abs. 1 S. 3 verlangt werden. Abgesehen von den genannten Unterschieden kann auf die von der Rechtsprechung entwickelten Grundsätze zum Bestsellerparagrafen zurückgegriffen werden. Auch der Fairnessparagraf gilt für alle Verwertungsverträge, ebenso für Bestellverträge (BGH ZUM 1998, 497, 501 – Comic-Übersetzungen). **Auffällig** ist das **Missverhältnis** jedenfalls dann, wenn die **vereinbarte Vergütung um 100% von der angemessenen Beteiligung abweicht** (BGH GRUR 2012, 1248 Rn. 55 – Fluch der Karibik). Das ist aber keine starre Grenze. Je nach Umständen des Einzelfalls kann der weitere Beteiligungsanspruch auch dann begründet sein, wenn mehr als die Hälfte der angemessenen Beteiligung bezahlt worden war. Dabei sind die gesamten Beziehungen der Vertragsparteien zu berücksichtigen, so dass z.B. Misserfolge bei der Auswertung anderer Werke desselben Urhebers die Chancen für eine Vertragsanpassung schmälern können. Aufwendungen und etwaige Verluste müssen aber Werke **desselben** Urhebers betreffen. Ein Gesamtausgleich mit Gewinnen und Verlusten aus Werken anderer Urheber findet nicht statt.

Der Urheber kann eine Änderung des Vertrages dahingehend verlangen, dass ihm eine den Umständen nach weitere angemessene Beteiligung gewährt wird. Die **Vertragsanpassung** beschränkt sich also nicht lediglich darauf, dass das Missverhältnis nicht mehr auffällig ist, sondern sie soll zu einer **angemessenen Vergütung** führen. Hat der Vertragspartner des Urhebers das Nutzungsrecht übertragen oder **Dritten Lizenzen eingeräumt** und ergibt sich das auffällige Missverhältnis aus den Erträgnissen oder Vorteilen eines Dritten, so haftet dieser dem Urheber ebenfalls (§ 32a Abs. 2). Zum einen kann dies dazu führen, dass der Dritte mit dem Urheber einen Vertrag schließen muss, wonach er ihn z.B. prozentual beteiligt. Zum anderen kann das Missverhältnis bei mehrfach nacheinander eingeräumten Nutzungsrechten (einer Lizenzkette) zu mehrfachen Ansprüchen gegen den jeweiligen Lizenznehmer führen. Dessen Aufwendungen an den vorangehenden Lizenzgeber sind bei der Feststellung des jeweiligen Missverhältnisses zu berücksichtigen. Man wird den Urheber an die Stelle des jeweiligen Lizenzgebers setzen und fragen müssen, ob dessen Vergütung, wenn sie der Urheber erhalten hätte, angesichts der Erträge zu niedrig war. Ist dies der Fall, kann der Urheber von dem Dritten die Differenz zu demjenigen verlangen, was er üblicherweise an den Lizenzgeber hätte zahlen müssen. Dies kann zu mehreren Teilansprüchen gegenüber den einzelnen Lizenznehmern führen. Für die Feststellung des gegenüber dem Dritten bestehenden Missverhältnisses kann es aber nur darauf ankommen, welche Gegenleistung der Urheber von seinem Vertragspartner tatsächlich erhalten hat, sei es für dessen unmittelbare Nutzung oder sei es als angemessene Beteiligung an Lizenzeinnahmen für Nutzungen durch Dritte. War die an den Urheber geleistete **Gegenleistung** durch Nutzungen seines Vertragspartners oder dessen (ggf. weiterer) Lizenznehmer bereits **ganz oder teilweise verbraucht**, liegt die für die weitere Nutzung des Dritten an den Urheber tatsächlich erbrachte Gegenleistung bei Null oder ist entsprechend gering, so dass gegenüber dem Dritten ein auffälliges Missverhältnis besteht. Das ist vor allem dort zu berücksichtigen, wo eine Nutzung schon lange Zeit vor dem 28.3.2002 stattgefunden hatte und ein Anspruch erst für die Zeit ab 28.3.2002 (dem Datum der Verkündung des § 32a) besteht (vgl. OLG Stuttgart ZUM-RD 2019, 20, 62 – Das Boot).

Der Anspruch auf die weitere Beteiligung ist im Voraus **unverzichtbar** (§ 32a Abs. 3). Abweichende Vereinbarungen sind unwirksam.

Anders als der Bestsellerparagraf (§ 36 a.F.) gilt der **Fairnessparagraf** nicht erst für die Zeit ab der Urheberrechtsreform von 1966, sondern **rückwirkend zeitlich unbegrenzt**; allerdings erst für auffällige Missverhältnisse, die ab dem 28.3.2002 bestehen. Für Missverhältnisse, die bis zum 28.3.2002 entstanden sind, kann also noch die alte Gesetzeslage des § 36 a.F. maßgeblich sein.

Einen vergleichbaren Vertragsanpassungsmechanismus sieht nun auch Art. 20 der Richtlinie über das Urheberrecht im digitalen Binnenmarkt vom 17.4.2019 vor. Im Rahmen der Umsetzung dieser Richtlinie ist er EU-weit zu etablieren. Abweichende Vereinbarungen hiervon sind wie bei § 32a Abs. 3 grundsätzlich unwirksam (Art. 23 Abs. 1 CDSM-RL).

16. Anspruch auf Auskunft und Rechenschaft

Häufig ergibt sich ein Anspruch auf Auskunft und Rechenschaft über die stattgefundene Nutzung aus dem mit dem Verwerter geschlossenen **Vertrag**, insbesondere wenn Urheber und Verwerter ein Absatzhonorar vereinbart hatten, wonach der Urheber an allen Erlösen aus dem Vertrieb oder der sonstigen Nutzung des Werkes prozentual zu beteiligen ist. In der Regel wird vereinbart, mindestens einmal pro Jahr, häufig aber auch halbjährlich oder in anderen Intervallen abzurechnen (s.u. S. 264). War jedoch ein einmaliges Pauschalhonorar vereinbart worden, erübrigt sich eine regelmäßige Abrechnung, nachdem das Pauschalhonorar geleistet worden ist. Demgemäß erfährt der Urheber von seinem Vertragspartner oder dessen Lizenznehmern in der Regel nicht, ob möglicherweise ein auffälliges Missverhältnis zwischen dem Umfang der Nutzungshandlungen sowie den hieraus erzielten Erlösen und der hierfür geleisteten Vergütung (Gegenleistung) entstanden ist, um eine nachträgliche Vertragsanpassung zu verlangen (s.o. S. 224 f.). Außerdem erfährt der Urheber mitunter nicht, ob der Verwerter mit anderen oder neuen Nutzungsarten begonnen hatte. Dieser Ungewissheit und mangelnden Transparenz wurde durch einen **gesetzlichen Anspruch auf Auskunft und Rechenschaft** abgeholfen. Bei Verträgen oder sonstigen Sachverhalten ab 1.3.2017 kann der Urheber von seinem Vertragspartner **einmal jährlich** Auskunft und Rechenschaft über den Umfang der Werknutzung und die hieraus gezogenen Erträge und Vorteile auf Grundlage der im Rahmen eines ordnungsgemäßen Geschäftsbetriebes üblicherweise vorhandenen Informationen verlangen (§ 32d Abs. 1). Hat der Urheber nur einen nachrangigen Beitrag zu dem Werk geleistet (z.B. die Mitwirkung als Statist in einem Film) oder wäre die Inanspruchnahme des Vertragspartners aus anderen Gründen unverhältnismäßig, ist der Anspruch ausgeschlossen (§ 32d Abs. 2). Der gleiche Anspruch besteht **auch**

gegenüber Lizenznehmern des Vertragspartners (§ 32e). Hiervon kann durch individuelle Absprachen nicht abgewichen werden (§§ 32d Abs. 3, 32e Abs. 3). Auf diese Weise soll die erforderliche Transparenz gewahrt bleiben.

Auch nach den Zielen der **EU** soll sowohl von dem Vertragspartner als auch von dessen Lizenznehmern ein **hohes Niveau an Transparenz** gewährleistet werden (Art. 19 CDSM-RL). Demgemäß werden die Urheber EU-weit Auskunft und Abrechnung verlangen können; und zwar ab 7.6.2022 auch für unbegrenzt zurückliegende Verträge, soweit das vertragsgegenständliche Werk noch genutzt wird und seine Schutzdauer nicht abgelaufen ist (Art. 27 CDSM-RL).

17. Weiterübertragung und Weitereinräumung von Nutzungsrechten

Im Laufe der langen urheberrechtlichen Schutzdauer wird ein Werk meistens nicht nur von einem einzigen, sondern von mehreren Verwertern genutzt, ohne dass die Rechte jedes Mal wieder an den Urheber zurückkehren. Zu diesem Zweck können die Nutzungsrechte von den jeweiligen Rechtsinhabern **an Dritte weiterübertragen oder Dritten eingeräumt werden.** Dabei ist zu unterscheiden zwischen einerseits der **vollständigen Übertragung** des einfachen oder ausschließlichen Nutzungsrechts und andererseits der **Einräumung** eines einfachen oder ausschließlichen Nutzungsrechts. Während der Inhaber sowohl eines ausschließlichen als auch eines einfachen Nutzungsrechts die jeweilige Rechtsposition vollständig auf einen Erwerber übertragen kann (vgl. § 34 Abs. 1), ist es nach h.M. nur dem Inhaber eines ausschließlichen, nicht aber dem Inhaber eines einfachen Nutzungsrechts gestattet, einem Dritten ein – einfaches oder ausschließliches – Nutzungsrecht einzuräumen (vgl. § 35 Abs. 1). In beiden Fällen sind sowohl die materiellen als auch die ideellen Interessen des Urhebers berührt; denn zum einen ist es für den wirtschaftlichen Erfolg seines Werkes nicht gleichgültig, wer es verwertet, und zum anderen geben oft persönliche und weltanschauliche Gründe den Ausschlag dafür, wem er sein Werk anvertraut. Deshalb ist sowohl die vollständige Weiterübertragung als auch die bloße Einräumung von Nutzungsrechten grundsätzlich **nur mit Zustimmung des Urhebers** gestattet. Zwar darf er diese Zustimmung nicht wider Treu und Glauben verweigern (§ 34 Abs. 1, S. 2). Hat er hierfür aber z.B. einen der eben genannten Gründe und kann der Erwerber des Nutzungsrechts dem Urheber keine Willkür nachweisen, dürfen die Rechte ohne seine Zustimmung weder übertragen noch eingeräumt werden. Hiervon gibt es allerdings bei der **Übertragung** von Nutzungsrechten folgende **zwei Ausnahmen:**

Bei einem **Sammelwerk** muss nur die Zustimmung des Urhebers des Sammelwerks, nicht aber diejenige der Urheber der gesammelten Werke vorliegen (§ 34 Abs. 2). Das gilt auch bei der Einräumung von Nutzungsrechten an dem Sammelwerk (§ 35 Abs. 2).

Wird ein Nutzungsrecht im Rahmen der **Gesamtveräußerung eines Unternehmens** oder der Veräußerung von Teilen eines Unternehmens übertragen, ist dies ebenfalls ohne Zustimmung des Urhebers zulässig (§ 34 Abs. 3). Auf diese Weise soll ermöglicht werden, einen ganzen Verlag oder den wirtschaftlich und sachlich eigenständigen Bereich eines Verlags – z.B. die gesamte wissenschaftliche Abteilung oder den gesamten Bereich der Belletristik – zu veräußern. Der Urheber muss jedoch nicht jeden Eigentümerwechsel hinnehmen. Er kann das Nutzungsrecht zurückrufen, wenn ihm die Ausübung des Nutzungsrechts durch den Erwerber nach Treu und Glauben nicht zuzumuten ist (§ 34 Abs. 3 S. 2). Hat er berechtigte Einwände gegen den Erwerber, z.B. wegen unterschiedlicher Weltanschauungen, unzureichender Geschäftspraktiken, fehlender fachlicher Qualifikation oder anderen Umständen, die eine gedeihliche Zusammenarbeit voraussetzen, kann er dieses **Rückrufsrecht** ihm gegenüber ausüben. Das gilt auch bei einer wesentlichen Änderung der Beteiligungsverhältnisse am Unternehmen des Inhabers des Nutzungsrechts (§ 34 Abs. 3 S. 3).

In beiden Fällen haftet der Erwerber der Rechte gesamtschuldnerisch neben dem Veräußerer für dessen Verpflichtungen gegenüber dem Urheber (§ 34 Abs. 4), also auch dann, wenn die Verpflichtungen des Veräußerers gegenüber dem Urheber weiterreichen als diejenigen, die zwischen Veräußerer und Erwerber vereinbart worden sind. **Rückrufsrecht** (§ 35 Abs. 3) und **gesamtschuldnerische Haf-**

tung des Erwerbers (§ 35 Abs. 4) sind im Voraus **unverzichtbar** (§ 35 Abs. 5).

Eine weitere Ausnahme gibt es auch bei der Einräumung von Nutzungsrechten. Hat der Urheber jemandem das ausschließliche Nutzungsrecht **nur zur Wahrnehmung** seiner Belange eingeräumt, so bedarf es keiner Zustimmung, wenn dieser Wahrnehmungsberechtigte einem Dritten Nutzungsrechte einräumt (§ 35 Abs. 1 S. 2). Das betrifft vor allem **Verwertungsgesellschaften,** welche die Rechte des Urhebers treuhänderisch wahrnehmen. Nach Sinn und Zweck der Wahrnehmungsverträge sollen sie ja gerade Dritten einfache Nutzungsrechte einräumen.

Schließlich kann der Urheber mit dem Inhaber des Nutzungsrechts ausdrücklich vereinbaren, ob und zu welchen Bedingungen er eine Weiterübertragung oder Einräumung seiner Nutzungsrechte gestattet. Will z.B. der Autor vermeiden, dass der Verlag die Nutzungsrechte an seinem Werk im Rahmen einer Gesamtveräußerung seines Unternehmens auf einen anderen Verlag überträgt, sollte er dies am besten schriftlich regeln. In der Regel lässt sich allerdings der Verwerter vom Urheber das Recht zur Weiterübertragung oder Weitereinräumung der Nutzungsrechte ausdrücklich erteilen. Bei Filmwerken ist dies schon kraft Gesetzes so vorgesehen (§ 90). Auch hier gilt jedoch die unabdingbare gesamtschuldnerische Haftung des Erwerbers für die Verpflichtungen des Veräußerers gegenüber den Urhebern (§ 34 Abs. 4 und 5).

18. Rückfall der Nutzungsrechte, Sukzessionsschutz

Endet ein Nutzungsvertrag durch Zeitablauf, Kündigung oder aus sonstigem Grunde, **fällt das Nutzungsrecht automatisch an den Urheber,** seinen Rechtsnachfolger oder an den Rechtsinhaber **zurück** (s.o. S. 197 f.). Hiervon müssen grundsätzlich auch die von dem Nutzungsrecht abgeleiteten – später erteilten – Nutzungsrechte betroffen sein. Hat z.B. der Urheber einem Verlag das ausschließliche Verlagsrecht eingeräumt und dieser Verlag wiederum eine Taschenbuchlizenz an einen weiteren Verlag erteilt, so fällt auch die Taschenbuchlizenz an den Urheber zurück, wenn er den mit seinem

Vertragspartner bestehenden Vertrag wirksam kündigen konnte. Der Erwerber von abgeleiteten Rechten ist also vom Bestand und Umfang der Rechte seines Lizenzgebers abhängig; denn der Lizenzgeber kann dem Unterlizenznehmer nicht mehr Rechte erteilen, als er selber hat. Der gute Glaube, dessen Rechte würden Bestand haben, ist nicht geschützt. Vielmehr dominiert die Zweckbindung der Rechte an den Urheber. Endet der Erstvertrag z.B. wegen Verfehlungen des Verlegers, ist die Position des Urhebers schutzwürdiger als das Vertrauen des Inhabers abgeleiteter Rechte am Fortbestand vorangehender Verträge. Es bleibt den Vertragspartnern unbenommen, schon von vornherein zu vereinbaren, dass eine Kündigung des Vertrages zuvor erteilte Lizenzen nicht tangieren soll (vgl. BGH ZUM 1986, 278 – Alexis Sorbas).

Häufig hat der Urheber dem Verwerter seines Werkes gestattet, Nutzungsrechte an Dritte weiterzuübertragen oder -einzuräumen. Macht der Verwerter (Hauptlizenznehmer) hiervon Gebrauch, kann es für den Unterlizenznehmer wirtschaftlich besonders nachteilig sein, wenn er das Werk nicht mehr nutzen darf, weil auch sein Recht an den Urheber zurückfällt, obwohl der Urheber mit einer Unterlizenz einverstanden war und der Unterlizenznehmer für die Nutzung eine Vergütung zahlt. In Einzelfällen hat der BGH deshalb einen **Sukzessionsschutz** bejaht und die Interessen des Unterlizenznehmers höher bewertet als diejenigen des Urhebers. Als Ausgleich soll die von dem Unterlizenznehmer zu leistende Vergütung dem Urheber zugutekommen (BGH GRUR 2012, 916 Rn. 30 – M2Trade).

19. Besonderheiten beim Film

Filmwerke heben sich von anderen Werkarten in der Regel durch folgende **zwei Besonderheiten** ab. Zum einen ist es besonders **kostspielig,** Filme herzustellen. Zum anderen werden im Filmwerk mehrere Werkarten und Leistungen oftmals sehr vieler **verschiedener Urheber und Künstler** zu einem **neuen Gesamtwerk** vereint. Hierzu zählen zunächst die sog. **vorbestehenden Werke,** die zur Herstellung des Films benutzt werden, nämlich z.B. der Roman, der verfilmt wird, das Drehbuch, welches für die Verfilmung geschaffen wurde, die Musik, die für den Film herausgesucht oder eigens hierfür geschaffen worden ist, und ggf. auch die Kulissen oder andere Gegenstände, die in dem Film gezeigt werden. Diese Werke lassen sich auch unabhängig von dem herzustellenden Film selbstständig verwerten. Darüber hinaus entstehen während der Produktion des Films **Urheberrechte** des Regisseurs, Kameramanns, Cutters, Filmarchitekten, Szenenbildners, Kostümbildners und ggf. weiterer an der Herstellung des Films mitwirkender Personen, die als **Filmurheber** bezeichnet werden. Die schöpferischen Beiträge dieser Personen gehen in dem Filmwerk auf und lassen sich nicht selbstständig verwerten. Es kommen noch die Leistungsschutzrechte der Schauspieler, Sprecher, Musiker und weiterer ausübender Künstler hinzu. Könnte jede der genannten Personen ihre Verbotsansprüche uneingeschränkt geltend machen, bestünde die Gefahr, dass ein Film nur deshalb nicht ausgewertet werden kann, weil sich ein einziger der zahlreichen beteiligten Urheber sträubt, der Verwertung zuzustimmen. Um dies zu vermeiden, wurde die **Übertragungszwecklehre** im Bereich des Films **teilweise eingeschränkt.**

Hat der Urheber eines Romans, eines Theaterstücks oder eines anderen (vorbestehenden) Werkes dem Filmhersteller gestattet, sein Werk für die Herstellung eines Filmes zu benutzen, erwirbt der Filmhersteller **im Zweifel** nicht bloß einfache, sondern **ausschließliche Nutzungsrechte,** und zwar zum einen, um das Werk unverändert oder verändert für die Herstellung des Filmwerkes zu benutzen, und zum anderen, um den fertiggestellten Film sowie Übersetzungen und andere filmische Bearbeitungen hiervon auf alle – seit 1.1.2008 nicht nur bekannten, sondern (bei Schriftform des Vertrages) auch unbekannten – Nutzungsarten zu nutzen (§ 88 Abs. 1). Desgleichen räumen die bei der Herstellung des Filmwerkes mitwirkenden Urheber (Regisseur, Kameramann, Cutter etc.) dem Filmhersteller im Zweifel das ausschließliche Recht ein, das Filmwerk auf alle Nutzungsarten zu nutzen (§ 89 Abs. 1). Die Verwertung des Filmwerkes soll dem Filmhersteller umfassend ermöglicht sein. Das gilt auch für die bei der Herstellung des Filmwerkes entstehenden Lichtbilder (§ 89 Abs. 4) sowie weitgehend für die Rechte der ausübenden Künstler (§ 92). Mehrere Vorschriften, die sich in anderen Bereichen zu Gunsten der Urheber auswirken, sind im Bereich des Films eingeschränkt (§ 90). Für **Filmverträge** aus der Zeit **vor dem 1.7.2002** können ältere Vorschriften (§ 88 a.F.) zum Zuge kommen, die dem Filmhersteller weniger umfangreiche Rechte zubilligten. Für bei Vertragsschluss unbekannte Nutzungsarten steht dem Urheber eine angemessene Vergütung zu (§ 32c). Das gilt für Verträge ab dem 1.3.2017 auch zu Gunsten ausübender Künstler (§ 79b).

Außerdem gelten die Beschränkungen der Rechte beim Film nur hinsichtlich Nutzungen desselben konkreten Films. Die Digitaltechnik eröffnet völlig neue Anwendungsbereiche. Bildmaterial kann digital gespeichert, ganz oder teilweise abgerufen, verändert oder unverändert, allein oder kombiniert mit anderem Bildmaterial verwertet werden. Mit einem derartigen **Picture Sampling** lassen sich bestehende Filmteile des einen Films mit bestehenden oder neu geschaffenen Filmteilen eines anderen Films kombinieren (abklammern) und zu einem neuen Produkt gestalten. Diese Nutzung bedarf meines Erachtens in jedem Falle einer gesonderten Vereinbarung mit dem Urheber.

Das Recht, den Film auf alle Nutzungsarten zu nutzen (§§ 88 Abs. 1, 89 Abs. 1), beschränkt sich nur auf die konkrete Filmfassung. Zur **Wiederverfilmung** des Werkes ist der Filmhersteller im Zweifel nicht befugt (§ 88 Abs. 2). Es darf also nur eine einzige Filmfassung hergestellt werden. Will der Produzent denselben Stoff später noch einmal verfilmen, muss er hierfür erneut die Herstellungsrechte erwerben. Umgekehrt darf der Urheber sein Werk 10 Jahre nach Vertragsschluss einem anderen Hersteller zur Verfilmung anbieten, wenn nichts anderes vereinbart worden war (§ 88 Abs. 2).

Die **Übertragungszwecklehre** wird im Bereich des Films zwar eingeschränkt, aber nicht ausgeschlossen. Dort, wo z.B. nach Sinn und Zweck des Vertrages nur die Herstellung eines Films zu Dokumentationszwecken, nicht aber zur Verwertung im Kino angestrebt wird, gilt sie nach wie vor, so dass der Film im Kino nicht vorgeführt werden darf, wenn dies nicht entsprechend vereinbart worden ist (vgl. BGH GRUR 1985, 529, 530 – Happening).

Außerdem sollen die Ausnahmeregelungen im Bereich des Films nur dessen ungehinderte Verwertung garantieren, indem den Urhebern Verbotsansprüche genommen werden. Rechte der Urheber, die durch Verwertungsgesellschaften wahrgenommen werden und die deshalb ohne weiteres zu den dortigen Tarifen erworben werden können, oder bloße Vergütungsansprüche (vgl. § 54) der Urheber gefährden die Verwertung eines Filmes nicht; denn sie geben dem Urheber kein Verbotsrecht. Solche Rechte bleiben deshalb in vollem Umfang beim Urheber. Dasselbe gilt für Verwertungen, die über die übliche oder vereinbarte filmische Nutzung hinausgehen. Soll z.B. ein **Buch zum Film** mit einzelnen Fotos der Filmszenen erscheinen, so müssen die hierfür erforderlichen Abdrucksrechte sowohl vom Buchautor als auch vom Kameramann gesondert erworben werden.

20. Zwangslizenz zur Herstellung von Tonträgern

Hat der Urheber oder der Inhaber des ausschließlichen Nutzungsrechts einem **Tonträgerhersteller** (z.B. einem Schallplattenproduzenten) das Recht eingeräumt, ein **Werk der Musik** zu gewerblichen Zwecken auf Tonträger zu übertragen und diese zu vervielfältigen und zu verbreiten, ist er verpflichtet, nach Erscheinen des Werkes auch jedem anderen Tonträgerhersteller, der in der Bundesrepublik Deutschland seine Hauptniederlassung oder seinen Wohnsitz hat, selbiges Recht zu angemessenen Bedingungen einzuräumen (§ 42a Abs. 1). Weigert sich der Urheber, kann – und muss, wenn keine Vereinbarung zustande kommt (BGH NJW 1998, 1393, 1394 – Coverversions) – dieses Recht eingeklagt werden (§ 42a Abs. 6). Auf diese Weise sollen Schallplattenmonopole verhindert und verschiedene Interpretationen derselben Musikwerke auf Tonträger ermöglicht werden. Diese **Zwangslizenzregelung** gilt nur für Werke der Musik einschließlich der ihnen verbundenen Texte, also auch für Lieder, Opern, Operetten, Musicals, Musikdramen und für ähnliche von der Musik bestimmte Werke. Das betreffende Werk muss aber bereits erschienen sein (z.B. Noten oder Tonträger). Außerdem muss der Urheber einem Tonträgerhersteller bereits gestattet haben, seine Komposition **auf Tonträger** aufzunehmen und zu vermarkten. Hatte der Urheber das Nutzungsrecht nicht für die Herstellung von Tonträgern, sondern für die Herstellung eines Filmes vergeben oder soll sein Werk für die Herstellung eines Filmes benutzt werden, ist eine Zwangslizenz nicht möglich (§ 42a Abs. 7). Ferner kommt sie dann nicht in Betracht, wenn der Urheber ein etwa bestehendes Nutzungsrecht wegen gewandelter Überzeugung zurückgerufen hat oder wenn das Vervielfältigungs- und Verbreitungsrecht erlaubterweise von einer Verwertungsgesellschaft wahrgenommen wird (§ 42a Abs. 1). Da üblicherweise die **GEMA** die hier einschlägigen Rechte wahrnimmt mit der Folge, dass sie diese Rechte gegen Zahlung der festgesetzten Tarife grundsätzlich an jeden Interessenten vergibt, hat die Zwangslizenz eine nur geringe Bedeutung.

Die Zwangslizenzregelung betrifft nur die Rechte an der Komposition. Die **Rechte der ausübenden Künstler** an ihren Darbietungen von Musikwerken (§§ 73 ff.) sowie die Rechte der Tonträgerhersteller an Aufnahmen solcher Darbietungen (§ 85) bleiben hiervon **unberührt.** Deren Nutzung ist nur mit Zustimmung der Rechtsinhaber zulässig.

21. Urheber im Arbeits- oder Dienstverhältnis

Das herkömmliche Bild vom Urheber dürfte auch heute noch dasjenige des **freischaffenden Urhebers** sein. Hiervon ist man auch bei den Vorschriften über Nutzungsrechte im Urheberrechtsgesetz (§§ 31 ff.) ausgegangen. Computerprogramme, Datensammlungen und zahlreiche andere neue Werkarten entstehen jedoch vorwiegend in Industriebetrieben. Die Zahl der **angestellten Urheber** nimmt laufend zu, sei es der Beamten im Staatsdienst, sei es der Wissenschaftler an Hochschulen, der fest angestellten Journalisten in Presse und Rundfunk oder sonstiger Arbeitnehmerurheber. An der Ausgangslage ändert dies nichts; denn **auch im Arbeits- und Dienstverhältnis gilt das Urheberrecht.** Urheber ist und bleibt der Schöpfer des Werkes, nicht etwa sein Arbeitgeber oder Dienstherr. Vielfach erwirbt letzterer jedoch auf Grund des **Arbeitsvertrages ausdrücklich oder stillschweigend die Nutzungsrechte** an den Werken, die der Urheber in Erfüllung seiner Verpflichtungen aus dem Arbeits- oder Dienstverhältnis geschaffen hat. Die Vorschriften über Nutzungsrechte (§§ 31 ff.) sind hier zwar anwendbar, aber nur soweit sich aus dem Inhalt oder dem Wesen des Arbeits- oder Dienstverhältnisses nichts anderes ergibt (§ 43).

Werden **Computerprogramme** in einem Arbeits- oder Dienstverhältnis geschaffen, bleibt zwar der Programmierer weiterhin der Urheber. Zur Ausübung aller vermögensrechtlichen Befugnisse an dem Computerprogramm (also zur Ausübung der Verwertungsrechte) ist jedoch sein Arbeitgeber befugt, sofern nichts anderes vereinbart ist (§ 69b).

Soweit eine Nutzungsart zum Zeitpunkt des Vertragsschlusses und/oder zum Zeitpunkt der Herstellung des Werks noch unbekannt war, kam bis Ende 2007 der unabdingbare Grundsatz des § 31 Abs. 4 a.F. zum Zuge, wonach die Einräumung von Nutzungsrechten für noch nicht bekannte Nutzungsarten sowie Verpflichtungen hierzu unwirksam waren (s.o. S. 214 ff.). Beispielsweise musste sich der Filmhersteller die Rechte zur Videozweitauswertung eines Films aus den 60er Jahren vom Regisseur nachträglich beschaffen, auch wenn letzterer in einem Arbeitsverhältnis für ihn tätig war (BGH GRUR 1991, 133, 135 – Videozweitauswertung). Allerdings konnte es dem Urheber in manchen Fällen auf Grund seiner **vertraglichen Treuepflicht** obliegen, seinem Arbeitgeber die Rechte an solchen seinerzeit noch unbekannten Nutzungsarten nachträglich einzuräumen, aber nur wenn er hierfür angemessen vergütet wurde. Seit Einführung des § 31a durch das 2. Gesetz zur Informationsgesellschaft vom 26.10.2007 hat es der Arbeitgeber in der Hand, Rechte für unbekannte Nutzungsarten von vornherein zu erwerben, indem er den Vertrag schriftlich schließt. Wie allen anderen Verwertern ist auch ihm zumutbar, diese Formvorschrift (§ 31a Abs. 1 S. 1) einzuhalten. Wird sie nicht eingehalten, muss der Arbeitgeber diese Rechte nacherwerben, bevor er sie nutzt. Wie zuvor unter § 31 Abs. 4 a.F. ist der Arbeitnehmer ggf. verpflichtet, dem Arbeitgeber die Rechte für neue Nutzungsarten **gegen angemessene Vergütung einzuräumen.**

Es kommt ferner darauf an, ob der Arbeitnehmer zu der konkreten schöpferischen Leistung vertraglich verpflichtet war. Das ist z.B. bei Möbelentwürfen eines angestellten Designers oder bei Zeitungsberichten eines angestellten Journalisten anzunehmen. Entwürfe und Berichte sind das **geschuldete Arbeitsergebnis.** Der Arbeitgeber erhält hieran stillschweigend die ausschließlichen Nutzungsrechte. Entsteht das Werk aber nur bei Gelegenheit, nämlich **außerhalb der**

typischen Vertragspflichten oder als reine Freizeitbeschäftigung, bleiben sämtliche Rechte beim Urheber. Das ist der Fall, wenn besagter Designer z.B. ein Buch über Möbel schreibt. Desgleichen kann der Arbeitgeber die ihm eingeräumten Rechte nicht ohne weiteres an Dritte zu deren Nutzung des Werks weitereinräumen (BGH GRUR 2011, 59 Rn. 19 f. – Lärmschutzwand). In manchen Fällen kann der Urheber jedoch verpflichtet sein, die Nutzungsrechte seinem Arbeitgeber anzubieten, z.B. wenn das erwähnte Möbelbuch des Designers eine Dokumentation der Firmenentwürfe seines Arbeitgebers enthält (vgl. OLG Nürnberg ZUM 1999, 656, 657 – Museumsführer).

IV. Abtretung von Vergütungsansprüchen

Manche Nutzungsrechte (vgl. §§ 27, 46, 49, 52, 54, 60h) sind zu Lasten des Urhebers in der Weise beschränkt, dass die Nutzung gesetzlich gestattet wird (man spricht hier auch von **gesetzlichen Lizenzen**), der Urheber insoweit also **kein Verbotsrecht** hat, ihm für die Nutzung aber eine **angemessene Vergütung** zu zahlen ist. Während Verwertungsrechte nur vererblich sind, aber nie vollständig übertragen werden können (s.o. S. 197), lassen sich Vergütungsansprüche gem. §§ 398 ff. BGB grundsätzlich vollständig abtreten. Es bestünde also die Gefahr, dass bei Vertragsverhandlungen die i.d.R. schwächere Position des Urhebers ausgenutzt und eine Abtretung der Vergütungsansprüche in vollem Umfang vereinbart würde. Dem beugte der Gesetzgeber schon vor dem Gesetz zum Urhebervertragsrecht vom 22.3.2002 teilweise jedenfalls dadurch vor, dass manche Vergütungsansprüche bereits damals **verwertungsgesellschaftspflichtig** waren (d.h. nur durch eine Verwertungsgesellschaft geltend gemacht werden konnten) und im Voraus nur an eine Verwertungsgesellschaft abgetreten werden konnten. Darüber hinaus sind sie teilweise **unverzichtbar** (vgl. § 20b Abs. 2, § 27 Abs. 1). Im Zuge des Gesetzes zum Urhebervertragsrecht vom 22.3.2002 wurde in § 63a generell geregelt, dass der Urheber auf gesetzliche Vergütungsansprüche nach diesem Abschnitt, also bei den Schrankenregelungen (§§ 44a ff.), im Voraus nicht verzichten kann. Ferner können diese

Ansprüche im Voraus nur an eine Verwertungsgesellschaft abgetreten werden. Die Verwertungsgesellschaft muss wiederum nach ihrem Verteilungsplan verteilen und dabei die Urheber in jedem Fall angemessen berücksichtigen. Auf diese Weise wird gewährleistet, dass die Urheber an den Erlösen aus den gesetzlichen Vergütungsansprüchen auch tatsächlich beteiligt werden. Entgegenstehende Vereinbarungen, wonach sich z.B. die Filmproduzenten die Vergütungsansprüche der Filmurheber aus den Erlösen der Geräte- und Speichermedienvergütung abtreten lassen, sind unwirksam.

Grundsätzlich gilt dies auch zu Gunsten der **Leistungsschutzberechtigten**, soweit sie originäre Leistungsschutzrechte haben und das Gesetz ihnen eine Beteiligung an den gesetzlichen Vergütungsansprüchen zubilligt (§§ 70 Abs. 1, 71 Abs. 1, 72 Abs. 1, 83, 85 Abs. 4, 87 Abs. 4 (aber nur teilweise), 87b Abs. 2 (nur teilweise), 87g Abs. 4, 94 Abs. 4, 95). **Verleger** haben bislang **kein originäres Leistungsschutzrecht**. Nach Auffassung des BGH dürfen sie deshalb grundsätzlich an den gesetzlichen Vergütungen nicht beteiligt werden (BGH GRUR 2016, 596 Rn. 36 – Verlegeranteil). Vielmehr gebühren diese gesetzlichen Vergütungsansprüche allein den Urhebern. Allerdings ist eine **Abtretung** eines Anteils des Vergütungsanspruchs an den Verleger möglich, wenn dies vom Urheber **nach Entstehen des Anspruchs** geschieht und die Verleger diesen abgetretenen Anspruch ihrerseits der Verwertungsgesellschaft zur Wahrnehmung übertragen haben (BGH GRUR 2016, 596 Rn. 77 – Verlegeranteil). Demgemäß wurde eine Regelung getroffen, wonach der Urheber nach der Veröffentlichung eines verlegten Werks oder mit der Anmeldung des Werks bei der Verwertungsgesellschaft ihr gegenüber zustimmen kann, dass der Verleger an den gesetzlichen Vergütungsansprüchen des Urhebers beteiligt wird (§ 27a Abs. 1 VGG). Der Urheber ist zu einer derartigen Zustimmung nicht verpflichtet. **Anderslautende Vereinbarungen**, die im Vorhinein mit dem Verleger abgeschlossen werden, sind insoweit **unwirksam**. Man wird aber berücksichtigen müssen, dass die dem Verleger oder sonstigem Rechtsinhaber eingeräumten Exklusivrechte durch die gesetzlichen Schranken ebenfalls beeinträchtigt werden; denn in der Regel werden bei den privilegierten Nutzungen diejenigen Werkexemplare verwendet, die der Verleger oder sonstige Rechtsinhaber hergestellt hat, um sie an die privilegierten Nutzer gelangen zu lassen. Je mehr also das Exklusivrecht durch weitere gesetzliche Erlaubnisse beschränkt wird, desto erforderlicher wird ein **Beteiligungsanspruch der Verleger** an den Erlösen aus den gesetzlichen Lizenzen, da sich sonst die Herstellung dieser Werkexemplare für die Verwerter nicht mehr lohnt. Im Rahmen der **EU-Richtlinie** über das Urheberrecht im digitalen Binnenmarkt vom 17.4.2019 soll eine derartige Aufteilung der gesetzlichen Vergütungsansprüche zwischen Urheber und Verleger ermöglicht werden, wenn der Urheber dem Verleger eine Lizenz erteilt hat und das von ihm hergestellte Werkexemplar genutzt wird (Art. 16 CDSM-RL).

Die Vergütungsansprüche aus dem **Folgerecht** (§ 26 Abs. 1; s.o. S. 131 f.) und aus dem sog. Fairnessparagrafen (§ 32a, s.o. S. 224 ff.) sind ebenfalls kraft Gesetzes im Voraus nicht verzichtbar (vgl. §§ 26 Abs. 2, 32a Abs. 3). Die Abtretung der Folgerechtsansprüche aus künftigen Weiterverkäufen von Original-Bildern wäre also ebenfalls unwirksam.

Auch der Anspruch des **ausübenden Künstlers** auf eine **zusätzliche Vergütung** gegenüber dem Tonträgerhersteller, der die Aufnahme der Darbietung des Künstlers über 50 und bis 70 Jahre vermarktet und dem Künstler zunächst nur eine einmalige Vergütung bezahlt hat (§ 79a Abs. 1), ist unverzichtbar und im Voraus nur an eine Verwertungsgesellschaft abtretbar (§ 79a Abs. 3).

V. Wahrnehmungsverträge

Der Urheber kann die Übertragung der Nutzungsrechte auch in der Weise beschränken, dass er sie einzeln oder insgesamt einem Verwerterunternehmen zur **treuhänderischen Wahrnehmung** überträgt. Dieses Unternehmen verwertet dann seine Rechte zwar im eigenen Namen, aber im Interesse des Urhebers. Solche Wahrnehmungsverträge werden vorwiegend mit **Verwertungsgesellschaften** geschlossen. Auf deren Bedeutung wird weiter unten noch eingegangen.

13. Kapitel

Was regelt das Verlagsgesetz?

Die Übertragung und die Einräumung von Nutzungsrechten sind Gegenstand der zahlreichen Verträge, die die Urheber mit den verschiedenen Verwertern schließen, damit ihre Werke veröffentlicht und vermarktet werden. Das Urheberrechtsgesetz sieht hierfür **keine bestimmten Vertragstypen** vor. Allein für den **Verlagsvertrag** finden sich im Verlagsgesetz (VerlG) vom Jahre 1901 diverse Vorschriften für einen **Vertragstyp eigener Art**. Sie sind zwar weitgehend abdingbar, so dass hiervon abgewichen werden kann. Sie zeigen jedoch, was der damalige Gesetzgeber zumindest im Verlagswesen für ausgewogen hielt. Insoweit ist das Verlagsgesetz auch für manche Bereiche, die nicht hierunter fallen, durchaus richtungweisend. Das Verlagsgesetz ist nicht nur zwischen Verfasser und Verleger, sondern ebenso bei Verträgen zwischen Verlegern und sonstigen Personen, die nicht Verfasser sind, anwendbar (vgl. § 48 VerlG). Ferner gelten die oben erwähnten (s.o. S. 200 ff.) urheberrechtlichen Grundsätze, insbesondere die Übertragungszwecklehre, auch bei Verlagsverträgen.

I. Der Verlagsvertrag

Ein Verlagsvertrag liegt vor, wenn sich der **Verfasser verpflichtet,** dem Verleger ein Werk der Literatur oder der Tonkunst zur Vervielfältigung und Verbreitung für eigene Rechnung zu überlassen, und wenn sich der **Verleger verpflichtet,** dieses Werk zu vervielfältigen und zu verbreiten (§ 1 VerlG). Es handelt sich um ein **Dauerschuldverhältnis.** Der Verleger muss Vervielfältigungsstücke von dem Werk herstellen und sie der Öffentlichkeit anbieten. Er geht dabei das wirtschaftliche Risiko ein, seine Investitionen über die Nutzung des Werkes wieder zu amortisieren. Damit ihm dies nicht durch konkurrierende Exemplare desselben Werkes erschwert wird, erwirbt der Verleger üblicherweise ein **ausschließliches Vervielfältigungs- und Verbreitungsrecht.** Insoweit hat er also nicht nur ein Verbotsrecht gegenüber Dritten, sondern auch gegenüber dem Urheber des Werkes (vgl. §§ 2 Abs. 1, 8 VerlG). Umgekehrt ist der Verleger verpflichtet, die Vervielfältigung und Verbreitung des Werkes durch Werbung und ähnliche Maßnahmen solange zu fördern, wie der Urheber die vereinbarte Nutzung des Verlegers durch eigene Maßnahmen nicht gefährden darf. Entscheidend für die Annahme eines Verlagsvertrags ist nicht die Bezeichnung des Vertrags, sondern sind die typischerweise verlegerisch erbrachten Tätigkeiten (BGH GRUR 2010, 1093 – Concierto de Aranjuez).

1. Gegenstand des Verlagsvertrags

Das Verlagsrecht regelt Verträge über Werke der **Literatur oder der Tonkunst,** also über sämtliche Sprachwerke, Musikwerke, pantomimische Werke einschließlich der Werke der Tanzkunst sowie Verträge über Darstellungen wissenschaftlicher oder technischer Art, wie Zeichnungen, Pläne, Skizzen und Tabellen. Nicht unter das Verlagsgesetz fallen hingegen Verträge über Werke der bildenden Kunst einschließlich der Lichtbildwerke und Filmwerke. Das Werk muss **verlagsfähig** sein, nämlich durch Druck, Fotokopie, Mikrokopie oder sonstige druckähnliche Verfahren (analog oder digital) vervielfältigt und verbreitet werden können. Hierzu zählen Bücher, Noten, Landkarten, Pläne, Tabellen, Formulare und sonstige Druckwerke, auch soweit sie derartige Druckerzeugnisse ersetzen, wie z.B. CD-ROMs (BGH NJW 1997, 1911), nicht hingegen Tonträger und Filme. Bei **Illustrationen** und vergleichbaren bildlichen Beigaben kommt es darauf an, was den Charakter des Druckwerks bestimmt. Dominiert der Bildgehalt, richtet sich der Vertrag nach den Vorschriften des

Kunstverlags, der nicht im Verlagsrecht geregelt ist (vgl. S. 257). Wird der Text lediglich durch einzelne Illustrationen oder Fotografien ergänzt, unterliegt das Werk insgesamt dem Verlagsrecht.

Verlagsverträge werden in der Regel über urheberrechtlich geschützte Werke abgeschlossen. Sie sind jedoch auch bei **ungeschützten Werken** möglich (vgl. § 39 VerlG). Letzterenfalls reichen die Verpflichtungen sowohl des Verfassers als auch des Verlegers weniger weit als bei Verträgen über urheberrechtlich geschützte Werke. Insbesondere fällt die Pflicht des Verfassers, sein Werk anderweitig nicht zu vervielfältigen und zu verbreiten, sechs Monate nach Veröffentlichung des Werkes durch den Verleger weg (vgl. § 39 Abs. 3 VerlG).

Sprachwerke und Musikwerke (Noten) lassen sich nicht nur in Form von körperlichen Vervielfältigungsstücken verbreiten, sondern auch online auf **elektronischem Wege** vermitteln, sei es, dass der Endnutzer sie auf seinem PC betrachtet, sei es, dass er sie vorübergehend auf sein E-Book (gewissermaßen ein kleiner PC mit Bildschirm in Form eines Taschenbuchs) speichert, oder sei es, dass er das Werk nicht nur am Bildschirm betrachtet, sondern es selbst ausdruckt. Beim **Book on demand** wird dem Endverbraucher letztlich wiederum ein herkömmliches Buch geliefert, welches jedoch nicht in körperlicher Form von der Druckerei an das Sortiment gelangt, sondern welches elektronisch an einen Händler vermittelt, dort ausgedruckt und gebunden und dann dem Kunden ausgeliefert wird. Dieses Book on demand lässt sich noch mit herkömmlichen Verlagsformen vergleichen. Beim **E-Book** oder bei der bloßen Übertragung auf den Bildschirm (ohne Ausdruck) fehlt das für den Verlag typische und auf Dauer angelegte körperliche Vervielfältigungsstück. Dort werden keine Auflagen mehr hergestellt, sondern das Werk wird im Einzelfall nach Bedarf abgerufen. Manche verlagstypische Elemente, wie z.B. die Auflage (§ 5 VerlG), das Vergriffensein einer Auflage (§ 29 Abs. 1 VerlG), die Veranstaltung von Neuauflagen (§ 17 VerlG), entfallen oder können nur in entsprechender Form angewendet werden. Man kann also darum streiten, ob die im Verlagsgesetz vorgesehenen Regelungen für diese Fälle überhaupt anwendbar sind. Umso mehr ist es dort sinnvoll und auch **erforder-**

lich, individuell ausdrücklich zu vereinbaren, dass z.B. das Abrufsrecht für eine bestimmte Zeit oder für eine bestimmte Anzahl von Abfragen eingeräumt wird, dass eine Aktualisierung des Werkes (z.B. bei wissenschaftlichen Werken) nach einer bestimmten Zeit verlangt werden kann und welche weiteren Rechte und Pflichten entsprechend dem Verlagsgesetz gelten sollen.

2. Pflichten des Verfassers

Hauptpflicht des Verfassers ist es, dem Verleger das Werk zur ausschließlichen Vervielfältigung und Verbreitung für eigene Rechnung zu überlassen (§ 1 VerlG).

a) Ablieferung des Werkes

Zunächst muss der Verfasser dem Verleger das **Werk** in einem für die Vervielfältigung geeigneten Zustand **abliefern** (§ 10 VerlG). Wird der Vertrag über ein bereits vollendetes Werk geschlossen, ist es sofort abzuliefern (§ 11 Abs. 1 VerlG). Ansonsten richtet sich der **Ablieferungszeitpunkt** nach der für das betreffende Werk erforderlichen Arbeitszeit sowie nach dem Vertragszweck. Soll es z.B. zu einem Jubiläum oder einem anderen bestimmten Ereignis erscheinen, muss es so rechtzeitig abgeliefert werden, dass es termingemäß gedruckt werden kann. Meistens vereinbaren die Parteien einen festen Termin, bis zu welchem das Werk abzuliefern ist.

Das **Manuskript** muss lesbar und druckfertig sein. Bis zur Beendigung der Vervielfältigung darf der Verfasser das Werk noch ändern (vgl. § 12 Abs. 1 VerlG). Übersteigen die Änderungen jedoch das übliche Maß – in der Regel 10% der Satzkosten –, ist er verpflichtet, die hierdurch entstehenden Kosten zu ersetzen, es sei denn, dass die Änderungen durch zwischenzeitlich eingetretene Umstände gerechtfertigt sind (vgl. § 12 Abs. 3 VerlG). Neue Erkenntnisse oder Fakten können also in wissenschaftliche oder zeitkritische Werke bis zuletzt eingearbeitet werden. Dies gilt erst recht, wenn das Werk sonst nicht mehr der Überzeugung des Autors entspräche (vgl. hierzu § 42).

Inhalt und Form des Werkes bestimmt der Autor. Insoweit unterwirft sich der Verleger durch die Wahl des Autors dessen Gestaltungsfreiheit, es sei denn, dass er ihm exakte Vorgaben macht (s.u. S. 260).

b) Korrekturpflicht

Zunächst hat der **Verleger** für die Korrektur der Druckfahnen zu sorgen (§ 20 Abs. 1 VerlG). In der Praxis beschränkt sich seine Verpflichtung jedoch nur auf die sog. Hauskorrektur, nämlich die erste Korrektur, nachdem das Manuskript gesetzt worden ist. Mittlerweile liefern viele Autoren ihr Manuskript als Datei auf einer CD oder per E-Mail ab, so dass sich der früher übliche Satz erübrigt. Es geht eher um die druckfertige Aufbereitung der Vorlage, die aber durchaus eine Korrektur umfasst. Daraufhin sind die **Druckfahnen** dem Verfasser vorzulegen (§ 20 Abs. 1, S. 2 VerlG), welcher nun die Druckfahnen sowie ggf. die Bogen zu korrigieren und schließlich das **Imprimatur** (Druckerlaubnis) zu erteilen hat. Kommt der Verfasser dieser Verpflichtung nicht nach, gilt der Abzug als genehmigt, wenn er ihn nicht binnen einer angemessenen Frist dem Verleger gegenüber beanstandet (§ 20 Abs. 2 VerlG).

c) Verschaffung des Verlagsrechts – Enthaltungspflicht des Verfassers

In dem Umfang, in welchem der Verfasser verpflichtet ist, sich der Vervielfältigung und Verbreitung zu enthalten und sie dem Verleger zu gestatten, hat er dem Verleger das **ausschließliche Recht** zur Vervielfältigung und Verbreitung (Verlagsrecht) **zu verschaffen** (§ 8 VerlG). Liefert der Verfasser das Werk beim Verleger ab, wird gleichzeitig auch das Verlagsrecht eingeräumt (§ 9 Abs. 1 VerlG). Der Umfang des Verlagsrechts ergibt sich aus Sinn und Zweck des Vertrags. Soll der Verleger auch Taschenbuchlizenzen vergeben, Buchclub-Ausgaben besorgen, Übersetzungen des Werkes veranlassen und andere Nebenrechte ausüben, muss ihm der Verfasser die hierfür erforderlichen weiteren Rechte verschaffen. Insbesondere hat er dafür zu sorgen, dass diese Rechte nicht anderweitig vergeben worden sind.

Der Umfang der dem Verleger eingeräumten Rechte bestimmt wiederum die **Enthaltungspflicht des Verfassers.** Wurde dem Verleger nur das Vervielfältigungs- und Verbreitungsrecht eingeräumt, bleibt dem Verfasser unter anderem die Befugnis zur Vervielfältigung und Verbreitung für Übersetzungen, Dramatisierungen des Stoffes, Bearbeitungen eines Werkes der Tonkunst und für Aufzeichnungen auf Tonträger sowie die Befugnis zur Verfilmung des Werkes (vgl. § 2 Abs. 2 VerlG). Außerdem ist der Verfasser befugt, das Werk im Rahmen einer **Gesamtausgabe** seines Gesamtwerks zu vervielfältigen und zu verbreiten, wenn bereits 20 Jahre nach Erscheinen des Werkes verstrichen sind (§ 2 Abs. 2 VerlG). Im Übrigen ist der Verfasser, wie bei anderen Nutzungsverträgen, auf Grund des beidseitigen Treueverhältnisses dem Verleger gegenüber verpflichtet, seinem Werk nicht durch ein identisches oder ähnliches Werk Konkurrenz zu machen.

3. Pflichten des Verlegers

Der Verleger ist verpflichtet, das **Werk zu vervielfältigen und zu verbreiten** (§ 1 S. 2 VerlG). Ohne diese Verpflichtung liegt kein Verlagsvertrag, sondern ein Bestellvertrag (vgl. § 47 VerlG), Werkvertrag oder ein anderes Vertragsverhältnis vor, auf welches das Verlagsgesetz grundsätzlich nicht anzuwenden ist.

a) Vervielfältigung des Werkes

Der Verleger hat mit der Vervielfältigung zu beginnen, sobald ihm das vollständige Werk zugegangen ist (§ 15 VerlG). Häufig wird in Verlagsverträgen vereinbart, der Verleger könne bestimmen, wann er mit der Vervielfältigung beginnt. Auf diese Weise soll er die Druckereien über das Jahr hinweg gleichmäßig auslasten können.

Gestaltung und Ausstattung der Vervielfältigungsexemplare bestimmt grundsätzlich der Verleger. Er hat dabei auf die im Verlagswesen herrschende Übung, die Art des Werkes und auf die Besonderheiten des Vertrags Rücksicht zu nehmen (vgl. § 14 VerlG). Beispielsweise dürfen Werbeanzeigen für Bücher desselben Verlags allenfalls im Anhang, nicht aber im laufenden Text des Werkes erscheinen. Gegenteiliges müsste vereinbart werden oder einer bereits allgemein bekannten Übung des konkreten Verlags bei Druckwerken vergleichbarer Art entsprechen.

Der **Verfasser** ist zumindest auf der Titelseite deutlich sichtbar zu **benennen.** Darüber hinaus ist bei den Verlagsangaben der **Copyright-Vermerk** – üblicherweise der Buchstabe „c“ im Kreis © sowie das Jahr der ersten Veröffentlichung und der vollständige Name des Urhebers oder Rechtsinhabers – anzubringen, damit das Werk auch in Ländern, deren Rechtsordnungen solche Angaben verlangen, in vollem Umfang gegen Rechtsverletzungen geschützt ist (s.o. S. 54).

b) Rückgabe des Manuskripts

Der Verleger ist verpflichtet, das Manuskript und andere Druckvorlagen des Verfassers nach der Vervielfältigung an ihn zurückzugeben, sofern sich der Verfasser vor deren Beginn die Rückgabe vorbehalten hatte (§ 27 VerlG). Üblicherweise werden Manuskripte zusammen mit den zu korrigierenden Druckfahnen an den Verfasser zurückgesandt. Hat er sich die Rückgabe seines Manuskripts nicht vorbehalten, darf der Verleger es für die Dauer der ihm eingeräumten Rechte verwahren. Er erwirbt hieran jedoch kein Eigentum, soweit dies nicht ausdrücklich vereinbart worden ist. Selbst dann kann der Verleger, z.B. bei vorzeitiger Beendigung des Verlagsvertrages durch fristlose Kündigung, verpflichtet sein, das Originalmanuskript an den Urheber zurückzugeben (BGH GRUR 1999, 579 f. – Hunger und Durst). Die Rückgabepflicht erübrigt sich, wenn das Manuskript (wie häufig) in elektronischer Form an den Verlag übermittelt wird.

c) Auflage

Wurde der Umfang der herzustellenden Vervielfältigungsexemplare nicht vereinbart, ist der Verleger nur zu einer einzigen Auflage von 1.000 Exemplaren berechtigt, gleichzeitig aber auch verpflichtet. Er darf die **Auflagenhöhe** verringern, wenn er dies dem Verfasser gegenüber bereits vor Beginn der Vervielfältigung erklärt (vgl. § 5 VerlG). Meistens werden im Verlagsvertrag Auflagenzahl und Auflagenhöhe genau bestimmt oder der Entscheidung des Verlegers überlassen. Letzterenfalls muss er sich innerhalb angemessener Zeit, spätestens nach Ablauf eines Jahres nach Erscheinen des Werkes (wenn er die Auflage nicht auf einmal, sondern sukzessive drucken will), für eine bestimmte Auflagenhöhe entscheiden und sie dem Verfasser mitteilen.

Die zulässige Auflagenhöhe darf für die üblicherweise herzustellenden Zuschuss- und Freiexemplare überschritten werden, und zwar um jeweils 5%. **Zuschussexemplare** werden benötigt, um die bei der Herstellung beschädigten Exemplare zu ersetzen. **Freiexemplare** werden als Pflichtexemplare bei Bibliotheken abgeliefert, für Buchbesprechungen oder sonstige Werbezwecke kostenlos abgegeben oder an den Verfasser ausgehändigt.

Der Verleger braucht die gesamte Auflage nicht in einem Zuge herzustellen, sondern er kann nach Bedarf drucken lassen. Allerdings hat er dafür zu sorgen, dass das Werk erhältlich bleibt (§ 16 S. 2 VerlG). Beispielsweise werden Musiknoten mitunter nur in geringen Mengen oder sogar nur in Form von Kopien vervielfältigt, weil deren Herstellung besonders kostspielig ist.

d) Neuauflage

Ist die Auflage vergriffen, endet das Vertragsverhältnis. Eine stillschweigende Rechtseinräumung berechtigt grundsätzlich nicht zu weiteren Auflagen, wenn sich dies nicht anderweitig aus dem vereinbarten Vertragszweck ergibt (BGH ZUM 1998, 497, 500 – Comic-Übersetzungen). Wurde dem Verleger gestattet, mehrere oder beliebig viele Auflagen des Werkes zu veranstalten, steht es ihm frei, hiervon Gebrauch zu machen. Legt er das Werk nicht neu auf, kann ihm der Verfasser jedoch eine angemessene **Frist für eine Neuauflage** setzen, nach deren Ablauf er berechtigt ist, vom Vertrag zurückzutreten, wenn das Werk nicht rechtzeitig neu aufgelegt wird (vgl. § 17 VerlG).

Vor jeder Neuauflage muss der Verleger dem Verfasser die **Gelegenheit zu Änderungen** an seinem Werk geben, soweit sie berechtigte Interessen des Verlegers nicht verletzen (vgl. § 12 Abs. 1 VerlG). Auf diese Weise erhält der Verfasser die Möglichkeit, wissenschaftliche, politische oder sonstige Werke, deren Thematik neuen Erkenntnissen und Geschehnissen unterliegt, zu **aktualisieren** und zu **überar-**

beiten. Häufig wird der Verfasser vom Verleger hierzu vertraglich verpflichtet, und nicht selten wird gleichzeitig vereinbart, dass der Verleger solche Überarbeitungen durch Dritte vornehmen lassen kann, wenn der Verfasser dieser Verpflichtung nicht nachkommt. Bei Werken, die keinen derartigen Einflüssen unterliegen, z.B. belletristischen Werken, sind Änderungen in der Regel nicht oder nur in geringem Umfang zulässig. Außerdem hat der Verfasser dort die entstehenden Kosten zu ersetzen, wenn solche Änderungen das übliche Maß übersteigen (vgl. § 12 Abs. 3 VerlG).

Bei einem Sammelwerk ist der Verleger berechtigt, im Einverständnis mit dem Herausgeber einzelne Beiträge wegzulassen, wenn von dem Sammelwerk neue Abzüge hergestellt werden sollen (§ 19 VerlG).

e) Verbreitung des Werkes

Der Verleger ist verpflichtet, die Vervielfältigungsstücke des Werkes zu verbreiten (§ 1 VerlG). Üblicherweise werden sie über den Großhandel und den **Sortimentsbuchhandel** verkauft. Musikverlage weichen hiervon ab, indem sie **Noten von Orchester- oder Opernwerken** in der Regel nur **vermieten.** Die mietenden Orchester und Opernhäuser unterschreiben hierfür einen **Revers,** wonach sie sich verpflichten, die Noten nur für den konkreten Anlass zu verwenden, sie an Dritte nicht weiterzugeben und sie nach vereinbarter Nutzung dem Verleger wieder auszuhändigen.

Zur Verbreitungspflicht gehört auch die hierfür übliche **Absatzwerbung,** sei es die Vertriebswerbung, mit welcher z.B. die Sortimentsbuchläden zur Aufnahme des Buchs in ihr Sortiment gewonnen werden sollen, sei es die Werbung durch Zeitungsanzeigen oder Prospekte, die sich direkt an den Endabnehmer richten, und sei es durch Werbung auf der Webseite des Verlags. Wurden dem Verleger die sog. **Nebenrechte** eingeräumt, muss er sich dafür einsetzen, dass diese Rechte – z.B. für Taschenbücher und Übersetzungen – auch tatsächlich genutzt werden und der Verfasser am Erlös dieser Nutzung beteiligt wird. Ferner hat er dafür zu sorgen, dass das Werk in den einschlägigen Kreisen bekannt wird. Zu diesem Zweck sind **Besprechungsexemplare** an Rezensenten sowie an die entsprechenden Abteilungen der Presse und des Rundfunks zu übersenden.

f) Ladenpreis, Verramschung, Makulierung

Das wirtschaftliche Risiko des Verlagsgeschäfts trägt in erster Linie der Verleger. Deshalb bleibt es ihm überlassen, die **Höhe des Ladenpreises** zu bestimmen (§ 21 VerlG). Hat er den Preis aber einmal festgelegt, darf er ihn nicht beliebig ändern; denn Änderungen des Ladenpreises beeinflussen nicht nur ein am Ladenpreis prozentual berechnetes Honorar des Verfassers, sondern auch die Verkäuflichkeit des Werks und das Ansehen des Autors. Eine Erhöhung des Preises bedarf deshalb stets der Zustimmung des Verfassers (§ 21 S. 3 VerlG). Ebenso darf der Verleger den Ladenpreis nur ermäßigen, soweit nicht berechtigte Interessen des Verfassers verletzt werden (§ 21 S. 2 VerlG). Auf diese Weise kann er einen stagnierenden Absatz des Werks wieder ankurbeln. Darüber hinaus wird in den Verlagsverträgen oft ausdrücklich vereinbart, dass der Verleger den Ladenpreis nach eigenem Ermessen herab- und auch heraufsetzen darf. Unabhängig hiervon ist er hierzu bei jeder Neuauflage des Werkes berechtigt (§ 21 S. 1 VerlG).

Außerdem setzt die im Buchhandel geltende **Preisbindung** voraus, dass an den Preisen festgehalten wird. Während Preisbindungen sonst grundsätzlich verboten sind (vgl. § 1 GWB), ist sie bei Büchern und ähnlichen Verlagserzeugnissen gesetzlich vorgeschrieben (§§ 3, 5 BuchPrG), bei Zeitungen und Zeitschriften gestattet (§ 30 GWB). Bücher werden als **Kulturgut** angesehen. Sie sollen nicht nur als vereinzelte Bestseller, sondern als gesamtes Sortiment über einen funktionierenden Sortimentsbuchhandel an die Leser gelangen. Die früher auf vertraglicher Basis zwischen Verlegern und Buchhändlern durchgeführte Preisbindung wurde im Jahre 2002 durch das **Buchpreisbindungsgesetz** abgelöst. Wer gewerbs- oder geschäftsmäßig Bücher an Letztabnehmer verkauft, muss den vom Verleger festgesetzten Preis einhalten (§ 3 BuchPrG). Wer wiederum Bücher verlegt oder importiert, ist verpflichtet, einen **Endpreis** des Buches für den Verkauf an Letztabnehmer **festzusetzen** (§ 5 Abs. 1 BuchPrG). Ausnahmen z.B. für Eigenbedarf, Lehrzwecke und Schulmittel sind gesondert geregelt (§ 7 BuchPrG). Außerdem kann die Preisbindung nach mindestens 18 Monaten ab Erscheinen des jeweiligen Buchtitels beendet werden (§ 8 BuchPrG).

Kam der Absatz des Werkes zum Erliegen, kann der Verleger den Ladenpreis aufheben und die noch vorhandenen Exemplare z.B. über einen Restbuchhändler oder ein Großantiquariat zu einem beliebig niedrigen Preis verkaufen. Man nennt dies **Verramschung**. Da sie den Eindruck erweckt, das Buch finde auf herkömmlichem Wege keine Käufer mehr, es sei möglicherweise veraltet oder minderwertig, berührt sie die Interessen des Verfassers in besonderem Maße und ist deshalb in der Regel erst dann zulässig, wenn von dem Werk in den letzten zwei Kalenderjahren jeweils weniger als 5% der (Verkaufs-)Exemplare (also ohne Zuschuss- und Freiexemplare) verkauft worden sind. Außerdem ist der **Autor vor der Verramschung zu informieren,** damit er ggf. die restliche Auflage zum Ramschpreis erwerben kann (§ 26 VerlG). Wird das Werk verramscht, so verringert sich ein vereinbartes Absatzhonorar entsprechend dem nun erzielten Ramschpreis. Lässt sich das Werk auch auf diesem Wege nicht mehr verbreiten, kann es der Verleger vernichten. Man spricht dann von einer **Makulierung**. Auch hierüber ist der **Autor vorher zu informieren**, damit er die Möglichkeit hat, die Restauflage kostenlos abzunehmen.

g) Vergütungspflicht

Der Verleger ist verpflichtet, dem Verfasser die vereinbarte Vergütung zu zahlen (§ 22 Abs. 1 VerlG). Wurde keine Vergütung vereinbart, liegt gleichwohl ein Verlagsvertrag vor; denn die Vergütung gehört nicht zu den unumgänglichen Voraussetzungen eines Verlagsvertrags. Allerdings gilt sie als **stillschweigend vereinbart,** wenn die Überlassung des Werkes den Umständen nach nur gegen eine Vergütung zu erwarten ist (§ 22 Abs. 1 S. 2 VerlG). Dies ist meistens der Fall, so dass zumindest das übliche Honorar fällig wird. Rechnet z.B. eine Zeitung die Verfasserhonorare üblicherweise nach einem bestimmten Zeilenhonorar ab, gilt dies auch bei Artikeln, für die kein Honorar vereinbart worden war. Im Bereich der Wissenschaft schrumpfen die Honorare häufig gegen Null. Vielfach werden sogar Druckkostenzuschüsse seitens der Autoren oder seitens anderer (die Autoren unterstützender) Institutionen beigesteuert. Wird das wirtschaftliche Risiko des Verlegers durch solche zusätzlichen Leistungen seitens des Verfassers verringert, ist letzterem jedenfalls dann ein Honorar zu zahlen, wenn sich das wissenschaftliche Werk erfolgreich verbreiten lässt, so dass auch die Investitionen wieder amortisiert werden können. Deshalb ist auch bei wissenschaftlichen Werken üblicherweise ein Honorar zu zahlen.

Schließlich liegt jedem Verlagsvertrag in der Regel ein urheberrechtlich geschütztes Werk zugrunde. Neben dem Verlagsgesetz gilt das Urheberrechtsgesetz. Nach § 32 UrhG hat der Urheber einen unverzichtbaren **Anspruch auf eine angemessene Vergütung** (s.o. S. 222 f.).

Meistens wird das Honorar im Verlagsvertrag ausdrücklich vereinbart. Den Parteien steht es frei, ob sie ein einmaliges **Pauschalhonorar** für die gesamte Nutzung des Werkes oder ein am Verkauf des Werkes orientiertes **Absatzhonorar** vereinbaren, soweit die Vergütung angemessen ist (§ 32 UrhG). Üblicherweise beträgt das Absatzhonorar 10% des **Bruttoladenpreises,** d.h. des Ladenpreises inklusive Mehrwertsteuer, oder des Nettoladenpreises, d.h. des Ladenpreises nach Abzug der – zur Zeit 7%igen – Mehrwertsteuer. Mitunter wird die Vergütung auch auf der Basis des **Verlagsabgabepreises** berechnet. Sie beträgt dann in der Regel 15% dieses Preises. Diese Honorarsätze sind auch als angemessene Vergütung anzusehen, wenn die Parteien die Höhe der Vergütung nicht bestimmt haben (vgl. § 22 Abs. 2 VerlG).

Häufig werden Pauschalzahlung und Absatzhonorar in der Weise miteinander verknüpft, dass zunächst eine fixe Summe als **Garantie- oder Vorschusshonorar** gezahlt wird, sei es insgesamt bei Vertragsabschluss, Ablieferung des Manuskripts oder bei Erscheinen des Werks oder sei es in Etappen jeweils zu den genannten Zeitpunkten. Dieses Garantiehonorar braucht der Verfasser in der Regel nicht an den Verleger zurückzuzahlen, auch wenn der Verkauf des Werks hinter den Erwartungen zurückbleiben sollte. Es ist meistens aber auf das zusätzlich zu zahlende Absatzhonorar anzurechnen. Werden dem Verleger mehrere oder sogar beliebig viele Auflagen gestattet, bietet es sich an, den Prozentsatz des Absatzhonorars zu staffeln, z.B.

- 10% des Nettoladenpreises für den Verkauf bis zu 10.000 Exemplaren,

- 11% des Nettoladenpreises für den Verkauf ab 10.001. bis zum 15.000. Exemplar,
- 12% des Nettoladenpreises für alle weiteren Exemplare.

Sind **mehrere Urheber** an einem Werk beteiligt – z.B. neben dem Verfasser noch ein Illustrator –, bilden die genannten Honorarsätze üblicherweise das Gesamthonorar für sämtliche Urheber. Mitunter wird es im Hinblick auf die Anzahl der zu honorierenden Autoren etwas erhöht. Das Gesamthonorar ist dann unter den einzelnen Autoren im Verhältnis der jeweiligen Beteiligung am Gesamtwerk aufzuteilen.

Werden die sog. **Nebenrechte** verwertet, erhält der Autor üblicherweise mindestens 50% des Eingangshonorars, d.h. derjenigen Erlöse, die der Verleger von anderen Verwertern erhält, wenn er die Rechte durch sie auswerten lässt. Verwertet der Verleger die Nebenrechte selbst, gebührt dem Verfasser das übliche Honorar an der jeweiligen Nutzung.

Sämtliche Honorare erhöhen sich um den **Mehrwertsteuersatz** (derzeit 7%), wenn der Autor mehrwertsteuerpflichtig ist.

In der Regel vereinbaren die Parteien, wann das Honorar zu zahlen ist. Fehlt eine solche Vereinbarung, ist es bei der Ablieferung des Werkes zu entrichten (§ 23 VerlG). Wurde ein Absatzhonorar vereinbart, hat der Verleger dem Verfasser **jährlich** für das vorangegangene Geschäftsjahr **Rechnung zu legen** und ihm, soweit es für die Prüfung erforderlich ist, die **Einsicht in seine Geschäftsbücher** zu gestatten (vgl. § 24 VerlG). In der Regel ist zum 31.12. eines jeden Jahres abzurechnen, und zwar binnen 3 Monaten nach dem jeweiligen Abrechnungszeitraum. Die Einsichtnahme in die Bücher und Unterlagen des Verlegers wird üblicherweise einem vom Autor beauftragten Wirtschaftsprüfer, Steuerberater oder vereidigten Buchsachverständigen gewährt, um die Honorarabrechnungen überprüfen zu können. Die hierdurch entstehenden Kosten trägt der Verlag nur dann, wenn sich die Abrechnungen als fehlerhaft erweisen. Anderenfalls trägt sie der Autor. Für Verlagsverträge, die ab 1.3.2017 geschlossen worden sind, hat der Autor außerdem einen unverzichtbaren jährlichen Anspruch auf Auskunft und Abrechnung gegenüber seinem Vertragspartner und auch gegenüber dessen Lizenznehmer (§§ 32d, 32e; s.o. S. 227 f.).

h) Überlassung von Frei- und Vorzugsexemplaren

Während die Ausgabe von **Freiexemplaren** früher auch als Form der Honorarzahlung verstanden wurde, dienen Freiexemplare heute lediglich als kostenlose **Belegexemplare**. Der Verleger eines Werkes der Literatur ist verpflichtet, dem Verfasser auf je 100 Abzüge ein Freiexemplar, jedoch im Ganzen nicht weniger als 5 und nicht mehr als 15 Exemplare pro Auflage zu liefern (§ 25 Abs. 1 VerlG). Handelt es sich um einen Aufsatz in einer Festschrift oder um ähnliche Beiträge für ein Sammelwerk, können die Freiexemplare in Form von **Sonderdrucken** nur des jeweiligen Beitrags geliefert werden (§ 25 Abs. 3 VerlG). Außerdem kann sich die Anzahl der zu liefernden Freiexemplare bei besonders kostspieligen Verlagswerken – z.B. bei Orchesterpartituren – auf bis zu einem Exemplar reduzieren. Genügt dem Verfasser die Zahl der Freiexemplare nicht, muss er dies mit dem Verleger entsprechend vereinbaren. Wird keine Vereinbarung getroffen, sind ihm die dem Verleger zur Verfügung stehenden Exemplare zum Vorzugspreis, d.h. zum niedrigsten Verlagsabgabepreis zu überlassen (vgl. § 26 VerlG). Mit diesen Exemplaren darf der Verfasser grundsätzlich machen, was er will. Verkauft er sie, muss er jedoch die Verpflichtungen des Verlegers gegenüber Dritten, insbesondere dessen Preisbindungsabreden und die von ihm einzuhaltende Lückenlosigkeit der Preisbindung, beachten. Häufig wird deshalb zwischen den Parteien ein bestimmter Vorzugspreis mit der Maßgabe vereinbart, solche Exemplare nicht weiterveräußern zu dürfen.

4. Leistungsstörungen

Erfüllt eine der Vertragsparteien ihre Verpflichtungen aus dem Vertrag nicht oder nicht rechtzeitig, stehen der anderen die allgemeinen **zivilrechtlichen Ansprüche** auf Erfüllung, Schadensersatz wegen Nichterfüllung, Ablehnung der Leistung oder auf Rücktritt vom Vertrag zu. Darüber hinaus sieht das Verlagsgesetz ein **Rücktrittsrecht des Verlegers** bei nicht rechtzeitiger Ablieferung oder bei nicht vertragsgemäßer Beschaffenheit des Werkes vor (vgl. § 30 VerlG). In gleicher Weise kann der **Verfasser** vom Vertrag **zurücktreten,** wenn das Werk nicht vertragsgemäß vervielfältigt und verbreitet wird (vgl. § 32 VerlG). Dem vertragsbrüchigen Partner ist zuvor eine angemessene Frist zur Erfüllung der jeweiligen Vertragspflicht zu setzen, und zwar mit der eindeutigen Erklärung, die Leistung nach Ablauf dieser Frist abzulehnen (vgl. § 30 VerlG). Wird dann nicht fristgerecht erfüllt, kann der Erklärende vom Vertrag zurücktreten. Einer Nachfrist bedarf es nicht, wenn der Schuldner die Leistung ernsthaft und endgültig verweigert, ihm die vertragliche Leistung nicht mehr möglich ist oder andere besondere Umstände vorliegen, die einen sofortigen Rücktritt rechtfertigen (vgl. § 30 Abs. 2 VerlG und § 323 Abs. 2 BGB).

5. Beendigung des Verlagsvertrags

Der Verlagsvertrag **endet durch Ablauf der vereinbarten Zeit** oder durch Verbrauch des eingeräumten Nutzungsrechts. Ist der Verleger befugt, nur eine einzige Auflage herzustellen, endet der Vertrag, wenn diese Auflage vergriffen ist (vgl. § 29 Abs. 1 VerlG). Der Verleger hat deshalb dem Verfasser auf Verlangen Auskunft darüber zu erteilen, ob die einzelne Auflage oder die bestimmte Zahl von Abzügen bereits vergriffen ist oder nicht (vgl. § 29 Abs. 2 VerlG). Ist die Auflage zwar noch nicht vergriffen, der Vertrag aber nur für eine bestimmte Zeit geschlossen, darf der Verleger nach Ablauf dieser Zeit das Werk nicht mehr verbreiten (§ 29 Abs. 3 VerlG). Häufig wird dem Verleger das Verlagsrecht jedoch für die **Dauer der Schutzfrist** und für beliebig viele Auflagen und Ausgaben eingeräumt. Gleichwohl ist auch ein solches **Dauerschuldverhältnis kündbar,** wenn die Vertrauensgrundlage gestört und es dem Verfasser nicht mehr zuzumuten ist, das Vertragsverhältnis fortzusetzen. Das ist z.B. der Fall, wenn der Verleger wiederholt nicht abrechnet, das Ansehen des Verfassers schädigt oder auf sonstige Weise seine Vertragspflicht wiederholt verletzt (s.u. S. 265 f.).

Der Verleger kann den Verlagsvertrag kündigen, wenn der Zweck, dem das Werk dienen sollte, nach Abschluss des Vertrages wegfällt (§ 18 VerlG), z.B. wenn ein Ereignis, über welches berichtet werden sollte, nicht stattfindet. Der Verfasser behält dann jedoch den Anspruch auf sein Honorar.

II. Beiträge zu periodischen Sammelwerken

Mit einzelnen Abweichungen (vgl. §§ 43 bis 46 VerlG) gilt das Verlagsgesetz auch für **Beiträge in Zeitungen, Zeitschriften** oder sonstigen periodischen Sammelwerken. Der Verleger darf beliebig viele Abzüge vom Sammelwerk, welches den Beitrag enthält, herstellen (§ 43 VerlG). Er braucht dem Verfasser keinen Abzug zur Durchsicht vorzulegen. Übliche Änderungen des Beitrags sind zulässig, wenn er ohne Namen des Verfassers erscheint (§ 44 VerlG). Im Zweifel erwirbt der Verleger zwar ein **ausschließliches Nutzungsrecht** zur Vervielfältigung und Verbreitung des Beitrags. Gleichwohl darf der Urheber das Werk nach Ablauf eines Jahres seit Erscheinen anderweitig vervielfältigen und verbreiten, wenn nichts anderes vereinbart ist (vgl. § 38 Abs. 1, s.a. S. 213). Handelt es sich hingegen um einen Beitrag für eine **Zeitung,** so erwirbt der Verleger oder Herausgeber grundsätzlich nur ein **einfaches Nutzungsrecht.** Selbst wenn ihm das Nutzungsrecht exklusiv eingeräumt wurde, bleibt der Urheber berechtigt, diesen Beitrag nach Erscheinen auch anderweitig zu vervielfältigen und zu verbreiten (vgl. § 38 Abs. 3 UrhG). Ebenso kann der Verfasser das Vertragsverhältnis kündigen, wenn sein Beitrag nicht innerhalb eines Jahres nach Ablieferung an den Verleger veröffentlicht wird (§ 45 VerlG). Einen Anspruch auf Freiexemplare oder Vorzugsexemplare hat der Verfasser eines Zeitungsbeitrags nicht (§ 46 VerlG).

III. Bestellvertrag

Der Verlagsvertrag setzt die Vervielfältigungs- und Verbreitungspflicht des Verlegers voraus. Diese Verpflichtung entfällt beim **Bestellvertrag.** Dort übernimmt der Urheber die Herstellung eines Werkes nach einem Plan, in welchem ihm der **Besteller den Inhalt** des Werkes sowie die Art und Weise der Behandlung **genau vorschreibt** (§ 47 Abs. 1 VerlG). Von einem solchen Bestellvertrag kann noch nicht die Rede sein, wenn der Urheber vom Besteller lediglich das Thema, den Stil, das anzusprechende Publikum oder ähnlich vage Anhaltspunkte erhält. Vielmehr müssen ihm Einzelheiten des Inhalts sowie ein genauer Plan über die Art und Weise der Darstellung vorgeschrieben werden. Der Urheber muss sich mit dem Besteller abstimmen und ggf. auch dessen Korrekturen hinnehmen. Der Bestellvertrag wird deshalb in erster Linie nach **Werkvertragsrecht** beurteilt. Das Gleiche gilt, wenn sich die Tätigkeit auf die Mitarbeit an enzyklopädischen Unternehmungen oder auf Hilfs- oder Nebenarbeiten für das Werk eines anderen – z.B. die Erstellung des Sachregisters – oder für ein Sammelwerk beschränkt (vgl. § 47 Abs. 2 VerlG). Mit Abnahme des Werks oder Beitrags und mit Zahlung des vereinbarten Honorars hat der Besteller seine Verpflichtungen erfüllt. Im Zweifel ist er nicht verpflichtet, es zu vervielfältigen und zu verbreiten (§ 47 Abs. 1 VerlG). Auf der einen Seite gilt § 5 Abs. 1 S. 1 VerlG, wonach der Verleger grundsätzlich nur zu einer einzigen Auflage berechtigt ist, beim Bestellvertrag nicht (BGH GRUR 1984, 528 f.). Auf der anderen Seite ist der Verleger nicht ohne weiteres zu weiteren Auflagen berechtigt, wenn nicht ein entsprechender Parteiwille unzweideutig zum Ausdruck gekommen ist. Der Übertragungszweckgedanke (s.o. S. 211) ist also auch hier anzuwenden (BGH ZUM 1998, 497, 500 – Comic-Übersetzungen).

IV. Kunstverlag

Das **Verlagsgesetz** ist bei Nutzungsverträgen zu Werken der bildenden Künste – **im Kunstverlag – nicht anwendbar.** Schon im Jahre 1926 wurden jedoch „**Richtlinien** für Abschluss und Auslegung von Verträgen zwischen bildenden Künstlern und Verlegern“ erlassen, die dem Verlagsgesetz weitgehend ähneln. Diese Richtlinien sind zwar nicht mehr in Kraft. Sie spiegeln jedoch die Verkehrssitte in diesem Bereich wider, so dass im Kunstverlag Ähnliches gilt wie beim Verlagsvertrag.

Bei **Verträgen über Kunstwerke** ist vor allem zwischen der **Erstellung** eines Entwurfs und der **Nutzung** eines solchen Entwurfs zu unterscheiden. Wer z.B. einen Architekten mit dem Bau eines Hauses beauftragt, kann nach Fertigstellung des Entwurfs nicht ohne weiteres den Architekten wechseln und den bereits vorliegenden

Entwurf durch einen anderen Architekten ausführen lassen; denn der Auftraggeber erwirbt grundsätzlich kein Recht am Entwurf, sondern der beauftragte Architekt nutzt seine eigenen Rechte an seinem Entwurf, indem er ihn ausführt. Will der Auftraggeber die Ausführung in andere Hände legen, muss er dies von vornherein mit dem Entwerfer entsprechend vereinbaren.

14. Kapitel

Was ist in einem Nutzungsvertrag zu regeln?

Wer ein fremdes Werk verwerten will, benötigt hierfür die jeweils erforderlichen Nutzungsrechte. Sie lassen sich umfassend oder beschränkt vom Urheber an einen oder mehrere Verwerter einräumen und von diesen wiederum an Dritte weitereinräumen (häufig wird auch von einer Übertragung gesprochen). Hierfür hat das Urheberrechtsgesetz die Widerrufbarkeit von Rechten für unbekannte Nutzungsarten, die Übertragungszwecklehre und weitere **Auslegungsregeln** (s.o. S. 211 ff.) aufgestellt. Sie gelten nicht nur zwischen Urheber und Verwerter, sondern weitgehend auch zwischen den einzelnen Verwertern. Urheber, Rechtsinhaber und weitere Verwerter müssen entsprechende Vereinbarungen treffen, damit die Werke rechtmäßig genutzt werden können. Was sie vereinbaren, steht ihnen frei, soweit nicht das Gesetz unverzichtbare Rechte regelt und dort die Vertragsfreiheit beschränkt. Auf alle zu regelnden Rechte und Pflichten der Vertragsparteien einzugehen, würde den gegebenen Rahmen sprengen. Einzelne wesentliche Punkte seien wie folgt herausgegriffen:

I. Herstellung, Ablieferung und Rückgabe des Werkes

Das zu nutzende **Werk** ist in dem Vertrag genau zu **bezeichnen.** Muss das Werk erst noch geschaffen werden, ist der Urheber verpflichtet, es herzustellen und abzuliefern. Dabei ist er in seiner Gestaltung grundsätzlich frei. Er haftet nicht für eine bestimmte wissenschaftliche oder künstlerische Qualität. Das Risiko, den für seine Vorstellungen richtigen Urheber ausgewählt zu haben, trägt der Auftraggeber. Er muss sich schon bei der Auswahl des Urhebers darüber klar werden, ob dessen Arbeitsweise und Anschauungen seinen Vorstellungen entsprechen. Will er sich insoweit absichern, muss er dem Urheber exakte Vorgaben machen, die er einhalten soll. Allerdings muss sich der Urheber auch im Rahmen der **Gestaltungsfreiheit** an Sinn und Zweck des Vertrages sowie an den Besonderheiten des Einzelfalls orientieren. Das Risiko des Verwerters vergrößert sich, wenn er sich z.B. mit einem besonders kritischen oder exzentrischen Urheber einlässt.

Ferner sind der **Umfang** des Werks, der genaue **Abgabetermin** und die Rückgabe des Werkoriginals zu vereinbaren. In der Regel erwirbt der Verwerter kein Eigentum an den Original-Vorlagen. Sie sind deshalb an den Urheber zurückzugeben, soweit sie für die Herstellung von Vervielfältigungsstücken oder für die sonstige Nutzung nicht mehr benötigt werden.

II. Umfang des Nutzungsrechts

Es muss geklärt werden, in welchem **Umfang Nutzungsrechte** eingeräumt werden sollen. Häufig ist es sinnvoll, diese **Rechte zeitlich, räumlich oder inhaltlich zu beschränken,** um z.B. nicht für die gesamte Dauer der Schutzfrist an einen einzigen Verwerter gebunden zu sein, wenn die Zusammenarbeit zwar nicht kündbar, aber auf Dauer nicht gerade erfreulich und zufrieden stellend ist. Wird der Vertrag z.B. auf zehn Jahre befristet, kann der Urheber die Konditionen nach Ablauf dieser Frist neu verhandeln. Ferner ist zu klären, ob die Rechte **exklusiv oder nicht-exklusiv** eingeräumt werden und ob sie weiterübertragbar sein sollen.

In manchen Verträgen werden nicht nur Nutzungsrechte eingeräumt, sondern auch **gesetzliche Vergütungsansprüche** (z.B. aus § 54) abgetreten. Für die Abtretung dieser Ansprüche außerhalb der Wahrnehmung zugunsten des Urhebers gibt es in der Regel keinen Grund; denn Vergütungsansprüche lassen sich nur geltend machen, nicht aber im urheberrechtlichen Sinne verwerten. Soweit die Verwerter ebenfalls eine Leistung erbringen, werden sie in der Regel bereits über die Verwertungsgesellschaften angemessen beteiligt. Ihnen zusätzliche Ansprüche abzutreten, wäre hier grundsätzlich nicht gerechtfertigt. Der Urheber sollte **solche Vertragsklauseln streichen,** zumal sie in der Regel gemäß § 63a ohnehin unwirksam sind (s.o. S. 237).

Der Verwerter muss sich wiederum vergewissern, welche Rechte er für die von ihm angestrebte Nutzung tatsächlich benötigt. Soll z.B. ein Musikwerk in einem Spielfilm erklingen, genügt es nicht, von der GEMA lediglich die Vervielfältigungs-, Sende- und Wiedergaberechte zu erwerben. Vielmehr benötigt er hierfür auch das Recht, dieses Werk zur Herstellung eines Spielfilms benutzen zu dürfen, das sog. Filmherstellungsrecht, welches von der GEMA häufig gar nicht wahrgenommen wird. Soll das Musikwerk darüber hinaus in eine andere für den Film geeignete Form gebracht werden, ist zusätzlich das Bearbeitungsrecht vom Urheber zu erwerben. Schrittweise ist also zu prüfen, inwieweit durch die einzelnen Nutzungen rechtlich eigenständige Nutzungsarten berührt werden. Entsprechend umfangreich muss sich der Verwerter die Nutzungsrechte einräumen lassen.

III. Verschaffung und Garantie der Rechte

Der Urheber oder Rechtsinhaber muss dem Erwerber die für die vereinbarte Nutzung erforderlichen **Rechte verschaffen.** Meistens geschieht dies **gleichzeitig mit der Ablieferung des Werkes.** Mitunter – z.B. bei Bauwerken, Werken der angewandten Kunst oder

Filmdrehbüchern – wird der Urheber jedoch zunächst beauftragt, Entwürfe, Pläne, Exposés oder Muster vorzulegen, damit der Auftraggeber dann entscheiden kann, ob er diese Vorlagen ausführen oder verwerten will. Hier wickelt sich der **Vertrag über zwei Stufen** ab. Auf der **ersten Stufe** wird dem Auftraggeber das Werk oder der Werkentwurf zur weiteren Entscheidung vorgelegt. Hierdurch erwirbt er noch kein Nutzungsrecht, muss aber das für solche Vorarbeiten übliche Honorar zahlen, auch wenn er sie nicht auswerten will. Gegenteiliges muss grundsätzlich vereinbart werden. Erst wenn er sich für die Nutzung entscheidet, werden ihm – auf der **zweiten Stufe** – die Nutzungsrechte eingeräumt, für die dann ein weiteres Honorar, ggf. unter Anrechnung der erstgenannten Vergütung, zu zahlen ist.

Da es keinen gutgläubigen Erwerb von Rechten gibt, muss sich der Erwerber weitgehend auf die Angaben des Veräußerers und auf seine – wirksame – Rechtsinhaberschaft verlassen. Zwar kann er sich dadurch absichern, dass er sich Nutzungsverträge bis zurück zum Urheber vorlegen lässt. Schon bei mündlichen Absprachen wird der Nachweis dieser Kette jedoch lückenhaft. In der Regel lässt sich der Erwerber vom Veräußerer der Rechte **garantieren,** dass er in der Lage ist, über die Rechte zu verfügen, dass er über sie anderweitig noch nicht verfügt hat – wegen der Weiterwirkung einfacher Nutzungsrechte (vgl. § 33, s.o. S. 208) – und dass diese **Rechte frei von Rechten Dritter** sind, also keine Rechte anderer verletzen. Darüber hinaus wird der Veräußerer verpflichtet, den Erwerber von Schäden freizustellen, falls sich nachträglich herausstellen sollte, dass der Veräußerer die von ihm zugesicherte Verfügungsmacht nicht besaß. Meistens werden diese Garantien bei jeder Weiterveräußerung der Rechte zwischen den neuen Vertragsparteien wiederholt.

Der Urheber weiß, ob und in welchem Umfang er bereits Rechte vergeben hat. Folglich muss er den Erwerber hierüber umfassend informieren. Beruht ein Rechtsmangel nicht auf anderweitigen Verfügungen über dasselbe Recht, sondern z.B. auf Verletzungen von **Persönlichkeitsrechten** oder **fremden Urheberrechten**, ist der Urheber berechtigt und auch verpflichtet, die verletzenden Teile seines Werks zu ändern oder wegzulassen. Hatte er den Erwerber auf solche rechtlich kritischen Werkteile hingewiesen, kann auch vereinbart werden, dass es wiederum Sache des Erwerbers ist, zu überprüfen, ob Rechtsverletzungen vorliegen oder nicht. Das gilt insbesondere dann, wenn dem Urheber vom Erwerber oder Auftraggeber Texte, Fakten und andere Materialien zur Bearbeitung oder sonstigen Verwertung vorgelegt werden. Hier ist der Auftraggeber verpflichtet, die Rechtslage selbst zu überprüfen. Allerdings läuft der Urheber Gefahr, von den Inhabern der verletzten Rechte in gleicher Weise belangt werden zu können wie sein Auftraggeber.

IV. Auswertung der Rechte

Der Urheber hat ein materielles und auch ein ideelles Interesse daran, dass seine Werke nach Vertragsschluss nicht in der Schublade verschwinden – wie dies bei ausschließlich eingeräumten Nutzungsrechten möglich wäre –, sondern im vereinbarten Umfang genutzt werden. Das gilt umso mehr, wenn ein Absatzhonorar vereinbart wurde, welches nur bei entsprechenden Verwertungen anfällt. Zwar ist ein ausschließliches Nutzungsrecht nach zwei Jahren rückrufbar, wenn der Verwerter die ihm eingeräumten Rechte nicht nutzt (vgl. § 41). Diese Zeitspanne kann jedoch in manchen Fällen zu lang sein. Dort sollte eine **Auswertungspflicht** und ein automatischer **Rückfall der Rechte** vereinbart werden, wenn mit der Auswertung bis zu einem bestimmten Zeitpunkt nicht begonnen wird. Hieran wäre auch zu denken, wenn sich der Erwerber einen umfassenden Katalog von Nebenrechten einräumen lässt, damit er sich bemüht, sie auch tatsächlich auszuwerten.

V. Vergütung

Der Erwerber ist verpflichtet, das vereinbarte **Honorar zu zahlen und** im Falle eines Absatzhonorars in regelmäßigen Zeitabständen **abzurechnen.** Die übliche **Höhe eines Absatzhonorars** schwankt naturgemäß nach Werkart, Bekanntheit des Urhebers, Herstellungskosten und weiteren Besonderheiten des Einzelfalls. Grobe Richtlinie hierfür sind 10% des Abgabepreises, Ladenpreises oder sonstiger Berechnungsgrundlagen, und zwar für sämtliche Urheberrechte. Wird z.B. ein Buch in eine Fremdsprache übersetzt, so teilen sich Autor und Übersetzer diese 10%. Mitunter erhöht sich der Prozentsatz mit zunehmendem Absatz des Werkes (z.B. 12% ab der 2. Auflage oder ab einer bestimmten Verkaufszahl). Dient als Berechnungsgrundlage der Hersteller-Abgabepreis, so erhöht sich der Prozentsatz ebenfalls.

Oftmals wird auch eine **Garantiesumme** vereinbart, die etappenweise beim Vertragsschluss, bei der Ablieferung des Werkes und beim Auswertungsbeginn ausgezahlt wird. Sie ist auch im Falle eines Misserfolgs nicht zurückzuzahlen, wird meistens aber auf die laufenden Einnahmen im Rahmen des zusätzlich geregelten Absatzhonorars verrechnet. **Pauschalhonorare** kommen zwar bei Zeitungsartikeln und vergleichbaren kurzlebigen Werken in Betracht, sie sollen aber eher die Ausnahme als die Regel sein. Außerdem muss die Vergütung angemessen sein (§ 32). Das ist bei laufender Nutzung üblicher Werke eher bei einem Absatzhonorar als bei einem Pauschalhonorar der Fall (s.o. S. 222 f.).
Mitunter kann es sinnvoll sein (z.B. bei einem vereinbarten Pauschalhonorar), die Einräumung des Nutzungsrechts (s.o. S. 260) davon abhängig zu machen, dass die vereinbarte Vergütung zuvor geleistet worden ist.

VI. Abrechnung

Unabhängig davon, dass der Vertragspartner gesetzlich verpflichtet ist, auf Verlangen des Urhebers einmal jährlich über die stattgefundene Nutzung des Werkes und über deren Erlöse Auskunft zu erteilen und abzurechnen (§ 32d; s.o. S. 227 f.), sollte der **Abrechnungsmodus** ausdrücklich geregelt werden. Bei einem Absatzhonorar könnte vereinbart werden, monatlich, vierteljährlich, halbjährlich oder jährlich zum Ende des jeweiligen Zeitabschnitts abzurechen. Bei einem Pauschalhonorar könnte ein konkretes Datum angegeben werden. Die Abrechnung muss geordnet und nachvollziehbar sein. Demgemäß muss sie Angaben z.B. zum Abrechnungszeitraum, zur

Abrechnungsgrundlage (Bruttoeinnahmen, verkaufte Stückzahlen sowie Stückpreis, elektronische Abrufe etc.) und zum Abrechnungsschlüssel (Prozentsatz) enthalten. Zur Kontrolle einer Abrechnung sollte dem Urheber die **Einsicht in die Bücher** des Verwerters (ggf. mit Wirtschaftsprüfervorbehalt) gewährt werden.

VII. Enthaltungspflicht, Wettbewerbsverbot

Soweit der Urheber dem Erwerber ein **exklusives Nutzungsrecht** einräumt, darf er fortan das Werk in der betreffenden Art nicht mehr nutzen. Darüber hinaus darf er dem Werk durch ein ähnliches oder gar identisches Werk oder durch behindernde andere Verwertungshandlungen **keine Konkurrenz machen.** Hiergegen kann verstoßen, wer z.B. dem einen Verwerter die Kinoauswertung eines neuen Films gestattet und einem anderen die gleichzeitige DVD-Auswertung ermöglicht. Ebenso wäre es unzulässig, wenn der Autor eines Reiseführers dieselben Daten und Fakten mit verändertem Text gleichzeitig von einem anderen Verleger publizieren ließe. Mitunter bleibt unklar, wie weit ein solches **Wettbewerbsverbot** reicht. Nicht gewünschte oder auch weiterhin zulässige Konkurrenzhandlungen sollten deshalb ausdrücklich vereinbart werden.

VIII. Treue- und Schutzpflichten

Im Übrigen bestehen im Verhältnis zwischen Urheber und Verwerter **Treue- und Schutzpflichten.** Wird hiergegen verstoßen, kann der Vertrag **aus wichtigem Grund gekündigt** werden (vgl. § 314 BGB). Ein solcher Grund liegt z.B. vor, wenn der Verwerter wiederholt unkorrekt abrechnet, über einen längeren Zeitraum unpünktlich zahlt oder wenn aus einem vergleichbaren Grund das Vertrauensverhältnis empfindlich gestört ist. Es genügt nicht schon jede Unkorrektheit, sondern die Verfehlungen müssen das zumutbare Maß überschritten haben. Maßgebend sind Art und Umfang der Vertragsstörung sowie die Umstände des jeweiligen Einzelfalls. In manchen Fällen kann dem Urheber zugemutet werden, sein Recht zunächst auf dem Gerichtswege durchzusetzen, bevor fristlos gekündigt wird (BGH GRUR 1982, 41, 45 – Musikverleger III).

IX. Beendigung des Vertrages

Wird das Nutzungsrecht befristet eingeräumt, endet der Vertrag mit Ablauf der Frist. Die Rechte fallen automatisch an den Urheber zurück. Dasselbe gilt bei einem z.B. durch die Anzahl der Vervielfältigungsstücke oder die Anzahl der Aufführungen begrenzten Nutzungsumfang. Wird der Vertrag für die Dauer der Schutzfrist vereinbart, bleibt er zwar vorzeitig **kündbar,** aber nur **aus wichtigem Grund** (s.o. S. 255). Da nur erhebliche Verfehlungen diesen einschneidenden Schritt rechtfertigen, sollten solche Gründe vereinbart werden, die nach den Vorstellungen der Parteien für eine derartige Kündigung ausreichen.

Mit Vertragsende fallen grundsätzlich auch weiterübertragene Rechte an den Urheber zurück. Sollen sie weiterbestehen, müsste dies entsprechend vereinbart werden (s.o. S. 230 f.).

X. Schriftform

Die Verträge müssen nicht schriftlich, sie können auch mündlich abgeschlossen werden. Die **Schriftform erleichtert** jedoch den **Beweis** für denjenigen, der sich auf für ihn günstige Regelungen beruft. Wird also von den gesetzlichen Regelungen abgewichen, empfiehlt es sich, Verträge **schriftlich festzuhalten.** Bei Rechten für unbekannte Nutzungsarten ist die Schriftform unumgänglich (§ 31a Abs. 1).

15. Kapitel

Was schützt den Urheber beim Abschluss von Nutzungsverträgen?

Beim Abschluss von Nutzungsverträgen steht es den Vertragsparteien grundsätzlich frei, was sie vereinbaren und wie sie dies regeln wollen. Zunächst könnte man meinen, beide Vertragsparteien stünden sich gleichwertig gegenüber; denn der Urheber braucht jemanden, der seine Werke an die Öffentlichkeit bringt, wie umgekehrt der Verwerter ohne die Werke der Urheber keine wirtschaftlichen Erfolge erzielen kann. Beide sind also aufeinander angewiesen. Meistens bestimmt aber der wirtschaftlich Stärkere den Inhalt des Vertrages. Hier zieht der Urheber häufig den kürzeren. Zwar gibt es Erfolgsautoren, Star-Designer und Publikumslieblinge, um die sich die Verwerter reißen und die deshalb ihrerseits die Vertragsbedingungen bestimmen können. In der Regel sind jedoch Verlage, Plattenfirmen, Filmproduzenten, Sendeanstalten und die sonstigen Produzenten am längeren Hebel. Sie verwenden **vorformulierte Geschäftsbedingungen** oder **Formularverträge,** mit denen sie sich sämtliche Rechte einzeln aufgeschlüsselt auch für entfernt denkbare Nutzungsmöglichkeiten umfassend einräumen lassen. Mitunter sieht die Honorarregelung allerdings weniger aufgeschlüsselt und weniger umfassend aus. Dieses **Ungleichgewicht** ließe sich nur durch ein Urhebervertragsrecht korrigieren, welches dem Urheber bestimmte Mindestrechte unverzichtbar zubilligt. Ein Schritt in diese Richtung wurde durch das **Gesetz zum Urhebervertragsrecht** vom 22.3.2002 gemacht. Es regelt keine neuen Urhebervertragstypen und enthält auch keine Musterverträge. Es bestimmt aber, den Urheber angemessen zu vergüten (§ 32). Hiervon kann auch vertraglich nicht abgewichen werden (s.o. S. 223). Außerdem erhält er eine weitere Beteiligung, wenn die Vorteile aus der Nutzung des Werkes und die hierfür an den Urheber erbrachte Gegenleistung in einem auffälligen Missverhältnis stehen (§ 32a). Das kann er selbst dann verlangen, wenn der Vertrag für ihn ungünstig formuliert sein sollte (s.o. S. 226).

Darüber hinaus steht er auch sonst nicht schutzlos da.

I. Unabdingbare Grundsätze des Urheberrechtsgesetzes

Zunächst begünstigt den Urheber die im Urheberrecht geltende **Übertragungszwecklehre** (§ 31 Abs. 5). Danach ist er an sämtlichen einzelnen Nutzungen wirtschaftlich zu beteiligen. Außerdem bleiben die Rechte bei ihm, soweit sie nicht ausdrücklich oder nach Sinn und Zweck der gewollten Nutzung dem Verwerter eingeräumt worden sind. Ferner sieht das Urheberrechtsgesetz diverse **unverzichtbare Positionen** vor, die in manchen Fällen nur durch gemeinsame Vergütungsregeln oder Tarifverträge, grundsätzlich aber gar nicht umgangen oder anderweitig geregelt werden dürfen. Unverzichtbar sind

- der Ausschluss von Verträgen über unbekannte Nutzungsarten (§ 31a Abs. 4);
- eine angemessene Vergütung (§ 32 Abs. 3);
- eine weitere Vergütung bei auffälligem Missverhältnis zwischen Leistung und Gegenleistung (§ 32a Abs. 3);
- eine gesonderte angemessene Vergütung für später bekannte Nutzungsarten (§ 32c Abs. 3);
- die jährliche Auskunft und Rechenschaft (§ 32d Abs. 3);
- die Auskunft und Rechenschaft gegenüber Lizenznehmern des Vertragspartners (§ 32e Abs. 3);
- das Rückrufsrecht bei einer Gesamtveräußerung eines Unternehmens sowie für die Mithaftung des Erwerbers (§ 34 Abs. 5);

- die Kündigung von Verträgen über künftige Werke (§ 40 Abs. 2);
- die anderweitige Verwertung des Werkes nach 10 Jahren bei pauschaler Vergütung (§ 40a Abs. 4);
- das Rückrufsrecht wegen Nichtausübung (§ 41 Abs. 4);
- das Rückrufsrecht wegen gewandelter Überzeugung (§ 42 Abs. 2);
- gesetzliche Vergütungsansprüche (§ 63a);
- die Erstellung einer Sicherungskopie bei Softwareverträgen (§ 69d Abs. 2);
- das Kündigungsrecht des ausübenden Künstlers gegenüber dem Tonträgerhersteller, wenn er nach 50 Jahren keine weiteren Tonträger mehr verkauft (§ 79 Abs. 3 S. 3);
- der Vergütungsanspruch des ausübenden Künstlers ab dem 51. Jahr der Verwertung seiner Darbietungen auf Tonträgern (§ 79a Abs. 3);
- die gesonderte angemessene Vergütung des ausübenden Künstlers für später bekannte Nutzungsarten (§ 79b Abs. 3).

Ergänzend wird auf die weiteren Ausführungen zu den einzelnen Vorgängen verwiesen (s.o. S. 98 ff., 197 ff., 237 ff.). Einerseits sind dies zahlreiche **gesetzliche Grenzen**, die von den Vertragspartnern der Urheber **zwingend einzuhalten** sind und die Rechte der Urheber absichern. Andererseits ist es für die Urheber mitunter nicht so einfach, diese Grenzen durchzusetzen, wenn sie von ihren Vertragspartnern nicht eingehalten werden. Rechtsstreitigkeiten gegen den Vertragspartner sind für den Urheber oft wegen des **Kostenrisikos** keine Alternative. Vor allem sind sie mit dem Risiko verbunden, nicht nur ihren Vertragspartner zu verlieren, sondern in der einschlägigen Branche angeschwärzt zu werden **(Blacklisting).** Immerhin sind den Vertragspartnern diese Grenzen bekannt. Zumindest müssen sie verstehen, dass der Urheber sie hieran erinnert. Außerdem bewirken diese gesetzlichen Vorgaben auch bei den Vertragspartnern, sie bei den Verträgen mit den Urhebern im Auge zu behalten, zumal sie bei Verstößen zumindest das Risiko eingehen, dass manche Vereinbarung unwirksam ist und dass diese Rechte gerichtlich durchgesetzt werden können.

II. Allgemeines Vertragsrecht

Darüber hinaus ist auch das **Bürgerliche Gesetzbuch** (BGB) mit den dort geregelten Vertragstypen anwendbar. Wird der Urheber z.B. beauftragt, ein Werk nach bestimmten Vorgaben herzustellen, gilt hierfür **Werkvertragsrecht**. War keine Vergütung vereinbart worden, ist eine angemessene Vergütung zu zahlen (vgl. § 632 BGB). Beim **Lizenzvertrag** überlagern sich die Vertragstypen. Er wird als **Vertrag eigener Art** angesehen, in welchem Grundsätze des Kauf–, Miet- und Pachtvertrages zusammenkommen können. Wird der Urheber für eine bestimmte Zeit engagiert, ist wiederum auf die Vorschriften des **Dienstvertrages** zurückzugreifen. Außerdem gelten bei sämtlichen Verträgen die Schranken der **guten Sitten** (vgl. § 138 BGB) und des **Grundsatzes von Treu und Glauben** (§ 242 BGB). Wird also zwischen den Parteien nichts vereinbart oder bleibt es bei nur pauschalen Regelungen, kann dies für den Urheber durchaus vorteilhaft sein.

Schließlich setzen die **AGB-Vorschriften** (§§ 305 ff. BGB) manchen ausufernden Formularverträgen einen Riegel vor. Zum einen muss der Urheber auf Allgemeine Geschäftsbedingungen bei Vertragsschluss ausdrücklich hingewiesen werden, und sie müssen ihm vorgelegt worden sein. Grundsätzlich genügt es nicht, wenn lediglich darauf Bezug genommen wird oder wenn sie nachträglich überreicht werden. Zum anderen hält nicht jede den Vertragspartner überraschende oder ihn einseitig belastende Klausel der **Inhaltskontrolle** dieser Vorschriften stand. Werden die einzelnen Nutzungsrechte jedoch ausdrücklich im vorformulierten Vertragstext bezeichnet und erklärt der Urheber durch seine Unterschrift, mit einer solchen Rechtseinräumung einverstanden zu sein, ist sie wirksam (BGH GRUR 1984, 119, 121 – Synchronisationssprecher), soweit sich auch der Vertragszweck hierauf erstreckt (BGH GRUR 1996, 121, 122 – Pauschale Rechtseinräumung).

III. Kollektive Zusammenschlüsse der Urheber

Einen weiteren Schutz bieten kollektive Zusammenschlüsse der Urheber. Hier sind in erster Linie die **Verwertungsgesellschaften** zu nennen. Ihnen übertragen die Urheber ihre Rechte zur **treuhänderischen Wahrnehmung.** Haben die Urheber sich insoweit ihrer Rechte begeben, sind sie gar nicht mehr in der Lage, ihre Rechte zu möglicherweise ungünstigen Bedingungen Dritten einzuräumen. Vielmehr müssen Letztere sich an die Verwertungsgesellschaft halten und dort die Rechte zu den festgesetzten Tarifen erwerben. An den Erlösen wird der Urheber dann gemäß Verteilungsschlüssel der Verwertungsgesellschaft beteiligt.

Allerdings sind die **Tarife** der Verwertungsgesellschaften auf eine Massennutzung ausgerichtet. Das passt nicht für sämtliche Nutzungsrechte, so dass die Verwertungsgesellschaften nur einen Teil dieser Rechte wahrnehmen. Außerdem sind nicht alle Urheber Mitglieder von Verwertungsgesellschaften. Es liegt dann aber an ihnen, dies durch ihren **Beitritt** zu ändern und auf diese Weise sich und der Gesamtheit der Urheber eine **bessere Position** zu verschaffen.

IV. Tarifverträge, Musterverträge

Zwischen manchen Vereinigungen der Urheber und solchen der Verwerter sind **Tarifverträge** abgeschlossen worden, die den angestellten Urhebern zugutekommen können. Beispielsweise gibt es den Tarifvertrag für arbeitnehmerähnliche freie Journalisten und Journalistinnen an Tageszeitungen vom 24.4.2014 sowie den Tarifvertrag für Film- und Fernsehschaffende vom 1.3.2016. Diese Verträge enthalten auch **Urheberrechtsklauseln** zur Nutzung von Werken sowie zum Honorar für die einzelnen Nutzungen. Auch wenn diese Regelungen nicht immer die Wünsche der Urheber erfüllen, kann auf dieser kollektiven Ebene meistens mehr erreicht werden als in Einzelverträgen. Der Tarifvertrag ist aber nur dann anzuwenden, wenn die Vertragspartner den Tarifparteien angehören, der Tarifvertrag für allgemeinverbindlich erklärt wurde oder seine Anwendung zwischen den Parteien ausdrücklich vereinbart wird.

Außerdem wurden von den Verbänden der Urheber und denjenigen der Verwerter **Normverträge** geschaffen. Sie sind zwar nicht verbindlich, dienen aber als Vertragsmuster und Empfehlungen. Gleichzeitig deuten sie darauf hin, was in der Branche als üblich anzusehen ist. Als Beispiel sei der Normvertrag für den Abschluss von Verlagsverträgen genannt, der zwischen dem Verband Deutscher Schriftsteller in der Gewerkschaft ver.di und dem Börsenverein des Deutschen Buchhandels vereinbart worden ist. Einerseits sind auch in diesem Mustervertrag die einzelnen Nutzungsrechte umfassend aufgezählt, so dass dem Urheber beim Abschluss eines solchen Vertrages kaum noch irgendwelche Rechte verbleiben. Andererseits sieht dieser Vertrag auch entsprechende Muster für eine ausgewogene Honorarregelung vor. Zumindest wird dem Urheber klar, welche Rechte er weggibt und wie eine akzeptable Honorarregelung aussehen kann. Verlage, die nicht nur ihren Vorteil, sondern ein auf Dauer angelegtes Miteinander mit dem Urheber im Auge haben, werden das mit solchen Musterverträgen angestrebte Niveau an Ausgewogenheit nicht unterschreiten.

V. Gemeinsame Vergütungsregeln

Der Urheber kann von seinem Vertragspartner nicht nur eine **angemessene Vergütung,** sondern auch den Abschluss einer entsprechenden Vereinbarung verlangen. Mitunter lässt es sich jedoch nicht so leicht einvernehmlich bestimmen, welche Vergütung angemessen ist. Deshalb sieht das Gesetz hierfür eine Regelung vor. Zum einen sollen **Vergütungsregeln,** deren Angemessenheit von Urhebervereinigungen mit Vereinigungen von Werknutzern oder einzelnen Werknutzern **gemeinsam bestimmt** werden, grundsätzlich auch für Dritte verbindlich sein (§ 32 Abs. 2 S. 1); denn man kann davon ausgehen, dass die Vertreter beider Seiten am ehesten in der Lage sind, herauszufinden, was unter Berücksichtigung der Gesamtumstände für beide Seiten angemessen ist. Zum anderen ist ein **Verfahren** vorgesehen, wie gemeinsame Vergütungsregeln aufgestellt werden können (§§ 36, 36a). Grundsätzlich bleibt es den Vereinigungen beider Seiten vorbehalten, wie sie dieses Verfahren regeln wollen, soweit dies einvernehmlich geschieht. Die Vereinigungen müssen jedoch repräsentativ, unabhängig und zur Aufstellung gemeinsamer Vergütungsregeln ermächtigt sein (§ 36 Abs. 2), damit die jeweilige Branche angemessen vertreten ist und willkürliche Regelungen vermieden bleiben. Erweist sich ein einvernehmlicher Weg als zu schwierig, können beide Seiten eine **Schlichtungsstelle** (§ 36a) einberufen, die aus einem unparteiischen Vorsitzenden sowie aus einer gleichen Anzahl von Beisitzern besteht, die jeweils von einer Partei bestellt werden. Das schließt nicht aus, dass ein derartiges Schlichtungsverfahren von einer Seite blockiert wird.

Deshalb sah der Regierungsentwurf ursprünglich ein Schiedsstellenverfahren vor, welches zu einem Einigungsvorschlag und bei Ablehnung desselben zu einem gerichtlichen Verfahren führen sollte. Auf diese Weise hätte die Vergütungsregel gerichtlich erwirkt werden können. Soweit kam es unter anderem wegen diverser verfassungsrechtlicher Fragen nicht. Urheber und Werknutzer haben aber die Möglichkeit, das erwähnte **Schlichtungsverfahren** sowie einen Einigungsvorschlag der Schlichtungsstelle auch auf Verlangen einer Partei herbeizuführen. Wird dem Einigungsvorschlag widersprochen, ist das Verfahren beendet. Eine gerichtliche Durchsetzung ist ausgeschlossen. Der abgelehnte **Einigungsvorschlag** ist aber nicht wertlos; denn er kann die Angemessenheit der nun nach § 32 Abs. 2 S. 2 zu bestimmenden **Vergütungshöhe indizieren**. Klagt der Urheber auf angemessene Vergütung, kann ein Gericht neben anderen Umständen auch das Ergebnis und die Begründung des Einigungsvorschlags heranziehen, selbst wenn ihm widersprochen worden ist.

Da gemeinsame Vergütungsregeln nur schleppend zustande kamen und da Schlichtungsverfahren oft von der Verwerterseite erschwert wurden, sah sich der Gesetzgeber gezwungen, in einzelnen Punkten nachzubessern. Hält sich ein Werknutzer nicht an die gemeinsame Vergütungsregel, obwohl er an ihrem Entstehen mitgewirkt hatte, kann die Urhebervereinigung hiergegen vorgehen (§ 36b). Außerdem kann der betroffene Urheber individuell gegen diesen Werknutzer vorgehen und eine Änderung seines Vertrages verlangen (§ 36c).

Mit der Aufstellung **gemeinsamer Vergütungsregeln** soll von den beteiligten Kreisen der Urheber- und der Verwerterseite eine ausgewogene Basis für eine angemessene Vergütung gefunden werden, die für alle als Mindestrahmen bindend ist. Es gibt zwar einzelne Vergütungsregeln (s.o. S. 223). Von einem umfassenden Netz, wie es sich der Gesetzgeber vorgestellt hatte, damit die Beteiligten der jeweiligen Branche hierauf zurückgreifen können, kann aber noch keine Rede sein.

VI. Recht zur anderweitigen Verwertung

Häufig wurde bemängelt, dass die zu Gunsten des Urhebers vorgesehene besonders lange Schutzdauer (70 Jahre nach seinem Tod) ihren Sinn verfehlt, wenn der Urheber nicht in den Genuss der angemessenen Vergütung während dieser langen Schutzdauer kommt. Diese Gefahr besteht, wenn der Urheber seine **Nutzungsrechte** von Anbeginn **für die Dauer der Schutzfrist** einem Verwerter einräumen muss. Besonders eklatant wird das **Missverhältnis** zwischen der langen Schutzdauer und deren Sinn, wenn der Urheber seine Nutzungsrechte zeitlich unbegrenzt für ein einmaliges Pauschalhonorar weggeben muss. Dann wird Nutznießer dieser langen Schutzdauer nicht der Urheber (und seine Erben), sondern der Verwerter. Mit dem durch Gesetz vom 20.12.2016 eingeführten **Recht zur anderweitigen Verwertung nach 10 Jahren** bei pauschaler Vergütung (§ 40a) wurde versucht, diesem Missverhältnis entgegenzuwirken. Hat der Urheber ein ausschließliches Nutzungsrecht gegen eine pauschale Vergütung eingeräumt, ist er gleichwohl berechtigt, das Werk nach Ablauf von 10 Jahren anderweitig zu verwerten (§ 40a Abs. 1 S. 1). Der Vertrag ist also von Anfang an zeitlich befristet. Allerdings endet er nicht nach 10 Jahren, sondern das ursprünglich eingeräumte **Ausschließlichkeitsrecht ändert sich lediglich in ein einfaches Nutzungsrecht**. Der bisherige Vertragspartner darf das Werk also auch nach Ablauf von 10 Jahren weiternutzen (ohne hierfür eine gesonderte Vergütung leisten zu müssen), muss aber hinnehmen, dass der Urheber sein Werk nach Ablauf der 10 Jahre anderweitig verwerten darf. Ob er aber jemanden hierfür findet, der einerseits dem Urheber eine angemessene Vergütung zahlen soll, andererseits aber ggf. in Kauf nehmen muss, dass der bisherige Verwerter ohne weitere Vergütung weiternutzen darf, ist fraglich. Außerdem gilt diese zeitliche Beschränkung nicht bei sämtlichen Werkarten. **Ausgenommen** sind nachrangige Beiträge (im Verhältnis zum Gesamtwerk), Werke der Baukunst, Werke, die für eine Marke oder ein sonstiges Kennzeichen, ein Design oder ein Gemeinschaftsgeschmacksmuster bestimmt sind, oder ein Werk, das nicht veröffentlicht werden soll (§ 40a Abs. 3). Schließlich gilt diese Regelung erst für Verträge ab 1.3.2017. Eine derartige Verkürzung der Ausschließlichkeit ist unionsrechtlich zulässig und könnte von sämtlichen Mitgliedstaaten eingeführt werden (Art. 22 Abs. 2 CDSM-RL).

16. Kapitel

Wie kann sich der Urheber absichern, bevor ein Nutzungsvertrag abgeschlossen ist?

Im Gegensatz zu anderen Schutzrechten sind im Urheberrecht **keine Formalien** vorgesehen. Urheberrechtsschutz entsteht mit der Herstellung des Werkes beim Urheber. Dies wissend, kann der Urheber sein Werk Verlegern, Filmproduzenten oder sonstigen Verwertern grundsätzlich gefahrlos präsentieren; denn ohne Erwerb der erforderlichen Rechte dürfen sie sein Werk nicht nutzen. In manchen Fällen bekommt der Urheber allerdings von ihnen zu hören, Ähnliches oder sogar Gleiches habe man auch schon gemacht. Doppelschöpfungen sind zwar möglich, aber grundsätzlich die Ausnahme, es sei denn, dass es sich um ein weitgehend technisch bedingtes oder sonstwie vorgegebenes und deshalb an der Grenze der urheberrechtlichen Schutzfähigkeit liegendes Werk handelt. In diesen Fällen sollte der Urheber zumindest die **Priorität** seines Werkes **nachweisen** können.

Nicht immer lässt sich eindeutig feststellen, ob und in welchem Umfang die präsentierte Leistung urheberrechtlich geschützt ist. Häufig präsentiert der Urheber noch gar kein fertiges Werk, sondern er trägt nur **Vorstellungen** vor, die er im Falle eines Auftrags realisieren will. Mitunter geht es gar nicht um die Realisation bestimmter Werke, sondern erst um **Ideen** für neue Projekte. In diesen Fällen bleibt der Schutz des Urhebers zunächst ungewiss. Er läuft Gefahr, dass sich potentielle Vertragspartner seine Ideen und Vorstellungen anhören und skizzieren lassen, sie dann aber nicht mit ihm, sondern selbst oder mit Dritten verwirklichen. Dabei werden die Vorstellungen, Pläne oder Entwürfe des Urhebers nicht unbedingt minutiös ausgeführt, sondern geändert, weiterentwickelt und ergänzt. Dann kann es schwierig sein, festzustellen, ob und inwieweit Rechte des Urhebers verletzt worden sind. Außerdem sind bloße **Ideen grundsätzlich schutzlos,** so dass ein Dritter sie aufgreifen darf. Gleichwohl haben sie einen oft unschätzbaren Wert und stellen sie auch eine Leistung dar. Einerseits sollte der Urheber seine Ideen, Vorstellungen und Pläne lieber für sich behalten und erst dann präsentieren, wenn er sie bereits zu schutzfähigen Werken verarbeitet hat. Andererseits kann er vieles schon aus Kostengründen nicht selbst realisieren, sondern er braucht hierzu den Verwerter. Letzterer wird – wie man so sagt – die Katze nicht im Sack kaufen wollen. Meistens müssen deshalb „die Karten auf den Tisch". Wie kann sich der Urheber dennoch vor unliebsamen Zugriffen auf seine Leistungen schützen?

Zunächst kann er Vorkehrungen treffen, die seine Urheberschaft und die **Priorität** seiner Werke **sichern.** Möglichkeiten hierfür wurden weiter oben bereits erwähnt (s.o. S. 53 f.). Handelt es sich um Entwürfe zu Werken der angewandten Kunst, könnte es ratsam sein, sie bereits vor ihrer Präsentation als Design anzumelden (s.o. S. 59). Schließlich – und das wäre wohl die für den Urheber sicherste Lösung – könnte er mit dem Interessenten eine **Vereinbarung treffen,** wonach sich letzterer verpflichtet, die ihm überlassenen Unterlagen und anvertrauten Vorstellungen, Ideen und Konzepte **geheim zu halten** und nur mit Zustimmung des Urhebers zu verwerten. Ist der Urheber, wie oft, jedoch der schwächere Vertragspartner, wird er beim Interessenten eine solche Regelung nicht ohne weiteres durchsetzen können oder sich mit diesem Ansinnen möglicherweise sogar Kontakte verbauen. Die Befürchtungen des Urhebers sind aber durchaus berechtigt, insbesondere wenn er den jeweiligen Interessenten nicht kennt. Will Letzterer die Rechte des Urhebers beachten, wird er Verständnis dafür haben, dass ein Weg gefunden werden muss, die Rechte des Urhebers abzusichern.

Bei bloßen Ideen ist eine solche Absicherung jedoch problematisch. Einerseits sind sie zumindest als eine Beratungsleistung einzustufen, die üblicherweise zu vergüten ist. Andererseits kann dem Interessenten die Verwirklichung solcher Ideen zumindest dann nicht verwehrt werden, wenn sie gewissermaßen in der Luft liegen und Dritte sie ebenfalls für sich ausnutzen können. Soweit möglich, wird der Urheber seine Ideen vorerst nur andeuten, um für die Vorlage eines weitergehenden Konzepts Vereinbarungen oder Honorarregelungen zu treffen, die seine Rechte wahren. Ansonsten bleibt ihm nichts anderes übrig, als sich über die Seriosität der Interessenten zu erkundigen und das Risiko, ungeschützte Ideen preiszugeben, einzugehen.

Der Urheber sollte aber sämtliche Unterlagen **mit seinem Namen und dem Hinweis versehen,** dass etwaige hieran bestehende Rechte (vgl. hierzu S. 71 f. und S. 367) bei ihm liegen und dass diese Unterlagen geheimzuhalten sind, insbesondere Dritten nicht zugänglich gemacht werden dürfen. Zwar lässt sich hierdurch die Schutzfähigkeit seines Werkes nicht begründen, falls es nicht hinreichend individuell sein sollte. Die Interessenten werden jedoch darauf aufmerksam gemacht, dass möglicherweise Rechte an den überlassenen Materialien bestehen und dass diese Rechte zu beachten sind. Ferner kann sich der Urheber von dem Interessenten den Empfang der Unterlagen unter Angabe der einzelnen Materialien sowie die Kenntnis von besagtem Hinweis bestätigen lassen. Lässt sich diese **Empfangsbestätigung** nicht beibringen, kann der Urheber die Übergabe der Unterlagen selbst schriftlich bestätigen und dabei den obigen Hinweis wiederholen. Das ermöglicht ihm den Nachweis, seine Unterlagen dem Interessenten im Rahmen von Vertragsverhandlungen oder Vertragsanbahnungen anvertraut zu haben. Lässt Letzterer dann die Vertragsverhandlungen scheitern, beutet er die Unterlagen aber gleichwohl für sich aus und behindert dadurch den Urheber, seine Leistungen anderweitig auszuwerten, oder verschafft er sich ihm gegenüber einen Vorsprung, ist dies grundsätzlich wettbewerbswidrig (vgl. BGH GRUR 1983, 377, 379 – Brombeer-Muster).

17. Kapitel

Welche Besonderheiten gelten bei einzelnen Nutzungsverträgen des Urheberrechts?

Das Urheberrechtsgesetz enthält zwar einzelne **Grundsätze,** die bei sämtlichen Nutzungsverträgen gelten (s.o. S. 200 ff.). Einen einheitlichen Vertragstypus für die Nutzung urheberrechtlich geschützter Werke gibt es – abgesehen von dem im Verlagsgesetz geregelten Verlagsvertrag (s.o. S. 241) – hingegen nicht. Vielmehr führen die verschiedenen Werkarten und vor allem auch die verschiedenen Nutzungsarten zu neuen, **eigenständigen Vertragstypen.** Sie enthalten Elemente verschiedener Vertragstypen, z.B. des Kauf–, Miet–, Pacht–, Werkvertrags- und Dienstvertragsrechts. Es würde den gegebenen Rahmen sprengen, auf die jeweiligen Besonderheiten der einzelnen Nutzungsverträge einzugehen. Deshalb soll nachfolgend nur auf Besonderheiten bei einzelnen Nutzungsverträgen eingegangen werden, die neben den üblichen Regelungen eines Nutzungsvertrags (s.o. S. 259 ff.) zu beachten sind.

I. Aufführungsvertrag

Das Recht zur Aufführung von Theaterstücken, Opern oder sonstigen **Bühnenwerken** wird in der Regel beschränkt auf die jeweilige Bühne und nur für eine Spieldauer eingeräumt. Das für die Aufführung erforderliche **Notenmaterial** sowie Text- und Rollenbücher werden dem Bühnenunternehmen meistens **nur leihweise** überlassen. In einem sog. **Revers** verpflichtet sich das Unternehmen, besagtes Material nur für den vereinbarten Zweck zu nutzen und danach wieder zurückzugeben. Für weitere Nutzungen muss es das Material erneut leihen. Das Bühnenunternehmen ist nicht nur berechtigt, sondern grundsätzlich auch verpflichtet, das jeweilige Werk aufzuführen. Bei öffentlich subventionierten Bühnen ist die Urhebervergütung in einer **Regelsammlung** festgelegt. Diese Regelsammlung wurde einerseits von den Vertretern der Urheber und Verlage und andererseits von den Vertretern der Bühnen gemeinsam aufgestellt. Danach ist pro Besucher und Vorstellung eine Urheberabgabe zu zahlen, deren Höhe nach genau festgelegten Bühnengrößen variiert. Die Regelsammlung ist zwar nicht verbindlich, dient aber als übliche Bemessungs- und Vertragsgrundlage (BGH GRUR 2000, 869, 871 – Salome III). Bei nichtsubventionierten Privattheatern orientiert sich die Vergütung an den Bruttoeinnahmen der jeweiligen Aufführung. Sie beträgt in der Regel 10% hiervon.

Ähnlich wird bei **Konzerten** insbesondere der ernsten (E-)Musik verfahren. Die Musikverlage stellen das oft umfangreiche Notenmaterial, bestehend aus der Partitur und den einzelnen Stimmen für die Mitglieder des Orchesters oder des Chores, her und überlassen (vermieten) es meistens nur leihweise. Nach der Aufführung ist das gesamte Material an den Verlag zurückzugeben.

II. Verfilmungsvertrag

Die Verfilmung von Werken hebt sich gegenüber anderen Nutzungsformen vor allem durch den **hohen Aufwand** und durch die **Vielzahl der Beteiligten** ab. Es müssen Verträge mit Romanautoren, Drehbuchautoren, Komponisten und anderen Urhebern vorbestehender Werke abgeschlossen werden. Mitunter sind solche Werke noch durch Dritte zu bearbeiten. Vielfach handelt es sich um Auftragsarbeiten, die eigens für den Film geschaffen werden. Darüber hinaus müssen Verträge mit den Filmurhebern (Regisseur, Kameramann, Cutter, Filmarchitekt, Kostümbildner etc.), den Schauspielern, Musikern und sonstigen ausübenden Künstlern sowie den weiteren Filmschaffenden geschlossen werden. Der Filmhersteller ist deshalb zwar verpflichtet, die vereinbarte Vergütung zu zahlen.

Anders als beim Verlagsvertrag wird er jedoch im Zweifel nicht verpflichtet, den Film herzustellen und zu verwerten. Stellt er ihn nicht einmal her, kann der Urheber, dessen Werk verfilmt werden soll, sein Recht zurückrufen (vgl. § 41) und einem anderen einräumen. Wird der Film zwar hergestellt, aber nicht ausgewertet, sind die **Rechte der Urheber beschränkt.** Zum einen räumen sie dem Filmhersteller im Zweifel sämtliche Rechte für die übliche Auswertung eines Filmes ein (vgl. §§ 88, 89; s.o. S. 232 f.). Zum anderen verlieren sie mit Beginn der Dreharbeiten ihr Rückrufsrecht wegen Nichtausübung oder wegen gewandelter Überzeugung (vgl. § 90). Außerdem können sie im Rahmen der Herstellung und Verwertung des Filmwerks nur gegen gröbliche Entstellungen oder andere gröbliche Beeinträchtigungen ihrer Werke oder Leistungen vorgehen (§ 93).

In der Regel ist die Verfilmung ein komplexes Unternehmen, an welchem viele Personen beteiligt sind und in welchem verschiedene Vorstellungen der Beteiligten zusammentreffen können. Wer in eine Verfilmung einwilligt, muss sich darüber im Klaren sein, dass sein Werk oder Beitrag nach den Vorstellungen des Produzenten für die Zwecke des Films angepasst werden soll und angepasst werden darf. Abweichendes müsste konkret vereinbart werden.

III. Open Content-Verträge

Das Internet bringt es mit sich, dass jeder seine Schriften, Bilder, Fotos und andere Werke **auf seiner Webseite ins Internet stellen** und auf diese Weise die Öffentlichkeit erreichen kann, ohne einen Verlag oder einen anderen Verwerter einschalten und mit ihm Nutzungsverträge abschließen zu müssen. Außerdem kann der Urheber **für jedermann ein einfaches Nutzungsrecht unentgeltlich einräumen** und somit auf die ihm sonst zustehende angemessene Vergütung bewusst verzichten (§ 32 Abs. 3 S. 3). Ferner kann er darauf hinweisen, dass er z.B. den Abdruck, Ausdruck oder weitere Nutzungen seines Werkes gestattet. Einerseits gibt der Urheber zu erkennen, dass auf seine Webseite z.B. durch Suchmaschinen zugegriffen werden darf, wenn er diesen Zugang nicht durch technische Barrieren begrenzt. Andererseits darf die Tatsache, dass etwas im Netz aufgefunden werden kann, nicht dazu verleiten, zu meinen, fremde Werke beliebig nutzen zu dürfen. Um diesen Vorstellungen Einhalt zu gebieten, kann es sinnvoll sein, auf der Webseite ebenfalls darauf hinzuweisen, dass die dort eingestellten Werke z.B. nicht kommerziell, nicht verändert oder nicht ohne Namensnennung des Urhebers genutzt werden dürfen.

Derartige **Open Source-Praktiken** traten zunächst im Bereich der **Software** auf. Bekannt geworden ist das Betriebssystem Linux. Es darf kostenlos genutzt, geändert oder weiterentwickelt werden, wenn der Anwender seine Weiterentwicklungen jedem weiteren Nutzer unentgeltlich gestattet. Auf diese Weise soll sich eine kreative Gemeinschaft bilden können, um ein Produkt zu optimieren und zu günstigen Konditionen nutzen zu dürfen. Die hierfür verlangten **Bedingungen** sind schriftlich in Lizenzverträgen – die sog. **GNU General Public Licence** – zusammengefasst. Jeder Anwender darf Linux nur unter der Bedingung nutzen, dass er den GNU-Vertrag akzeptiert und diese Vertragsbedingungen auch weiteren Nutzern auferlegt. In manchen Verträgen wird zusätzlich eine Urhebernennung verlangt und eine kommerzielle Nutzung ausdrücklich ausgeschlossen. Bearbeitungen werden entweder ausdrücklich gestattet oder ausgeschlossen. Wird eine der Bedingungen nicht eingehalten, führt dieser Verstoß zum Ende des Nutzungsvertrags. Außerdem ist er eine Urheberrechtsverletzung, die zumindest Unterlassungsansprüche nach sich zieht.

Was die Software-Nutzung erleichtern sollte, wollte man auch **bei anderen Werkarten** erreichen, sei es bei künstlerischen Werken (creative commons) wie u.a. Musik, Foto, Film oder sei es bei wissenschaftlichen Werken (scientific commons) und ihren aktuellen Fachpublikationen in wissenschaftlichen Zeitschriften. Der Austausch sollte komplikations- und kostenlos sein. Hierfür boten sich die in den USA entwickelten **Creative Commons-Lizenzen** an, die in deutsche Regelungen übertragen worden sind (vgl. https://creativecommons.org/projects/international/de/). Wer sich diesen Vertragssystemen unterordnet, nimmt einerseits eine Beschränkung seiner Urheberrechte in Kauf, indem sein Werk kostenlos von anderen genutzt werden darf. Andererseits enthalten diese Vertragsmuster Bedingungen, z.B. die kostenlose Weitergabe auch bei Bearbeitungen, die Urhebernennung, der Ausschluss kommerzieller Nutzungen, der Ausschluss von Bearbeitungen etc. Diese Bedingungen können allesamt oder nur zum Teil in verschiedenen Kombinationen vereinbart werden. Das Urheberrecht besteht insoweit fort. Es wird hierauf nicht verzichtet. In der Regel endet der Vertrag, wenn sich jemand an die vereinbarte Bedingung nicht hält. Der **Vertrag** ist demgemäß **auflösend bedingt**. Eine entgegenstehende Nutzung kann als Urheberrechtsverletzung verfolgt werden (s.a. S. 366 ff.).

Im Bereich **wissenschaftlicher Fachzeitschriften** wurden alternativ hierzu **Bezahlmodelle** entwickelt. Dort sollen wissenschaftliche Publikationen weiterhin in etablierten und in Wissenschaftskreisen anerkannten Zeitschriften oder auch in Online-Publikationen aktuell und kostenlos erscheinen. Im Interesse des freien und kostenlosen Zugangs (open access) zu wissenschaftlichen Publikationen soll der Verlag die von ihm aufzuwendenden Kosten nicht über einen kostenpflichtigen Vertrieb der Zeitschriften, sondern durch die im Vorfeld vom Urheber oder seiner wissenschaftlichen Institution zu leistende „Publikationsgebühr" erwirtschaften; also frei zugängliche Publikation gegen **Übernahme der Produktionskosten**.

IV. Zwei-Stufen-Vertrag

Häufig müssen Werke erst noch geschaffen oder entworfen werden, um sie anschließend nutzen zu können. Das **Vertragsverhältnis** kann dort **zweistufig** abgewickelt werden. Auf der **ersten Stufe** vereinbaren die Parteien, was der Urheber schaffen soll, z.B. ein Manuskript zu einem bestimmten Thema, eine Komposition für einen bestimmten Anlass, eine Illustration für ein geplantes Buch oder eine grafische Gestaltung für den Auftritt einer Firma. Hierfür ist in der Regel **Werkvertragsrecht** anwendbar; denn der Urheber schuldet die Vorlage eines bestimmten Werkes oder eines Entwurfs hierzu. Wird dem Urheber hierfür freie Hand gelassen, kann zugleich ein Verlagsvertrag oder ein ähnlicher Nutzungsvertrag geschlossen werden, der die Einzelheiten der Nutzung regelt. Soll der Urheber zunächst einen Entwurf abliefern und behält sich der Auftraggeber vor, erst nach Vorlage dieses Entwurfs zu entscheiden, ob und in welchem Umfang der Entwurf genutzt werden soll, werden Art und Umfang der Nutzung auf der **zweiten Stufe** geregelt, so dass erst dann ein Verlagsvertrag, Verfilmungsvertrag, Illustrationsvertrag etc. zustande kommt. Das schließt nicht aus, Herstellung und Nutzung in einem Zuge zu regeln.

In jedem Falle ist in der Regel bereits die erste Stufe (der Entwurf des Werks und dessen Vorlage) zu vergüten (§ 632 BGB). Bei **Auftragskompositionen** wird der Komponist häufig darauf hingewiesen, er benötige keine Vergütung seitens des Auftraggebers, weil er über die Nutzung des geplanten Werkes seitens der GEMA Zahlungen erhalte. Das ändert jedoch nichts daran, sich auch die erste Stufe vergüten zu lassen, zumal wenn ungewiss ist, ob das geplante Projekt zustande kommt. Außerdem wird er bei Aufträgen einer Sendeanstalt häufig genötigt, seine in Auftrag gegebene Komposition zur Filmmusik in einen zum Sender gehörenden Musikverlag einzubringen. Auf diese Weise will sich der Sender bei Verwertung des Films mitunter nur den Verlagsanteil der von der GEMA zu verteilenden Erlöse sichern. Hierfür besteht in der Regel kein Anlass; denn der Filmproduzent hat die für die Nutzung der Musik erforderlichen Rechte bereits vom Komponisten erhalten. Etwaige verlegerische Leistungen dieses Musikverlags sind in der Regel nicht erforderlich und werden auch nicht erbracht. Für diese sog. **Zwangsinverlagsnahme** gibt es häufig keinen Grund. Es kann allerdings schwierig für den Komponisten sein, sich diesem Ansinnen zu entziehen.

Wird der Urheber beauftragt, ein Porträt, eine Skulptur oder ein ähnliches **Kunstwerk** zu schaffen, genügt es in der Regel, dass er dieses Werk herstellt und verkauft. Dafür sind werkvertragliche und kaufrechtliche Regelungen maßgebend. Für eine Einräumung von Nutzungsrechten, z.B. um hiervon Vervielfältigungsstücke herzustellen und zu verbreiten, gibt es weder einen Anlass noch rechtlich einen Grund (§ 44). Allerdings räumt der Künstler dem Erwerber das Recht ein, das erworbene Werk in Ausstellungen zu zeigen (§ 44 Abs. 2). Will er dies **vermeiden**, muss er einen entsprechenden **Vorbehalt** mit dem Erwerber vereinbaren. Desgleichen gibt es für den beauftragten **Architekten** grundsätzlich keinen Anlass, dem Bauherrn Nutzungsrechte an seinen Entwürfen einzuräumen, zumindest wenn er selbst sämtliche Leistungsphasen eines Architektenvertrages durchführen will. Dann macht der Architekt von seinem eigenen Urheberrecht Gebrauch, ohne dass sein Bauherr irgendwelche Rechte benötigt. Anders kann es sich verhalten, wenn der Architekt von vornherein nur mit der Genehmigungsplanung beauftragt worden ist, so dass er weiß, sein Entwurf soll ggf. von einem anderen Architekten realisiert werden (s.o. S. 257).

18. Kapitel

Was gilt im Internet?*

Beim Internet handelt es sich um den Verbund von Rechnernetzwerken, der die Nutzung verschiedener Dienste, wie beispielsweise dem World Wide Web, und den Austausch zwischen den weltweit verbundenen Rechnern oder anderen Zugangsgeräten erlaubt. Das Internet mit dem Zugang zum World Wide Web gewährt die leichteste, schnellste und wohl nunmehr wichtigste Möglichkeit der Präsentation eigener Leistungen und Inhalte wie auch umgekehrt hinsichtlich des Konsums von Inhalten Dritter. Die Musikbranche war eine der ersten Kreativbranchen, wenn nicht die erste, die das negativ zu spüren bekam, s.u. dazu auch zum Thema Filesharing. Das Nutzungsverhalten der Konsumenten und dem folgend das Angebot haben sich nun zu einem großen Anteil in das Internet verlagert. Dies rechtfertigt einen besonderen Blick auf die Besonderheiten des Internets und dieser Form der nicht-physischen Auswertung urheberrechtlich geschützter Inhalte.

Digitaltechnik und Internet haben diverse neue Nutzungsmöglichkeiten eröffnet und entsprechend neue Fragen an das Urheberrecht gestellt. Es ist spielend leicht, Werke ins Internet zu stellen. Geschieht dies ohne Einsatz technischer Schutzmaßnahmen, können Dritte diese Werke ohne Qualitätsverlust abrufen, übernehmen, verändern oder auf andere Weise nutzen, ohne dass die Rechtsinhaber

* Dieses Kapitel wurde von *Christopher Mueller* LL.M, Fachanwalt für Urheber- und Medienrecht, verfasst.

dieser Werke hiervon immer Kenntnis erhalten und hiermit, insbesondere ohne Vergütung, einverstanden sind. Es hat sich eine Mentalität entwickelt, dass rechtlich zulässig sein müsse, was technisch möglich ist. Diese Haltung mag aus Nutzerperspektive verständlich sein. Vielfach bleiben jedoch die Interessen der Rechtsinhaber bei dieser Haltung unberücksichtigt. Zum einen stellt sich die Frage, ob das Urheberrecht im Internet nur eingeschränkt gilt. Zum anderen stellt sich die Frage, wie die gegenläufigen Interessen der Rechtsinhaber und der Nutzer auf einen Nenner gebracht werden können.

I. Allgemeine Geltung des Urheberrechtsgesetzes

Digitaltechnik und Internet ändern am Urheberrechtsschutz grundsätzlich nichts. Werke können digital genauso geschaffen werden wie analoge Werke. Werke aus der analogen Welt bleiben auch im Internet geschützt. Die Digitalisierung ist gleichfalls eine Vervielfältigung gem. § 16; denn diese Vorschrift ist technologieneutral. Das gilt auch für die anderen Vorschriften des Urheberrechtsgesetzes, einschließlich des Rechts der öffentlichen Zugänglichmachung gem. § 19a und der öffentlichen Wiedergabe gem. § 15 Abs. 2 S. 1. Allerdings ist die Kontrolle dieser Rechte häufig schwierig, zumal die Nutzer oft anonym bleiben und ihre Handlungen über Server aus dem Ausland abwickeln können, ohne die Urheberrechte zu wahren. Meistens können sie dort nur mit Schwierigkeiten belangt werden. Nichtsdestotrotz, das Urheberrechtsgesetz ist bei der Nutzung von urheberrechtlich geschützten Werken im Internet genauso anwendbar wie in der analogen Welt.

II. Das World Wide Web

Der Begriff World Wide Web deutet bereits auf einen wichtigen Aspekt des Internet hin, nämlich der Möglichkeit der weltweiten Verbreitung von Inhalten bzw. des weltweit möglichen Zugriffs auf dieselben.

1. Territorialitätsprinzip

Auch hinsichtlich der Nutzung urheberrechtlich geschützter Inhalte im Internet gilt das sog. Territorialitätsprinzip (s.a. S. 379 ff.). Danach gilt in jedem Staat eine eigene Urheberrechtsordnung, und jeder Urheber muss den Schutz seines Werkes nach dem nationalen Urheberrecht prüfen, das am jeweiligen Verletzerort gilt. Dieser Ort kann der des Abrufs der jeweiligen Inhalte oder auch der Ort der Bereitstellung sein.

Demnach gilt, dass derjenige, der z.B. Inhalte in Deutschland über das Internet bereitstellt, sich vergewissern muss, dass er über die Rechte für seine Inhalte in jedem Land eines möglichen Abrufs verfügt. Soweit sich der Inhalt aus Elementen dritter Berechtigter zusammensetzt, wie z.B. Lizenzmaterial (beispielsweise **Stockfotos**), muss das Recht für eine über Deutschland hinausgehende Nutzung vorher erworben werden. Umgekehrt gilt, dass die Bereitstellung eines urheberrechtlich geschützten Werkes von einem im Ausland stehenden Server bei einem Abruf aus Deutschland nach deutschem Recht zu bewerten ist.

Für die Gestaltung der eigenen Webpräsenz und der Nutzung fremder Inhalte ist es daher wichtig zu ermitteln, ob die Rechte am Inhalt weltweit (oder für einen eventuell durch Geoblocking eingeschränkten Kreis an Ländern) vorliegen. So können Werke in einem Land gemeinfrei, demnach frei nutzbar sein; dies gilt jedoch nicht notwendigerweise außerhalb des jeweiligen Landes oder gar weltweit. Beispielsweise seien hier sog. Film Stocks mit US-amerikanischen Filmen erwähnt: Während diese z.B. wegen versäumter Erneuerung des Copyright in den USA dort gemeinfrei sein könnten, würde dies z.B. nicht notwendigerweise in Deutschland gelten. Die Schutzfähigkeit und der Schutz sind einzeln pro Land zu bestimmen.

2. Geoblocking

Geoblocking ist die im Internet eingesetzte Technik zur regionalen Sperrung von über das Internet angebotenen Inhalten durch den jeweiligen Anbieter. Durch die IP-Adresse, die jedem Nutzer vom jeweiligen Internet Provider zugewiesen wird, lässt sich der Ort des Zugriffs des Nutzers auf Inhalte über das Internet erkennen. Durch eingesetztes Geoblocking wird der Zugriff von Inhalten dieses Nutzers aus einem bestimmten Staat der Erde verhindert; die Einhaltung der Vorgaben territorial begrenzter Rechte an Inhalten lässt sich so verwirklichen.

Eine Einschränkung hinsichtlich der Anwendung von Geoblocking Technologie gilt seit 1.4.2018 innerhalb der EU: Nach Verordnung (EU) 2018/302 des Europäischen Parlamentes und des Rates vom 28.2.2018 dürfen Abonnenten eines kostenpflichtigen Streaming- oder Download-Dienstes (z.B. **Spotify, Netflix**) bei einem kurzzeitigen Aufenthalt im EU-Ausland nicht von der Nutzung ihres abonnierten Angebotes ausgeschlossen werden. Mit Wirkung zum 3.12. 2018 wurde die Verordnung als gesetzliche Regelung in Deutschland übernommen. Da es sich bei **Youtube** um kein kostenpflichtiges Abonnement handelt, werden die Nutzer des Angebotes nach wie vor auf für ihr jeweiliges Land gesperrte Inhalte stoßen („Dieses Musikvideo steht für Ihr Land nicht zur Verfügung.“).

III. Gestaltung und Verbreitung eigener Inhalte

Wie bereits einleitend zu diesem Kapitel erwähnt, gilt das Urheberrecht auch im Internet. Die Bestimmung der Werkeigenschaft eines im Internet zur Verfügung gestellten Inhaltes bemisst sich an den Kriterien des § 2. Sofern ein Werk vorliegt, ergeben sich die Rechte des Urhebers aus den allgemeinen Vorschriften des Urheberrechtsgesetzes: die Beziehungen des Urhebers zu seinem Werk (Urheberpersönlichkeitsrechte, §§ 12 ff.), die dem Urheber zustehenden Verwertungsrechte samt Entscheidungsgewalt, wie und zu welchen Bedingungen das Werk verwertet werden darf (§§ 15 ff.) ebenso wie die Regelungen zum Rechtsverkehr im Zusammenhang mit urheberrechtlich geschützten Leistungen (§§ 31 ff.). Gleiches gilt auch für die Inhaber verwandter Schutzrechte (Leistungsschutzrechte). Auf die Ausführungen unten wird verwiesen, wobei auf einige Besonderheiten im Internet im Folgenden eingegangen werden soll.

1. User Generated Content

Mit dem Internet liegt ein Medium vor, das sich nicht nur auf die einseitige Kommunikation eines Anbieters von Inhalten gegenüber seinem Abnehmer beschränkt. Das Internet erlaubt auch die Kommunikation zwischen Anbieter und Publikum wie auch die Kommunikation eines nahezu unbeschränkten Publikums untereinander. Der jeweilige Nutzer ist nun nicht mehr auf seine Rolle als Konsument beschränkt, sondern hat die Möglichkeit, gestaltend in den Kommunikationsprozess und das Angebot einzugreifen (**Prosument**). Die Form der Kommunikation und Angebote im Internet wird vielfach unter dem Begriff Web 2.0 zusammengefasst mit ihrer besonderen Ausprägung im Bereich der Sozialen Medien. Von den jeweiligen Nutzern her- und bereitgestellte Inhalte (Content) werden dabei als User Generated Content bezeichnet.

2. Freie Benutzung vorbestehender Werke im Internet

Der jeweilige Nutzer, der Inhalte zur Verfügung stellt, ist dabei nicht nur, wie oben erwähnt, hinsichtlich seiner Leistungen geschützt. Bei der Schaffung eigener Inhalte muss der Nutzer gleichfalls die Rechte Dritter beachten: Die Nutzung Inhalte Dritter unterliegt ebenso der rechtlichen Beurteilung nach den allgemeinen gesetzlichen Bestimmungen, u.a. eben auch des Urheberrechts. So stellt z.B. die Bereitstellung einer von einem Dritten erstellten Fotografie oder die Tonaufnahme eines Dritten auf der eigenen Website oder auf dem genutzten Social Media Portal eine Vervielfältigung und öffentliche Zugänglichmachung dar, für die die Rechte des jeweiligen Berechtigten eingeholt werden müssen. Gleiches gilt auch für die Texte Dritter. Auch wenn es z.B. verständlich sein mag, eine gut ausgefallene Konzertkritik einer Zeitung auf der von einer Band betriebenen Künstler-Website abzubilden – ohne Genehmigung durch den Zeitungsverlag handelt es sich hierbei um eine unzulässige Vervielfältigung und öffentliche Zugänglichmachung mit den dem jeweiligen Verlag zustehenden Rechtsbehelfen.

Hieran ändert sich grundsätzlich auch nichts, wenn der jeweilige Nutzer den Inhalt Dritter verfremdet oder ändert. Es handelt sich hierbei in der Regel um **Bearbeitungen** (§ 23). Eine solche Bearbeitung liegt erst dann nicht vor, wenn das ursprüngliche Werk in der Form der Übernahme nicht mehr durchscheint oder für eine eigene gedankliche Aussage benutzt wird; in vorbenannten Fällen könnte eine Form der freien Benutzung, z.B. eine **Parodie**, vorliegen (§ 24). Hierzu kann auf die Ausführung oben S. 127 verwiesen werden. Eine andere, auch im Internet denkbare, gestattete Form der genehmigungsfreien Nutzung fremder Inhalte ist das Zitat, § 51; dazu bereits oben S. 150 ff.

Virulent wird die Frage nach freier Benutzung beim Internetphänomen der **Meme**. Bei Meme handelt es sich um Fotos, Illustrationen, Filmausschnitte o.Ä., die mit einem hieran angebrachten, meistens humorvollen Gedanken ohne Bezug zum ursprünglichen Werk, im Internet veröffentlicht werden. Es handelt sich meistens also um illustrierte Witze, basierend auf einer Abbildung oder eines anderen Werkes eines Dritten.

Obwohl die jeweiligen Nutzungen von den Rechteinhabern der Vorlage häufig unbehelligt bleiben, wird im Regelfall gelten, dass es sich um rechtswidrige Nutzungen der Originalvorlage handelt. Das deutsche Urheberrecht kennt das im US-Recht geltende Fair Use Prinzip nicht; ein Verblassen der Vorlage wird man in der Regel bei Meme nicht erkennen können, womit die denkbaren Formen einer freien Benutzung, einer Parodie, eines Zitates oder Kunstfreiheit nicht einschlägig sein werden. Dies haben die Blogbetreiber, die das bekannte Mem **„Socially Awkward Penguine“** verbreiteten, erfahren müssen. Das Mem (wie auch zahlreiche andere Meme mit dem Pinguin) basierte auf der Fotografie eines National Geographic Fotografen, dessen Rechte von der Firma Getty Images wahrgenommen wurden und die den Blogbetreiber abmahnen ließ. Der geforderte Schadenersatz wurde bezahlt, der Vorgang jedoch vom Blogbetreiber bekannt gemacht.

3. Creative Commons

Nach Bekanntwerden der Abmahnung von Getty Images gegen den Blognetreiber wurden zahlreiche illustrierte Pinguine veröffentlicht, die in der Form dem benutzten Pinguin ähnelten, aber in der Regel ausreichenden Abstand zum Original hielten. Diese Vorlagen wurden der Öffentlichkeit u.a. zur (kosten)freien Nutzung im Rahmen einer sog. Creative Commons-Lizenz angeboten.

Bei Creative Commons-Lizenzen (auch: **CC-Lizenz**) handelt es sich, entgegen der weitverbreiten Ansicht, nicht um eine genehmigungsfreie Nutzung, sondern um Standard-Lizenzverträge, die von der gemeinnützigen Organisation Creative Commons veröffentlicht werden (www.creativecommons.org). Durch Anbringung des jeweiligen Icons oder der entsprechenden Buchstaben-Kennzeichnung der Organisation gibt der jeweilige Urheber zu erkennen, unter welchen Bedingungen sein Werk von Dritten genutzt werden darf. Der jeweilige Urheber übernimmt lediglich die angebotenen Lizenzen; Creative Commons ist selbst weder Verlag noch Auswerter, sondern bietet als gemeinnützige Organisation im Interesse einer Förderung der rechtssicheren Verbreitung kreativer Inhalte Lizenzmodelle an. Hiervon gibt es in der **aktuellen Fassung 4.0** sechs Varianten, die von der Verpflichtung allein zur Anbringung des Urhebervermerks, also Nennung des Urhebers, an das – auch bearbeitete – Werk (CC – BY)

bis hin zur Verpflichtung der Anbringung des Urhebervermerks bei einer lediglich nicht-kommerziellen Nutzung des Werkes ohne Gestattung einer Bearbeitung

reichen (s.a. S. 284 f.).

4. Social Media

Social Media (auch soziale Medien) sind digitale Medien und Methoden, die es Nutzern ermöglichen, sich im Internet zu vernetzen, sich also untereinander auszutauschen und mediale Inhalte einzeln oder in einer definierten Gemeinschaft oder offen in der Gesellschaft zu erstellen und weiterzugeben (Quelle: Wikipedia). Bekannte Plattformen sind Facebook, Twitter, Instagram wie auch Youtube.

Grundsätzlich gilt hinsichtlich der Nutzung derartiger Plattformen und der dabei erfolgten Erstellung und/oder Nutzung von Inhalten nichts anderes als bei der Verbreitung auf eigenen Websites. Auch hier gilt die Haftung des jeweiligen Nutzers für die Verwendung von Inhalten Dritter wie bei der Nutzung auf der eigenen Website (s.u. S. 297 f.)

Ebenso geschützt nach den allgemeinen Vorschriften sind die eigenen Inhalte. Auch im Bereich der Sozialen Medien entscheidet der Urheber darüber, wie seine Inhalte genutzt werden dürfen, wobei eine wichtige Einschränkung erwähnenswert erscheint: Im Rahmen der für die jeweiligen Plattformen geltenden **Nutzungsbedingungen** räumt der jeweilige Nutzer der Plattformen weitreichende Nutzungsrechte ein.

So sehen die **Nutzungsbedingungen von Youtube** vor, dass der Nutzer, der Inhalte über seinen Account (Nutzerkonto) zur Verfügung stellt, zwar die Eigentumsrechte an seinen Inhalten (Nutzerübermittlungen) behält (Ziffer 8.3 der Nutzungsbedingungen), hieran aber Youtube (damit also Google) eine weltweite, nicht-exklusive und gebührenfreie Lizenz erteilt, die Nutzerübermittlungen auch außerhalb der Plattform zu nutzen (z.B. für Zwecke des Vertriebes, Ausstellung und Aufführung der – auch bearbeiteten – Inhalte), Ziffer 10 der Nutzungsbedingungen. Natürlich umfasst die Rechtseinräumung auch die Nutzung der Nutzerübermittlungen durch die Nutzung der Inhalte im Rahmen der Plattform. Entsprechende Regelungen finden sich auf allen anderen Social Media Plattformen.

Social Media bietet Urhebern wie auch anderen Nutzern die Möglichkeit, sich leicht einer großen Öffentlichkeit vorzustellen und zu präsentieren. Sie bieten jedoch auch die Möglichkeit, eine Vergütung zu erzielen, die sog. **Monetarisierung**. Dies gilt vor allem für die Social Media Plattform Youtube. Den Betreibern sog. Channels auf der Plattform wird ab dem Vorliegen bestimmter Voraussetzungen (u.a. mindestens 1.000 Abonnenten, 4.000 Stunden Sehdauer) die Möglichkeit eingeräumt, an der von Youtube im Zusammenhang mit dem Channel platzierten Werbung mitzuverdienen. Diese Möglichkeit wird von sog. **Influencern** (Personen, die ihre auch erst über Social Media gewonnene Bekanntheit dazu nutzen, Werbung für Dritte zu machen) genutzt, ebenso wie von anderen Verbreitern eigener Inhalte, wie z.B. Musikern, Filmherstellern etc.

IV. Haftung im Internet

Auch im Internet gelten die allgemeinen Vorschriften des Urheberrechtsgesetzes hinsichtlich der **Verletzung von Urheberrechten** (s.u. S. 343 ff.). Dem verletzten Urheber (oder Leistungsschutzberechtigten) stehen im Fall der Verletzung seiner Rechte demnach u.a. die Rechte auf Unterlassung, Auskunft und Schadensersatz zu (§ 97). Es kann demnach auf die allgemeinen Bestimmungen zurückgegriffen werden. Schwieriger gestaltet sich jedoch die Frage nach der Person, die für die entsprechende rechtsverletzende Nutzungshandlung haftet, demnach gegen wen sich der Anspruch richtet. Das Internet hat hier zu einer Reihe von Fragen geführt, die erst nach und nach einer Klärung zugeführt werden konnten und noch dabei sind, geklärt zu werden, sei es durch Rechtsprechung oder Gesetz.

1. Haftung für die Nutzung auf der eigenen Website

Bei der Einbindung (auch: Vorhalten) fremder urheberrechtlich geschützter Werke (z.B. eine Fotografie oder ein Video) in die eigene Website macht der Websitebetreiber vom Recht der öffentlichen Zugänglichmachung (§ 19a) Gebrauch. Das jeweilige Werk, eingebunden in die Website, befindet sich in der Zugriffssphäre des Websitebetreibers und wird von dort den Mitgliedern der Öffentlichkeit nach deren freier Wahl zum Zugriff bereitgestellt (BGH GRUR 2013,

818 Rn. 8 – Die Realität I). Ohne entsprechende Einwilligung des Urhebers oder des Rechteinhabers handelt es sich um einen Verstoß gegen das dem Rechteinhaber zustehende ausschließliche Recht der öffentlichen Zugänglichmachung nach § 19a. Bei Miturhebern (§ 8) und verbundenen Werken (§ 9) muss die Zustimmung zur Nutzung von allen beteiligten Berechtigten vorliegen.

Zu beachten ist, dass ein Websitebetreiber, zumindest nach erfolgter Abmahnung für eine auf seiner Seite begangene Rechtsverletzung, auch für die Übernahme des rechtsverletzenden Objekts in Suchmaschinen haftet, z.B. also für das Auffinden eines rechtswidrig genutzten Fotos in der Suchmaschine Google (LG Hamburg ZUM-RD 2006, 697). Um weiteren Abmahnungen zu entgehen bzw. vorzubeugen, ist es notwendig, die jeweiligen Fotografien bei Google löschen zu lassen.

2. Links

Anders sieht es wiederum aus, wenn der Websitebetreiber lediglich einen fremden Inhalt (z.B. Video) verlinkt. Die **Verlinkung**, demnach die bloße Verknüpfung auf eine fremde Website bzw. deren Inhalte, stellt keine öffentliche Zugänglichmachung nach § 19a dar. Der Inhaber der fremden Website gibt die Kontrolle über das dort vorgehaltene Werk nicht auf, sondern kontrolliert die Abrufmöglichkeit. Die Verlinkung stellt auch keine unbenannte öffentliche Wiedergabe nach § 15 Abs. 2 S. 1 dar. Dessen Schutzbereich wäre nur dann berührt, wenn ein geschütztes Werk unter Verwendung eines technischen Verfahrens, das sich von dem bisher verwendeten unterscheidet, oder ansonsten für ein neues Publikum wiedergegeben wird, d.h. für ein Publikum, an das die Inhaber des Urheberrechts nicht gedacht hatten, als sie die ursprüngliche öffentliche Wiedergabe erlaubten (EuGH GRUR 2015, 141 – BestWater). Hat der Rechteinhaber seinen Inhalt im Internet uneingeschränkt zur Verfügung gestellt, sei dies auf der eigenen Website (siehe z.B. zu Presseerzeugnissen, BGHZ 156, 1 ff. – Paperboy) oder auf anderen Internetplattformen wie z.B. Youtube (siehe hierzu BGH GRUR 2016, 171 – Die Realität II), erfolgt die Wiedergabe aufgrund einer Verlinkung weder durch ein neues technisches Verfahren noch erreicht es ein vorher nicht vom Rechteinhaber intendiertes Publikum. Die Verknüpfung mittels Link auf fremde urheberrechtlich geschützte Inhalte stellt in der Regel daher weder eine öffentliche Zugänglichmachung nach § 19a noch eine unbenannte öffentliche Wiedergabe nach § 15 Abs. 2 S. 1 dar und ist zulässig.

Dies gilt in der Regel für jegliche Form der Verlinkung, einschließlich **Deep-Link** und aktuell (noch) **Framing**. Der BGH hat jedoch im April 2019 dem EuGH zum Framing die Frage vorgelegt, ob die Einbettung eines mit Einwilligung des Rechtsinhabers auf einer frei zugänglichen Internetseite verfügbaren Werks in die Internetseite eines Dritten im Wege des Framing eine öffentliche Wiedergabe des Werks im Sinne des Art. 3 Abs. 1 der EU-Richtlinie 2001/29/EG darstellt, wenn sie unter Umgehung von Schutzmaßnahmen gegen Framing erfolgt, die der Rechtsinhaber getroffen oder veranlasst hat (Beschluss des BGH vom 25.4.2019 – I ZR 113/18 – Deutsche Digitale Bibliothek).

3. Disclaimer

Es besteht die weitverbreite Ansicht, dass man sich als Websitebetreiber von der Haftung für die auf der Website zur Verfügung gestellten Inhalte und Links durch die Aufnahme eines sog. Disclaimers (deutsch: Haftungsausschluss) befreien kann. Oftmals wird hierbei auf ein Urteil des Oberlandesgerichts Hamburg aus dem Jahre 1998 verwiesen (Az. 312 O 85/98). Dies ist nicht der Fall; einen Haftungsausschluss bewirkt ein Disclaimer nicht.

Im Urteil des OLG Hamburg ging es um einen Link, den der beklagte Websitebetreiber auf einen beleidigenden Inhalt auf einer anderen Website gesetzt hatte, ohne sich ausreichend vom Inhalt zu distanzieren. Diese Beleidigung bzw. falsche Tatsachenbehauptung wurde dem beklagten Websitebetreiber zugerechnet. Der vorgehaltene Disclaimer wurde als unbeachtlich erkannt. Ebenso wenig wie eine Freizeichnung für den Gehalt einer Äußerung wirksam ist, kann man sich von auf der Website erfolgten Urheberrechtsverletzungen freizeichnen. Die Haftung nach den gesetzlichen Bestimmungen bleibt bestehen, unabhängig vom Vorliegen eines Disclaimers, vgl.

§ 7 TMG. Die Entscheidung, ob eine Rechtsverletzung vorliegt, erfolgt letztendlich durch das angerufene Gericht, unabhängig davon, ob ein Disclaimer vorliegt oder nicht.

4. Haftung bei Social Media

Im Bereich der Social Media Plattformen gibt es auch die Möglichkeit, zunächst ohne gerichtliche Hilfe Rechtsverletzungen zu unterbinden. So bieten die jeweiligen Plattformen Möglichkeiten an, Urheberrechtsverletzungen zu melden und um Sperrung der gerügten Inhalte aufzufordern. Bei **Youtube** erfolgt dies unter dem Reiter „Urheberrecht" (in 2019 am linken unteren Seitenrand der Plattform platziert), der dann zu den Einzelheiten für die Meldung des Verstoßes führt samt Eingabemaske. Es müssen u.a. Informationen zum Berechtigten sowie ein Link zur vermeintlich rechtsverletzenden Nutzung angegeben werden. Die Bearbeitung erfolgt in der Regel zügig, auch zur Vermeidung einer eigenen Haftung der Plattformbetreiber. Zur eigenen Haftung der Plattformbetreiber s.u. 6. Bei ausreichendem Nachweis einer Verletzungshandlung gilt dies auch für die Löschung der verletzenden Inhalte (**Deaktivierung**).

5. Filesharing

Was mit Raubkopien von CDs Anfang der 90er Jahre des letzten Jahrhunderts begann, setzte sich wenige Jahre später mit den illegalen Verbreitungsformen im Internet, dem Filesharing, fort. Selbst bei einfacher ISDN-Geschwindigkeit war es möglich, eine Tonaufnahme über das Internet in nicht mehr als der dreifachen Abspielzeit zu übertragen. Mit den später zur Verfügung stehenden DSL-Leitungen reduzierte sich die Übertragungszeit deutlich und erlaubte damit die Übertragung von Musik und Filmen nahezu in Echtzeit. Wurden bei **Napster** (gegründet 1999) zunächst nur zwischen zwei Nutzern Musikdateien getauscht, war es später, ca. ab dem Jahr 2000, mittels der Peer-to-Peer-Technologie möglich, Musikdateien allen Nutzern einer solchen Plattform (**„File-Hosting-Dienst"**), eine Musikdatei im Austausch gegen andere Musikdateien anzubieten, das sog. Filesharing. Die Nutzer derartiger Plattformen laden hierzu eigene Dateien auf der Internetseite des File-Hosting-Dienstes und erhalten daraufhin einen Link zugeschickt, der den späteren Abruf durch den Nutzer ermöglicht. Dem File-Hosting-Dienst ist der Inhalt der Dateien nicht bekannt, der Dienst führt auch kein Inhaltsverzeichnis. Es ist jedoch möglich, mit Suchmaschinen (sog. **„Linksammlungen"**) nach bestimmten, auf den Servern des File-Hosting-Dienstes gespeicherten Daten zu suchen (Darstellung nach BGH I ZR 18/11 vom 12.7.2012, GRUR 2013, 370 – Alone in the dark).

Die Rechtsverletzungen werden häufig von Tonträgerfirmen aus dem Tonträgerherstellerrecht (§ 85) und Filmherstellern und -vertrieben aus dem Filmherstellerrecht (§ 94) geltend gemacht. Die Rechtsverletzung liegt in der Vervielfältigung und öffentlichen Zugänglichmachung durch den jeweiligen Nutzer, der über die hierfür notwendige Genehmigung des Rechteinhabers nicht verfügt. Die Rechtsverletzungen werden von spezialisierten Unternehmen ausfindig gemacht, durch einen Screenshot dokumentiert und die jeweiligen Anschlussinhaber mittels der IP Adresse und Auskunft des Access-Providers ermittelt (nach Antrag an das zuständige Landgericht, § 101 Abs. 9).

Der **Anschlussinhaber** haftet (§ 97, § 823 BGB) selbst, wenn Umstände vorliegen, die nach allgemeiner Lebenserfahrung darauf hindeuten, dass er auch Täter gewesen sein konnte. Die lediglich vorgetragene Abwesenheit zum dokumentierten Zeitpunkt der Rechtsverletzung ist zur Verteidigung nicht ausreichend. Ebenso wenig ausreichend ist die Behauptung, dass andere Zugriff auf den Internetanschluss hatten (z.B. **Ehepartner, Kinder, Wohngemeinschaft**). Der Anschlussinhaber ist im Rahmen der ihm obliegenden sekundären Darlegungslast verpflichtet, diejenigen zu benennen, die im konkreten Verletzungszeitpunkt Zugriff auf den Internetzugang haben konnten (BGH GRUR 2016, 1280 Rn. 34 – Everytime We Touch). Zum Kreis der zu benennenden Dritten zählen auch Ehegatten und Kinder. Verweigern diese die Aussage, geht dies nicht zwingend zu Lasten des Anschlussinhabers. Wenn dieser jedoch mitgeteilt hat, dass er den Nutzer kennt, muss er ihn auch dann benennen, wenn es sich um sein Kind handelt; andernfalls haftet der Anschlussinhaber selbst. Die Abwägung zwischen dem

Schutz der Familie, Art. 6 Abs. 1 GG, und dem **Eigentumsschutz des Tonträgerherstellers**, § 14 GG, fällt zugunsten des Letzteren aus (BGH GRUR 2017, 1233 – Loud). Eine hiergegen von den Eltern eingelegte Verfassungsbeschwerde wurde vom BVerfG nicht zur Entscheidung angenommen (BVerfG, Beschluss vom 18.2.2019, Az. 1 BvR 2556/17, MDR 2019, 561); die BGH-Entscheidung ist demnach rechtskräftig. Im Falle von durch Kinder des Anschlussinhabers (vermutlich) begangene Rechtsverletzungen kommt eine Haftung wegen Verletzung der Aufsichtspflicht (§ 823 Abs. 1 BGB) in Betracht. Um hier der Haftung zu entgehen, bedarf es jedoch der vorherigen Belehrung des Kindes mitsamt dem Aufstellen von inhaltlich klaren und verständlichen Verhaltensregeln; eine Überprüfung der Betätigung des Kindes im Internet ist jedoch nicht gefordert, es sei denn, es bestanden bereits Hinweise auf illegale Nutzungen (BGH GRUR 2013, 511 Rn. 24 – Morpheus).

Sofern die eigene Täterschaft oder anderweitige persönliche Haftung des Anschlussinhabers sich nicht beweisen lässt, verbleibt die Möglichkeit einer Haftung im Rahmen der sog. **Störerhaftung**. Auch wer durch sein eigenes Tun Urheberrechte verletzt und dabei weder Täter noch Mittäter, Gehilfe oder Anstifter war, kann im Rahmen der Störerhaftung zur Beseitigung und Unterlassung in Anspruch genommen werden, nicht jedoch zu Schadenersatz (BGH GRUR 2010, 633 Rn. 17 – Sommer unseres Lebens). Hierzu kann ausreichen, dass der Anschlussinhaber den Anschluss nicht ausreichend durch ein sicheres Passwort gesichert hat, das das vom Hersteller eingerichtete Passwort ersetzt (BGH GRUR 2017, 617 Rn. 19 – WLAN Schlüssel). Die Störerhaftung findet jedoch im TMG (§ 8 Abs. 2 Nr. 1 i.V.m. § 8 Abs. 1 TMG) eine bedeutende Einschränkung: Der WLAN-Anschlussinhaber haftet nicht auf Unterlassen, Schaden- wie auch Kostenersatz. Es gilt die Privilegierung als Access-Provider. Während **private WLAN-Anschlussinhaber** wegen der zumindest denkbaren eigenen Nutzung in Anspruch genommen werden könnten, profitieren öffentliche Anbieter (z.B. **Betreiber von Internet Cafés, Vermieter von Ferienwohnungen**) von diesem Privileg.

6. Haftung der Plattformen

Die Nutzer der großen Social Media Plattformen, wie beispielsweise Youtube, stellen zu großen Teilen Content Dritter über ihren Account zur Verfügung. Sofern keine Genehmigung der Rechteinhaber der jeweiligen Inhalte (z.B. Fotografien, Tonaufnahmen) hierzu vorliegt oder die Nutzung anderweitig gestattet ist, z.B. in Fällen freier Benutzung, liegt eine Urheberrechtsverletzung vor, für die der jeweilige Nutzer einzustehen hat. Dieser ist wegen der auf den jeweiligen Plattformen vorherrschenden Anonymität schwer bis unmöglich zu ermitteln. Die Frage stellt sich daher, ob neben den jeweiligen Nutzern auch die Plattformenbetreiber für die rechtswidrigen Nutzungen haften; im Jahre 2019 liegt hierzu eine abschließende gerichtliche Klärung noch nicht vor.

Mit der Richtlinie des Europäischen Parlaments und des Rates über das Urheberrecht im digitalen Binnenmarkt (**CDSM-RL**) vom 17.4.2019 ist nunmehr in Art. 17 geregelt, dass die Plattformbetreiber mit der Verbreitung urheberrechtlich geschützter Inhalte ihrer Nutzer selbst eine Verwertungshandlung vornehmen. Hierzu bedarf es einer Lizenzvereinbarung mit den Rechteinhabern, zu deren Abschluss die Plattformbetreiber nunmehr verpflichtet sind. Liegt eine solche nicht vor, haftet der Plattformanbieter unter gewissen Einschränkungen. Die Regelung war notwendig geworden, um den sog. **Value Gap** zu überwinden: Den hohen Erlösen der Plattformbetreiber stehen minimale bis fehlende Vergütungen der Kreativen und ihrer Partner gegenüber. Die oben erwähnten Möglichkeiten der Monetarisierung sind keine ausreichende Möglichkeit für die Anbieter kreativer Inhalte, zu einer angemessenen Vergütung zu gelangen.

Die Richtlinie, die von den Mitgliedstaaten innerhalb von zwei Jahren in nationales Gesetz zu überführen ist, unterlag im Vorfeld heftiger Kritik. Hierbei wurde u.a. die Befürchtung geäußert, dass die Plattformbetreiber nunmehr gezwungen seien, sog. **Upload Filter** einzusetzen, um der Gefahr der Haftung zu entgehen. Diese Upload Filter, so die Behauptung der Reformgegner, würden dazu führen, dass nicht nur rechtswidrige Nutzungen unterbunden (gefiltert) würden, sondern auch zulässige Nutzungen, wie Parodien, Zitate und freie Benutzungen. Vom Ende des Internets war die Rede.

Der Wortlaut der Richtlinie gibt zu dieser Befürchtung jedoch keinen Anlass. Upload Filter sind in Art. 17 nicht geregelt oder gar vorgeschrieben. Art. 17 Abs. 8 der Richtlinie schreibt den jeweiligen nationalen Gesetzgebern sogar vor, dass die Umsetzung der Richtlinie nicht zu einer allgemeinen Überwachung führen darf. Die gesetzlich erlaubte freie Nutzung urheberrechtlich geschützter Inhalte darf dabei nicht unterbunden werden (Art. 17 Abs. 7 der Richtlinie). Die Plattformbetreiber sind jedoch verpflichtet, Lizenzvereinbarungen abzuschließen, um die angemessene Vergütung der Kreativschaffenden zu gewährleisten. Angesichts der Tatsache, dass die Attraktivität des Angebotes der Plattformbetreiber überwiegend von der Verbreitung kreativer Inhalte Dritter abhängt und damit Milliardenumsätze von den Plattformbetreibern erzielt werden, an denen die Urheber und andere Rechteinhaber nicht oder nahezu kaum beteiligt werden, stellt der Erlass der Richtlinie und die zu erfolgende Umsetzung in nationales Recht einen wichtigen Schritt zum Erhalt des kulturellen und kreativen Schaffens und der Gewährleistung des beim Urheberrecht vorliegenden Gesetzeszwecks, zumindest innerhalb der EU, dar.

19. Kapitel

Welche Funktion haben die Verwertungsgesellschaften?

Der Urheber kann die Rechte an seinem Werk selbst wahrnehmen oder durch andere Personen wahrnehmen lassen. Will er sich nicht selbst um die Verwertung kümmern, kann er beispielsweise einen **Agenten** einschalten, der sich für den Urheber bemüht, geeignete Verwerter ausfindig zu machen, und der den Abschluss von Nutzungsverträgen vermittelt. Meistens erhält der Agent hierfür eine prozentuale Beteiligung an allen Erlösen aus den von ihm vermittelten Nutzungsverträgen. In gewisser Weise legt der Urheber die Verwertung seines Werkes auch dadurch in andere Hände, dass er z.B. einem **Verleger** sämtliche Nutzungsrechte einräumt und dieser wiederum Lizenzen an Dritte vergibt, damit das Werk möglichst umfassend verwertet wird. Anders als bei der Einschaltung eines Agenten ist hier jedoch der Urheber derjenige, der prozentual an den Erlösen des Verlegers beteiligt wird. Darüber hinaus kann er seine Rechte anderen Personen zwar ausschließlich, aber mit der Maßgabe einräumen, sie im eigenen oder fremden Namen für Rechnung des Urhebers **treuhänderisch wahrzunehmen.** Es wird zwischen individueller und kollektiver Wahrnehmung unterschieden.

Individuell wahrgenommen werden Aufführungs-, Sende- und Wiedergaberechte an Theaterstücken, Opern und anderen Bühnenwerken. Man spricht hier von **„großen" Rechten**; „groß" deshalb, weil sie von Bühnenverlagen und vom Bühnenvertrieb, nicht aber von Verwertungsgesellschaften wahrgenommen werden. Letztere nehmen wiederum die „kleinen“ Rechte, nicht hingegen die bühnenmäßigen Aufführungsrechte wahr. Die Bühnenverlage leiten die erzielten Honorare nach Abzug einer prozentualen Beteiligung an die Urheber weiter.

Kollektiv wahrgenommen werden die Rechte der Urheber von den **Verwertungsgesellschaften.** Sie werten insbesondere solche Rechte gemeinsam aus, deren Verwertung unübersehbar ist, weil sie besonders häufig, gleichzeitig an vielen Orten und von zahlreichen Verwertern genutzt werden. Im Bereich der Musik ist dies der Fall, wenn sie in Gaststätten, Diskotheken oder bei sonstigen Veranstaltungen wiedergegeben, in Konzerten aufgeführt oder im Rundfunk gesendet wird. Ferner zählen hierzu die mechanischen Vervielfältigungsrechte zur Herstellung von Tonträgern. Es hat sich eingebürgert, diese von der Verwertungsgesellschaft wahrgenommenen Rechte als **„kleine“ Rechte** zu bezeichnen. Das Urheberrechtsgesetz sieht solche Bezeichnungen nicht vor.

Die kollektive Wahrnehmung stärkt die Position des einzelnen Urhebers; denn hat er die „kleinen“ Rechte einer Verwertungsgesellschaft eingeräumt, muss ein Verwerter sie dort zu den Tarifen dieser Verwertungsgesellschaft erwerben. Es bleibt ihm also versagt, solche Rechte ohne gesonderte Gegenleistung vom Urheber zu erhalten, wie dies mitunter geschieht, wenn sämtliche Nutzungsrechte gegen Zahlung einer einmaligen Pauschale eingeräumt werden sollen. Gleichzeitig wird auch der **Erwerb dieser Nutzungsrechte erleichtert;** denn der Werknutzer braucht nun nicht erst die einzelnen Rechtsinhaber der von ihm genutzten Werke ausfindig zu machen, sondern er kann sich an die einschlägige Verwertungsgesellschaft wenden, um dort die erforderlichen Rechte zu festgesetzten Tarifen zu erwerben.

Ferner können Ansprüche aus der Geräte- oder Speichermedienvergütung (§ 54) und ähnliche **gesetzliche Vergütungsansprüche** nur über Verwertungsgesellschaften geltend gemacht werden (vgl. §§ 54h, 60h). Letztere haben wiederum dafür zu sorgen, dass die Erlöse aus diesen Ansprüchen an alle Berechtigten angemessen verteilt werden. Außerdem sind bei den von der Verwertungsgesellschaft aufzustellenden Tarifen soziale und kulturelle Belange zu beachten. Hinter der kollektiven Wahrnehmung steht somit die Absicht, die Urheber kollektiv zu versorgen und das kulturelle Geschehen zu fördern. Naheliegenderweise können solche erstrebenswerten Ziele nur dann effektiv verfolgt werden, wenn die Urheber daran mitwirken, indem sie den jeweiligen Verwertungsgesellschaften beitreten. Mit diesem Schritt unterwerfen sie sich zwar den Tarifen und Verteilungsplänen der Verwertungsgesellschaft, so dass sie darüber hinausgehende Honorare im Einzelfall nicht mehr aushandeln können. Meistens geht es bei den „kleinen" Rechten jedoch ohnehin nur um solche Verwertungen, die der einzelne Urheber überhaupt nicht oder nur mit hohem Aufwand verfolgen kann. Außerdem bleiben diejenigen Rechte, die entweder die **Persönlichkeitsrechte** des Urhebers in besonderem Maße tangieren, wie z.B. das Änderungs- und Bearbeitungsrecht, oder die nicht-tarifgebunden auf dem freien Markt zu höheren Honoraren verwertbar sind, wie z.B. das **Verfilmungsrecht,** in der Regel beim Urheber. In manchen Fällen kann er sich solche Rechte auch rückübertragen lassen. Deshalb ist es **für die Urheber** in der Regel **nur vorteilhaft, wenn sie einer Verwertungsgesellschaft beitreten.**

Das Recht der urheberrechtlichen Verwertungsgesellschaften war erstmals im Gesetz über die Wahrnehmung von Urheberrechten und verwandten Schutzrechten (Urheberrechtswahrnehmungsgesetz – WahrnG) vom 9.9.1965 geregelt worden. Mit der **Richtlinie** 2014/26/EU vom 26.2.2014 über die kollektive Wahrnehmung von Urheber- und verwandten Schutzrechten und die Vergabe von Mehrgebietslizenzen für Rechte an Musikwerken für die Online-Nutzung im Binnenmarkt wurden die Grundzüge dieses Rechts EU-weit harmonisiert. Die Vorgaben dieser Richtlinie wurden nicht vereinzelt in das bisherige Urheberrechtswahrnehmungsgesetz übernommen, sondern in das komplett neu strukturierte Gesetz über die Wahrnehmung von Urheberrechten und verwandten Schutzrechten durch Verwertungsgesellschaften (**Verwertungsgesellschaftengesetz** – VGG) umgesetzt.

I. Tätigkeit und Erlaubnispflicht einer Verwertungsgesellschaft

Eine **Verwertungsgesellschaft** ist eine Organisation, die gesetzlich oder auf Grundlage einer vertraglichen Vereinbarung berechtigt ist und deren ausschließlicher oder **hauptsächlicher Zweck** es ist, für Rechnung mehrerer Rechtsinhaber **Urheberrechte** oder verwandte Schutzrechte zu deren kollektiven Nutzen **wahrzunehmen**, gleichviel, ob in eigenem oder in fremdem Namen (§ 1 Abs. 1 VGG). Ferner müssen entweder ihre Anteile von ihren Mitgliedern gehalten (oder sie muss von ihren Mitgliedern beherrscht) werden oder sie darf nicht auf Gewinnerzielung ausgerichtet sein (§ 1 Abs. 2 VGG). Bisher werden die Verwertungsgesellschaften mit Sitz in Deutschland von ihren Mitgliedern beherrscht, und sie sind **nicht auf Gewinnerzielung** ausgerichtet. Die Tätigkeit einer Verwertungsgesellschaft ist nicht auf Urheberrechte nach dem deutschen Urheberrechtsgesetz beschränkt, sondern sie kann auch Urheberrechte nach ausländischem Urheberrechtsgesetz wahrnehmen. Nimmt sie allerdings Rechte nach dem deutschen Urheberrechtsgesetz wahr und hat sie ihren **Sitz in Deutschland**, bedarf sie der **Erlaubnis** der Aufsichtsbehörde, nämlich des Deutschen Patent- und Markenamts in München (§ 77 Abs. 1 VGG). Hat die Verwertungsgesellschaft ihren **Sitz in einem anderen Mitgliedstaat der EU** oder des EWR, bedarf sie grundsätzlich keiner Erlaubnis, es sei denn, dass sie Kabelweitersenderechte, Rechte an vergriffenen Werken oder gesetzliche Vergütungsansprüche aus dem deutschen Urheberrechtsgesetz wahrnimmt, die verwertungsgesellschaftspflichtig sind (§ 77 Abs. 2 VGG). Verwertungsgesellschaften mit **Sitz außerhalb der EU** und des EWR, die Urheberrechte nach dem deutschen Urheberrechtsgesetz in Deutschland wahrnehmen, bedürfen in jedem Falle der Erlaubnis des DPMA. Grundsätzlich können also ausländische Verwertungsgesellschaften in Deutschland tätig werden. Umgekehrt haben Urheber mit Sitz in Deutschland die Wahl, eine inländische oder ausländische Verwertungsgesellschaft mit der Wahrnehmung ihrer Rechte zu betrauen. Demnach könnte ein **Wettbewerb zwischen** inländischen und ausländischen **Verwertungsgesellschaften** entstehen. Das sollte nach den Vorstellungen der EU ermöglicht werden. Ob ein derartiger Wettbewerb sinnvoll ist, wird sich erst noch zeigen müssen. Jedenfalls sind ihm gewisse Grenzen gesetzt; denn sämtliche Verwertungsgesellschaften müssen die von ihnen erhaltenen Rechte zu angemessenen Bedingungen wahrnehmen und die Erlöse ebenfalls angemessen an die Wahrnehmungsberechtigten verteilen. Mit diesem Gebot vertrügen sich z.B. keine Verteilungspläne verschiedener konkurrierender Verwertungsgesellschaften, wonach dieselben Erlöse aus derselben Nutzung derselben Werkart an dieselben Urheber unterschiedlich hoch verteilt würden. Deshalb wurde es bisher durchaus begrüßt, dass sich auf dem jeweiligen Gebiet in Deutschland grundsätzlich nur eine einzige Verwertungsgesellschaft gebildet hatte. Für ausländische Verwertungsgesellschaften sind ferner die Voraussetzungen ihres jeweiligen Sitzstaats zu beachten. Nachfolgend beschränken sich die Ausführungen auf das in Deutschland geltende Verwertungsgesellschaftengesetz.

II. Die einzelnen Verwertungsgesellschaften

Am bekanntesten und ältesten ist die **GEMA** (Gesellschaft für musikalische Aufführungsrechte und mechanische Vervielfältigungsrechte, Rosenheimerstr. 11, 81667 München). Sie nimmt die Rechte der Komponisten, Textdichter und Musikverleger wahr. Im Bereich der Literatur und der Wissenschaft ist die **VG Wort** (Verwertungsgesellschaft Wort, Untere Weidenstr. 5, 81667 München) tätig. Das Gebiet der bildenden Künste einschließlich der Designer, Fotografen und Bildagenturen wird von der **VG Bild-Kunst** (Verwertungsgesellschaft Bild-Kunst, Weberstr. 61, 53113 Bonn) abgedeckt. Sie nimmt außerdem die Rechte der Filmurheber wahr. Hier gibt es konkurrierende Verwertungsgesellschaften; denn die Rechte der Filmurheber und der Filmhersteller gehören auch zum Wahrnehmungsbereich der **VGF** (Verwertungsgesellschaft für Nutzungsrechte an Filmwerken mbh, Beichstr. 8, 80802 München), der **GWFF** (Gesellschaft zur Wahrnehmung von Film-und Fernsehrechten mbH, Marstallstr. 8, 80539 München) und – allerdings ohne die Rechte der

Filmurheber – der **VFF** (Verwertungsgesellschaft der Film- und Fernsehproduzenten mbH, Brienner Str. 26, 80333 München). Die Hersteller von pornografischen Filmen haben sich zur **GÜFA** (Gesellschaft zur Übernahme und Wahrnehmung von Filmaufführungsrechten mbH, Vautierstr. 72, 40235 Düsseldorf) zusammengeschlossen. Kabelweitersenderechte (§ 20b) nimmt die **AGICOA** (Marstallstr. 8, 80539 München) wahr. Leistungsschutzrechte der Sendeunternehmen, insbesondere aus der Kabelweitersendung, bilden den Wahrnehmungsbereich der **VG Media** (Lennéstr. 5, 10785 Berlin). Die Leistungsschutzrechte an wissenschaftlichen Ausgaben und an Ausgaben nachgelassener Werke (vgl. §§ 70, 71 UrhG), vor allem im Bereich der Musik, werden von der **VG Musikedition** (Friedrich-Ebert-Str. 104, 34119 Kassel) wahrgenommen. Die Leistungsschutzrechte der ausübenden Künstler und der Tonträgerhersteller nimmt die **GVL** (Gesellschaft zur Verwertung von Leistungsschutzrechten mbH, Podbielskiallee 64, 14195 Berlin) wahr. Wahrnehmungsbereich der **VG TWF** (Verwertungsgesellschaft Treuhandgesellschaft Werbefilm GmbH, Brienner Str. 9, 80333 München) sind die Rechte und Ansprüche der Herausgeber von Werbefilmen, die sich aus dem Urheberrechtsgesetz ergeben. Schließlich nimmt die **GWVR** (Gesellschaft zur Wahrnehmung von Veranstalterrechten (GWVR) mbH, Lenhartzstr. 15, 20240 Hamburg) die Erstverwertungsrechte der Veranstalter (§ 81) wahr. Soweit die Verwertungsgesellschaft auf dem jeweiligen Gebiet allein tätig ist, hat sie zwar keine rechtliche, aber eine **faktische Monopolstellung**. Das könnte sich künftig ändern, wenn in Deutschland auch ausländische Verwertungsgesellschaften tätig werden.

III. Aufgaben und Befugnisse der Verwertungsgesellschaften

Aufgrund ihrer faktischen Monopolstellung unterliegen die Verwertungsgesellschaften einem **doppelten Kontrahierungszwang**. Zum einen müssen sie alle Interessenten aufnehmen, welche die für die Mitgliedschaft erforderlichen Voraussetzungen erfüllen. Zum anderen müssen sie die von ihnen wahrgenommenen Rechte jedem Interessenten einräumen, der bereit ist, die hierfür festgesetzten Tarife zu zahlen. Darüber hinaus sind die Verwertungsgesellschaften verpflichtet und auch befugt, die von ihnen wahrgenommenen Rechte durchzusetzen und die Erlöse an die Berechtigten angemessen zu verteilen.

1. Wahrnehmungszwang

Die Verwertungsgesellschaft ist verpflichtet, die zu ihrem Tätigkeitsbereich gehörenden Rechte und Ansprüche auf Verlangen der Berechtigten – Urheber, Rechtsnachfolger oder Rechteinhaber – zu angemessenen Bedingungen wahrzunehmen, gleichviel, ob der Berechtigte Inländer oder Ausländer ist (**Wahrnehmungszwang**, § 9 VGG). Welche Rechte die jeweilige Verwertungsgesellschaft wahrnimmt, bestimmt sie in ihrer Satzung oder in ihrem Gesellschaftsvertrag grundsätzlich selbst. Allerdings bedürfen Satzung oder Gesellschaftsvertrag der Erlaubnis durch die Aufsichtsbehörde. Die **satzungsgemäß wahrgenommenen Rechte** werden in den **Wahrnehmungsvertrag** (oder Berechtigungsvertrag) aufgenommen, welchen die Verwertungsgesellschaft mit jedem einzelnen Berechtigten (Urheber, Rechtsnachfolger oder Rechtsinhaber) abschließt. Dieser Wahrnehmungs- oder Berechtigungsvertrag ist ein urheberrechtlicher Nutzungsvertrag eigener Art. Er enthält nicht sämtliche Nutzungsrechte, sondern in der Regel nur solche, die individuell nicht oder nur unter hohem Aufwand wahrgenommen werden können. Beispielsweise bleiben die Rechte zur Änderung oder Bearbeitung der Werke oder Aufführungsrechte an dramatischen Werken beim Urheber. Manche Rechte, wie z.B. das Filmherstellungsrecht an Musikwerken, kann sich der Berechtigte von der Verwertungsgesellschaft im Einzelfall rückübertragen lassen, um sie selbst einem Interessenten einzuräumen. Bleibt der Umfang der Rechte zwar beschränkt, so werden diese Rechte der Verwertungsgesellschaft jedoch hinsichtlich sämtlicher, **auch künftiger Werke** zur Wahrnehmung eingeräumt.

In der Praxis hat es sich bewährt, dass die Wahrnehmung der Rechte ausländischer Urheber in Deutschland sowie die Rechte deutscher Urheber im Ausland über ein System von **Gegenseitigkeitsverträgen** zwischen den Verwertungsgesellschaften abgewickelt wird. Verwertungsgesellschaften gibt es nicht nur in der Bundesrepublik Deutschland, sondern auch in zahlreichen anderen Staaten, und zwar ebenfalls aufgeteilt nach einzelnen Werkarten, z.B. für Werke der Musik, der Literatur oder der bildenden Künste. Die jeweiligen Verwertungsgesellschaften der einzelnen Staaten schließen untereinander Gegenseitigkeitsverträge ab, wonach jede Verwertungsgesellschaft in ihrem Land auch die entsprechenden Rechte der Berechtigten der ausländischen Verwertungsgesellschaft wahrnimmt. Sie gibt die Erlöse an die ausländische Schwester-Verwertungsgesellschaft weiter, die sie wiederum an ihre Berechtigten verteilt. Auf diese Weise erhalten z.B. deutsche Komponisten über die GEMA zusätzliche Tantiemen, wenn ihre Werke auch in Italien, England, Frankreich, den USA, in Japan oder in zahlreichen anderen Ländern gespielt werden. Dieses System wird dort lückenhaft, wo eine einschlägige Verwertungsgesellschaft nicht existiert oder wo die betreffende Leistung keinen Urheberrechtsschutz genießt. Beispielsweise sind die Darbietungen der ausübenden Künstler in manchen Ländern schutzlos, so dass deutsche Künstler keine zusätzlichen Tantiemen erhalten, wenn ihre Darbietungen dort wiedergegeben werden.

In manchen Bereichen benötigen die Rechtsinhaber **Nutzungsrechte** nicht nur für ein bestimmtes Land, sondern **für zahlreiche Länder** oder auch weltweit. Das betrifft insbesondere Musikwerke, da es insoweit keine Sprachbarrieren gibt, die eine räumliche Begrenzung mit sich bringen könnten. Außerdem lassen sich Nutzungen im Internet häufig nicht wirksam regional beschränken. Zum einen haben sich manche Verwertungsgesellschaften zusammengeschlossen, um für ihr Repertoire umfassende Nutzungsrechte weltweit einräumen zu können. Zum anderen sieht das Verwertungsgesellschaftengesetz für **gebietsübergreifende Vergabe von Online-Rechten** an Musikwerken gesonderte Regelungen vor (§§ 59 ff. VGG).

2. Abschlusszwang, Tarife

Wer ein fremdes Werk nutzen will, muss hierfür die erforderlichen Rechte erwerben. Will er von einer Verwertungsgesellschaft wissen, ob sie die einschlägigen Rechte an einem bestimmten Werk wahrnimmt, so hat sie ihm hierüber **Auskunft** zu erteilen (§ 55 VGG). Nimmt sie das betreffende Recht wahr, muss sie es dem Interessenten zu angemessenen Bedingungen einräumen (**Abschlusszwang;** § 34 VGG).

Was angemessen ist, wird zuvor in **Tarifen** für den jeweiligen Nutzungsumfang festgelegt (§ 38 VGG). Diese Tarife sind im Internet zu veröffentlichen (§ 56 Abs. 1 Nr. 4 VGG). Der mögliche Einwand eines Nutzers, dass die Verwertungsgesellschaft die Vergütung einseitig durch Tarife festlege, statt sie mit ihm zu vereinbaren, ist unbeachtlich. Der Verwerter des Werkes kann allenfalls die **Höhe der Tarife überprüfen lassen.** Zum einen soll die Verwertungsgesellschaft bei der Tarifgestaltung auf religiöse, kulturelle und soziale Belange der Nutzer angemessen Rücksicht nehmen. Zum anderen muss eine gewisse Pauschalierung stattfinden, um den Verwaltungsaufwand in einem erträglichen Rahmen zu halten. Können sich Verwertungsgesellschaft und Verwerter über die Höhe der für die Rechtseinräumung zu zahlenden Vergütung nicht einigen, darf der Verwerter das Werk dennoch nutzen, wenn er zuvor von der geforderten Vergütung den unstreitigen und von ihm anerkannten Teilbetrag an die Verwertungsgesellschaft bezahlt und den weiteren **streitigen Teilbetrag** entweder unter Vorbehalt an die Verwertungsgesellschaft gezahlt oder zu ihren Gunsten **hinterlegt** hat (§ 37 VGG). Im Anschluss daran können die Beteiligten die Anwendbarkeit und die Angemessenheit des einschlägigen Tarifs im **Verfahren vor der Schiedsstelle** beim Deutschen Patentamt überprüfen lassen (§ 92 Abs. 1 und § 128 Abs. 1 VGG; s.u. S. 318 f.). Erst nach erfolglosem Abschluss dieses Verfahrens – oder wenn das Verfahren nicht innerhalb eines Jahres abgeschlossen wird (§ 105 Abs. 1 VGG) – kann bei den ordentlichen Gerichten weitergestritten werden. Hatte der Nutzer mit der Verwertungsgesellschaft jedoch bereits einen Vertrag über die zu zahlende Vergütung und den anzuwendenden

Tarif geschlossen oder ist die Anwendbarkeit oder Angemessenheit des Tarifs nicht streitig, bedarf es des vorgeschalteten Verfahrens bei der Schiedsstelle nicht (BGH GRUR 2000, 872, 873 – Schiedsstellenanrufung).

Die Verwertungsgesellschaften sind verpflichtet, **Tarife für Geräte und Speichermedien** (§ 54) aufzustellen (§ 40 VGG). Sie können die Schiedsstelle (beim DPMA) anrufen, um eine selbständige **empirische Untersuchung** zur Ermittlung der nach § 54a Abs. 1 maßgeblichen Nutzung durchführen zu lassen (§ 93 VGG). Auf der Basis dieser Ermittlungen sind die Tarife aufzustellen. Sie können im Rahmen des Schiedsstellenverfahrens und bei Widerspruch gegen den dort ergangenen Einigungsvorschlag anschließend im gerichtlichen Verfahren, beginnend beim OLG München (§ 129 Abs. 1 VGG), überprüft werden.

Um das Inkasso und den Rechtserwerb zu erleichtern, ist die Verwertungsgesellschaft berechtigt und auch verpflichtet, über die von ihr wahrgenommenen Rechte und Ansprüche **Gesamtverträge** zu angemessenen Bedingungen abzuschließen, und zwar mit solchen Vereinigungen, deren Mitglieder urheberrechtlich geschützte Werke oder Leistungen nutzen oder urheberrechtliche Vergütungsansprüche zahlen müssen (vgl. § 35 VGG). Beispielsweise hat die *GEMA* einen solchen Gesamtvertrag mit dem Gaststättenverband für die in den Gaststätten laufend wiedergegebene Musik abgeschlossen. Streitigkeiten mit Verwertungsgesellschaften über den Abschluss oder die Änderung eines Gesamtvertrags sind ebenfalls zunächst an die Schiedsstelle heranzutragen (§ 92 Abs. 1 Nr. 3 und § 128 Abs. 1 VGG). Für Ansprüche auf Abschluss eines Gesamtvertrages ist in erster Instanz ausschließlich das Oberlandesgericht München zuständig (§ 129 Abs. 1 VGG).

Trotz Abschlusszwangs der Verwertungsgesellschaft bleibt der Verwerter nach wie vor verpflichtet, die erforderlichen Nutzungsrechte zu erwerben, bevor er beginnt, das Werk zu nutzen. Für den Veranstalter von öffentlichen Wiedergaben urheberrechtlich geschützter Werke ist dies nochmals ausdrücklich festgelegt (vgl. § 42 Abs. 1 VGG). Darüber hinaus hat er der Verwertungsgesellschaft nach der Veranstaltung eine **Aufstellung** über die dort benutzten Werke zu

übersenden (§ 42 Abs. 2 VGG). Auf diese Weise soll die Verwertungsgesellschaft in die Lage versetzt werden, die Einnahmen an die Rechtsinhaber der tatsächlich benutzen Werke zu verteilen. Nutzt der Verwerter das Werk, ohne zuvor die tarifliche Vergütung (ggf. unter Vorbehalt) zu zahlen oder zu hinterlegen, begeht er eine Urheberrechtsverletzung, so dass die Verwertungsgesellschaft Schadensersatzansprüche in vollem Umfang geltend machen kann und nicht auf die tarifliche Vergütung beschränkt ist (vgl. hierzu BGH GRUR 2000, 872, 874 – Schiedsstellenanrufung).

Wer ein Werk nutzen und die hierfür erforderlichen Rechte von einer Verwertungsgesellschaft erwerben will, muss beachten, dass die Verwertungsgesellschaft nicht alle Nutzungsrechte wahrnimmt. Soll z.B. ein Musikstück als **Filmmusik** verwendet und dieser Film nicht nur im Kino, sondern auch im Fernsehen und in Form von Videogrammen ausgewertet werden, genügt es nicht, wenn der Filmhersteller lediglich das mechanische Vervielfältigungsrecht von der *GEMA* erwirbt; denn dieses Recht ist nur eines unter mehreren Rechten, die erworben werden müssen. Im besagten Beispiel benötigt der Filmproduzent zunächst das Recht zur Benutzung eines Werks der Musik für die Herstellung eines Films – auch **Filmherstellungsrecht** genannt. Dieses Recht erwirbt die *GEMA* laut Berechtigungsvertrag nur auflösend bedingt. Teilt der Urheber der *GEMA* schriftlich mit, er wolle es selber wahrnehmen, fällt es an ihn zurück. In einem solchen Fall muss der Filmproduzent das Filmherstellungsrecht vom Urheber oder von seinem Musikverleger erwerben, weil er es von der *GEMA* gar nicht mehr erwerben kann. Wird die Musik bearbeitet oder sonstwie umgestaltet, muss der Bearbeiter das erforderliche **Bearbeitungsrecht** ebenfalls vom Urheber erwerben. Ähnlich verhält es sich bei einer Nutzung der Musik für **Werbezwecke**. Sie bedarf eines gesonderten Rechteerwerbs vom Urheber oder Musikverleger, weil die *GEMA* dieses Recht nicht wahrnimmt (vgl. § 1 k des GEMA-Berechtigungsvertrags; OLG München NJW 1998, 1413, 1415 – Carmina Burana). Das Recht, den mit Zustimmung des Urhebers hergestellten Film zu senden, erhält der Verwerter wiederum von der *GEMA*. Meistens verwendet der Nutzer eine **bestehende Musikaufnahme** (CD etc.). Er benötigt also nicht nur die Rechte an der Komposition, sondern auch an deren Darbietung sowie am Tonträger. Diese **Leistungsschutzrechte** sind wiederum von der GVL oder von der Tonträgerfirma zu erwerben. In jedem Falle muss der Verwerter sorgfältig überprüfen, welche Rechte er benötigt und von wem er sie sich wirksam beschaffen kann. Das gilt insbesondere auch hinsichtlich der erforderlichen Rechte für neue Nutzungsarten wie z.B. CD-ROM, Online-Abruf, Internet, Multimedia.

3. Durchsetzung der Rechte

Die Verwertungsgesellschaft kann gegen Rechtsverletzungen im eigenen Namen klagen. Macht sie einen Auskunftsanspruch geltend, der nur durch eine Verwertungsgesellschaft geltend gemacht werden kann, wie z.B. bei der Geräte- und Speichermedienvergütung hinsichtlich Art und Stückzahl der veräußerten Fotokopiergeräte oder Speichermedien (vgl. §§ 54h Abs. 1, 54f), wird vermutet, dass sie die Rechte aller Berechtigten wahrnimmt (vgl. § 48 VGG). Dasselbe gilt bei verwertungsgesellschaftspflichtigen Vergütungsansprüchen (§§ 27, 54 Abs. 1, 54c). Dort wird die **Wahrnehmungsbefugnis** der Verwertungsgesellschaft auch dann **vermutet,** wenn sie insoweit keine Monopolstellung einnehmen sollte (§ 49 Abs. 1 VGG; BGH GRUR 1989, 819 – gesetzliche Vermutung). Außerdem führt die faktische Monopolstellung der Verwertungsgesellschaft hinsichtlich eines bestimmten Rechts dazu, dass sie insoweit insgesamt wahrnehmungsbefugt ist. Beispielsweise wird zugunsten der GEMA angenommen, sie nehme die mechanischen (Vervielfältigungs- und Verbreitungs-)Rechte der gesamten Tanz- und Unterhaltungsmusik wahr (BGH GRUR 1986, 66 – GEMA-Vermutung II). Wer in diesen Fällen behauptet, die Verwertungsgesellschaft nehme das einschlägige Recht an einer bestimmten Komposition nicht wahr, muss dies beweisen.

Die Verwertungsgesellschaften verfolgen Rechtsverletzungen der von ihnen wahrgenommenen Rechte. Insoweit werden auch Musterprozesse geführt, die für sämtliche Berechtigte von Bedeutung sind. Sie übernehmen aber nicht die Funktion von Rechtsschutzversicherungen. Plagiatsfälle und sonstige Verletzungen von Rechten, die nicht in den Wahrnehmungsbereich der Verwertungsgesellschaften fallen, müssen vom Urheber oder den Rechtsinhabern meistens selbst verfolgt werden.

4. Verteilung der Einnahmen

Die Verwertungsgesellschaft hat die Einnahmen aus ihrer Tätigkeit nach einem genau festgelegten **Verteilungsplan** aufzuteilen (§ 27 VGG). Der Verteilungsplan muss ein willkürliches Vorgehen bei der Verteilung ausschließen. Grundsätzlich dürfen die einzelnen Berechtigten weder benachteiligt noch bevorzugt werden. Allerdings sind kulturell bedeutende Werke und Leistungen zu fördern. Hierzu zählen z.B. Werke der ernsten Musik zeitgenössischer Komponisten. Diese Werke haben im Verhältnis zu Kompositionen der Unterhaltungsmusik ein nur geringes Publikum. Gleichwohl sind es kulturell bedeutende Werke. Ihr Fortbestehen wird dadurch gefördert, dass sie bei der Verteilung der Einnahmen einen Bonus erhalten.

Ebenso sind die **Erlöse** aus den Vergütungsansprüchen, welche die Verwertungsgesellschaften über die **gesetzlichen Lizenzen** (vgl. §§ 27, 54) einzieht, so aufzuteilen, dass jeder Berechtigte einen angemessenen Anteil hiervon erhält (§ 54h Abs. 2). Diese Erlöse stehen oft Urhebern verschiedener Werkarten sowie Leistungsschutzberechtigten zu, deren Rechte von verschiedenen Verwertungsgesellschaften wahrgenommen werden. Folglich müssen die Verwertungsgesellschaften auch untereinander eine angemessene Verteilung anstreben, die jeden Berechtigten berücksichtigt. Insofern sind die Verwertungsgesellschaften keine einseitig nur auf ihre Mitglieder ausgerichteten Interessenvertreter, vergleichbar mit Berufsverbänden, sondern Einrichtungen eigener Art, die Urheberrechte kollektiv und treuhänderisch wahrnehmen und die Erlöse an sämtliche Berechtigten angemessen verteilen müssen. Verteilungspläne verschiedener Verwertungsgesellschaften zu den gleichen Ansprüchen und für die gleichen Berechtigten müssen also gleich ausfallen; denn andernfalls wären sie unangemessen und somit willkürlich. Sie wären deswegen zu beanstanden (s.u. S. 320). Außerdem soll der überwiegende Teil der Einnahmen den Urhebern und den ihnen gleichgestellten Leistungsschutzberechtigten, nämlich den Verfassern wissenschaftlicher Ausgaben (§ 70), den Herausgebern nachgelassener Werke (§ 71), den

Lichtbildnern (§ 72) sowie den ausübenden Künstlern (§ 73) zufließen, nicht hingegen den Verwertern, die mit der Verwertung dieser Werke und Leistungen befasst sind, auch wenn hierzu abweichende Individualvereinbarungen getroffen worden sind. Letztere könnten nur im Nachhinein getroffen werden, und zwar nicht pauschal, sondern nur für jedes einzelne Werk gesondert (s.o. S. 238 f.).

5. Soziale Leistungen

Die Verwertungsgesellschaft soll **Vorsorge- und Unterstützungseinrichtungen** für die Inhaber der von ihr wahrgenommenen Rechte oder Ansprüche einrichten (§ 32 Abs. 2 VGG). Zu diesem Zweck haben die Verwertungsgesellschaften Sozialkassen oder Sozialwerke geschaffen. Mitunter sind sie nach einzelnen Berufsgruppen aufgeteilt. Etwa 1 bis 5% des jeweiligen Gesamtaufkommens wird in diese Kassen vorweg abgeführt. Sie dienen vor allem der Altersversorgung der Berechtigten und der Unterstützung in Notfällen.

IV. Schiedsstelle

Bei **Streitfällen,** an denen eine Verwertungsgesellschaft beteiligt ist, kann jeder Beteiligte die **Schiedsstelle beim DPMA anrufen,** wenn der Streitfall die Nutzung von Werken oder Leistungen, die nach dem Urheberrechtsgesetz geschützt sind, die Verpflichtung zur Geräte- oder Betreibervergütung (§§ 54, 54c) oder den Abschluss oder die Änderung eines Gesamtvertrags betrifft (§ 92 Abs. 1 VGG); desgleichen bei Streitfällen von Sendeunternehmen und Kabelunternehmen über den Abschluss eines Vertrages über die Kabelweitersendung (§ 92 Abs. 2 VGG). In diesen Streitfällen muss die Schiedsstelle angerufen werden, bevor ein Verfahren vor den ordentlichen Gerichten betrieben wird (§ 128 Abs. 1 VGG). Die Durchführung des **Schiedsverfahrens** ist also **Prozessvoraussetzung** für das ordentliche Gerichtsverfahren. Wurde das Schiedsstellenverfahren nicht innerhalb eines Jahres abgeschlossen und haben die Parteien einer Fortführung dieses Verfahrens nicht zugestimmt, kann sogleich der Gerichtsweg beschritten werden (§§ 105 Abs. 1,

128 Abs. 1 S. 1 VGG); desgleichen wenn die Angemessenheit oder die Anwendbarkeit des Tarifs nicht bestritten ist (§ 128 Abs. 2 VGG). In den anderen Fällen besteht die Möglichkeit, nicht aber der Zwang, zunächst die Schiedsstelle einzuschalten (s.o. S. 313).

Die **Schiedsstelle** ist beim Deutschen Patent- und Markenamt (DPMA) in München (Cincinnatistr. 64, 81549 München; Postanschrift: DPMA, 80297 München) eingerichtet (§ 124 VGG). Sie hat den Beteiligten einen **Einigungsvorschlag** zu machen, der als angenommen gilt, wenn ihm nicht innerhalb eines Monats – drei Monaten bei Verträgen über die Kabelweitersendung – nach Zustellung widersprochen wird (§ 105 Abs. 3 VGG). Letzterenfalls muss die Streitigkeit durch Klageerhebung vor dem zuständigen ordentlichen Gericht fortgesetzt werden. Wird um den Abschluss eines Gesamtvertrages oder eines Vertrages über die Kabelweitersendung gestritten, so ist die Klage nach Abschluss des Verfahrens vor der Schiedsstelle ausschließlich beim Oberlandesgericht München einzureichen; desgleichen bei Verfahren über die Geräte- und Betreibervergütung (§§ 54, 54c UrhG; § 129 Abs. 1 VGG).

V. Aufsicht über die Verwertungsgesellschaften

Die **Aufsicht** über die Verwertungsgesellschaften obliegt dem **Deutschen Patent- und Markenamt**, dessen Aufsichtsbehörde wiederum das Bundesministerium der Justiz ist (§ 75 Abs. 1 VGG). Es entscheidet über die Erlaubnis zum Geschäftsbetrieb einer Verwertungsgesellschaft (§ 78 VGG) sowie über den Widerruf dieser Erlaubnis (§ 80 VGG). Darüber hinaus hat es darauf zu achten, dass die Verwertungsgesellschaft den ihr nach dem Wahrnehmungsgesetz obliegenden Verpflichtungen ordnungsgemäß nachkommt. Zu diesem Zweck ist dem Patent- und Markenamt Einblick in die Geschäftsbücher und andere geschäftliche Unterlagen zu gewähren. Es kann an den Sitzungen einzelner Gremien der Verwertungsgesellschaften teilnehmen. Insbesondere hat es darauf zu achten, dass der Verwaltungsaufwand der Verwertungsgesellschaft gering gehalten wird und dass die Bedingungen zur Wahrnehmung der Rechte sowie Tarife und Verteilungspläne angemessen sind. Ggf. muss es sie beanstanden (§ 85 Abs. 1 VGG).

Die Aufsichtsbehörde hat **kein Selbsteintrittsrecht.** Sie kann also nicht anstelle der Verwertungsgesellschaft handeln, z.B. Tarife aufstellen oder abändern, Gesamtverträge kündigen oder für unwirksam erklären oder andere Maßnahmen treffen, die nach Auffassung der Aufsichtsbehörde von der Verwertungsgesellschaft zu ergreifen wären. Über die bloße Beanstandung hinaus kann sie jedoch alle **Maßnahmen ergreifen**, um die ordnungsgemäße Erfüllung der den Verwertungsgesellschaften obliegenden Pflichten sicherzustellen (§ 85 Abs. 1 VGG). Wird eine Verwertungsgesellschaft ohne Erlaubnis tätig, kann die Aufsichtsbehörde die Fortsetzung des Geschäftsbetriebs untersagen (§ 85 Abs. 2 VGG). Fruchten Beanstandungen oder andere Maßnahmen nicht, kann sie die Erlaubnis widerrufen (§ 80 VGG).

Wird eine **Verwertungsgesellschaft mit Sitz in einem anderen Mitgliedstaat der EU** oder des EWR in Deutschland tätig, indem sie Urheberrechte oder verwandte Schutzrechte des UrhG wahrnimmt, muss sie ihre **Tätigkeit** gegenüber dem DPMA **anzeigen** (§ 82 VGG). Hinsichtlich mancher Tätigkeiten bedarf sie auch der Erlaubnis (§ 77 Abs. 2 VGG). Die **Aufsicht** des DPMA über die inländische Tätigkeit einer Verwertungsgesellschaft mit Sitz in einem anderen Mitgliedstaat der EU oder des EWR ist **begrenzt**. Die Aufsichtsbehörde (das DPMA) kann nur mittelbar einwirken, indem sie die Aufsichtsbehörde am Sitz der betreffenden Verwertungsgesellschaft über Verstöße gegen das dortige Recht informiert, damit die dortige Aufsichtsbehörde Maßnahmen gegen diese Verwertungsgesellschaft ergreift (§ 86 VGG). Einerseits soll das Verwertungsgesellschaftenrecht in allen Mitgliedstaaten harmonisiert (also vereinheitlicht) sein, so dass ein Verstoß gegen das dortige Verwertungsgesellschaftenrecht zumindest annähernd nach den Vorgaben des deutschen Verwertungsgesellschaftenrechts beurteilt werden kann. Andererseits lässt die Verwertungsgesellschaftenrichtlinie den Mitgliedstaaten hier und dort einen Umsetzungsspielraum, so dass unterschiedliche Maßstäbe zwischen den einzelnen Mitgliedstaaten wohl nicht ausgeschlossen bleiben dürften.

20. Kapitel

Welche weiteren Leistungen schützt das Urheberrechtsgesetz?

Das Urheberrechtsgesetz regelt in seinem zweiten Teil den **Schutz der verwandten Schutzrechte,** nämlich einzelner Leistungsarten, die unabhängig von der sonst im Urheberrecht verlangten Gestaltungshöhe allein wegen ihrer künstlerischen oder wissenschaftlichen Arbeit oder wegen ihres organisatorischen Aufwands generell geschützt sind. Mit abnehmender Gestaltungshöhe verringert sich aber auch der Schutzumfang des jeweiligen Leistungsschutzrechts. In erster Linie richtet er sich gegen die Übernahme dieser Leistungen durch Kopie, Überspielung und andere technische Mittel. Meistens bleibt es Dritten unbenommen, ähnliche Leistungen selbst nachzuschaffen.

Der Schutz von Lichtbildern (§ 72), Laufbildern (§ 95) und Datenbanken (§ 87a) wurde bereits beschrieben (s.o. S. 37 ff., 49 f.), so dass im Folgenden nur auf die weiteren noch nicht dargestellten Leistungsschutzrechte einzugehen ist.

I. Wissenschaftliche Ausgaben

Werden alte Handschriften, Noten, Pläne oder sonstige nicht oder wegen Ablaufs der Schutzfrist nicht mehr geschützte Werke oder Texte herausgegeben, ist diese Tätigkeit häufig zwar aufwändig und wissenschaftlich wertvoll, meistens aber urheberrechtlich schutzlos, weil Authentizität und Originaltreue, nicht aber die für den Urheberrechtsschutz erforderliche Individualität angestrebt wird. Unterscheidet sich das Ergebnis solcher wissenschaftlich sichtenden Tätigkeit wesentlich von bisher bekannten Ausgaben dieser Werke oder Texte, genießt es den **Leistungsschutz einer wissenschaftlichen Ausgabe** (§ 70). Sie ist 25 Jahre ab ihrem Erscheinen oder ab ihrer Herstellung geschützt, wenn sie innerhalb dieser Frist nicht erschienen ist. Das Recht steht dem Verfasser der Ausgabe zu, also dem Wissenschaftler, nicht hingegen dem Verlag oder dem wissenschaftlichen Institut. Letztere können freilich Nutzungsrechte hieran erwerben. Die Vorschriften über den Urheberrechtsschutz, z.B. das Nennungsrecht des Verfassers, die einzelnen Nutzungsrechte und auch die Schranken des Urheberrechts (s.o. S. 137), gelten entsprechend. Ist die wissenschaftliche Tätigkeit durch Art und Form der Anordnung des gesichteten Materials ihrerseits schöpferisch, kann hierfür der volle Urheberrechtsschutz beansprucht werden.

II. Nachgelassene Werke

Wird für den Schutz von wissenschaftlichen Ausgaben (§ 70) noch eine wissenschaftliche Arbeit vorausgesetzt, genügt für den Schutz der erstmaligen Ausgabe eines nachgelassenen Werkes (**editio princeps**) – z.B. der Erstausgabe bisher unbekannter oder nur mündlich überlieferter Märchen, Sagen, Lieder oder sonstiger Werke – bereits die lediglich publizistische Tätigkeit (§ 71). Das Werk darf zuvor **nirgendwo erschienen** und sein **Urheberrechtsschutz** muss bereits **erloschen** sein. Ist es nämlich noch geschützt, liegen sämtliche Rechte bei dessen Urheber bzw. seinen Erben. Es genügt das **erstmalige Erscheinen** (z.B. in körperlichen Werkexemplaren, aber auch durch Einstellen des Werks ins Internet) oder die **erstmalige öffentliche Wiedergabe** des nachgelassenen Werkes, um den Schutz nach § 71 entstehen zu lassen. Inhaber der hieraus herrührenden Rechte ist derjenige, der das Werk nach Erlöschen des Urheberrechts, also nach Ablauf der Schutzfrist, tatsächlich erstmals bleibend der Öffentlichkeit zugänglich macht. Das kann z.B. der Herausgeber persönlich, aber auch der Verlag, ein Institut oder eine sonstige juristische Person sein. Nicht ausreichend ist jedoch die bloße Veröffentlichung, z.B. wenn das Manuskript des nachgelassenen Werkes öffentlich präsentiert wird; denn zum einen ist dies keine öffentliche Wiedergabe in unkörperlicher Form und zum anderen wird es nicht in ausreichender Anzahl herausgebracht, um von einem Erscheinen sprechen zu können. Ein Dritter kann also das Recht am nachgelassenen Werk auch dann noch erwerben, wenn es zuvor lediglich veröffentlicht wurde, ohne erschienen oder öffentlich wiedergegeben worden zu sein.

Außerdem muss das Werk **„erlaubterweise"** erscheinen oder öffentlich wiedergegeben werden. Eine Erlaubnis im Sinne eines urheberrechtlichen Nutzungsrechts ist hiermit nicht gemeint; denn der Urheberrechtsschutz des Werkes ist ja bereits erloschen. Wer sich jedoch z.B. auf rechtswidrige Weise den Zugang zum Manuskript oder zur sonstigen Vorlage des nachgelassenen Werkes verschafft, handelt unerlaubt.

Der Inhaber des Leistungsschutzes gem. § 71 hat das ausschließliche Recht, das Werk zu verwerten, sei es in körperlicher oder sei es in unkörperlicher Form (§§ 15 ff.). Dieselben Rechte entstehen auch bei nicht erschienenen Werken, die in der Bundesrepublik Deutschland nie geschützt waren, z.B. Werke ausländischer Urheber, die keinen Urheberrechtsschutz in der Bundesrepublik Deutschland genießen und deren Urheber schon länger als 70 Jahre tot sind (vgl. § 71 Abs. 1 S. 2). Die **Schutzdauer** – 25 Jahre – berechnet sich entweder ab Erscheinen oder ab der früheren ersten öffentlichen Wiedergabe des nachgelassenen Werkes (§ 71 Abs. 3).

Im Bereich der Musik werden die Rechte an solchen Ausgaben von der Verwertungsgesellschaft Musikedition (Kassel) wahrgenommen, wenn der Herausgeber mit dieser Verwertungsgesellschaft einen Berechtigungsvertrag abgeschlossen hat.

III. Ausübende Künstler

Wer ein Werk oder eine Ausdrucksform der Volkskunst vorträgt oder aufführt oder bei dem Vortrag oder der Aufführung eines Werkes künstlerisch mitwirkt, ist ausübender Künstler (§ 73). Seine Darbietungen genießen den hierfür bei den verwandten Schutzrechten geregelten **Leistungsschutz** (§§ 74 ff.).

1. Gegenstand des Schutzes

Gegenstand des Schutzes sind die **Darbietungen** von urheberrechtlich schutzfähigen Werken. Hierunter fallen Darbietungen nicht nur geschützter, sondern auch gemeinfreier Werke, deren Schutzfrist bereits abgelaufen ist. Ferner müssen die Darbietungen auf Bild- oder Tonträger aufgenommen oder gesendet werden können. Das ist bei Sprachwerken, Werken der Musik, pantomimischen Werken und Werken der Tanzkunst möglich. Dagegen lassen sich Werke der bildenden Künste, Lichtbildwerke oder Filmwerke zwar technisch gesehen, nicht aber im Sinne einer Interpretation vorführen oder darbieten. **Ausübende Künstler** sind z.B. Schauspieler, Musiker, Sänger, Rezitatoren, Tänzer und Pantomimen. Hingegen erbringen Kostümbildner, Bühnenbildner und die an der Filmherstellung mitwirkenden Urheber, wie z.B. Kameraleute, Cutter, Filmarchitekten, zwar urheberrechtlich geschützte Werke, für die sie Urheberrechtsschutz genießen, sie sind jedoch in der Regel keine ausübenden Künstler i.S.d. § 73. Sportler und Akrobaten führen keine urheberrechtlich schutzfähigen Werke auf, so dass ihre Leistungen aus diesem Grunde nicht zu den schutzfähigen Darbietungen zählen. Ansonsten brauchen die Darbietungen zwar keine künstlerische Reife zu besitzen, sie müssen aber – z.B. in der Form des Ausdrucks – eine **künstlerische Eigenart** aufweisen. Beim Quizmaster und Rundfunksprecher, die lediglich Texte wiedergeben, kann dies zweifelhaft sein (vgl. BGH GRUR 1981, 419, 420 – Quizmaster). Manche Personen wirken im Vorfeld für die Darbietungen oder erst im Nachhinein an deren Verwertung mit. Sie zählen nur dann zum geschützten Personenkreis, wenn sie, wie z.B. der Regisseur oder der

Dirigent, **an der Darbietung künstlerisch mitwirken.** Beispielsweise ist der Tonmeister einer Schallplattenproduktion nur dann ausübender Künstler, wenn er schon während der Aufnahme auf das live zu hörende Klangergebnis Einfluss nimmt, nicht aber lediglich die fertige Aufnahme im Nachhinein technisch aufbereitet. Ebenso bleiben die vorbereitenden oder begleitenden Leistungen von Bühnenarbeitern, Korrepetitoren, Requisiteuren, Moderatoren, Gesangslehrern oder anderen Einstudierungskräften schutzlos. Mitunter können sich Urheberrechte und Leistungsschutzrechte überlappen, wenn ein und dieselbe Person, z.B. der Filmregisseur, nicht nur das dargebotene Werk, sondern auch dessen Darbietung maßgebend bestimmt.

Durch das Gesetz zur Regelung des Urheberrechts in der Informationsgesellschaft vom 10.9.2003 wurde der Schutz der ausübenden Künstler auf die **Ausdrucksform der Volkskunst** erweitert. Das war von Art. 2a des WIPO-Vertrages über Darbietungen und Tonträger (WPPT) vom 20.12.1996 vorgegeben. Soweit sich die Folklore in Musikwerken, Tänzen oder Texten äußert, fällt sie bereits unter die schützbaren Werke, deren Darbietungen nach § 73 auch schon früher geschützt waren. Über die Ausdrucksform der Volkskunst soll aber auch die **Darbietung traditioneller Ausdrucksformen** Leistungsschutz genießen, denen kein Werkcharakter zukommt. Nach den Vorstellungen der WIPO muss es sich um Produktionen handeln, die von der Gemeinschaft eines Landes oder von Einzelpersonen unter Berücksichtigung der Erwartungen solcher Gemeinschaften entwickelt und als deren überliefertes und charakteristisches **künstlerisches Erbe** gepflegt werden. Dabei geht es auch hier immer nur um den Schutz der Darbietung, nicht um den Schutz des dargebotenen Stoffes. Mitunter dürfte es schwierig sein, zwischen schutzloser Akrobatik und schutzfähiger Folklore zu unterscheiden. Die Darbietung eines Goaßlschnalzers aus Bayern könnte schutzfähig sein; ebenso wohl auch diejenige des Lasso-Künstlers aus dem Wilden Westen. Hingegen bliebe die Darbietung des Seiltrick-Zauberers wohl schutzlos.

2. Schutzumfang

Der Schutzumfang ist in den §§ 74 ff. geregelt. Die ausübenden Künstler interpretieren insbesondere Werke der Musik und Sprachwerke. Sie haben insoweit eine Nähe zu den Urhebern dieser Werke, auch wenn sie diese Werke selbst nicht schaffen. In manchen Bereichen, z.B. der Improvisation des Jazz, können Werkschaffen und Werkdarbietung ineinander übergehen. Diese **Nähe zum Urheberrechtsschutz** hatte vor der Einführung des Leistungsschutzes der ausübenden Künstler dazu geführt, ihre Darbietung wie eine schutzfähige Bearbeitung des dargebotenen Werkes anzusehen. Mit der Einführung der verwandten Schutzrechte im Jahre 1965 wurde der Leistungsschutz der ausübenden Künstler erstmals ausdrücklich geregelt. Die Nähe zum Urheberrechtsschutz zeigt sich weiterhin insbesondere in dem Schutz ihrer Persönlichkeitsrechte.

Der ausübende Künstler hat folgende Rechte:

a) Persönlichkeitsrechte

Das dem Urheber zustehende **Recht auf Anerkennung** seiner Urheberschaft (§ 13) steht auch dem ausübenden Künstler in Bezug auf seine Darbietung zu. Er kann bestimmen, ob und mit welchem Namen er genannt werden will (§ 74 Abs. 1). Bei einer Künstlergruppe (z.B. Orchester, Chor, Ballett-Ensemble) beschränkt sich das Nennungsrecht ggf. auf den Namen der Künstlergruppe (§ 74 Abs. 2).

Der Künstler braucht keine **Entstellungen** oder andere Beeinträchtigungen seiner Darbietung hinzunehmen, die geeignet sind, sein Ansehen oder seinen Ruf als ausübender Künstler zu gefährden (§ 75). Im Bereich des Films wird dieses Recht jedoch eingeschränkt. Wegen der hohen Herstellungskosten und der zahlreichen am Film beteiligten Personen kann der Künstler hinsichtlich der Herstellung und Verwertung von Filmen nur gröbliche Entstellungen oder andere gröbliche Beeinträchtigungen seiner Leistungen verbieten (§ 93). Seine Leistungen dürfen an die Erfordernisse des Films angepasst und umgestaltet werden. Dabei muss jedoch sein Ruf und sein Ansehen gewahrt bleiben. Will sich der Künstler weitergehende Rechte gegen Änderungen und Bearbeitungen seiner Darbietungen im Film vorbehalten, muss er dies vereinbaren.

b) Verwertungsrechte, Vergütungsansprüche

Der Künstler hat das **ausschließliche Recht,** seine **Darbietung auf Bild- oder Tonträger aufzunehmen** oder den Bild- oder Tonträger mit der darauf befindlichen Darbietung zu vervielfältigen und zu verbreiten (§ 77 Abs. 2). **Mitschnitte von Konzerten** sind ohne Erlaubnis des Künstlers unzulässig. Auf diese Weise werden nicht nur wirtschaftliche, sondern auch ideelle Interessen des Künstlers berücksichtigt, nämlich selbst bestimmen zu können, welche Darbietung er für gut genug hält, um sie der Öffentlichkeit auf Bild- und Tonträgern dauerhaft und wiederholbar zugänglich zu machen.

Desgleichen hat der Künstler das ausschließliche Recht, seine **Darbietung öffentlich zugänglich zu machen** (§§ 19a, 78 Abs. 1 Nr. 1), zu senden (§§ 20, 78 Abs. 1 Nr. 2) oder sie außerhalb des Raumes, in dem sie stattfindet, durch Bildschirm, Lautsprecher oder ähnliche technische Einrichtungen öffentlich wahrnehmbar zu machen (§§ 19 Abs. 3, 78 Abs. 1 Nr. 3). Sind die Bild- oder Tonträger mit der Aufnahme seiner Darbietung jedoch mit seiner Einwilligung hergestellt worden und auch erschienen oder erlaubterweise öffentlich zugänglich gemacht worden, hat er seine ideellen Interessen gewissermaßen verbraucht. Nun darf diese Aufnahme auch ohne gesonderte Einwilligung des Künstlers gesendet werden. Hierfür ist ihm allerdings eine **angemessene Vergütung** zu zahlen (§ 78 Abs. 1 Nr. 2 und Abs. 2 Nr. 1). Dasselbe gilt für die sog. **Zweitverwertungsrechte.** Bild- oder Tonträger mit Darbietungen des Künstlers dürfen in Gaststätten oder Hotels gespielt oder auf andere Weise öffentlich wahrnehmbar gemacht werden. Ebenso ist es zulässig, Funksendungen öffentlich wiederzugeben. In beiden Fällen muss der Künstler jedoch zuvor eingewilligt haben, die Bild- oder Tonträger herzustellen oder seine Darbietungen zu senden. Ist dies geschehen, hat der Künstler insoweit kein Verbotsrecht mehr, sondern nur einen Anspruch auf angemessene Vergütung (§ 78 Abs. 2).

Teilweise sind die Verwertungsrechte also zu **Vergütungsansprüchen** reduziert. Das gilt insbesondere auch für die gesetzlichen Schranken

(§§ 44a ff.), die bei den Verwertungsrechten der ausübenden Künstler entsprechend anzuwenden sind (§ 83). Folglich sind z.B. Vervielfältigungen zum privaten Gebrauch (§ 53) gestattet. Ausgenommen hiervon ist die Möglichkeit der Zwangslizenz zur Herstellung von Tonträgern (§§ 42a, 79 Abs. 2a). Die Darbietungen des Künstlers dürfen in jedem Falle nur mit seiner Zustimmung auf Tonträger aufgenommen werden, auch wenn er sie wiederholt oder wenn er einem anderen die Aufnahme gestattet hatte.

c) Schutzdauer

Die Schutzdauer der Rechte der ausübenden Künstler ist (anders als bei der Schutzdauer der Urheber) nicht einheitlich. Es wird zwischen der Dauer der Persönlichkeitsrechte (§ 76) und der Dauer der Verwertungsrechte (§ 82) unterschieden.

Die **Dauer der Verwertungsrechte** (§§ 77, 78) beträgt 70 Jahre ab Erscheinen des Bild- oder Tonträgers (§ 82 Abs. 1). War der Tonträger vor Erscheinen mit Zustimmung des Rechtsinhabers öffentlich wiedergegeben worden, berechnet sich die 70-Jahresfrist ab dem Zeitpunkt der Wiedergabe. War die Darbietung innerhalb von 50 Jahren nicht auf einen Tonträger, sondern z.B. im Rahmen einer Filmproduktion auf einen **Bildtonträger** aufgezeichnet worden, erlischt der Schutz des ausübenden Künstlers bereits **50 Jahre** nach Erscheinen der Aufzeichnung oder (wenn früher) nach deren öffentlicher Wiedergabe (§ 82 Abs. 1 S. 2). War der Tonträger innerhalb von 50 Jahren weder erschienen noch erlaubterweise öffentlich wiedergegeben worden, erlischt der Schutz 50 Jahre nach der Darbietung (§ 82 Abs. 1 S. 3). Das Jahr, in dem die Darbietung, das Erscheinen des Tonträgers oder dessen öffentliche Wiedergabe fällt, wird nicht mitgerechnet. Die Frist beginnt also immer am 1. Januar des folgenden Kalenderjahres.

Die **Persönlichkeitsrechte** (§§ 74, 75) dauern **zumindest zu Lebzeiten des Künstlers bis zu seinem Tode an.** Hat er das Werk in den 50 Jahren vor seinem Tod dargeboten, dann berechnet sich die Schutzdauer nach dem Zeitpunkt der Darbietung oder derjenigen Zeitpunkte (Erscheinen oder öffentliche Wiedergabe des Tonträgers), die für die Berechnung der Schutzdauer der Verwertungsrechte maßgebend sind (§ 76). Für Darbietungen im Alter des Künstlers dauert der Schutz seiner Persönlichkeitsrechte ggf. weit über seinen Tod hinaus an. Sie stehen dann seinen **Angehörigen** zu, also nicht unbedingt seinem Rechtsnachfolger, wenn er die Verwertungsrechte z.B. einer Person vermacht hat, die kein Angehöriger (Ehegatte, Lebenspartner, Kinder oder Eltern) des Künstlers ist (§ 76 S. 4). Ein Auseinanderfallen der Rechtsinhaberschaft an Persönlichkeitsrechten und Verwertungsrechten nach dem Tode des Künstlers kann er ggf. nicht vermeiden. Darin unterscheidet sich die Gesetzeslage gegenüber derjenigen des Urhebers, der das Urheberrecht insgesamt (also einschl. der Persönlichkeitsrechte) an eine Person seiner Wahl vermachen kann (§ 28 Abs. 1).

3. Übertragung, Rechtseinräumung

Die Position des ausübenden Künstlers ist derjenigen des Urhebers nicht so weit angeglichen, dass seine Verwertungsrechte insgesamt (wie beim Urheber gem. § 29 Abs. 1) unübertragbar wären. Vielmehr kann er seine **Verwertungsrechte** und Ansprüche aus den §§ 77 und 78 **vollständig übertragen;** nicht hingegen seine Persönlichkeitsrechte (§§ 74, 75). Außerdem bleiben seine Vergütungsansprüche unverzichtbar. Sie können im Voraus nur an eine Verwertungsgesellschaft abgetreten werden (§§ 79 Abs. 1 S. 2, 78 Abs. 3 und 4, 79a Abs. 3, 79b, 63a).

Der Künstler muss seine Verwertungsrechte nicht übertragen, sondern er kann (wie der Urheber) einem anderen das Recht **einräumen**, die Darbietung auf einzelne oder alle der ihm vorbehaltenen Nutzungsarten zu nutzen. Das **Urhebervertragsrecht** (§§ 31 ff.) ist bis auf die Vorschriften hinsichtlich unbekannter Nutzungsarten (§§ 31a, 32c, 137l) anwendbar (§ 79 Abs. 2a). Das gilt nicht nur für die **Übertragungszweckregel** (§ 31 Abs. 5), wonach die einzelnen Nutzungsrechte tendenziell beim Künstler bleiben, sondern auch für den unverzichtbaren Anspruch auf angemessene Vergütung für jede Nutzung der Darbietung (§ 32). Gemeinsame Vergütungsregeln (§ 36) können auch hier den Rahmen für Mindestvergütungen und Mindestbedingungen vorgeben. Das betrifft aber nur die Nutzung der Rechte der ausübenden Künstler, z.B. Schallplatten von Darbietungen herzustellen und sie zu vermarkten, nicht hingegen die Werkverträge für ihre Darbietungen. Die Abendgage für das Live-Konzert kann nach wie vor individuell ausgehandelt werden, ohne dass es hierfür Mindestvergütungen gibt.

Da die Vorschriften hinsichtlich der Rechte für **unbekannte Nutzungsarten** (§§ 31a, 32c, 137l) bei ausübenden Künstlern nicht anwendbar sind, muss z.B. bei Filmen, denen Verträge bis Ende 2007 zugrunde liegen, geprüft werden, ob dem Filmhersteller, wie damals üblich, die Rechte ausdrücklich für alle bekannten Nutzungsarten eingeräumt worden waren. Ist dies der Fall, kommt eine nachträgliche Übertragungsfiktion hinsichtlich damals noch unbekannter und mittlerweile bekannt gewordener Nutzungsrechte grundsätzlich nicht in Betracht, da § 137l Abs. 1 mit der dort geregelten Übertragungsfiktion bei ausübenden Künstlern nicht gilt (§ 79 Abs. 2a). In diesem Falle müssten Rechte für neue Nutzungsarten nacherworben werden. Anders verhält es sich, wenn dem Filmproduzenten seinerzeit Rechte für unbekannte Nutzungsarten ebenfalls eingeräumt worden waren oder wenn sämtliche Nutzungsrechte eingeräumt wurden, ohne auf deren Bekanntheit gesondert hinzuweisen. Für Verträge oder Sachverhalte **ab 1.3.2017** hat der ausübende Künstler jedoch einen **Anspruch auf eine gesonderte angemessene Vergütung**, wenn der Vertragspartner eine neue Art der Nutzung seiner Darbietung aufnimmt, die im Zeitpunkt des Vertragsschlusses vereinbart, aber noch unbekannt war (§§ 79b Abs. 1, 132 Abs. 3a). Verträge über Rechte an unbekannten Nutzungsarten können zwar ohne Schriftform abgeschlossen werden (da § 31a bei ausübenden Künstlern nicht gilt), sie führen aber zu einem Anspruch auf gesonderte angemessene Vergütung (vergleichbar § 32c). Darüber hinaus erhält der ausübende Künstler **vom Tonträgerhersteller eine laufende Vergütung**, wenn seine Darbietung auf einem Tonträger nach Ablauf von 50 Jahren für **weitere 20 Jahre** vertrieben und zugänglich gemacht wird und der Künstler seinerzeit nur eine einmalige Vergütung erhalten hatte (§ 79a).

Die meisten ausübenden Künstler erbringen ihre Leistungen in **Arbeits- oder Dienstverhältnissen**, sei es als fest angestellte Orchestermusiker oder Chormitglieder, sei es als befristete Arbeitnehmer einer

Filmproduktion, einer Bühne oder einer Fernsehanstalt. Auch hier gilt das **Schöpferprinzip**. Das Recht entsteht beim Künstler, nicht aber bei seinem Arbeitgeber. Werden keine besonderen Vereinbarungen getroffen, bestimmt sich nach dem Wesen des Arbeits- oder Dienstverhältnisses, in welchem Umfang und unter welchen Bedingungen der Arbeitgeber oder Dienstherr die Darbietung nutzen und anderen ihre Nutzung gestatten darf (§§ 79 Abs. 2a, 43). Es verhält sich hier also ähnlich wie beim angestellten Urheber (s.o. S. 235). Die Übertragungszweckregel ist zwar auch im Angestelltenverhältnis anwendbar. Die Leistungsschutzrechte werden jedoch in dem Umfang **stillschweigend übertragen,** wie es der mit dem jeweiligen Vertragsverhältnis angestrebte Erfolg verlangt. Eine Rundfunkanstalt erwirbt z.B. das Recht, die Darbietung eines Pianisten zu senden und sie zu diesem Zweck auch auf Bild- und Tonträger aufzunehmen. Will sie die Aufnahme aber in Form von Bild- oder Tonträgern verbreiten, muss sie sich dieses Recht gesondert einräumen lassen.

Wirkt ein ausübender Künstler bei der Herstellung eines **Filmwerks** mit, hat er keinerlei Ansprüche an der üblichen Verwertung des Filmwerks durch Vervielfältigung, Sendung oder öffentliche Wiedergabe (§ 92). Wird jedoch z.B. die Filmmusik als Soundtrack auf Tonträgern angeboten, bedarf dies einer gesonderten Erlaubnis des Künstlers. Desgleichen behält er seine unverzichtbaren Vergütungsansprüche (s.o. S. 237) und die Persönlichkeitsrechte mit den filmisch bedingten Beschränkungen (§ 93). Auf seine Verwertungsrechte kann er sich uneingeschränkt berufen, wenn kein Filmwerk, sondern nur so genannte **Laufbilder** entstehen, z.B. bei einer Aufzeichnung eines Konzerts, einer Oper oder einer Theateraufführung; denn dort steht die solistische Leistung des Künstlers im Vordergrund, nicht aber der wirtschaftliche Aufwand des Filmherstellers oder die Leistung anderer Filmurheber, wie es beim Filmwerk der Fall ist. Deshalb wird bei solchen Laufbildern das Interesse des Künstlers an der Wahrung seiner Rechte höher eingestuft als dasjenige des Produzenten.

Für einen Großteil der ausübenden Künstler sind **Tarifverträge** oder sog. **Normalverträge** maßgebend. Die einzelnen Bestimmungen dieser Vertragswerke werden von den Vertretern der Arbeitgeber (z.B. der deutsche Bühnenverein) und denjenigen der Arbeitnehmer (z.B. die Genossenschaft deutscher Bühnenangehöriger) ausgehandelt. Sie dienen als Vertragsgrundlage z.B. für die Mitarbeiter der Bühnen, der Filmproduzenten und der Rundfunk- und Fernsehanstalten.

Bei gemeinsamen **Darbietungen mehrerer ausübender Künstler,** deren Beiträge sich nicht gesondert verwerten lassen, z.B. Chor-, Orchester- und Bühnenaufführungen, muss nicht jedes einzelne Ensemble-Mitglied in die Nutzung der geschützten Rechte einwilligen, sondern es genügt, wenn dies der von den mitwirkenden Künstlern gewählte Vertreter (Vorstand oder Leiter) tut (§§ 80 Abs. 2, 74 Abs. 2). Das ist grundsätzlich auch bei kleineren Pop-Gruppen möglich, sofern sie überhaupt einen Leiter haben. Letzteres muss derjenige beweisen, der sich hierauf beruft. Im Falle „The Doors" hat dies der BGH verneint (BGH GRUR 1993, 550 – The Doors). Die Verwertungsrechte stehen den Künstlern, wie bei Miturhebern (s.o. S. 83), zur gesamten Hand zu. Keiner darf seine Einwilligung zur Verwertung wider Treu und Glauben verweigern (§ 80 Abs. 1 S. 2). Grundsätzlich gilt dies auch für den mitwirkenden Solisten, Dirigenten oder Regisseur. Seinen künstlerischen Bedenken gegen die Verwertung einer Aufnahme mit seiner Darbietung wird jedoch ein größeres Gewicht beizumessen sein als demjenigen eines Ensemble-Mitglieds. Desgleichen wird er in der Regel zu benennen sein (§ 74 Abs. 2 S. 4).

4. Wahrnehmung der Rechte

Häufig überträgt der ausübende Künstler seine **Verwertungsrechte** einem Verwerter, oder er räumt ihm diese Rechte ein. Unverzichtbar und im Voraus nur an eine Verwertungsgesellschaft abtretbar bleiben ihm jedoch seine **Vergütungsansprüche** (§§ 78 Abs. 3 und 4, 79 Abs. 1, 79a Abs. 3, 63a). In der Regel schließt er einen **Wahrnehmungsvertrag** mit der Gesellschaft zur Verwertung von Leistungsschutzrechten (**GVL**) ab, die in erster Linie seine Vergütungsansprüche treuhänderisch wahrnimmt. Diese Gesellschaft wird zu gleichen Teilen von der Deutschen Orchestervereinigung e.V. und dem Bundesverband Musikindustrie e.V. getragen. Sie verteilt die

Erlöse aus den Vergütungsansprüchen hälftig zwischen den ausübenden Künstlern und den Tonträgerherstellern.

IV. Veranstalter

Neben dem Künstler schützt das Urheberrechtsgesetz auch den Veranstalter seiner Darbietungen, z.B. das **Konzert- oder Bühnenunternehmen.** Es müssen Veranstaltungen künstlerischer Darbietungen sein. Sportveranstaltungen fallen nicht hierunter (BGH in Schulze BGHZ 400, 14). Schutzgegenstand ist nicht eine künstlerische oder individuelle Leistung, sondern der **unternehmerische Aufwand,** den der Veranstalter erbringen muss, um die Darbietung des Künstlers wirtschaftlich und organisatorisch durchzuführen und der Öffentlichkeit zugänglich zu machen. Veranstalter im Sinne des Urheberrechts (§ 81) ist dasjenige Unternehmen, welches die Darbietung des ausübenden Künstlers federführend organisiert, das finanzielle Risiko hierfür trägt und den Ablauf der Veranstaltung überwacht. Das kann eine Einzelperson, eine Personengesellschaft, eine Handelsgesellschaft oder eine beliebige Institution des privaten oder öffentlichen Rechts sein. Der Veranstalter hat neben dem ausübenden Künstler folgende ausschließlichen Rechte:

- die Darbietung auf Bild- oder Tonträger aufzunehmen (§ 77 Abs. 1);
- den Bild- oder Tonträger mit der Darbietung zu vervielfältigen und zu verbreiten (§ 77 Abs. 2 S. 1);
- die Darbietung öffentlich zugänglich zu machen (§§ 19a, 78 Abs. 1 Nr. 1);
- die Darbietung zu senden (§ 78 Abs. 1 Nr. 2), und zwar mit denselben Einschränkungen wie der Künstler (s.o. S. 327 f.).

Wer öffentlich veranstaltete Darbietungen nutzen will, bedarf also nicht nur der Einwilligung des Künstlers, sondern auch derjenigen des Veranstalters. Stimmt der eine zu, der andere aber nicht, kann die Auswertung solcher Darbietungen blockiert werden. Um dies zu vermeiden, treffen Künstler und Veranstalter meistens schon vorher entsprechende Vereinbarungen.

Die Verwertungsrechte des Veranstalters sind in gleicher Weise durch die gesetzlichen Schranken (§§ 44a ff.) begrenzt wie diejenigen der ausübenden Künstler (§ 83). An den hieraus herrührenden Vergütungsansprüchen, z.B. an der Geräte- und Leerkassettenabgabe, ist er zu beteiligen. Dementsprechend verringern sich die Vergütungsansprüche des Künstlers. Die **Schutzdauer** der Rechte des Veranstalters beträgt nicht 50 Jahre wie beim ausübenden Künstler, sondern nur **25 Jahre.** Sie berechnet sich wie diejenige des ausübenden Künstlers ab der Darbietung, dem Erscheinen des Bild- oder Tonträgers oder dessen öffentlicher Wiedergabe (§ 82; s.o. S. 328 f.).

V. Tonträgerhersteller

Nicht die schöpferische, sondern ebenfalls die **wirtschaftlich-organisatorische Leistung** wird beim Hersteller von Tonträgern geschützt.

1. Gegenstand des Schutzes

Tonträgerhersteller im Sinne des Urheberrechts (§ 85) ist derjenige, der durch seinen eigenen organisatorischen, technischen und wirtschaftlichen Aufwand Tonträger herstellt, die zum Vertrieb geeignet sind. Nicht eine künstlerische oder sonstwie individuelle Leistung, sondern besagter Aufwand wird geschützt, gleichgültig, ob es sich um Aufnahmen urheberrechtlich geschützter Werke oder künstlerischer Darbietungen handelt oder ob es lediglich Geräusche, Vogelstimmen oder sonstige Tonaufnahmen sind. Die Aufnahme auf dem Tonträger ist nicht nur in ihrer gesamten Länge, sondern auch hinsichtlich **kleinster Teile** geschützt; denn der wirtschaftliche Aufwand ist für diese Teile in gleicher Weise erforderlich (BGH GRUR 2009, 403 Rn. 11, 14 – Metall auf Metall; EuGH GRUR 2019, 929 Rn. 39 – Pelham/Hütter). Das **Sampling** von Tonaufnahmen ist deshalb grundsätzlich nur mit Zustimmung des Tonträgerherstellers der benutzten Aufnahme zulässig. Dem Nutzer bleibt es aber unbenommen, die gleiche Aufnahme selbst herzustellen. Ist ihm dies möglich, sind nach Auffassung des BGH auch kleinste Teile der Aufnahme gegen die Übernahme geschützt (BGH GRUR 2013, 614 Rn. 40 – Metall auf Metall II). Nach Auffassung des Bundesverfassungsgerichts kann hier jedoch eine **kunstspezifische Betrachtungsweise** zum Zuge kommen. Dort sind die Kunstfreiheit (Art. 5 Abs. 3 GG) und die Eigentumsinteressen des Tonträgerherstellers (Art. 14 GG) gegeneinander abzuwägen. Einen angemessenen Ausgleich dieser Grundrechte verlangt auch der EuGH. Demgemäß sind kleinste Teile einer Tonaufnahme geschützt, es sei denn, das übernommene Fragment wird in den anderen Tonträger in geänderter und beim Hören in nicht wiedererkennbarer Form eingefügt (EuGH GRUR 2019, 929 Rn. 32 ff., 39 – Pelham/Hütter [Metall auf Metall]). Grundsätzlich ist also davon auszugehen, dass sich der Tonträgerherstellerschutz auch gegen die Übernahme von Teilen der Aufnahme erstreckt.

Es kommt nicht darauf an, ob der Hersteller gewerblich tätig wird. Auch eine Privatperson kann Tonträgerhersteller sein, z.B. ein Komponist, der beauftragt wird, nicht nur ein Musikstück zu komponieren, sondern auch sendefähige Bänder zu liefern (OLG Hamburg GRUR 1997, 826 – Erkennungsmelodie). In der Regel werden Tonträger jedoch gewerblich hergestellt. **Hersteller** ist dann der Inhaber des Unternehmens, nicht derjenige, der z.B. als Angestellter des Unternehmens die zur Tonträgerproduktion erforderlichen Handlungen tatsächlich ausführt. Das Herstellerrecht gibt es nur für die **erstmalige Aufnahme,** nicht für Überspielungen, Mitschnitte oder sonstige Vervielfältigungen von bereits bestehenden Tonträgern.

2. Schutzumfang

Die dem Tonträgerhersteller zustehenden Rechte und Ansprüche sind in §§ 85, 86 abschließend aufgezählt. Als **ausschließliche Rechte** stehen dem Tonträgerhersteller das Vervielfältigungsrecht, das Verbreitungsrecht einschließlich des Vermietrechts sowie das Recht der öffentlichen Zugänglichmachung zu. Diese Rechte entsprechen den Vorschriften der §§ 16, 17, 19a, welche sinngemäß anzuwenden sind. Weitere Verbotsrechte, insbesondere das Senderecht, hat der Tonträgerhersteller nicht. Insoweit stehen ihm lediglich **Beteiligungsansprüche** zu (§ 86). Grundsätzlich hat er es aber in der Hand, ob sein Produkt (der Tonträger) auf den Markt gelangt und dort genutzt werden kann oder nicht. Macht er von seinen Ausschließlichkeitsrechten Gebrauch, kann er die sich hieran anschließenden Nutzungen grundsätzlich nicht mehr verhindern. Ein Tonträger oder ein rechtmäßig hergestelltes Vervielfältigungsstück hiervon darf z.B. öffentlich wiedergegeben werden. Enthält der Tonträger aber die Darbietung eines ausübenden Künstlers und ist er – mit Zustimmung des Tonträgerherstellers bereits erschienen, steht ihm eine angemessene Beteiligung an der Vergütung zu, die der ausübende Künstler für die Sendung oder die öffentliche Wiedergabe erhält (§ 86). In der Regel ist der Tonträgerhersteller hieran über die GVL mit 50% beteiligt.

Die **Schutzdauer** beträgt **70 Jahre** ab Erscheinen des Tonträgers oder ab dessen öffentlicher Wiedergabe, wenn er innerhalb von 50 Jahren nicht erschienen war (§ 85 Abs. 3 S. 1 und 2). Ist der Tonträger innerhalb von 50 Jahren weder erschienen noch öffentlich wiedergegeben worden, **erlischt das Recht 50 Jahre** nach der Herstellung des Tonträgers (§ 85 Abs. 3 S. 3). Hat der ausübende Künstler dem Tonträgerhersteller das Recht an seiner Darbietung gegen eine einmalige Zahlung eingeräumt und wird der Tonträger über 50 Jahre (bis zu 70 Jahren) hinaus genutzt, ist dem Künstler für diese weitere Nutzung eine jährliche Beteiligung an den Einnahmen des Tonträgerherstellers zu zahlen (§ 79a Ab. 1). Dieser Anspruch ist unverzichtbar und kann nur durch eine Verwertungsgesellschaft geltend gemacht werden (§ 79a Abs. 3).

VI. Sendeunternehmen

Ein weiterer Schutz allein **wirtschaftlicher Aufwendungen** ist derjenige des Sendeunternehmens (§ 87).

1. Gegenstand des Schutzes

Sendeunternehmen im Sinne des Urheberrechts (§ 87) ist dasjenige Unternehmen, welches mit organisatorischem, technischem und wirtschaftlichem Aufwand eine Funksendung veranstaltet oder ein für eine derartige Sendung erforderliches **Gesamtprogramm erstellt.** Es braucht keine eigene Sendeanlage zu unterhalten. Wer aber lediglich das Programm eines anderen Unternehmens technisch übernimmt oder weiterleitet (z.B. ein Kabelunternehmen), ist kein Sendeunternehmen im urheberrechtlichen Sinne. Ferner muss sich die **Sendung an die Öffentlichkeit** richten. Das ist z.B. bei Funkdiensten der Polizei sowie der Taxi- oder sonstiger Verkehrsunternehmen nicht der Fall.

2. Schutzumfang

Das Sendeunternehmen hat das **ausschließliche Recht,** seine Funksendung (z.B. über andere Sender zur gleichen Zeit) weiterzusenden und öffentlich zugänglich zu machen (§ 87 Abs. 1 Nr. 1). Hinsichtlich der **Kabelweitersendung** (§ 20b) ist es grundsätzlich verpflichtet, dem Kabelunternehmen die erforderlichen Rechte zu angemessenen Bedingungen einzuräumen (§ 87 Abs. 5). Ferner hat es das ausschließliche Recht, seine Funksendung auf Bild- oder Tonträger aufzunehmen, Lichtbilder von seiner Funksendung herzustellen und die hergestellten Bild- oder Tonträger oder Lichtbilder zu vervielfältigen und zu verbreiten (§ 87 Abs. 1 Nr. 2) sowie das Recht, seine Fernsehsendung an solchen Stellen öffentlich wahrnehmbar zu machen, die der Öffentlichkeit nur gegen Zahlung eines Eintrittsgeldes zugänglich sind (§ 87 Abs. 1 Nr. 3). Letzteres ist bei sog. Fernsehstuben, nicht aber z.B. bei Gaststätten der Fall, die ohne Entgelt betreten werden können. Ein Vermietrecht (§ 17 Abs. 3) an den Aufnahmen oder Lichtbildern steht dem Sendeunternehmen nicht zu.

Die **Schutzdauer** beträgt **50 Jahre** ab der ersten Funksendung. Es gelten die **Schranken** des Urheberrechts (§§ 87 Abs. 4, 44a ff.). Ausgenommen hiervon sind jedoch der Vergütungsanspruch für das private Überspielen und Mitschneiden von Funksendungen auf Bild- oder Tonträger (§ 54 Abs. 1) sowie der Vergütungsanspruch bei den für Unterrichtszwecke mitgeschnittenen Schulfunksendungen (§§ 47 Abs. 2, 87 Abs. 4).

Soweit Sendeunternehmen Tonträger herstellen, die sie nicht lediglich zu Sendezwecken, sondern unabhängig hiervon verwerten, stehen ihnen auch die **Rechte der Tonträgerhersteller** zu (BGH GRUR 1999, 577, 578 – Sendeunternehmen als Tonträgerhersteller). Ferner besitzen sie die den **Filmherstellern** zustehenden Leistungsschutzrechte (§§ 94, 95) an denjenigen Filmen, die sie selber produzieren.

VII. Datenbankhersteller

Mit dem **Leistungsschutz des Datenbankherstellers** soll dessen **wesentliche Investition** geschützt werden. Dieser Leistungsschutz ergänzt den Schutz für Datenbankwerke und wurde dort bereits erläutert (s.o. S. 50).

VIII. Schutz des Presseverlegers

Mit Aufkommen des Internets und den dort **weltweit tätigen Suchmaschinen**, die auf journalistische Beiträge in einzelnen Presseerzeugnissen (Zeitungen, Zeitschriften etc.) nicht nur hinweisen, sondern hiervon oft die Kerninformationen übernehmen, mussten die Presseverleger erkennen, dass ihre Leserschaft und damit auch ihr Anzeigengeschäft zurückging, weil den Lesern die bei Google und vergleichbaren gewerblichen Suchmaschinen zugänglich gemachten Informationen genügten. Demgemäß konnten sich die Suchmaschinen am zunehmenden Traffic und den damit zunehmenden Werbeeinnahmen erfreuen, ohne für das, was sie anboten, etwas zu zahlen. Das wollten die **Presseverleger** nicht hinnehmen, sondern zumindest **an den Erlösen der Suchmaschinen beteiligt werden**. Das führte im Jahre 2013 zu einem **Leistungsschutz der Presseverleger**. Schutzgegenstand sind Presseerzeugnisse oder Teile hiervon gegen die öffentliche Zugänglichmachung im Internet (§ 87f Abs. 1). Der **Schutz** ist allerdings auf mehrfache Weise **begrenzt**. Er gilt nicht für einzelne Wörter oder kleinste Textteile. Überschriften oder sehr kurze Formulierungen dürfen also weiterhin über Suchmaschinen zugänglich gemacht werden. Ferner richtet er sich nur gegen **gewerbliche**, nicht gegen private Zwecke. Die Journalisten können ihre Beiträge für Zwecke der Eigenwerbung weiterhin verwenden. Der Schutz ist auf **ein Jahr** ab Veröffentlichung des Presseerzeugnisses begrenzt (§ 87g Abs. 2). Ferner ist der Urheber an einer an die Verleger gezahlten Vergütung angemessen zu beteiligen (§ 87h). Soweit ersichtlich, hat sich dieser Leistungsschutz nicht sonderlich bewährt; denn insbesondere Google hat manche Presseerzeugnisse aus seiner Suche in dem betreffenden Land gestrichen, wenn die Verleger hierfür eine Vergütung haben wollten. Für die Verlage war die fehlende Präsenz bei Google ungünstig. Deshalb machten sie teilweise keine Beträge geltend. Insoweit ging die Regelung ins Leere.

Möglicherweise bekommt dieser Leistungsschutz etwas mehr Gewicht, nachdem die **EU** ein vergleichbares **Presseverleger-Leistungsschutzrecht** für die Dauer von zwei Jahren in Art. 15 der Richtlinie über das Urheberrecht im digitalen Binnenmarkt vom 17.4.2019 vorgesehen hat; denn es dürfte den Suchmaschinenbetreibern schwer fallen, Presseerzeugnisse nicht nur für Deutschland, sondern europaweit aus ihrem Angebot zu streichen.

IX. Filmhersteller

Der **Produzent eines Films** ist grundsätzlich kein Urheber, sondern er erwirbt nur das **Leistungsschutzrecht** an seiner **wirtschaftlich-organisatorischen Leistung.** Beteiligt er sich darüber hinaus auch schöpferisch als Regisseur, Drehbuchautor oder in sonstiger urheberrechtlich geschützter Form am Zustandekommen des Films, kann er hierfür zusätzlich auch als Urheber geschützt sein. Im Übrigen genießt er Urheberrechtsschutz nur durch die Rechte, die ihm die Filmurheber und die Urheber vorbestehender Werke eingeräumt haben.

1. Gegenstand des Schutzes

Im Hinblick auf die hohen Herstellungskosten eines Films und im Hinblick auf seinen besonderen unternehmerischen Aufwand billigt das Urheberrechtsgesetz dem Filmhersteller ein eigenes Leistungsschutzrecht zu. **Filmhersteller** und Inhaber dieses Leistungsschutzrechts ist derjenige, der die organisatorische und wirtschaftliche Leistung der Filmherstellung tatsächlich erbringt. Demnach hat er das für die Filmherstellung erforderliche Kapital zu beschaffen, die persönlichen und sachlichen Voraussetzungen zur Filmproduktion zu organisieren, die erforderlichen Verträge im eigenen Namen und für eigene Rechnung abzuschließen und die Filmherstellung zu überwachen. Filmhersteller kann durchaus eine Privatperson, z.B. ein Amateurfilmer oder ein Einzelproduzent sein. In der Regel werden Filme jedoch von Produktionsfirmen (meistens juristischen Personen) hergestellt. Das Filmherstellerrecht entsteht dann beim Unternehmen, nicht bei den dort angestellten Arbeitnehmern. Im Falle einer **Auftragsproduktion,** wie sie insbesondere von den öffentlich-rechtlichen Fernsehanstalten vergeben werden, ist Filmhersteller nicht der Auftraggeber, sondern der Auftragnehmer, wenn Organisation und Überwachung der Produktion in seinen Händen liegen und er die hierfür erforderlichen Verträge im eigenen Namen und für eigene Rechnung schließt. Sind mehrere Koproduzenten an der Herstellung beteiligt, so erwerben sie das Filmherstellungsrecht gemeinsam. Bei **Eigenproduktionen** einer Fernsehanstalt oder eines sonstigen Sendeunternehmens liegen dort die Filmherstellungsrechte an den Fernsehfilmen.

Entscheidend ist, dass ein **Bildträger** oder ein Bild- und Tonträger hergestellt wird; denn nur hieran, nicht an dem dort verkörperten Filmwerk, erwirbt der Filmhersteller ein eigenes Leistungsschutzrecht. Ferner muss die Herstellerleistung selbst erbracht worden sein. Wer hingegen lediglich eine Live-Sendung des Fernsehens beim Empfang erstmals mitschneidet, ist kein Filmhersteller. Dasselbe gilt für **Mitschnitte** sonstiger Fernsehsendungen. Ebenso genügt es nicht, einen Bild- oder Tonträger lediglich zu überspielen und auf diese Weise alte Filme technisch zu verbessern. Erst weitergehende Maßnahmen, wie z.B. das Colorieren von Schwarz-Weiß-Filmen oder die Synchronisation eines Filmes, können hieran ein eigenes Filmherstellerrecht begründen.

2. Schutzumfang

Der Filmhersteller hat das **ausschließliche Recht,** den Bildträger oder Bild- und Tonträger, auf dem das Filmwerk aufgenommen ist, zu vervielfältigen, zu verbreiten und zur öffentlichen Vorführung, Funksendung oder öffentlichen Zugänglichmachung zu benutzen (vgl. §§ 16, 17, 19 Abs. 4, 19a und § 20; s.o. S. 111 ff.). Hierzu zählen auch das Vermietrecht (§ 17 Abs. 3) sowie die Vergütungsansprüche für die Kabelweitersendung (§ 20b) und für das Verleihen von Bild- und Tonträgern seiner Filme (§§ 94 Abs. 4, 27 Abs. 2 u. 3). Außerdem hat er das Recht, jede **Entstellung** oder Kürzung des Bildträgers oder Bild- und Tonträger zu verbieten, die geeignet ist, seine berechtigten Interessen hieran zu gefährden (§ 94 Abs. 1 S. 2). Die **Schranken** des Urheberrechts (§§ 44a ff.) sind sinngemäß anzuwenden. Die **Schutzdauer** beträgt **50 Jahre** ab Erscheinen oder ab erster erlaubter Benutzung des Bildträgers oder Bild- und Tonträgers zur öffentlichen Wiedergabe, je nachdem, was früher stattfand. War der Bildträger oder Bild- und Tonträger weder erschienen noch für eine öffentliche Wiedergabe benutzt worden, endet die Schutzdauer 50 Jahre nach seiner Herstellung (§ 94 Abs. 3). Auch **einzelne Bilder** eines Films sowie **kleinste Teile** des Films sind geschützt und dürfen ohne Erlaubnis des Rechtsinhabers nicht übernommen werden (vgl. BGH GRUR 2010, 620 Rn. 35 f. – Film-Einzelbilder; BGH GRUR 2018, 400 Rn. 19 f. – Karneval der Tiere).

3. Schutz des Herstellers von Laufbildern

Die meisten **Rechte des Filmherstellers** sind auch auf Bildfolgen und Bild- und Tonfolgen, die nicht als Filmwerke geschützt sind, **entsprechend anzuwenden** (§ 95). Demnach sind die mitunter weniger künstlerischen, sondern eher dokumentarischen Aufzeichnungen von Opernaufführungen, Darbietungen von Künstlern, Naturereignissen, Sportveranstaltungen oder sonstigen Ereignissen ebenfalls gegen unerlaubte Vervielfältigung, Verbreitung, Vermietung, Funksendung, öffentliche Zugänglichmachung und öffentliche Vorführung dieser Aufzeichnungen geschützt, und es kann ggf.

dahinstehen, ob sie Filmwerke oder nur Laufbilder sind. Das gilt unabhängig von der Größe oder der Länge des Filmausschnitts auch für einzelne Teile des Films (BGH GRUR 2008, 693 Rn. 19 – TV-Total; BGH GRUR 2018, 400 Rn. 19 f. – Karneval der Tiere).

21. Kapitel

Wie kann der Urheber gegen Verletzungen seiner Rechte vorgehen?

Die Urheberrechte sind **besonders schutzbedürftig,** weil sie so leicht verletzt werden können. Mit den **heutigen Reproduktionsmöglichkeiten** lassen sich z.B. Tonträger spielend leicht in bester Qualität vervielfältigen. Auf diese Weise werden gleich mehrere Rechte verletzt, nämlich diejenigen der Komponisten und ausübenden Künstler sowie die Rechte der Tonträgerhersteller und ggf. auch der Veranstalter. Ebenso leicht lassen sich Schriftwerke nachdrucken, Fotografien aus Bildbänden übernehmen und andere Werke nutzen, ohne hierfür vom Urheber das Manuskript, das Negativ oder eine sonstige Vorlage außer dem bloßen Vervielfältigungsstück zu benötigen. Oft erfahren die Urheber von Raubpressungen, Raubdrucken und anderen Verletzungshandlungen nur durch Zufall und erst nachdem die Verletzungsexemplare schon zum Teil verbreitet worden sind. Wird ein Werk – ggf. unerlaubt – ins **Internet** gestellt, lassen sich weitere Nutzungen kaum noch vermeiden. Urheber, Rechtsnachfolger und Rechteinhaber benötigen also schlagkräftige Mittel, um hiergegen vorgehen zu können. Soweit **vertragliche Vereinbarungen** nicht eingehalten werden, stehen ihnen die **allgemeinen zivilrechtlichen Ansprüche** z.B. auf Erfüllung, Schadensersatz wegen Nichterfüllung oder Verzug oder auf Rücktritt vom Vertrag zu. In manchen Fällen können auch Ansprüche aus einem vorvertraglichen Vertrauensverhältnis oder aus sonstiger Pflichtverletzung weiterhelfen. Darüber hinaus und vor allem bei **Verletzungen**

durch Dritte, die dem Rechtsinhaber vertraglich nicht verpflichtet sind, bietet das Urheberrechtsgesetz eigene **zivilrechtliche** (vgl. §§ 95a ff., 97 ff.) und auch **strafrechtliche** (vgl. §§ 106 ff.) **Rechtsbehelfe** zum Schutz der Urheberrechte sowie der verwandten Schutzrechte. Wenn im Folgenden von den Rechten des Urhebers die Rede ist, sind damit auch die entsprechenden Rechte seines Rechtsnachfolgers oder eines Rechtsinhabers gemeint.

I. Zivilrechtliche Rechtsbehelfe

Ein unterschiedliches Niveau bei der Durchsetzung der Rechte würde sich vor allem innerhalb der EU nachteilig auswirken; denn Rechtsverletzer könnten derartige Schutzlücken ausnutzen und ihre Aktivitäten in Mitgliedstaaten verlegen, die im Verhältnis zu anderen Mitgliedstaaten geringe Sanktionen vorsehen. Im Kampf gegen die Produktpiraterie war man im Rahmen des **TRIPS-Übereinkommens** von 1994 international übereingekommen, wirksame Maßnahmen zur Durchsetzung der Rechte des geistigen Eigentums zu treffen. Die dortigen Vorgaben aufgreifend, hat die EG am 29.4. 2004 die **Richtlinie** 2004/48/EG **zur Durchsetzung der Rechte des geistigen Eigentums** erlassen. Erst mit dem Gesetz zur Durchsetzung der Rechte des geistigen Eigentums vom 7.7.2008 wurde diese Richtlinie in nationales Recht umgesetzt. Vieles bedurfte keiner Regelung, weil das deutsche Recht die Durchsetzung von Urheberrechten mit Ansprüchen auf Beseitigung, Unterlassung, Schadensersatz etc. ohnehin schon vorsah. Insofern wurde das bestehende Gesetz nur redaktionell überarbeitet. Manches musste ergänzt werden. Außerdem wurde bei dieser Gelegenheit manche zusätzliche Regelung getroffen, für die zwar kein Umsetzungsbedarf, aber ein Regelungsbedarf bestand.

Hat der Urheber sein Werk durch **technische Maßnahmen** geschützt, kann er gegen deren Umgehung vorgehen (§ 95a). Desgleichen dürfen seine für die Rechtewahrnehmung vorgesehenen Informationen nicht entfernt oder verändert werden (§ 95c). Werden die Rechte des Urhebers verletzt, kann er u.a. verlangen, dass rechtswidrig hergestellte Vervielfältigungsstücke nicht mehr verwertet (vgl.

§ 96), Beeinträchtigungen beseitigt und **weitere Verletzungshandlungen unterlassen** werden (vgl. § 97 Abs. 1). Er ist berechtigt, über das Ausmaß der Verletzungsverhandlungen detaillierte **Auskunft** zu verlangen, ggf. auch von Dritten (§ 101). Ferner ist ihm **Schadensersatz** für sämtliche Verletzungshandlungen zu leisten (§ 97 Abs. 2). Darüber hinaus kann er beanspruchen, dass die Verletzungsexemplare sowie die Vorrichtungen, die hierfür erstellt wurden, vernichtet bzw. unbrauchbar gemacht (§ 98 Abs. 1) oder ihm gegen Zahlung einer angemessenen Vergütung überlassen (§ 98 Abs. 3) werden. Verletzungsexemplare müssen aus dem Verkehr gezogen werden (§ 98 Abs. 2). In manchen Fällen ist der Urheber auch befugt, das obsiegende Urteil auf Kosten des Verletzers öffentlich bekannt zu machen (§ 103). Im Einzelnen gilt Folgendes:

1. Anspruchsberechtigung (Aktivlegitimation)

Zunächst stellt sich die Frage, wer Ansprüche geltend machen kann. Man nennt dies auch **Klagebefugnis** oder Aktivlegitimation.

Werden **Urheberpersönlichkeitsrechte** verletzt, indem z.B. das Werk entstellt oder der Name des Urhebers nicht genannt wird, können Urheber und Leistungsschutzberechtigter hiergegen vorgehen. Sind sie bereits verstorben, steht dieses Recht den Erben des Urhebers (§ 28) und den Angehörigen des Leistungsschutzberechtigten (§ 76 S. 4) zu. Soweit Urheberpersönlichkeitsrechte Dritten eingeräumt wurden, wie z.B. das Recht, das Werk erstmals zu veröffentlichen oder es vor Entstellungen zu bewahren, können grundsätzlich auch die Erwerber dieser Rechte gegen Verletzungen einschreiten, ggf. in **gewillkürter Prozessstandschaft**, d.h. ein fremdes Recht mit Zustimmung des Rechtsinhabers im eigenen Namen geltend zu machen.

Wird gegen **Verwertungsrechte** verstoßen, kommt es darauf an, ob und in welchem Umfang diese Rechte Dritten eingeräumt worden waren. Zunächst ist allein der Urheber bzw. der Leistungsschutzberechtigte uneingeschränkt aktivlegitimiert. Hat er einzelne Rechte Verwertern zur **ausschließlichen Nutzung eingeräumt,** sind die Erwerber dieser ausschließlichen Rechte klagebefugt, und zwar auch gegenüber dem Urheber, soweit letzterer diese Rechte trotz Übertragung weiterhin selber nutzt. Der **Urheber** bleibt aber **neben dem Erwerber weiterhin befugt,** gegenüber Verletzungen der Rechte durch Dritte vorzugehen; denn er hat sowohl materiell als auch ideell ein **berechtigtes Interesse** daran, dass seine Rechte gewahrt werden. Zum einen wohnt jedem Verwertungsrecht auch ein urheberpersönlichkeitsrechtlicher Kern inne, der bei einem Rechtsverstoß tangiert wird. Zum anderen vergibt der Urheber seine Rechte häufig nur gegen Zahlung einer am Absatz orientierten Vergütung. Diese Vergütung erhält er aber nur dann, wenn sein Lizenznehmer das ihm ausschließlich eingeräumte Recht ungestört ausüben kann (BGH ZUM 1993, 187, 189 – ALF). Nur wenn kein eigenes schutzwürdiges Interesse des Urhebers vorliegt, z.B. weil er sämtliche Nutzungsrechte auf Dauer ausschließlich vergeben hat, er durch die unerlaubte Nutzung wirtschaftlich nicht beeinträchtigt wird und auch keine urheberpersönlichkeitsrechtlichen Belange tangiert sind, kann seine Klagebefugnis entfallen. Keine Klagebefugnis hat ferner ein **Leistungsschutzberechtigter,** soweit seine Rechte voll übertragbar sind (z.B. die Rechte des Tonträgerherstellers, Sendeunternehmens oder Filmherstellers) und er hiervon Gebrauch gemacht hat.

Hatte der Urheber kein ausschließliches, sondern nur ein **einfaches Nutzungsrecht** vergeben, ist grundsätzlich nur er, nicht aber der Erwerber dieses Nutzungsrechts befugt, gegen Verletzungen durch Dritte vorzugehen. Werden jedoch eigene berechtigte Interessen des Lizenznehmers verletzt, kann letzterer mit Zustimmung des Urhebers in gewillkürter Prozessstandschaft die Rechte im eigenen Namen wahrnehmen.

Schließlich sind die **Verwertungsgesellschaften** aktivlegitimiert, die ihnen eingeräumten Rechte auch gerichtlich gegenüber Verletzungen durch Dritte durchzusetzen (vgl. §§ 9, 48, 131 VGG).

Wer Urheberrechte oder Leistungsschutzrechte gegen Rechtsverletzern oder sonstigen Personen geltend machen will, muss **beweisen,** dass er **Inhaber dieser Rechte** ist. Das Gesetz sieht hierfür in § 10 **Beweiserleichterungen** vor. Wer üblicherweise auf Werkexemplaren als Urheber bezeichnet ist, gilt als solcher. Seine **Urheberschaft wird vermutet** (§ 10 Abs. 1; s.o. S. 88). Für die originären Inhaber von

Leistungsschutzrechten gilt dies entsprechend. Wird beispielsweise der Tonträgerhersteller auf der CD beim sog. P-Vermerk namentlich neben dem Herstellungsjahr angegeben, kann vermutet werden, dass er der Hersteller ist und dass ihm die Rechte an der Aufnahme zustehen (vgl. § 85 Abs. 4, der auf § 10 Abs. 1 verweist). Darüber hinaus wird zugunsten desjenigen, der in üblicher Weise als Inhaber ausschließlicher Nutzungsrechte bezeichnet wird, vermutet, er sei befugt, Unterlassungsansprüche und (im einstweiligen Verfügungsverfahren) ggf. auch weitergehende Ansprüche gegen Rechtsverletzer geltend zu machen (§ 10 Abs. 3). Beispielsweise kann der Verleger eines Druckwerks, der im Copyright-Vermerk des Druckerzeugnisses angegeben ist, in der Regel gegen Rechtsverletzungen einschreiten. Seine Aktivlegitimation wird vermutet. Sie gilt bis zum **Beweis des Gegenteils.** Die möglichen Verletzer müssten die Vermutungswirkung durch konkreten Sachvortrag entkräften, indem sie z.B. angeben, wer weshalb der wahre Rechtsinhaber sei. Es genügt nicht, die Rechtsinhaberschaft des Verlegers einfach ins Blaue hinein zu bestreiten.

2. Anspruchsgegner (Passivlegitimation)

Als nächstes stellt sich die Frage, gegen wen die Ansprüche durchgesetzt werden können. Urheberrechtsverletzungen sind **unerlaubte Handlungen** im Sinne von §§ 823 ff. BGB. Wie dort, so richten sich auch im Urheberrecht die Ansprüche **gegen jeden, der die Verletzungshandlung adäquat (mit-)verursacht hat,** also nicht nur gegen die Täter, sondern auch gegen Teilnehmer, Mittäter, Anstifter, Veranstalter und sonstige Personen, auf welche die Verletzungshandlung mit zurückzuführen ist. Wird z.B. ein Manuskript ohne Zustimmung des Autors vervielfältigt und verbreitet, verletzt nicht nur der Drucker, der die Vervielfältigungsstücke herstellt, das Recht des Urhebers, sondern auch der Verleger, der sie herstellen lässt, der Vertreter, der das Buch dem Sortimenter anbietet, und auch der Buchhändler, der es dann in seinem Laden anbietet. Keine Verletzungshandlung begeht jedoch der Endabnehmer, soweit er das Buch lediglich erwirbt und liest, nicht aber weiterverbreitet. Wird besagtes Manuskript zuvor noch geändert, überarbeitet oder sonstwie bearbeitet, begehen auch all diejenigen Rechtsverletzungen, die hieran mitwirken, z.B. der Übersetzer und der Lektor des Verlags. Der **Inhaber eines Unternehmens** kann sich nicht darauf hinausreden, nicht er, sondern seine Arbeitnehmer oder Beauftragten hätten das jeweilige Recht verletzt; denn gemäß § 99 haftet grundsätzlich auch er. Ebenso haftet der Geschäftsführer des Unternehmens, der von der Verletzungshandlung wusste (vgl. BGH GRUR 1986, 248, 250 f. – Sporthosen). Gegen all diese Personen kann der Verletzte vorgehen. Es steht ihm frei, seine Rechte nur gegen einzelne oder gegen alle Verletzer zu verfolgen. Das gilt grundsätzlich auch gegenüber solchen Verletzern, die darauf vertrauten, ihnen sei das erforderliche Nutzungsrecht wirksam eingeräumt worden; denn ein gutgläubiger Erwerb von Rechten ist nicht möglich (s.o. S. 207).

Die obigen Grundsätze gelten für **sämtliche Bereiche des Urheberrechts**, gleichviel, wo und wie die Rechte an urheberrechtlich geschützten Werken verletzt werden, also z.B. **auch im Internet** (s.a. S. 290). Wer adäquat kausal zu der Verletzungshandlung beiträgt, kann u.a. auf **Unterlassung, Auskunft und Rechnungslegung** sowie auf Schadenersatz in Anspruch genommen werden. Unproblematisch ist dies, wenn jemand fremde Werke ins Internet stellt oder auf seiner Homepage wiedergibt, ohne sich hierfür die erforderlichen Nutzungsrechte vom Urheber oder Rechteinhaber beschafft zu haben. Er ist hierfür verantwortlich, so dass gegen ihn sämtliche Ansprüche aus der Urheberrechtsverletzung geltend gemacht werden können. Problematisch wird es, wenn sich der Betreffende nicht greifen lässt, weil er unerkannt bleibt oder sich in einem Ausland befindet, welches möglicherweise keinen oder nur einen unzureichenden Urheberrechtsschutz vorsieht. Es liegt nahe, sich nun an den Betreiber der Internetplattform zu wenden, ähnlich wie man sich z.B. bei Werbeanzeigen in der Presse oder im Rundfunk an den Verlag oder an die Rundfunkanstalt hält, wenn das die Anzeige schaltende Unternehmen nicht greifbar ist.

Hinsichtlich der **elektronischen Informations- und Kommunikationsdienste** (z.B. Google, YouTube) wurde die Verantwortlichkeit in §§ 7 ff. **Telemediengesetz** (TMG) gesondert geregelt (s.o. S. 302). Danach ist zu unterscheiden zwischen Diensteanbietern, die **eigene**

Informationen bereithalten und hierfür uneingeschränkt verantwortlich sind, einerseits (§ 7 Abs. 1 TMG) und Diensteanbietern, die **fremde Informationen** lediglich technisch übermitteln, andererseits (§ 8 Abs. 1 TMG). Letztere sind nur dann verantwortlich, wenn sie von den Informationen Kenntnis haben und sie nicht unverzüglich entfernen oder den Zugang zu ihnen sperren (§ 10 TMG). Sie sind nicht ohne weiteres Täter der Urheberrechtsverletzung, wenn ihnen unbekannt ist, was Dritte auf die von ihnen bereitgehaltene Internetplattform einstellen, und wenn sie keinen Anlass haben, davon auszugehen, es würde fremde Urheberrechte verletzendes Material eingestellt werden. Einerseits ist der adäquate Kausalzusammenhang begrenzt. Beispielsweise ist keine Papierfabrik dafür verantwortlich, dass das von ihr hergestellte Papier genutzt wird, um es unerlaubt mit fremden und urheberrechtlich geschützten Texten zu bedrucken. Andererseits besteht die Gefahr, dass sich die **Betreiber von Internetplattformen,** sog. **Provider,** hinter der Behauptung verschanzen, es sei ihnen angesichts der zunehmenden Flut an Werken, die ins Internet gestellt werden, weder technisch möglich noch zumutbar, derartige Nutzungen zu verhindern. Immerhin machen die Provider mit der Bereitstellung derartiger Plattformen ihr Geschäft. Sie tragen jedenfalls mittelbar dazu bei, dass Urheberrechtsverletzungen im großen Ausmaß stattfinden können und dass die originären Verletzer, die zudem von einem Provider zum anderen überwechseln und auf diese Weise auch die Plattform ihrer Verletzungshandlungen austauschen können, sich dem Zugriff entziehen. Auf der einen Seite soll der Provider nicht laufend nachforschen müssen, ob die fremden Informationen, die er technisch übermittelt, rechtswidrig sind. Auf der anderen Seite darf er sich der Kenntnis über die Rechtswidrigkeit dieser Informationen nicht bewusst verschließen. Die **Rechtsprechung des EuGH** tendiert dazu, die Täterhaftung zu erweitern. Außerdem wurde durch Art. 17 CDMS-RL vom 17.4.2019 die Verantwortlichkeit der Diensteanbieter für bei ihnen ins Netz gestellte urheberrechtsverletzende Beiträge verschärft. Grundsätzlich müssen sie mit den Rechtsinhabern dieser Inhalte Lizenzvereinbarungen geschlossen haben. Das wird bis 7.6. 2021 in das deutsche Recht umzusetzen sein. Außerdem kann für Provider die Haftung als Störer in Betracht kommen. Danach haftet derjenige auf Unterlassung, der – ohne Täter oder Teilnehmer zu sein – in irgendeiner Weise willentlich und adäquat kausal zur Verletzung eines geschützten Gutes beiträgt. Um eine solche Haftung nicht über Gebühr auf Dritte zu erstrecken, die nicht selbst die Verletzungshandlung vorgenommen haben, setzt die Haftung des Störers die Verletzung von **Prüfungspflichten** voraus. Deren Umfang bestimmt sich danach, ob und inwieweit dem als Störer in Anspruch Genommenen nach den jeweiligen Umständen eine Prüfung zuzumuten ist. Art und Umfang der gebotenen Prüf- und Kontrollmaßnahmen bestimmen sich nach Treu und Glauben und den Umständen des Einzelfalls. Wird der Provider auf eine Verletzungshandlung (durch entsprechende Abmahnung) hingewiesen, hat er **Kenntnis** von der Verletzungshandlung, so dass er unverzüglich handeln und die rechtsverletzenden Informationen (z.B. Musikstücke, Filme) entfernen oder den Zugang zu ihnen sperren muss. Darüber hinaus hat er dafür Sorge zu tragen, dass künftige Verletzungen unterbleiben. Beispielsweise kann eine Filtersoftware mit entsprechenden Suchbegriffen eingesetzt werden (vgl. BGH ZUM 2007, 646, 650f – Internet-Versteigerung II). Je wahrscheinlicher eine Verletzungshandlung ist, desto größer sind die Prüf- und Vorsorgepflichten zur Vermeidung von Verletzungshandlungen (s.a. S. 301 f.).

3. Rechtsverletzung

Schließlich muss gegen ein Urheberrecht verstoßen und dieser **Verstoß** muss **rechtswidrig** sein. Von der Widerrechtlichkeit ist grundsätzlich auszugehen. Sie wird durch einen **Rechtfertigungsgrund** beseitigt, den der Verletzer zu beweisen hat. Im Einzelnen ist Folgendes zu beachten:

a) Schutzfähigkeit des Werkes

Zunächst muss überhaupt ein urheberrechtlich geschütztes Werk oder eine nach den verwandten Schutzrechten des Urheberrechts geschützte Leistung vorliegen (s.o. S. 17 ff. und S. 321 ff.). Ferner darf die hierfür maßgebliche Schutzfrist noch nicht abgelaufen sein (s.o. S. 183 ff.).

b) Objektive Verletzungshandlung

Das geschützte Werk oder die geschützte Leistung muss benutzt worden sein. **Unproblematisch** ist dies, wenn das Werk identisch in dem Verletzungsexemplar oder bei der Verletzungshandlung wiederkehrt. **Problematisch** wird es, wenn nur Teile des Werkes benutzt werden oder wenn es abgewandelt wird. Nun kommt es darauf an, ob auch der tatsächlich benutzte Teil des Werkes urheberrechtlich geschützt ist und ob durch Art und Weise der Benutzung gerade diese geschützten Teile verwertet werden. Oft zählen die Verletzer zahlreiche Unterschiede und Abweichungen zwischen benutztem Werk und Verletzungsexemplar auf. **Maßgebend** sind aber nicht die Abweichungen, sondern die **Übereinstimmungen** zwischen beiden. Ferner kommt es nicht darauf an, ob benutztes Werk und Verletzungsexemplar in einzelnen, insgesamt gesehen unbedeutenden Teilen voneinander abweichen, sondern entscheidend ist der **Gesamteindruck.** Kehrt Letzterer beim Verletzungsexemplar wieder, spricht dies für eine Verletzungshandlung. Beispielsweise ist bei einem freischwingenden Stahlrohrstuhl die durch den durchgehenden Stahlrohrstrang erzielte kubische, hinterbeinlose Gesamtform geschützt. Taucht diese Form bei einem Verletzungsexemplar wieder auf, kann eine Verletzungshandlung objektiv auch dann vorliegen, wenn das nachgeschaffene Werk geringfügig vom Vorbild abweicht (vgl. BGH GRUR 1981, 820, 822 f. – Stahlrohrstuhl II). Allerdings bleibt die Idee, einen hinterbeinlosen Stuhl zu gestalten, grundsätzlich frei.

Maßgebend ist ferner die **Individualität** oder Gestaltungshöhe und der sich hieraus ergebende **Schutzumfang** der zu vergleichenden Werke. Je individueller das benutzte Werk ist, desto größer ist sein Schutzumfang. Entsprechend eher liegt eine Verletzungshandlung auch dann vor, wenn das benutzte Werk nicht identisch, sondern abgewandelt und nur nahezu identisch im Verletzungsexemplar erscheint. Erst wenn das Verletzungsexemplar selbst in erheblichem Umfang eigene individuelle Züge aufweist, so dass dahinter die Züge des benutzten Werkes verblassen, kann von einer – zulässigen – freien Benutzung die Rede sein (s.o. S. 125). Umgekehrt schrumpft der Schutzumfang, je weniger individuell das benutzte Werk ist, so dass bereits geringfügige Abweichungen genügen, um seinen Schutzbereich zu verlassen. Bei Lichtbildern und ähnlichen Leistungsschutzrechten führt dies häufig dazu, dass die Leistung zwar nicht technisch übernommen, aber durchaus identisch nachgeschaffen werden darf (s.o. S. 321). Grundsätzlich ist aber davon auszugehen, dass ein schutzfähiges Werk nicht nur gegen identische, sondern auch gegen erkennbar abgewandelte Nachschaffungen geschützt ist. Ähnlich verhält es sich beim **Designschutz.** Dort werden andere räumliche Abmessungen oder andere Farben sowie Abweichungen, die nur bei genauem Hinschauen wahrgenommen werden können, aber auch beim informierten Benutzer keinen anderen Gesamteindruck erwecken, als verbotene Nachbildung angesehen (vgl. § 38 Abs. 2 DesignG).

Individualität und Schutzumfang des benutzten Werkes bestimmen sich schließlich nach dem **Zeitpunkt**, an welchem es geschaffen wurde, nicht nach dem Zeitpunkt der Verletzungshandlung (BGH GRUR 1981, 820, 822 – Stahlrohrstuhl II). Der Verletzer kann sich also nicht darauf berufen, die in obigem Beispiel des Stahlrohrstuhls schon in den 20er-Jahren des vorigen Jahrhunderts geschaffene Form sei mittlerweile altbekannt.

c) Subjektive Verletzungshandlung

Der **Verletzer muss das Werk** oder die Leistung des Anspruchstellers **gekannt haben.** Kannte er es, ist von einer Nachbildung auszugehen. Kannte er es hingegen nicht, steht es ihm grundsätzlich frei, unabhängig hiervon ein ähnliches oder identisches Werk geschaffen zu haben. Dann erwirbt er selber Urheberrechte an einer solchen **Doppelschöpfung** (s.o. S. 20). In der Regel ist der vorhandene Gestaltungsspielraum jedoch so groß und setzt die für den Urheberrechtsschutz erforderliche Gestaltungshöhe jedenfalls so viel Individualität voraus, dass zwei unabhängig voneinander arbeitende Urheber zu verschiedenen Gestaltungsformen gelangen. Doppelschöpfungen sind deshalb ausgesprochen selten. Wer dennoch ein identisches Werk schafft und eine Verletzungshandlung abstreitet, muss deshalb glaubhaft darlegen, dass er das schon früher bestehende Werk nicht gekannt hatte. Auch wenn er es z.B. auf Ausstellungen oder in Zeitschriften nur flüchtig gesehen hatte oder durch Beschreibungen Dritter hiervon erfuhr, liegt eine Verletzungshandlung vor; denn bereits der **unbewusste Rückgriff** auf diese Kenntnis reicht hierfür aus. Sind die Urheber aber in Bereichen tätig, die durch technische Zwänge oder bekannte Vorlagen weitgehend vorgegeben sind, können auch Doppelschöpfungen eher zustande kommen. Das gilt in manchen Bereichen der angewandten Kunst und der Gebrauchsgrafik, bei Formularen oder sonstigen Leistungen der sog. kleinen Münze, wo bestimmte Formgebungen geradezu unumgänglich sind. Dort kann aus dem Vorliegen mehrerer ähnlicher Gestaltungen sogar der Schluss gezogen werden, es handle sich nicht um ein urheberrechtlich geschütztes Werk, weil die Formgebung lediglich dem handwerklichen Durchschnittskönnen entspricht.

d) Rechtfertigungsgründe

Hat der Urheber der betreffenden Nutzung seines Werkes vorher zugestimmt oder sie nachträglich genehmigt, entfällt zwangsläufig eine Rechtsverletzung. Dasselbe gilt, wenn eine der **gesetzlichen Schranken** des Urheberrechts (s.o. S. 137 ff.) eingreift, es sich z.B. um ein zulässiges Zitat (vgl. § 51), privaten Gebrauch (vgl. § 53), um eine Berichterstattung (vgl. § 50) oder eine sonstige vom Gesetz ausdrücklich gestattete Nutzung handelt. Sie kann auch aus Gründen der Meinungs-, Kunst- und Informationsfreiheit gerechtfertigt sein. Grundsätzlich sind solche Rechtfertigungsgründe aber bereits in den gesetzlichen Schranken des Urheberrechts erfasst, so dass weitere Rechtfertigungsgründe nur ausnahmsweise in Frage kommen (vgl. BGH ZUM 2003, 777, 779 – Gies-Adler; BGH GRUR 2017, 901 Rn. 39 – Afghanistan Papiere; s.a. S. 139 f.). Rechtfertigungsgründe jeglicher Art hat in jedem Fall derjenige konkret darzulegen und zu beweisen, der sich auf sie beruft.

4. Die einzelnen urheberrechtlichen Ansprüche

Wurde eine Rechtsverletzung festgestellt, stehen dem Urheber aus dem Urheberrechtsgesetz folgende Ansprüche zu:

a) Verwertungsverbot

Rechtswidrig hergestellte Vervielfältigungsstücke dürfen weder verbreitet noch zur öffentlichen Wiedergabe benutzt werden (§ 96). Dieses **Verwertungsverbot** ist ein Beispiel dafür, dass nachfolgende Nutzungen grundsätzlich nur dann zulässig sind, wenn auch die vorherige Nutzung rechtmäßig war. Wer selbst keine Vervielfältigungsstücke herstellt, darf dennoch nur rechtmäßig, nicht aber rechtswidrig hergestellte Exemplare eines Werkes verbreiten. Darüber hinaus ist es unzulässig, solche Vervielfältigungsstücke, die zum privaten Gebrauch hergestellt werden dürfen, ohne Zustimmung des Urhebers zu verbreiten (vgl. § 53 Abs. 6). Mitschnitte von Fernsehsendungen dürfen also nicht veräußert werden. Ebenso bleibt es untersagt, rechtswidrig veranstaltete Funksendungen auf Bild- oder Tonträger aufzunehmen oder öffentlich wiederzugeben (§ 96 Abs. 2). Das Verwertungsverbot gilt grundsätzlich auch für die verwandten Schutzrechte.

b) Unterlassungsanspruch

Unabhängig davon, ob der Verletzer gutgläubig war oder schuldhaft gehandelt hat, muss er **weitere Verletzungshandlungen sofort unterlassen** (§ 97 Abs. 1). Meistens ist dieses Verbotsrecht das wichtigste Mittel des Urhebers gegen Verletzungen seiner Rechte.

Der Unterlassungsanspruch setzt **Wiederholungsgefahr** voraus. Sie liegt vor, wenn der Verletzer bereits gegen das betreffende Urheberrecht verstoßen hat. Es genügt ferner die sog. **Erstbegehungsgefahr,** nämlich wenn eine Rechtsverletzung unmittelbar bevorsteht, weil z.B. eine unzulässige Aufführung angekündigt wird oder sich der Verletzer fremder Rechte berühmt. Die Wiederholungsgefahr – und in manchen Fällen auch die Erstbegehungsgefahr – entfällt nicht dadurch, dass der Verletzer lediglich erklärt, gegen die jeweiligen Rechte nicht oder nicht mehr verstoßen zu wollen; denn eine solche Erklärung sichert den Verletzten grundsätzlich nicht mehr ab als die bestehende Gesetzeslage, wonach die Urheberrechte ebenfalls zu respektieren sind. Wegen der bereits erfolgten – mitunter auch wegen der bloß angekündigten Verletzungshandlung muss der Rechtsinhaber jedoch sichergehen können, dass künftig tatsächlich keine Rechtsverletzungen mehr stattfinden. Das ist nur in Form einer sog. **strafbewehrten Unterlassungserklärung** möglich, in welcher sich der Verletzer verpflichtet, die konkrete Verletzungshandlung bei Meidung einer Vertragsstrafe in bestimmter Höhe für jeden Fall der Zuwiderhandlung zu unterlassen. Hält er sich hieran, braucht er die Vertragsstrafe nicht zu zahlen. Hält er sich hieran jedoch nicht, muss er für jeden einzelnen Verstoß die vereinbarte Vertragsstrafe begleichen. Erst dieses **Vertragsstrafeversprechen** gibt dem Verletzten die erforderliche Sicherheit vor weiteren Verletzungen. Die Vertragsstrafe muss deshalb angemessen, d.h. im Einzelfall so hoch sein, dass der Verletzer sie nicht als vertretbaren Kostenfaktor mit einkalkuliert. In der Regel beträgt sie je nach Werk- und Verletzungsart zwischen 2.000 Euro und 10.000 Euro. In manchen Fällen, z.B. bei Funksendungen, kann sie durchaus wesentlich höher sein. Entscheidend hierfür ist das wirtschaftliche und ideelle Interesse des Verletzten, dass Verletzungshandlungen künftig unterbleiben. Im Falle bloßer **Erstbegehungsgefahr,** wenn also eine Rechtsverletzung lediglich droht, aber noch nicht begangen ist, sind die Anforderungen nicht ganz so streng. Hier kann eine Erklärung genügen, dass die Rechtsauffassung des Anspruchstellers berücksichtigt werde und dass sich der Erklärende verpflichtet, die gerügten Handlungen zu unterlassen (BGH ZUM 1993, 137, 139 – Ausländischer Inserent).

c) Beseitigungsanspruch

Der Verletzer hat den durch den rechtswidrigen Eingriff fortdauernden **störenden Zustand zu beseitigen** (§ 97 Abs. 1). Wird z.B. ein Buchautor weder auf der Titelseite noch auf dem Schutzumschlag als Verfasser seines Buches angegeben, kann er zweierlei verlangen. Zum einen kann er dem Verleger mit seinem Unterlassungsanspruch verbieten, das Buch ohne Urhebervermerk zu verbreiten. Der Verleger müsste dann z.B. den Schutzumschlag neu drucken oder entsprechende Aufkleber anbringen. Zum anderen hat der Verleger durch entsprechende Ankündigungen im Börsenblatt des Buchhandels oder an sonstiger geeigneter Stelle auf die Urheberschaft des Autors hinzuweisen. Wurde das Buch ohne Erlaubnis geändert oder gar entstellt, ist der frühere, vom Autor genehmigte Zustand wiederherzustellen.

d) Schadensersatzanspruch

Hat der Verletzer schuldhaft, nämlich fahrlässig oder vorsätzlich, die Urheberrechte verletzt, kann er auch auf **Schadensersatz** in Anspruch genommen werden (§ 97 Abs. 2). **Vorsätzlich** handelt, wer die Rechtsverletzung bewusst und gewollt begeht oder eine mögliche Rechtsverletzung in Kauf nimmt. **Fahrlässig** handelt, wer die im Verkehr erforderliche Sorgfalt außer Acht lässt. Die Rechtsprechung stellt **strenge Anforderungen an die Sorgfaltspflicht** (BGH NJW 1998, 1391, 1395 – Coverversion). In der Regel wird zumindest Fahrlässigkeit bejaht, da die meisten Rechtsverletzungen von Gewerbetreibenden begangen werden die private Nutzung ist wegen der Schranken des Urheberrechts ohnehin vielfach zulässig – und Letztere sich umfassend und lückenlos nach den erforderlichen Rechten erkundigen müssen. Werden Rechte übertragen, genügt es in der Regel nicht, sich auf Zusicherungen zu verlassen. Vielmehr muss der Verwerter die Kette der einzelnen Rechtsübertragungen vollständig überprüfen (vgl. BGH GRUR 1988, 373, 375 – Schallplattenimport III).

Der Schadensersatz lässt sich **auf dreifache Art berechnen.** Der Verletzte kann verlangen, dass ihm die Vermögenseinbuße einschließlich des entgangenen Gewinns ersetzt wird. Vielfach wird es ihm jedoch schwer fallen, dies konkret darzulegen und zu beweisen. Eine weitere Möglichkeit ist die Herausgabe des Verletzergewinns, also des Reingewinns nach Abzug der Kosten. Diese Berechnungsart stößt dort auf Schwierigkeiten, wo der Verletzergewinn nicht nur auf das konkret genutzte Werk, sondern auch auf andere Leistungen zurückzuführen ist. Schließlich kann die Höhe des Schadensersatzes nach der **angemessenen Lizenzgebühr** berechnet werden, also nach demjenigen Betrag, den der Verletzer hätte zahlen müssen, wenn er sich rechtmäßig um eine Erlaubnis bemüht und die hierfür übliche Lizenzgebühr bezahlt hätte. Das ist die einfachste und auch gebräuchlichste Berechnungsart. Sie zeigt aber auch, wie unzureichend die bestehenden Schadensersatzregelungen sind; denn im Grunde genommen bezahlt der Verletzer nicht mehr, als er sonst – bei rechtmäßigem Verhalten – hätte zahlen müssen. So gesehen geht er gar kein Risiko ein, wenn er gegen die Urheberrechte verstößt. Gleichzeitig hat er aber die Chance, dass seine Verletzungshandlung gar nicht bemerkt wird. Außerdem erzwingt er sich gewissermaßen eine Lizenz; denn nicht in jedem Fall würde ihm der Rechtsinhaber überhaupt eine Lizenz erteilt haben. Nur ansatzweise wird diesem unerwünschten Ergebnis begegnet.

Zum einen steht dem Urheber, Verfasser wissenschaftlicher Ausgaben, Lichtbildner oder ausübenden Künstler auch wegen des Schadens, der nicht Vermögensschaden ist– des **immateriellen Schadens** – eine Entschädigung in Geld zu, wenn und soweit es der Billigkeit entspricht (§ 97 Abs. 2). Wird z.B. die **Urheberangabe** weggelassen, ist hierfür grundsätzlich nochmals derjenige Betrag zu zahlen, der bereits für die jeweilige Nutzung zu entrichten ist, also ein 100%iger Zuschlag. In den meisten Fällen kommt es aber, wie bei anderen Schmerzensgeldansprüchen, auf die Schwere des Eingriffs an. Die Rechtsprechung ist hier eher zurückhaltend. Leidet der künstlerische Ruf, indem das Werk geändert, entstellt oder überhaupt gegen seinen Willen verwertet wird, kann er hierfür grundsätzlich eine Entschädigung verlangen. Wird dagegen das Ausmaß der erlaubten Nutzung überschritten, sehen die Gerichte dies vielfach nicht als schwerwiegend genug an, um einen zusätzlichen immateriellen Schadensersatz zuzubilligen. Außerdem geht der Anspruchsteller ein zusätzliches **Prozesskostenrisiko** ein, wenn er das Schmerzensgeld zu hoch ansetzt. Billigt ihm das Erstgericht oder das Berufungsgericht von dem beantragten oder dem erstgerichtlich festgesetzten Schadensbetrag nur einen Teil zu, dann trifft ihn ein mitunter nicht unerheblicher Teil der Kosten, weil er zu viel beantragt hatte.

Zum anderen wird den **Verwertungsgesellschaften** ein zusätzlicher Schadensersatz als sog. **doppelte Tarifgebühr** dort zugebilligt, wo die Verletzungshandlungen durch erheblichen Kontroll- und Kostenaufwand aufgespürt werden müssen. Bisher haben die Gerichte dies für die Nutzung von Tanz- und Unterhaltungsmusik in Gaststätten und ähnlichen Veranstaltungsräumen sowie für einzelne andere Bereiche, nicht aber generell für sämtliche von den Verwertungsgesellschaften wahrgenommenen Rechte bestätigt. Konsequenterweise müsste die Rechtsprechung hier künftig etwas großzügiger sein, seitdem durch das Produktpirateriegesetz von 1990 demjenigen, der seiner Auskunftspflicht nicht, nur unvollständig oder sonst unrichtig nachkommt, auferlegt wird, den doppelten Vergütungssatz zu zahlen (§§ 54e Abs. 2, 54f Abs. 3). Sinn und Zweck ist, dass der Verletzer, der solche **Kontrollkosten** verursacht, hierfür auch aufkommen muss. Dagegen soll der sich rechtmäßig verhaltende Nutzer, auf den man zwangsläufig solche Kosten umlegen muss, wenn zusätzliche Ansprüche gegenüber dem Verletzer versagt bleiben, hiermit nicht belastet werden.

Nach Art. 8 Abs. 1 der EU-**Richtlinie zur Informationsgesellschaft** vom 22.5.2001 sollen die Mitgliedstaaten gegen Verletzungen der in dieser Richtlinie festgelegten Rechte und Pflichten u.a. **angemessene Sanktionen** vorsehen. Sie müssen **wirksam, verhältnismäßig und abschreckend** sein. Die bisherigen Schadenersatzregelungen haben keine abschreckende Wirkung, weil der Verletzer häufig kein Risiko eingehen muss; denn wenn seine Verletzungshandlung überhaupt aufgedeckt wird, muss er oftmals nur dasjenige begleichen, was er auch im Falle eines Lizenzerwerbs hätte begleichen müssen, nämlich die angemessene Lizenzgebühr. Abschreckend wäre eine Sanktion nur dann, wenn er z.B. die dreifache Lizenzgebühr zahlen müsste. Weder mit der EG-Durchsetzungsrichtlinie (2004/48/EG) noch mit deren Umsetzung durch das Gesetz zur Durchsetzung der Rechte des geistigen Eigentums vom 7.7.2008 wurde ein verbindlicher Schritt in diese Richtung gemacht.

e) Anspruch auf Auskunft und Rechnungslegung

Der Verletzte muss das Ausmaß der Verletzungshandlungen kennen, um gegen Rechtsverletzungen vorgehen und den Schaden beziffern zu können. Ein dahingehender **Auskunftsanspruch** ist nur hinsichtlich gewerblich begangener Verletzungen ausdrücklich im Gesetz geregelt (§ 101 Abs. 1). Ansonsten folgt er aus dem von der Rechtsprechung zu den §§ 242, 259, 260 BGB entwickelten **Grundsatz,** dass auskunftsberechtigt ist, wer über Bestand oder Umfang seines Rechts schuldlos im Ungewissen ist, während der Verpflichtete unschwer Auskunft erteilen kann. Ist dem Urheber somit eine Verletzung seiner Rechte bekannt, muss ihm der Verletzer darlegen, auf welche Weise und in welchem Umfang er das Werk genutzt hat, und zwar unter Angabe der hergestellten und verbreiteten Vervielfältigungsstücke, der einzelnen Aufführungen, der verlangten und erzielten Preise, der Abnehmer und weiterer Einzelheiten des konkreten Falles. Auf der einen Seite darf über den Auskunftsanspruch nicht ausgeforscht werden, wer sonst gegen die Urheberrechte verstoßen hat. Auf der anderen Seite kann der Verletzte auch Angaben (Namen und Anschrift) über die Hersteller, Zulieferer und über die Vertriebswege verlangen (§ 101 Abs. 1). Soweit der Auskunftsverpflichtete mit Rücksicht auf seine Kundenbeziehungen oder aus vergleichbaren Gründen dem Anspruchsteller bestimmte Details berechtigterweise vorenthalten will, gilt der sog. **Wirtschaftsprüfervorbehalt**. Danach kann er die Auskünfte einem zur Berufsverschwiegenheit Verpflichteten, z.B. einem Wirtschaftsprüfer, erteilen, der dann entsprechende Kontrollfragen des Verletzten beantwortet (BGH ZUM 2000, 238, 240 – Planungsmappe).

In Fällen **offensichtlicher Rechtsverletzung** kann der Verletzte ggf. auch **von Dritten Auskunft** verlangen, die Verletzungsexemplare in Besitz hatten, rechtsverletzende Dienstleistungen in Anspruch nahmen, einen Dienst erbrachten, der für rechtsverletzende Tätigkeiten genutzt wurde, oder an einer dieser Handlungen beteiligt waren (§ 101 Abs. 2). Der Auskunftsanspruch richtet sich u.a. **gegen Internet-Provider,** die Rechtsverletzern eine Plattform bieten. Kann der Internet-Provider Auskunft nur unter Verwendung von Verkehrsdaten i.S.v. § 3 Nr. 30 des Telekommunikationsgesetzes erteilen, die dem Datenschutz unterliegen, steht das Auskunftsverlangen unter einem **Richtervorbehalt** (§ 101 Abs. 9). Erst nachdem der Richter einer für den Wohnsitz des Dritten zuständigen Urheberrechtskammer des Landgerichts die richterliche Anordnung erteilt hat, kann Auskunft über diese Verkehrsdaten, z.B. die IP-Adressen von Teilnehmern an illegalen Tauschbörsen, verlangt werden (§ 101 Abs. 9).

Mitunter kann sich der Verletzte von der Verletzungshandlung erst dann Gewissheit verschaffen, wenn er den **Verletzungsgegenstand besichtigen** kann, ihm z.B. der Quellcode eines Computerprogramms zugänglich gemacht wird. Dieser Anspruch kann nach § 809 BGB begründet sein (BGH GRUR 2002, 1046, 1047 – Faxkarte).

f) Besichtigung

Darüber hinaus sieht § 101a zugunsten des Verletzten einen Anspruch auf **Vorlage einer Urkunde oder Besichtigung** einer Sache gegenüber demjenigen vor, der mit hinreichender Wahrscheinlichkeit das Urheberrecht oder ein verwandtes Schutzrecht verletzt. Einerseits soll hiermit eine Ausforschung von Urheberrechtsverletzungen nicht ermöglicht werden. Andererseits sollen urheberrechtliche Ansprüche bei hinreichender Wahrscheinlichkeit einer Verletzungshandlung nicht daran scheitern, dass dem Urheber die letzte Gewissheit allein deswegen fehlt, weil er keinen Zugang zu bestimmten Urkunden (z.B. Vertragsdokumenten) oder zu den Verletzungsexemplaren hat. Die hinreichende Wahrscheinlichkeit einer Verletzungshandlung muss der Urheber (oder Rechtsinhaber) glaubhaft machen.

g) Anspruch auf Vernichtung und ähnliche Maßnahmen

Der Verletzte kann verlangen, alle rechtswidrig hergestellten, rechtswidrig verbreiteten und zur rechtswidrigen Verbreitung bestimmten **Vervielfältigungsstücke zu vernichten** (§ 98 Abs. 1 S. 1). Bücher sind einzustampfen, Fotografien und Filme zu verbrennen, Daten zu löschen und Schallplatten einzuschmelzen oder auf andere Weise unbrauchbar zu machen. Dasselbe gilt für Druckstöcke, Formen, Platten und sonstige **Vorrichtungen,** die vorwiegend zur rechtswidrigen Herstellung von Vervielfältigungsstücken bestimmt sind (§ 98 Abs. 1 S. 2), sowie für Kopierprogramme und vergleichbare Mittel, die allein dazu bestimmt sind, die unerlaubte Beseitigung oder Umgehung technischer Programmschutzmechanismen zu erleichtern (§ 69f Abs. 2). Kann dasselbe Ergebnis auf weniger einschneidende Weise erreicht werden, ist dieser Weg zu wählen (§ 98 Abs. 4). Beispielsweise lassen sich Tonbänder und Disketten löschen, statt sie völlig zu vernichten. In beiden Fällen sind sie als Vervielfältigungsstücke des Werkes nicht mehr verwendbar. Ist der Verletzte an den Vervielfältigungsstücken und Vorrichtungen interessiert, steht es ihm frei, sie – statt sie vernichten oder unbrauchbar machen zu lassen – ganz oder teilweise gegen Zahlung einer angemessenen Vergütung, welche die Herstellungskosten nicht übersteigen darf, herauszuverlangen (§ 98 Abs. 3).

Mit der Vernichtung derjenigen Verletzungsexemplare, die sich im Besitz oder Eigentum des Verletzers befinden, wäre eine Verletzung nur teilweise unterbunden, wenn zahlreiche weitere Exemplare bereits in den Vertriebswegen zirkulieren, also nicht mehr im Besitz oder Eigentum des Verletzers sind, und weiterverbreitet werden könnten. Mitunter tendieren die Verletzer dazu, vor Abgabe einer strafbewehrten Unterlassungserklärung noch schnell möglichst viele Verletzungsexemplare nach dem Motto „was weg ist, ist weg und kann nicht mehr zurückgeholt werden" in den Umlauf zu bringen. Derartigen Praktiken setzt § 98 Abs. 2 einen Riegel vor. Der Verletzte kann den **Rückruf** von rechtswidrig hergestellten, verbreiteten oder zur rechtswidrigen Verbreitung bestimmten Vervielfältigungsstücken oder deren endgültiges Entfernen **aus den Vertriebswegen** verlangen. Einerseits soll vom Verletzer nichts Unmögliches verlangt werden, wenn er keinen Einfluss auf die Rückgabe und Entfernung der Verletzungsexemplare mehr ausüben kann. Andererseits soll er die Hände nicht in den Schoß legen dürfen, sondern er muss sich ernsthaft darum bemühen, den Weitervertrieb zu unterbinden. Er muss die **Händler**, insbesondere Großhändler, **informieren**, **Kommissionsware zurücknehmen** und bereits verkaufte Exemplare von den Händlern ggf. zurückerwerben. Grundsätzlich dürfte dies auch in seinem eigenen Interesse sein; denn der Urheber könnte Unterlassungsansprüche genauso gegen jeden einzelnen Händler geltend machen. Letztere könnten den Verletzer wegen der hierdurch entstehenden zusätzlichen Kosten in Regress nehmen.

Diese Ansprüche entfallen bei Bauwerken und bei solchen Teilen von Vervielfältigungsstücken und Vorrichtungen, die abgetrennt werden können und ihrerseits nicht rechtswidrig sind (§ 98 Abs. 5). Soweit möglich soll also nur dasjenige vernichtet oder unbrauchbar gemacht werden, was tatsächlich die Urheberrechte verletzt. Eine weitere Ausnahme wird bei rechtswidrig errichteten Gebäuden gemacht. Sie bleiben erhalten. Wurde das Bauwerk aber durch Umbauten oder andere Maßnahmen entstellt, kann der Architekt verlangen, sie zu beseitigen.

Schließlich hat ein Verletzer, dem weder Vorsatz noch Fahrlässigkeit zur Last fallen, die Möglichkeit, die **Ansprüche** des Verletzten auf

Beseitigung, Unterlassung (§ 97), Vernichtung, Unbrauchbarmachung oder Überlassung (§ 98) **durch eine angemessene Entschädigung in Geld abzuwenden,** wenn ihm durch die Erfüllung der Ansprüche ein unverhältnismäßig großer Schaden entstehen würde und dem Verletzten die Abfindung in Geld zuzumuten ist (§ 100). Auf diese Weise soll verhindert werden, dass besonders kostspielige Werke, wie z.B. Filmwerke, bei denen schuldlos versäumt wurde, die Einwilligung eines beiläufig mitwirkenden Urhebers einzuholen, allein deshalb völlig wertlos werden. Es handelt sich um eine **eng auszulegende Ausnahmevorschrift**. Ggf. erhält der Verletzer nur eine Aufbrauchsfrist, die es ihm ermöglicht, die Verletzungsexemplare noch für eine bestimmte Zeit zu nutzen.

h) Bekanntmachung des Urteils

Hat der Verletzte im Klagewege ein obsiegendes Urteil erstritten, kann er dies **auf Kosten des Verletzers öffentlich bekannt machen,** wenn er ein berechtigtes Interesse hieran dartut und ihm das Gericht diese Befugnis zuerkennt (§ 103). Umgekehrt steht dieser Anspruch auch dem „Verletzer“ zu, wenn sich herausstellt, dass er keine Rechtsverletzung begangen hatte. Berechtigt ist das Interesse hieran in der Regel nur dann, wenn die Verletzungshandlung oder die Streitigkeit entsprechend publik geworden ist. Häufig wird dasselbe Ziel durch Berichterstattung in den Medien viel eher erreicht, zumal ein Urteil erst bekannt gemacht werden kann, nachdem es rechtskräftig geworden ist (§ 103 S. 4). Ergreift die obsiegende Partei andere Maßnahmen, um die Angelegenheit an die Öffentlichkeit zu bringen, hat sie darauf zu achten, dass herabsetzende oder sonstige Äußerungen, die über das gebotene Ziel hinausschießen, wettbewerbswidrig sein oder bei unzutreffenden Angaben gegen andere Rechte verstoßen können.

i) Verbot der Umgehung technischer Schutzmaßnahmen

Die §§ 97 ff. regeln die Sanktionen, die dem Urheber zustehen, wenn sein Werk verletzt worden ist oder die Verletzung unmittelbar droht. Die **§§ 95a und 95c** regeln **Verbote,** die **im Vorfeld einer Urheberrechtsverletzung** anzusiedeln sind, nämlich wenn technische Schutzmaßnahmen umgangen, Vorrichtungen hierzu bereitgehalten oder Informationen für die Rechtewahrnehmung (sog. Metadaten) entfernt oder verändert werden (s.o. S. 74 f.). Wer gegen diese Verbote verstößt, muss mit strafrechtlichen Konsequenzen (§ 108b) und Bußgeldern (§ 111a) rechnen. Für die zivilrechtlichen Sanktionen ist zu beachten, dass die Verbote gem. § 95a Abs. 3 keine dem Urheberrecht vergleichbaren absoluten Rechte, sondern **nur Schutzgesetze i.S.v. § 823 Abs. 2 BGB** zu Gunsten der Inhaber von Urheberrechten und Leistungsschutzrechten sind, die wirksame technische Maßnahmen zum Schutz ihrer urheberrechtlich geschützten Werke und Leistungen einsetzen (BGH GRUR 2015, 672 Rn. 68 – Videospiel-Konsolen II). Demgemäß gelten nicht die §§ 97 ff., aber Beseitigungs–, Unterlassungs- und Schadensersatzansprüche nach §§ 823, 1004 BGB. Ferner ist zu unterscheiden zwischen der Verletzung des urheberrechtlich geschützten Werkes einerseits und der Umgehung technischer Schutzmaßnahmen andererseits. Letztere liegt unabhängig davon vor, ob bereits Urheberrechte verletzt worden sind. Beispielsweise kann gegen Vorrichtungen zur Umgehung technischer Schutzmaßnahmen bereits dann eingeschritten werden, wenn sie noch nicht zum Einsatz gekommen sind. Wurden sie bereits eingesetzt, kann der Verletzer zweierlei Verletzungshandlungen begangen haben, nämlich zum einen eine Umgehungshandlung oder einen anderen Verstoß gegen die §§ 95a, 95c und zum anderen eine Verletzung der Urheberrechte z.B. gegen §§ 15 ff.; ggf. als Mittäter, soweit er durch die Umgehungshandlung einen adäquat kausalen Beitrag zur Urheberrechtsverletzung Dritter geleistet hat.

5. Ansprüche aus anderen gesetzlichen Vorschriften

Neben den urheberrechtlichen Ansprüchen bleiben Ansprüche aus anderen gesetzlichen Vorschriften unberührt (§ 102a). Urheberrechtsverletzungen können gleichzeitig auch vorsätzliche sittenwidrige Schädigungen (vgl. § 826 BGB), Eingriffe in den eingerichteten oder ausgeübten Gewerbebetrieb (vgl. § 823 BGB) oder Wettbewerbsverstöße (vgl. §§ 3, 4 UWG) sein und als solche ebenfalls Unterlassungs- und Schadensersatzansprüche auslösen. **Wettbewerbsrechtliche Ansprüche** sind vor allem dort zu prüfen, wo die urheberrechtliche Schutzfähigkeit des genutzten Gegenstands fragwürdig, die Verletzungshandlung aber aus weiteren besonderen Umständen unlauter ist (s.o. S. 64). Hat der Urheber ein Design angemeldet, stehen ihm Beseitigungs–, Unterlassungs- und Schadensersatzansprüche auch nach dem **DesignG** zu (vgl. § 42 DesignG; s.o. S. 56).

Außerdem kommen Ansprüche aus **ungerechtfertigter Bereicherung** (§§ 812 ff. BGB) in Betracht; denn der Verletzer ist darin bereichert, dass er durch die eigenmächtige Nutzung fremder Leistungen Kosten erspart, die er sonst hätte aufwenden müssen, um das Werk nutzen zu dürfen. Hierfür ist es gleichgültig, ob er sich angesichts dieser Kosten zur Nutzung des Werkes überhaupt entschlossen und ob ihm der Verletzte das Nutzungsrecht eingeräumt hätte. Der Verletzer muss den objektiven Gegenwert für den Gebrauch des Werkes leisten, und zwar in Höhe der **angemessenen Lizenzgebühr**, die der Verletzte üblicherweise hätte verlangen können. Diese Anspruchsgrundlage hat den Vorteil, dass es hier auf ein **Verschulden** des Verletzers **nicht ankommt** (BGH GRUR 1992, 557 – Talkmaster-Foto) und dass bei Bereicherungsansprüchen aus deliktischen Handlungen grundsätzlich eine 10-jährige Verjährungsfrist (§ 102 S. 2, § 852 BGB) statt der sonst 3-jährigen regelmäßigen Verjährungsfrist (§ 102 S. 1; § 195 BGB) gilt.

6. Verjährung und Verwirkung der Ansprüche

Wer tatenlos zuschaut, wie seine Rechte verletzt werden, läuft Gefahr, seine Ansprüche zu verlieren.

Das **Urheberrecht als solches verjährt nicht,** sondern es gilt für die Dauer der Schutzfrist, nämlich 70 Jahre post mortem auctoris. **Vorbeugende Unterlassungsansprüche** können bei begründetem Anlass jederzeit geltend gemacht werden. Hingegen verjähren **Ansprüche** wegen einer **bereits begangenen Urheberrechtsverletzung** oder eines anderen nach dem Urheberrechtsgesetz geschützten Rechts in der **regelmäßigen Verjährungsfrist von 3 Jahren** ab dem Zeitpunkt, in dem der Berechtigte von der Verletzung und der Person des Verpflichteten Kenntnis erlangt, ohne Rücksicht auf diese Kenntnis in 10 Jahren nach der Verletzung (§ 102 S. 1; §§ 195, 199 BGB). Das gilt nicht nur für Schadensersatzansprüche, sondern auch für Ansprüche auf Unterlassung, Vernichtung, Unbrauchbarmachung und Überlassung (§§ 97, 98). Die Verjährungsfrist beginnt für jede neue Verletzungshandlung neu zu laufen. Sie ist gehemmt, wenn zwischen dem Verletzer und dem in seinem Urheberrecht Verletzten Verhandlungen über den zu leistenden Schadensersatz schweben, bis der eine oder der andere Teil die Fortsetzung der Verhandlungen verweigert (§ 203 BGB). Außerdem kann der Verletzte die Zahlung der angemessenen Lizenzgebühr über den Bereicherungsanspruch (§ 812 BGB) auch noch innerhalb 10 Jahren nach der Verletzungshandlung geltend machen (§ 102 S. 2, § 852 BGB). Im Designgesetz gelten dieselben Verjährungsfristen wie im Urheberrecht (vgl. § 49 DesignG). Wettbewerbsrechtliche Unterlassungs- und Schadensersatzansprüche verjähren aber bereits binnen 6 Monaten ab Kenntnis von der Verletzungshandlung und der Person des Ersatzpflichtigen (vgl. § 11 UWG). Die Verjährung eines Anspruchs wird nur dann berücksichtigt, wenn sich der Anspruchsgegner hierauf ausdrücklich beruft.

Außerdem kann der Verletzte seine **Ansprüche verwirken,** wenn er sie trotz Kenntnis über längere Zeit nicht geltend macht und der Verletzer hierauf vertrauend einen wertvollen Besitzstand erwirbt, z.B. erheblich investiert, um das Werk auswerten zu können. Grundsätzlich lassen sich die Ansprüche aber nur für die Vergangenheit, nicht für die Zukunft verwirken; denn mit Anspruchstellung entfällt der Vertrauenstatbestand auf Seiten des Anspruchsgegners. Von der Verwirkung sind deshalb nur Schadensersatz- oder sonstige Zahlungsansprüche, nicht hingegen Unterlassungsansprüche betroffen. Zumindest kann der Verletzer nicht darauf vertrauen, das Werk auch künftig ohne jede Vergütung auswerten zu dürfen (BGH GRUR 2014, 363 Rn. 15 – Peter Fechter).

7. Durchsetzung der Ansprüche

Die Ansprüche des Urhebers müssen gegenüber dem Verletzer geltend gemacht und durchgesetzt werden. Ist der Verletzer einsichtig, lässt sich dies auf gütlichem Wege schnell erreichen. Widersetzt er sich, benötigt der Urheber eine gerichtliche Entscheidung, aus welcher er mit staatlicher Hilfe gegen den Verletzer vollstrecken kann. Hierzu sollen folgende Einzelheiten kurz umrissen werden.

a) Abmahnung

Nicht jeder Verletzer verstößt wissentlich gegen fremde Rechte, und mancher will sich auch durchaus rechtmäßig verhalten. Der Verletzte sollte ihn deshalb zunächst abmahnen, indem er versucht, ihn außergerichtlich von der Rechtslage zu überzeugen, und ihn auffordert, sich rechtmäßig zu verhalten (§ 97a Abs. 1). Meistens enthält das **Abmahnschreiben** die Aufforderung, eine strafbewehrte Unterlassungserklärung abzugeben (s.o. S. 354 f.), Auskunft über die bisherigen Verletzungshandlungen zu erteilen und sich zu verpflichten, den bereits entstandenen oder noch entstehenden Schaden zu ersetzen sowie Verletzungsexemplare und dazugehörige Vorrichtungen zu vernichten. Mancher Rechtsverstoß lässt sich schon auf diese Weise klären. Mitunter kommt sogar eine Zusammenarbeit zwischen beiden Parteien zustande.

Außerdem besteht kein Anlass für gerichtliche Schritte, wenn der Verletzer die Ansprüche des Verletzten **sofort anerkennt**. Wendet sich der Verletzte ohne vorherige Abmahnung an das Gericht und erkennt der Verletzer den geltend gemachten Anspruch sofort an, ist dieser Weg zwar zulässig, der Verletzte hat aber sämtliche Kosten des Gerichtsverfahrens zu tragen (§ 93 ZPO). Deshalb wird der Verletzte dem Verletzer sinnvollerweise **zunächst androhen,** gerichtliche Maßnahmen zu ergreifen, falls er die strafbewehrte Unterlassungserklärung und die weiteren verlangten Erklärungen nicht innerhalb der ihm gesetzten Frist abgeben sollte. Im Hinblick auf kurz bevorstehende oder weitere Verletzungshandlungen kann diese Frist sehr kurz sein. Je nach Einzelfall beträgt sie einige Tage oder auch nur wenige Stunden. Hält der Verletzer diese Frist nicht ein, hat er Anlass für gerichtliche Schritte gegeben. Er muss dann auch die entstehenden Kosten tragen, wenn das Gericht die Rechtsverletzung bestätigt.

Für die Abmahnung kann der Verletzte anwaltliche Hilfe in Anspruch nehmen. Das **Abmahnschreiben** ist klar und verständlich zu formulieren und muss Angaben zum Verletzten, zur exakten Rechtsverletzung, zu den geltend gemachten Ansprüchen und ggf. zu weitergehenden Ansprüchen enthalten, um wirksam zu sein (§ 97a Abs. 2). Die hierdurch entstehenden **Anwaltskosten** hat der Verletzer auch dann zu tragen, wenn er die geltend gemachten Ansprüche erst nach der Abmahnung anerkennt (§ 97a Abs. 3 S. 1). Richtet sich die Abmahnung gegen eine Privatperson in deren Privatbereich, können die zu erstattenden Aufwendungen des Verletzers begrenzt sein (§ 97a Abs. 3 S. 2).

b) Unzulässige Schutzrechtsverwarnung

Ist der Abgemahnte der Auffassung, er habe keine fremden Rechte verletzt, weil das fremde Werk nicht schutzfähig sei, er keine schutzfähigen Elemente übernommen habe oder aus anderen Gründen, will er möglicherweise Gewissheit darüber erlangen, ob er gegen fremde Rechte verstößt und ob die Abmahnung berechtigt ist. Er kann nun seinerseits den Anspruchsteller abmahnen, indem er ihn auffordert, binnen einer Frist zu erklären, dass er sich der behaupteten Ansprüche nicht mehr berühmt. Kommt Letzterer dieser Aufforderung nicht nach, kann der Abgemahnte im Wege der so genannten **negativen Feststellungsklage** gerichtlich klären lassen, ob die Abmahnung begründet war oder nicht. Es kann also teuer werden, wenn einfach „ins Blaue hinein" abgemahnt wird. Wer Rechte und daraus herrührende Ansprüche für sich behauptet, muss sie im Streitfall auch konkret darlegen und beweisen können.

c) Allgemeines zum gerichtlichen Verfahren

Kommt zwischen den Parteien eine gütliche Einigung nicht zustande, kann der Urheber seine Ansprüche im **Verfahren der einstweiligen Verfügung** oder im **Klageverfahren** geltend machen. Für beide Verfahren ist Folgendes zu beachten:

aa) Sachliche Zuständigkeit der Gerichte. Für alle Rechtsstreitigkeiten, durch die ein Anspruch aus einem der im Urheberrechtsgesetz geregelten Rechtsverhältnisse geltend gemacht wird, ist der ordentliche Rechtsweg gegeben. Es sind die **Zivilgerichte zuständig.** Nur soweit es in Urheberrechtsstreitigkeiten aus Arbeits- oder Dienstverhältnissen ausschließlich um Ansprüche auf Leistung einer vereinbarten Vergütung geht, bleiben die Arbeitsgerichte und Verwaltungsgerichte zuständig (vgl. § 104). Außerdem sind in der Regel bei den Landgerichten **spezielle Urheberrechtskammern** und bei den Oberlandesgerichten **spezielle Urheberrechtssenate für Urheberrechtsstreitigkeiten** zuständig (vgl. § 105 Abs. 1). Vielfach wurde auch von der Möglichkeit Gebrauch gemacht, spezielle Amtsgerichte für Urheberrechtsstreitigkeiten zu bestimmen, damit diese Spezialmaterie von Richtern beurteilt wird, die laufend hiermit beschäftigt sind.

bb) Örtliche Zuständigkeit der Gerichte. Örtlich zuständig ist grundsätzlich dasjenige Gericht, in dessen Bezirk der Beklagte seinen Wohnsitz hat. Da Urheberrechtsverletzungen jedoch unerlaubte Handlungen sind, **kann überall dort geklagt werden, wo diese Handlungen begangen werden** (vgl. § 32 ZPO). Wird beispielsweise ein Buch unautorisiert verbreitet, kann der Verlag nicht nur an seinem Sitz, sondern überall dort verklagt werden, wo dieses Buch – in Buchhandlungen, Kaufhäusern oder sonstigen Vertriebsstellen – angeboten wird. Deshalb lassen sich Urheberrechtsverletzungen **häufig im gesamten Bundesgebiet verfolgen.** Das gilt erst recht bei Verletzungshandlungen im Internet. Was ins **Internet** gestellt wird, kann von überall eingesehen und abgerufen werden. Einerseits ist deshalb der Gerichtsstand der unerlaubten Handlung nicht nur bundesweit, sondern weltweit. Andererseits kann es darauf ankommen, für welches Land und ggf. auch für welche Region die Webseite bestimmungsgemäß vorgesehen ist.

cc) Streitwert und Prozesskostenrisiko. Meistens steht bei Urheberrechtsstreitigkeiten der **Unterlassungsanspruch**, also das Verbot weiterer Verletzungshandlungen, im Vordergrund. Selbst wenn der Urheber einer Nutzung seines Werkes nicht abgeneigt gegenübersteht und letztlich am wirtschaftlichen Erfolg des Verletzers angemessen beteiligt sein will, muss er in der Regel mit dem Unterlassungsanspruch drohen, um zu einem vertretbaren Ergebnis zu kommen. Das wirtschaftliche und ideelle Interesse daran, seine Rechte gewahrt zu wissen, bestimmt deshalb auch den Gegenstandswert der Angelegenheit oder den **Streitwert des Verfahrens** in entscheidendem Maße. Je nach Werkart, Bedeutung des Werkes und Ausmaß möglicher Verletzungshandlungen bemisst sich die in Geld festzusetzende Höhe dieses **Unterlassungsinteresses.** Regelwerte lassen sich hierfür schwer beziffern. Meistens wird das Unterlassungsinteresse zwischen 5.000 und 50.000 Euro, oftmals aber auch höher eingestuft. Im Verhältnis hierzu fällt der im konkreten Verletzungsfall zu erzielende Schadensersatz nicht selten wesentlich geringer aus. Häufig kann ohnehin nur die Feststellung auf Schadensersatzleistung beantragt werden, weil die erforderlichen Auskünfte des Verletzers noch fehlen, um den Schaden beziffern zu können.

Je höher der Streitwert, desto höher ist auch das für jeden Prozess einzugehende **Kostenrisiko;** denn die unterlegene Partei hat grundsätzlich sämtliche Verfahrenskosten einschließlich der gegnerischen Anwaltskosten zu tragen. Sinnvollerweise wird der Verletzer dieses Kostenrisiko jedenfalls dann gering halten wollen, wenn er an der Verwertung des fremden Werks ohnehin nicht mehr interessiert ist oder wenn er zwar einsieht, gegen fremde Rechte verstoßen zu haben, aber meint, keinen Schadensersatz leisten zu müssen. In solchen Fällen sollte er ohne Anerkennung einer Rechtspflicht, aber rechtsverbindlich die von ihm verlangte strafbewehrte **Unterlassungserklärung abgeben.** Das hat zur Folge, dass eine etwaige gerichtliche Auseinandersetzung nur noch auf der Basis eines geringeren Streitwerts allein über Auskunft, Schadensersatz und Kosten geführt werden kann. Auf diese Weise lassen sich auch zusätzliche Kosten eines Verfügungsverfahrens vermeiden.

dd) Darlegungs- und Beweislast. Der **Urheber** muss seine Ansprüche **darlegen und beweisen.** Insbesondere muss er beweisen, dass das umstrittene Werk urheberrechtlich geschützt ist. In der Regel genügt hierfür die Vorlage seines Werks. Handelt es sich jedoch um weitgehend technisch bedingte oder sonstwie vorgegebene Werke, wird er darüber hinaus konkret dartun und ggf. – z.B. bei manchen Rechenprogrammen – durch Sachverständigengutachten beweisen müssen, was genau aus welchem Grunde bei seinem Werk schutzfähig ist, inwieweit es über den bestehenden Formenschatz hinausragt und wodurch die hinreichende Individualität erreicht wird. Wendet nun der Verletzer ein, die Schutzfähigkeit entfalle und der Schutzumfang sei eingeschränkt, weil der Urheber auf vorbekanntes Formengut zurückgegriffen habe, ist es Sache des Verletzers, das Aussehen älterer Werke oder Gestaltungsformen darzulegen und zu beweisen. Zweifel gehen hier zu seinen Lasten (vgl. BGH GRUR 1981, 820, 822 –Stahlrohrstuhl II; BGH CR 1991, 80, 84 – Betriebssystem).

Grundsätzlich muss der **Urheber** auch seine **Urheberschaft** an dem Werk **beweisen.** Ist er aber in üblicher Weise als Urheber auf dem Werkexemplar bezeichnet worden, wird seine Urheberschaft vermutet (vgl. § 10; s.o. S. 88). Klagt der Urheber selbst, ist zunächst davon auszugehen, dass sämtliche Rechte bei ihm liegen. Beruft sich der Beklagte auf ihm eingeräumte Nutzungsrechte, muss er diese Rechtseinräumung lückenlos beweisen; denn einen gutgläubigen Erwerb von Rechten gibt es nicht (s.o. S. 207). Klagt nicht der Urheber, sondern ein Rechtsnachfolger oder Rechtsinhaber aus abgeleitetem Recht, muss Letzterer diesen Rechtserwerb beweisen. Ferner hat der Urheber oder der Schutzrechtsinhaber konkret darzutun und zu beweisen, dass seine Rechte durch die Handlung des Anspruchsgegners verletzt worden sind. Stimmt aber das urheberrechtlich geschützte Werk mit dem Verletzungsexemplar objektiv überein, wird angenommen, dass der Verletzer das geschützte Werk auch subjektiv nachgebildet und auf diese Weise eine Verletzungshandlung begangen hat. Es ist nun Sache des Verletzers, glaubhaft darzulegen, dass er das Erstwerk nicht gekannt hatte (vgl. hierzu BGH GRUR 1981, 273, 275 f. – Leuchtenglas; s.o. S. 352).

ee) Bestimmtheit des Unterlassungsverlangens. Mitunter bereitet es Schwierigkeiten, den **Unterlassungsantrag** ausreichend konkret zu formulieren (vgl. § 253 Abs. 2 Nr. 2 ZPO). Der Urheber kann dem Verletzer nicht generell verbieten, seine Rechte zu verletzen; denn meistens fehlt in diesem umfassenden Umfang die erforderliche Wiederholungs- oder Erstbegehungsgefahr. Außerdem wäre ein so allgemein formuliertes Verbot nicht vollstreckbar, weil die Vollstreckungsorgane nicht wüssten, wann eine Verletzungshandlung vorliegt, wann nicht. Vielmehr kann der Urheber grundsätzlich nur gegen die **konkrete Verletzungshandlung** einschreiten. Entsprechend konkret muss er sie im Unterlassungsantrag bezeichnen. Hat beispielsweise der Verletzer in dem Film „X“ ohne Erlaubnis des Komponisten dessen Komposition „A“ als Filmmusik verwendet, kann letzterer beantragen, dem Verletzer zu verbieten, den Film „X“ unter Verwendung der Musik „A“ herzustellen, vorzuführen und zu senden oder herstellen, vorführen und senden zu lassen. Er kann aber nicht verlangen, außer dem Musikstück „A“ auch seine anderen Kompositionen nicht zu nutzen; denn insoweit liegt noch keine Verletzungsgefahr vor. Der Unterlassungsantrag kann jedoch dann allgemeiner formuliert werden, wenn sich der Verletzer auf dieselbe Weise immer wieder ohne Zustimmung des Komponisten seines Gesamtwerks bedient, indem er mal diese und mal jene Komposition in seinen Filmen verwertet. Hier kann der Urheber vom Verletzer verlangen, es zu unterlassen, seine Kompositionen ohne seine Einwilligung zu nutzen.

Zahlreiche Werke, wie z.B. Rechenprogramme oder Werke der bildenden Künste, lassen sich nur schwer beschreiben. Gleichwohl muss der Verletzungsgegenstand im Antrag bezeichnet werden. In solchen Fällen kann ein **Verletzungsexemplar** oder ein Foto hiervon **als Anlage beigefügt** und im Antrag hierauf Bezug genommen werden (vgl. hierzu BGH GRUR 1985, 1041, 1049 – Inkasso-Programm), indem es z.B. heißt:

> Der Beklagte wird verurteilt, es ... zu unterlassen, Rechenprogramme gemäß Anlagen 1 und 2 zu vervielfältigen und zu verbreiten oder vervielfältigen und verbreiten zu lassen.

d) Verfügungsverfahren

Ein Klageverfahren dauert oft sehr lange, wenn z.B. Zeugen vernommen und Sachverständigengutachten eingeholt werden müssen. Erstreckt sich das Verfahren über zwei oder drei Instanzen, vergehen nicht selten mehrere Jahre, bis eine rechtskräftige Entscheidung vorliegt. Die Interessen des Urhebers wären zu stark eingeschränkt, wenn er während dieser langen Zeit weiteren Verletzungshandlungen tatenlos zusehen müsste. Das kann er verhindern, indem er nach Kenntnis der Verletzungshandlung sofort den Erlass einer einstweiligen Verfügung beantragt (vgl. § 935 ZPO).

Mit der **einstweiligen Verfügung** soll dem Urheber ein **vorläufiger Rechtsschutz** gewährt werden. Seine Rechte sollen gesichert, grundsätzlich aber nicht befriedigt werden. Deshalb sind im Verfügungsverfahren nur solche Ansprüche – vorläufig – durchsetzbar, die keinen zeitlichen Aufschub vertragen. Das gilt grundsätzlich nur für den **Unterlassungsanspruch,** mit welchem erstmals bevorstehende oder weitere Verletzungshandlungen verboten werden sollen, sowie ggf. für die Herausgabe der Verletzungsexemplare an einen Gerichtsvollzieher, um den Unterlassungsanspruch vorläufig abzusichern. Liegen offensichtliche Rechtsverstöße vor, kann im Wege der einstweiligen Verfügung auch **Auskunft** über Zulieferer, Vertriebswege und weitere Angaben (§ 101 Abs. 3) verlangt werden (§ 101 Abs. 7). Ansonsten bleiben weitergehende Ansprüche auf Auskunft, Schadensersatz, Vernichtung etc. allein dem Hauptsacheverfahren vorbehalten; denn diese Ansprüche werden durch ein länger dauerndes Verfahren nicht vereitelt.

Eine einstweilige Verfügung wird nur erlassen, wenn der **Verfügungsgrund** – nämlich keinen zeitlichen Aufschub zu vertragen im Zeitpunkt der Antragstellung noch fortbesteht. Man spricht auch von der **Dringlichkeit** im Verfügungsverfahren. Diese Dringlichkeit entfällt, wenn der Urheber schon seit langem Kenntnis von der Verletzungshandlung hat. Beantragt er erst nach geraumer Zeit eine einstweilige Verfügung, gibt er zu erkennen, dass er kein dringliches Interesse hat, die Verletzungshandlung sofort zu unterbinden. Die im Verfügungsverfahren vorausgesetzte Dringlichkeit ist nur gewahrt, wenn die Verfügung umgehend ab Kenntnis der Verletzungshandlung und des Verletzers beantragt wird. Die einzelnen Oberlandesgerichte stellen verschieden hohe Anforderungen an diese Antragsfrist. Bei manchen Gerichten, z.B. dem Oberlandesgericht München, beträgt sie grundsätzlich nur einen Monat. Andere Gerichte sind etwas großzügiger und bejahen die Dringlichkeit auch noch nach etwa sechs Wochen oder gar drei Monaten. Manches Verfügungsverfahren scheitert aber allein daran, dass der Antragsteller zu lange gewartet hat.

Im Verfügungsverfahren werden die **Ansprüche** des Urhebers nur **summarisch überprüft**. Er muss die **Voraussetzungen** seiner Ansprüche z.B. durch Vorlage des benutzten und des verletzenden Werkexemplars sowie durch Vertragstexte, eidesstattliche Versicherungen oder sonstige Unterlagen **glaubhaft machen.** Zu diesem Zweck kann er auch eine eigene eidesstattliche Versicherung vorlegen. Hält das Gericht die Ansprüche des Verletzten für begründet, erlässt es die einstweilige Verfügung. Die einstweilige Verfügung kann ohne mündliche Verhandlung ergehen, wenn eine (weitere) Verletzungshandlung unmittelbar bevorsteht. Grundsätzlich ist dem Verletzer aber das **Recht auf Gehör** zu gewähren, indem er zuvor abgemahnt wird. Mit der Antragsschrift hat deshalb der Verletzte Kopien seiner Abmahnung und ggf. auch der Erwiderung des Verletzers vorzulegen. Andernfalls muss der Antragsteller damit rechnen, dass eine einstweilige Verfügung nicht ohne mündliche Verhandlung ergeht (vgl. BVerfG GRUR 2018, 1289 Rn. 35 – Steuersparmodell eines Fernsehmoderators). Ist zweifelhaft, ob der Anspruch des Antragstellers begründet ist, darf er sich durch die summarische Überprüfung im Verfügungsverfahren nicht verleiten lassen, seine Position einseitig aus seinem Blickwinkel und beschönigend darzustellen; denn er muss dem Antragsgegner sämtlichen **Schaden ersetzen,** der ihm aus der Vollziehung der einstweiligen Verfügung entsteht, wenn sich nachträglich im Widerspruchsverfahren oder im Hauptsacheverfahren herausstellen sollte, dass der Anspruch unbegründet ist und die einstweilige Verfügung von Anfang an ungerechtfertigt war (vgl. § 945 ZPO).

Findet im Verfügungsverfahren keine mündliche Verhandlung statt, kann sich der Verletzer auf andere Weise Gehör verschaffen. Wird er abgemahnt und muss er befürchten, dass der Verletzte eine einstweilige Verfügung beantragen wird, kann er seine Argumente in einer sog. **Schutzschrift** darlegen und sie vorsorglich bei demjenigen Gericht einreichen, wo der Verletzte die Verfügung vermutlich beantragen wird. Letzteres ist oft ungewiss, weil die Verfügung überall dort beantragt werden kann, wo die Verletzungshandlung begangen worden ist. Um diese Ungewissheit zu vermeiden, kann die Schutzschrift **elektronisch beim Zentralen Schutzschriftenregister beim OLG Frankfurt** eingereicht werden. Sollte dann eine einstweilige Verfügung, bei welchem Gericht in Deutschland auch immer, beantragt werden, muss das Gericht bei diesem Schutzschriftenregister abfragen, ob dort in der konkreten Sache eine Schutzschrift eingereicht worden ist. Letzterenfalls wird die Schutzschrift an das anfragende Gericht übersandt.

Will das Gericht dem Verfügungsantrag **ohne mündliche Verhandlung** stattgeben, erlässt es die Verfügung durch **Beschluss.** Der Antragsteller kann aus dieser Verfügung aber nur dann vorgehen, wenn er sie **innerhalb eines Monats** seit Zustellung (der Verfügung an den Antragsteller) dem Antragsgegner **zugestellt,** sie vollzogen hatte (§ 929 Abs. 2 ZPO). Letzterer kann gegen diese Verfügung **Widerspruch** einlegen, ohne an irgendeine Frist gebunden zu sein. Solange er keinen Widerspruch einlegt, bleibt der Antragsteller im Unklaren darüber, ob das Verbot später einmal aufgehoben wird oder nicht. Will er darüber Klarheit erlangen, muss er grundsätzlich Hauptsacheklage erheben. Diesen Schritt müsste er dem Verletzer jedoch zunächst androhen, damit er nicht auf den Kosten „sitzen bleibt", falls der Verletzer die Klageansprüche sofort anerkennt. Deshalb schickt der Verletzte dem Verletzer zunächst ein sog. **Abschlussschreiben**, in welchem er ihn auffordert, die einstweilige Verfügung als endgültige Regelung anzuerkennen und auf Rechtsbehelfe gegen diese Verfügung zu verzichten (vgl. §§ 926, 927 ZPO), da anderenfalls Hauptsacheklage erhoben werden müsse. Kommt der Verletzer dieser Aufforderung nach, hat er die für das Abschlussschreiben möglicherweise entstandenen Anwaltskosten jedenfalls dann zu tragen, wenn ihm zuvor genügend Zeit – etwa zwei bis vier Wochen ab Zustellung der Verfügung – gelassen wurde, um den erbetenen Verzicht ohne Aufforderung von sich aus zu erklären. Will der Verletzer also gegen die einstweilige Verfügung nicht vorgehen, kann er weitere Kosten sparen, wenn er auf die genannten Rechtsbehelfe von sich aus rechtzeitig verzichtet. Gibt er die Erklärungen nicht ab, muss der Verletzte das Hauptsacheverfahren einleiten, wenn er Gewissheit über die Bestandskraft des in der Verfügung ausgesprochenen Verbots erlangen will.

Hat das Gericht Zweifel an der Zulässigkeit oder Begründetheit des Verfügungsantrags – z.B. weil eine Schutzschrift des Antragsgegners vorliegt –, wird es in der Regel einen **Verhandlungstermin** bestimmen. Dort können beide Parteien ihre Argumente vortragen. Sie müssen sämtliche Mittel zur Glaubhaftmachung – Zeugen, Dokumente, Werk- und Verletzungsexemplare etc. – bereits zum Verhandlungstermin mitbringen; denn nach diesem Termin wird die Entscheidung getroffen. Was in diesem Termin nicht vorgelegt oder vorgetragen werden konnte, bleibt unberücksichtigt. Ein zusätzlicher Beweistermin vertrüge sich nicht mit der dem Verfügungsverfahren eigenen Dringlichkeit. Das Gericht entscheidet über den Verfügungsantrag nun durch **Urteil.** Gegen dieses Urteil kann die unterliegende Partei **Berufung** einlegen. Eine weitere Instanz (zum BGH) gibt es im Verfügungsverfahren nicht.

Hält das Gericht den Verfügungsantrag für unbegründet, kann es ihn auch ohne mündliche Verhandlung durch Beschluss zurückweisen. Der Antragsteller hat nun die Möglichkeit, hiergegen **Beschwerde** einzulegen. Dem Gericht steht es dann frei, über die Beschwerde mit oder ohne mündliche Verhandlung zu entscheiden.

Legt der Antragsgegner gegen eine durch Beschluss erlassene Verfügung Widerspruch ein, kommt es zur mündlichen Verhandlung, in welcher das Gericht durch Urteil entscheidet, ob die Verfügung aufrechterhalten bleibt oder aufgehoben wird. Gegen dieses Urteil kann wiederum die unterliegende Partei Berufung einlegen.

e) Hauptsacheverfahren

Das Verfügungsverfahren soll innerhalb kurzer Zeit – oft in nur wenigen Tagen – einen vorläufigen Rechtsschutz schaffen. Daneben bleibt eine umfassende Klärung sämtlicher Ansprüche in einem hiervon **unabhängigen Hauptsacheverfahren** jederzeit – also auch während des Verfügungsverfahrens – möglich. Den Anstoß hierfür kann auch der Antragsgegner geben, indem er beantragt, den Antragsteller aufzufordern, binnen einer vom Gericht zu bestimmenden Frist die Hauptsacheklage zu erheben (vgl. § 926 Abs. 1 ZPO). Stützt der Verletzte seine Ansprüche auch auf das **Wettbewerbsrecht,** gilt es zu beachten, dass solche Ansprüche bereits in sechs Monaten ab Kenntnis verjähren und dass durch das Verfügungsverfahren die Verjährungsfrist lediglich in Bezug auf den anhängigen Antrag gehemmt ist (§ 204 Nr. 9 BGB). Schadensersatzansprüche, die mit einer einstweiligen Verfügung in der Regel nicht geltend gemacht werden können, drohen also zu verjähren. Außerdem kann der Antragsgegner gegen die Unterlassungsverfügung auch erst nach langer Zeit Widerspruch einlegen; denn der Widerspruch ist an keine Frist gebunden. Infolgedessen könnte auch die 6-monatige Hemmung der Verjährung hinsichtlich des geltend gemachten Unterlassungsanspruch ablaufen, weil mangels Widerspruchs das Verfahren beendet ist (vgl. § 204 Abs. 2 BGB). Der Antragsteller läuft also Gefahr, dass die einstweilige Verfügung nach Ablauf der (zunächst gehemmten) Verjährungsfrist auf Betreiben des Antragsgegners wieder aufgehoben wird, weil die Ansprüche mittlerweile verjährt sind. Dann muss der Antragsteller sogar die Kosten des Verfügungsverfahrens tragen. Deshalb ist das oben erwähnte **Abschlussschreiben,** in welchem der Antragsgegner aufgefordert wird, die Verfügung als rechtsverbindlich anzuerkennen und auf die Möglichkeit, die einstweilige Verfügung nachträglich aufzuheben, zu verzichten, keine bloße Formalität, sondern **notwendig.**

Im Hauptsacheverfahren können neben den Unterlassungsansprüchen auch Ansprüche auf Auskunft, Schadensersatz, Vernichtung der Vorrichtungen und sämtliche sonstigen Ansprüche verfolgt werden. Der **Tatsachenvortrag** ist nicht mehr durch eidesstattliche Versicherungen glaubhaft zu machen, sondern durch **Angabe von Zeugen und andere Beweismittel** zu beweisen. Bei manchen Werkarten oder Nutzungen, deren Schutzfähigkeit bzw. Rechtswidrigkeit besonders schwer und vielfach nur durch Vorlage eines Sachverständigengutachtens feststellbar ist, kommt ohnehin meistens nur ein Hauptsacheverfahren in Betracht, weil die im Verfügungsverfahren zeitlich möglichen Mittel hierfür nicht ausreichen. Durch ein rechtskräftiges Urteil im Hauptsacheverfahren wird eine hiervon abweichende Entscheidung des Verfügungsverfahrens nachträglich aufgehoben (vgl. § 927 ZPO).

II. Strafrechtliche Rechtsbehelfe

Das Urheberrechtsgesetz sieht nicht nur zivilrechtliche, sondern auch **strafrechtliche Rechtsbehelfe** vor (vgl. §§ 106 ff.), die wegen der technisch verbesserten Kopiermöglichkeiten und der erschreckend zunehmenden Produktpiraterie mehrfach verschärft und ergänzt worden sind. Wer in anderen als den gesetzlich zugelassenen Fällen ohne Einwilligung des Berechtigten ein Werk oder eine Bearbeitung oder Umgestaltung eines Werkes vervielfältigt, verbreitet oder öffentlich wiedergibt, wird mit Freiheitsstrafe bis zu 3 Jahren oder mit Geldstrafe bestraft (§ 106). Ebenso macht sich strafbar, wer ohne Einwilligung des Urhebers, der z.B. anonym bleiben will, Originale von Werken der bildenden Künste mit der richtigen Urheberbezeichnung versieht (§ 107 Nr. 1), Vervielfältigungsstücke etc. von Werken der bildenden Künste so bezeichnet, dass sie den Anschein eines Originals haben (§ 107 Nr. 2), oder wer in die verwandten Schutzrechte eingreift (vgl. § 108). Das Strafmaß beträgt jeweils bis zu 3 Jahren oder Geldstrafe. Auch der Versuch solcher Handlungen wird bestraft. Ferner wird mit Freiheitsstrafe bis zu einem Jahr oder mit Geldstrafe bestraft, wer entgegen den §§ 22, 23 KUG ein Bildnis verbreitet oder öffentlich zur Schau stellt (s.o. S. 195). Voraussetzung ist jedoch, dass der Täter **vorsätzlich** gehandelt hat und dass der Verletzte binnen 3 Monaten ab Kenntnis von der Tat und von der Person des Täters **Strafantrag** stellt (vgl. § 109 UrhG; § 77b StGB). Ohne Strafantrag wird die Tat nur dann verfolgt, wenn die Staatsanwaltschaft das öffentliche Interesse hieran bejaht (vgl. hierzu Nr. 261 der Richtlinien für das Strafverfahren).

Handelt der Täter in den oben genannten Fällen **gewerbsmäßig,** so ist die Strafe Freiheitsstrafe bis zu 5 Jahren oder Geldstrafe (vgl. § 108a). Die gewerbsmäßige Verwertung ist **Offizialdelikt.** Sie ist also auch ohne Strafantrag des Verletzten von Amts wegen zu verfolgen.

Unerlaubte **Eingriffe in technische Schutzmaßnahmen** (§ 95a) und zur Rechtewahrnehmung erforderliche Informationen (§ 95c) sind ebenfalls strafbar (§ 108b). Desgleichen werden manche derartige Verstöße als Ordnungswidrigkeit geahndet (§ 111a).

In manchen Fällen können parallel eingeleitete strafrechtliche Schritte durchaus wirksam sein. Zum einen schärfen sie allgemein das Unrechtsbewusstsein, wenn den Verletzungshandlungen durch Einschaltung der Strafbehörden ein anderes Gewicht beigemessen wird. Vergleicht man z.B. Ladendiebstähle oder sonstige Diebstähle der sog. Kleinkriminalität einerseits mit den vielfach im großen Stil aufgezogenen Video–, Tonträger- oder Softwarepiraterien andererseits, wird offensichtlich, dass die Verletzung geistigen Eigentums bisher noch zu wenig beachtet wird. Zum anderen bietet das Strafrecht gegenüber dem Zivilrecht oft wirksamere Mittel – z.B. die Durchsuchung von Räumen –, um Vertriebswege herauszufinden und Verletzungshandlungen zu stoppen. Einen Ansatz in diese Richtung machte das Produktpirateriegesetz. Seit 1.7.1990 können **Verletzungsgegenstände** bei der Einfuhr oder Ausfuhr durch die Zollbehörde **beschlagnahmt** werden, sofern die Rechtsverletzung offensichtlich ist (vgl. § 111b). Außerdem hat die EU eine Verordnung erlassen, die eine Grenzbeschlagnahme auch an den Außengrenzen der EU ermöglicht (VO (EU) 608/2013). Einzelheiten hierzu wurden in § 111c geregelt.

22. Kapitel

Wo und für wen ist das Urheberrechtsgesetz anwendbar?

Geistiges Eigentum ist ubiquitär. Während eine Sache immer nur an einem einzigen Ort sein kann, lässt sich ein Werk in oft beliebig hoher Vielzahl über die Landesgrenzen hinweg verbreiten, durch Rundfunk zur gleichen Zeit in aller Herren Länder ausstrahlen oder im Internet weltweit zugänglich machen. Wird dabei das Urheberrecht verletzt, fragt sich zum einen, welches Recht wo anwendbar ist, und zum anderen, ob sich Ausländer in gleicher Weise wie Inländer auf das jeweilige Recht stützen können.

I. Das anzuwendende Recht

Im Urheberrecht gilt das **Territorialitätsprinzip**. Die Wirkung der nationalen gesetzlichen Regeln bleibt auf das Inland beschränkt. Demnach gilt deutsches Urheberrecht nur in der Bundesrepublik Deutschland, während im Ausland das dortige Urheberrecht maßgebend ist. Kennt ein Land gar kein Urheberrecht, können dort auch keine Urheberrechtsverletzungen begangen werden. Beispielsweise ist die Frage, was urheberrechtlich geschützt ist, welche Rechte übertragen werden können und wie lange der Schutz andauert, nach der Rechtsordnung desjenigen Staates zu beantworten, für dessen Gebiet der Schutz beansprucht wird (vgl. BGH ZUM-RD 1997, 546, 548 – Spielbankaffäre). Ist z.B. ein Werk der angewandten Kunst in

Frankreich wegen der verhältnismäßig großzügigen Schutzvoraussetzungen des französischen Urheberrechts geschützt, kann der Urheberrechtsschutz für denselben Gegenstand in der Bundesrepublik Deutschland an den hier zum Teil möglicherweise strengeren Schutzvoraussetzungen scheitern. Lässt ferner das Copyright der USA die Übertragung des gesamten Urheberrechts zu, gilt dies in der Bundesrepublik Deutschland zumindest nicht hinsichtlich des unübertragbaren Kerns des Urheberpersönlichkeitsrechts sowie hinsichtlich der unverzichtbaren Rechte und Vergütungsansprüche. Ebenso bleibt das Werk eines deutschen Komponisten in der Bundesrepublik Deutschland weiterhin bis zum Ablauf von 70 Jahren nach dem Tode des Urhebers geschützt, auch wenn es in einem anderen Land wegen der dort geltenden kürzeren Schutzdauer bereits gemeinfrei geworden ist (zum Schutzfristvergleich s.u. S. 383).

Ausländisches Urheberrecht kann aber durchaus **im Inland** herangezogen werden, wenn es darum geht, eine im Ausland begangene Handlung im Inland zu beurteilen. Stellt z.B. eine italienische Möbelfirma den in der Bundesrepublik Deutschland geschützten Stahlrohrstuhl (vgl. BGH GRUR 1961, 635 – Stahlrohrstuhl) in Italien her und vertreibt ihn nach Deutschland, ist zwischen Herstellung und Verbreitung zu unterscheiden. Die Herstellung der Stühle beurteilt sich zunächst nach italienischem Recht. Ist der Stuhl nach dortigem Recht nicht schutzfähig, durfte er auch ohne Zustimmung des Rechtsinhabers dieses Stuhls dort hergestellt werden. Insoweit hat auch ein deutsches Gericht zunächst italienisches Recht anzuwenden. Werden die Stühle dann in die BRD importiert und hier verbreitet, ist nun in jedem Fall die Verbreitung, insoweit aber grundsätzlich auch die Herstellung (vgl. hierzu BGH GRUR 1993, 550, 553 – The Doors) wiederum anhand des deutschen Urheberrechtsgesetzes zu beurteilen. Ist der Stuhl nach hiesigem Recht noch geschützt, darf er hier ohne Zustimmung des Rechtsinhabers nicht verbreitet werden. Dazu zählen auch Werbemaßnahmen z.B. in Zeitungsanzeigen oder im Internet in Deutschland (BGH GRUR 2007, 871, 874 – Wagenfeld-Leuchte). Dagegen bleibt die Verbreitung in Italien zulässig.

Über die eingangs erwähnten **internationalen Konventionen** (s.o. S. 8 f.) kommt ebenfalls grundsätzlich nur das jeweilige nationale

Recht des Verbandslandes zum Zuge; denn nach dem **Grundsatz der Inländerbehandlung** (vgl. Art. 5 Abs. 1 RBÜ; Art. II WUA) genießen die Urheber in allen Verbandsländern – mit Ausnahme des Ursprungslandes des Werkes – diejenigen Rechte, welche die einschlägigen Gesetze dort den inländischen Urhebern gewähren. Auf weitere in der **Berner Übereinkunft** geregelte Mindestrechte ist nur dann zurückzugreifen, wenn die nationalen Gesetze eines Verbandsstaats hinter den Mindest-Regeln dieser Konvention zurückbleiben. Auf diese Weise wird das Urheberrecht der einzelnen Länder zumindest in manchen Bereichen harmonisiert. Gleichwohl ist eine weitere **Harmonisierung des Urheberrechts** angesichts der zunehmend länderübergreifenden Werknutzungen notwendig und wünschenswert. Sie wurde im Bereich der EU durch mehrere **EU-Richtlinien** bereits intensiviert (s.o. S. 10 f.). Dies führte bei Satellitensendungen dazu, dass für derartige Sendungen innerhalb der EU und des EWR abweichend vom Territorialitätsprinzip allein das Recht desjenigen Mitgliedstaates anwendbar ist, von wo die Sendung ausgestrahlt wird (§ 20a; s.o. S. 121).

Bei allen auslandsbezogenen Sachverhalten muss neben der Staatsangehörigkeit des Urhebers oder Leistungsschutzberechtigten geprüft werden, ob und wann der jeweilige Staat der einschlägigen Konvention beigetreten ist. Sachverhalte vor dem Beitritt sind in der Regel nach damals gültiger Rechtslage zu beurteilen. Darüber hinaus sind manche Konventionen mehrfach geändert worden, so dass es auch darauf ankommen kann, welche Fassung der jeweiligen Konvention vom einzelnen Staat ratifiziert worden ist.

II. Der geschützte Personenkreis

Jedes Land gewährt zunächst nur seinen **eigenen Staatsangehörigen** Urheberrechtsschutz. Inwieweit er auch für Ausländer gilt, wird meistens gesondert geregelt. Bevor es die internationalen Konventionen gab, wurden sog. **Gegenseitigkeitsverträge zwischen den einzelnen Ländern** geschlossen. Darin verpflichtete sich das eine Land, den Angehörigen des anderen Landes Urheberrechtsschutz wie seinen eigenen Bürgern zu gewähren. Einen solchen Vertrag hat z.B. das Deutsche Reich im Jahre 1892 mit den USA geschlossen. Er ist zwar durch die Mitgliedschaft beider Länder in den internationalen Konventionen weitgehend überholt, aber nach wie vor gültig. Vielfach haben die internationalen Konventionen solche Gegenseitigkeitsverträge abgelöst. Im Grunde genommen sind diese Konventionen nichts anderes als Gegenseitigkeitsverträge nicht nur zwischen zwei, sondern zwischen mehreren Vertragspartnern; denn der dort gültige **Grundsatz der Inländerbehandlung** besagt ebenfalls, dass Ausländer wie Inländer geschützt werden sollen. Wen das deutsche Urheberrechtsgesetz schützt, ist in den §§ 120 ff. im Einzelnen festgelegt.

1. Deutsche Staatsangehörige

Deutsche Staatsangehörige genießen in Deutschland Urheberrechtsschutz für **alle** ihre Werke, gleichviel, ob und wo die Werke erschienen sind. Ist ein Werk von Miturhebern (vgl. § 8; s.o. S. 83) geschaffen, genügt es, wenn bereits einer der Miturheber deutscher Staatsangehöriger ist (§ 120 Abs. 1).

Deutsche waren schon vor der Wende auch die Bewohner der ehemaligen DDR. Ferner sind Deutsche auch diejenigen Personen, die früher in den Grenzen des Deutschen Reichs nach dem Stande vom 31.12.1937 deutsche Staatsangehörige waren (vgl. § 120 Abs. 2 Nr. 1, Art. 116 Abs. 1 GG). Außerdem gilt das Urheberrechtsgesetz seit dem Beitritt der fünf östlichen Bundesländer vom 3.10.1990 uneingeschränkt auch dort. Wer die deutsche Staatsbürgerschaft erst erwirbt, genießt nicht nur für künftige, sondern auch für seine früheren Werke Schutz nach deutschem Recht. Verliert er die deutsche Staatsangehörigkeit, sind nur seine zuvor geschaffenen Werke uneingeschränkt nach deutschem Recht geschützt.

Sinngemäß gilt dies auch für sämtliche **Leistungsschutzrechte** (vgl. §§ 70 ff., 124 ff.). Beispielsweise genießen **deutsche ausübende Künstler** den Leistungsschutz der §§ 73 ff. für alle ihre Darbietungen, gleichgültig, wo sie stattfinden (§ 125 Abs. 1). Soweit das jeweilige Leistungsschutzrecht nicht nur einer natürlichen Person, sondern auch einer juristischen Person, einem Unternehmen, zustehen kann, wie beim Schutz des Tonträgerherstellers, Sendeunternehmens, Datenbankherstellers oder Filmherstellers, muss das **Unternehmen** seinen **Sitz im Geltungsbereich des Urheberrechtsgesetzes**, also in der Bundesrepublik Deutschland haben, um den Schutz des deutschen Urheberrechts uneingeschränkt zu erhalten (§ 126 Abs. 1; § 127 Abs. 1; § 127a Abs. 1; § 128 Abs. 1).

2. EU- und EWR-Angehörige

Die Staatsangehörigen eines anderen Mitgliedstaates der EU oder eines anderen Vertragsstaates des EWR sowie die Unternehmen mit Sitz in einem anderen Staat der EU oder des EWR haben gegenüber anderen ausländischen Staatsangehörigen oder gegenüber Unternehmen mit Sitz außerhalb der EU und des EWR einen **Sonderstatus.** Sie können sich auf das **Diskriminierungsverbot** des Art. 18 des Vertrags über die Arbeitsweise der Europäischen Union (AEUV) stützen. Danach ist innerhalb der EU – und auch des EWR – grundsätzlich jede Diskriminierung aus Gründen der Staatsangehörigkeit verboten. Es ist diskriminierend, wenn das Gesetz eines Staates seinen Staatsangehörigen bestimmte Rechte zuerkennt und Staatsangehörigen aus anderen EU-Mitgliedstaaten vorenthält. Vielmehr sind hier Inländer und Ausländer vollständig gleich zu behandeln. Dieser Grundsatz wurde für den Bereich des Urheberrechts und dort für die Rechte eines ausübenden Künstlers erstmals am 20.10.1993 höchstrichterlich ausgesprochen (EuGH GRUR 1994, 280, 283 – Phil Collins/Imtrat). Dies hat zur Folge, dass **innerhalb der EU** und des EWR z.B. ein **Schutzfristvergleich** (vgl. Art. 7 Abs. 8 RBÜ) oder ein **Werkschutzvergleich** (vgl. Art. 2 Abs. 7 RBÜ) unzulässig ist.

Beim **Schutzfristvergleich** können diejenigen **Verbandsländer der Berner Übereinkunft**, deren Gesetze eine Schutzfrist von mehr als 50 Jahren post mortem auctoris vorsehen, Regelungen treffen, wonach dort die Werke von Angehörigen anderer Verbandsländer, deren Gesetze eine kürzere Schutzdauer vorsehen, nur entsprechend kurz – wie in ihrem Heimatstaat – geschützt werden, nicht aber in den Genuss der längeren Schutzdauer gelangen. Ausländer konnten diese Konsequenz in Deutschland nur dadurch verhindern, dass sie ihre Werke erstmals – oder innerhalb 30 Tagen nach erstmaligem

Erscheinen im Ausland – in Deutschland erscheinen ließen (§ 121 Abs. 1). Insoweit sind Ausländer schlechter gestellt als Deutsche; denn letztere genießen den vollen Inlandsschutz, gleichviel, wo und wann sie ihre Werke erscheinen lassen. Innerhalb der EU und des EWR verstößt diese Regelung gegen Art. 18 AEUV. Mittlerweile entfällt ein Schutzfristvergleich innerhalb der EU auch auf Grund der EG-Schutzdauerrichtlinie vom 29.10.1993, die EU-weit einheitlich eine 70-jährige Schutzfrist vorsieht (s.o. S. 183, 185).

Ähnlich verhält es sich z.B. beim **Werkschutzvergleich** hinsichtlich **Werken der angewandten Kunst** (Art. 2 Abs. 7 **RBÜ**). Das dort festgelegte Prinzip der Gegenseitigkeit, wonach ein Werk der angewandten Kunst eines Ausländers nur dann im Inland Urheberrechtsschutz genießt, wenn das betreffende Ausland ebenfalls einen Urheberrechtsschutz (also nicht bloß Musterschutz) für solche Werke vorsieht, kommt gegenüber Angehörigen von EU-Mitgliedstaaten nicht zum Tragen, weil es innerhalb der EU (und des EWR) gegen das Diskriminierungsverbot (Art. 18 AEUV) verstößt.

Dieses **Diskriminierungsverbot** galt lange vor der EuGH-Entscheidung „Phil Collins“, nämlich seit Gründung der EG (1.1.1958) zwischen den Gründungsstaaten und seit jeweiligem Beitritt der weiteren Mitgliedstaaten auch gegenüber und zwischen diesen Staaten. Verstöße sind deshalb auch **rückwirkend** zu beachten (BGH ZUM 1996, 414 – Cliff Richard II; BGH ZUM 1994, 581 – Rolling Stones). Das gilt auch zugunsten solcher Urheber, bzw. deren Rechtsnachfolger, die bereits lange vor der Gründung der EWG verstorben waren, aber die Staatsangehörigkeit eines jetzigen Mitgliedstaates besaßen, wie z.B. der im Jahre 1924 verstorbene italienische Komponist *Giaccomo Puccini* (EuGH GRUR 2002, 689 – Ricordi). Im Zuge des 3. Urheberrechtsänderungsgesetzes vom 23.6.1995 hat der deutsche Gesetzgeber die fremdenrechtlichen Vorschriften (§§ 120 ff.) an diese Rechtslage angepasst und klarstellend dahingehend geändert, dass **EU- und EWR-Angehörige Inländern gleichstehen.** Das gilt nicht nur für Urheber (§ 120 Abs. 2 Nr. 2), ausübende Künstler (§ 125 Abs. 1) und andere natürliche Personen, sondern **auch für juristische Personen,** die z.B. als Tonträgerhersteller, Sendeunternehmen, Datenbankhersteller oder Filmhersteller Inhaber von verwandten Schutzrechten sein können. So wie Unternehmen mit Sitz im Geltungsbereich des Urheberrechtsgesetzes den vollen Leistungsschutz genießen, wird dieser Schutz auch Unternehmen mit Sitz in einem anderen Mitgliedstaat der EU oder des EWR uneingeschränkt zugebilligt (vgl. § 126 Abs. 1 S. 3; § 127 Abs. 1 S. 2; § 127a Abs. 2; § 128 Abs. 1 S. 2).

3. Ausländische Staatsangehörige außerhalb der EU und des EWR

Der Urheberrechtsschutz von Ausländern (außer EU- und EWR-Angehörigen, s.o. S. 383) in der Bundesrepublik Deutschland lässt sich in **drei Stufen** einteilen. Zunächst gibt es bestimmte weitgehend **urheberpersönlichkeitsrechtlich geprägte Mindestrechte,** die allen Ausländern in der Bundesrepublik Deutschland zustehen (vgl. §§ 121 Abs. 6, 125 Abs. 6). Als nächstes wird an **verschiedene Inlandssachverhalte** angeknüpft. Ausländische Urheber, die in der Bundesrepublik Deutschland tätig sind oder hier ihre Werke oder Leistungen erstmals bleibend an die Öffentlichkeit herantragen, genießen für diese Werke oder Leistungen uneingeschränkten Schutz nach deutschem Urheberrecht. Man spricht hier auch von **deutschem Fremdenrecht** (vgl. §§ 121 Abs. 1, 125 Abs. 2 und 3, 126 Abs. 2, 128 Abs. 2). Schließlich – und dies ist die Mehrzahl der Fälle – richtet sich der Schutz nach der in den jeweils einschlägigen **internationalen Konventionen** vereinbarten Gegenseitigkeit. Die Bundesrepublik Deutschland ist Mitglied der meisten internationalen Konventionen zum Schutze des geistigen Eigentums, so dass Ausländer von Staaten, die ebenfalls diesen Konventionen angehören, in der Bundesrepublik Deutschland weitgehend dieselben Urheberrechte haben wie Deutsche.

a) Urheber von Werken

Einen gewissen Mindestschutz ihres **Urheberpersönlichkeitsrechts** genießen sämtliche Urheber unabhängig von ihrer Staatsangehörigkeit für alle ihre Werke; nämlich das Veröffentlichungsrecht (§ 12), das Recht auf Anerkennung der Urheberschaft (§ 13) und den Schutz gegen Entstellungen und Beeinträchtigungen ihrer Werke

(§ 14; § 121 Abs. 6). Mit der nahezu uneingeschränkten Anwendung deutschen Urheberrechts wird ferner derjenige Ausländer „belohnt“, der sein Werk erstmals oder innerhalb 30 Tagen nach erstmaligem Erscheinen im Ausland – in der Bundesrepublik Deutschland erscheinen oder bei Werken der bildenden Künste (z.B. Bauwerken, Fresken, Reliefs und Statuen) fest mit einem Grundstück verbinden lässt (§ 121 Abs. 1 und 2). Hierfür ist unerheblich, ob und in welchem Umfang diese Werke im Heimatstaat des ausländischen Urhebers geschützt werden oder inwieweit der dortige Schutz deutschen Urhebern zugebilligt wird. Lediglich das **Folgerecht** (§ 26; s.o. S. 130) steht ausländischen Staatsangehörigen (mit Ausnahme von Angehörigen der EU und des EWR; s.o. S. 383) nur dann zu, wenn der Staat, dem sie angehören, deutschen Staatsangehörigen ein entsprechendes Recht gewährt und dies vom Bundesminister der Justiz im Bundesgesetzblatt bekannt gemacht worden ist (§ 121 Abs. 5). Beim Folgerecht gilt also außerhalb der EU und des EWR der Grundsatz der Gegenseitigkeit.

Sind die obigen Voraussetzungen nicht erfüllt, genießen ausländische Staatsangehörige den urheberrechtlichen Schutz nach **Inhalt der Staatsverträge** (§ 121 Abs. 4). Das ist der Regelfall. Wichtigste Staatsverträge sind die **Berner Übereinkunft** und das **Welturheberrechtsabkommen,** denen die meisten Staaten – darunter auch die Bundesrepublik Deutschland und die ehemalige DDR – beigetreten sind. Ausländer, die einem solchen Verbandsstaat angehören oder die die betreffenden Werke erstmals – oder innerhalb 30 Tagen seit erstmaliger Veröffentlichung in einem Nicht-Mitgliedstaat – in einem Verbandsstaat veröffentlicht haben, sind nach dem Prinzip der Inländerbehandlung wie Deutsche zu schützen. Der Umfang des in der Bundesrepublik Deutschland gewährten Schutzes ist grundsätzlich unabhängig vom Schutzumfang, den der betreffende Heimatstaat des Ausländers bietet. Ist z.B. ein Werk der angewandten Kunst eines Japaners in Japan urheberrechtlich schutzlos, weil es die erforderliche Gestaltungshöhe für einen dort grundsätzlich ebenfalls möglichen Urheberrechtsschutz nicht erreicht, kann der Japaner für dasselbe Werk in der Bundesrepublik Deutschland gleichwohl Urheberrechtsschutz erlangen. Das Prinzip der Gegenseitigkeit gilt nur vereinzelt. So findet z.B. ein sog. **Schutzfristvergleich** statt (vgl. Art. 7 Abs. 8 RBÜ). Ausländern kommt die 70-jährige Schutzdauer (nach dem Tode des Urhebers) des deutschen Urheberrechts nur dann zugute, wenn die Werke auch in ihrem Heimatstaat so lange geschützt sind. Gilt dort eine kürzere Schutzdauer, ist diese maßgebend. Etwas anderes gilt nur, wenn sein Werk erstmals oder innerhalb der oben erwähnten 30-Tagesfrist in der Bundesrepublik Deutschland erschienen ist; denn für solche Werke ist deutsches Urheberrecht – also auch die 70-jährige Schutzdauer – uneingeschränkt anwendbar (§ 121 Abs. 1).

b) Verfasser wissenschaftlicher Ausgaben, Lichtbildner, Herausgeber nachgelassener Werke

Für Verfasser von wissenschaftlichen Ausgaben (§ 70) und für Lichtbildner (§ 72) gilt das unter a) Gesagte sinngemäß (vgl. § 124). Allerdings entfällt bei wissenschaftlichen Ausgaben (§ 70) ein Schutz nach Inhalt der Staatsverträge (§ 121 Abs. 4), weil die internationalen Konventionen insoweit keinen Schutz vorsehen. Der Schutz von Lichtbildern ließe sich unter fotografische Werke (Art. 2 Abs. 1 RBÜ) subsumieren. Das ist jedoch nicht unstreitig. Für **nachgelassene Werke** (§ 71) fehlt eine fremdenrechtliche Vorschrift. Für die Entstehung des Schutzes nach § 71 ist es gleichgültig, wo das nachgelassene Werk erstmals erscheint oder öffentlich wiedergegeben wird.

c) Ausübende Künstler

Deutsche Staatsangehörige sowie Staatsangehörige der Mitgliedstaaten der EU und des EWR (§ 120 Abs. 2) genießen Schutz für alle ihre Darbietungen, gleichviel, wo diese stattfinden (§ 125 Abs. 1). **Ausländische Staatsangehörige** sind wie Deutsche für diejenigen Darbietungen umfassend geschützt, die sie in der Bundesrepublik Deutschland erbringen (§ 125 Abs. 2). Das gilt auch für solche Darbietungen, die mit ihrer Einwilligung auf Bild- oder Tonträger aufgenommen wurden und ebenfalls mit ihrer Zustimmung erstmals – oder binnen 30 Tagen nach erstmaligem Erscheinen im Ausland – in der Bundesrepublik Deutschland erschienen sind (§ 125 Abs. 3). Da die Aufnahme gestattet war, ist dieser Schutz nun entsprechend beschränkt auf das Recht, den Bild- oder Tonträger zu vervielfältigen und zu verbreiten (§ 77 Abs. 2 S. 1), auf den Vergütungsanspruch bei Sendungen (§ 78 Abs. 2 Nr. 1) und auf den Vergütungsanspruch bei öffentlicher Wahrnehmbarmachung (§ 78 Abs. 2 Nr. 2 und 3). Entsprechendes gilt auch bei Darbietungen, die erlaubterweise durch Funk gesendet werden (vgl. § 125 Abs. 4). Dort ist ihr Schutz auf das Recht zur Aufnahme der Sendung auf Bild- oder Tonträger (§ 77 Abs. 1), die Weitersendung (§ 78 Abs. 1 Nr. 2) und den Vergütungsanspruch bei der öffentlichen Wahrnehmbarmachung (§ 78 Abs. 2) beschränkt (s.o. S. 327).

Liegen die Voraussetzungen des § 125 Abs. 2 bis 4 nicht vor, genießen ausländische Staatsangehörige den Schutz nach **Inhalt der Staatsverträge** (§ 125 Abs. 5). Maßgebend hierfür ist zunächst das internationale Abkommen über den Schutz der ausübenden Künstler, der Hersteller von Tonträgern und der Sendeunternehmen (**Rom-Abkommen**) vom 26.10.1961. Dort gilt der Grundsatz der Inländerbehandlung, nämlich dass die nach diesem Abkommen in Frage kommenden Ausländer hinsichtlich ihrer Darbietungen wie Inländer zu behandeln sind (Art. 2 RA). Anders als die Berner Übereinkunft und das Welturheberrechtsabkommen knüpft das Rom-Abkommen nicht an die Nationalität des Künstlers und an den Beitritt seines Heimatstaates zur einschlägigen internationalen Konvention an, sondern entscheidend ist der **Ort der Darbietung.** Findet sie in einem anderen vertragschließenden Staat statt, ist die Darbietung auch in der Bundesrepublik Deutschland geschützt (vgl. Art. 4a RA). Findet sie jedoch in einem Staat statt, welcher dem Rom-Abkommen nicht beigetreten ist, wie z.B. die USA, deren Urheberrechtsgesetz zudem keinen Schutz der ausübenden Künstler vorsieht, entfällt ein Schutz nach dem Rom-Abkommen und damit auch nach § 125 Abs. 5. Auf die Nationalität des Künstlers kommt es also gar nicht an. Immerhin soll der Künstler zumindest denselben Schutz genießen wie der ausländische Tonträgerhersteller und das ausländische Sendeunternehmen, die seine Darbietung aufnehmen oder senden. Er genießt also auch dann Inlandsschutz, wenn folgende Voraussetzungen erfüllt sind:

- Die Darbietung wird auf einem Tonträger festgelegt, dessen Hersteller Angehöriger eines anderen vertragschließenden Staates ist (Art. 4b und Art. 5 Abs. la RA).

- Die Darbietung wird auf einem Tonträger festgelegt, der erstmals – oder innerhalb 30 Tagen seit der ersten Veröffentlichung – auch in einem vertragschließenden Staat veröffentlicht worden ist (Art. 4b und Art. 5 Abs. 1c RA).
- Die nicht auf einem Tonträger festgelegte Darbietung wird durch eine Sendung ausgestrahlt, dessen Sendeunternehmen seinen Sitz in einem anderen vertragschließenden Staat hat (Art. 4c und Art. 6 Abs. 1a RA).
- Die nicht auf einem Tonträger festgelegte Darbietung wird von einem im Gebiet eines anderen vertragschließenden Staates gelegenen Sender ausgestrahlt (Art. 4c und Art. 6 Abs. 1b RA).

Dieser Inlandschutz beschränkt sich aber auf diejenigen Nutzungen, hinsichtlich derer der Tonträgerhersteller oder das Sendeunternehmen ebenfalls Ansprüche geltend machen könnten (BGH GRUR 1999, 49, 51 – Bruce Springsteen and his Band).

Entfällt auch ein Schutz über die Staatsverträge (§ 125 Abs. 5), insbesondere des Rom-Abkommens, bleiben die Darbietungen ausländischer Staatsangehöriger nicht völlig schutzlos. Vielmehr genießen ausländische Staatsangehörige für alle ihre Darbietungen einen **Mindestschutz** (§ 125 Abs. 6), nämlich gegen Verstöße des Namensnennungsrechts (§ 74) und gegen Entstellungen ihrer Darbietungen (§ 75), ferner gegen die erstmalige Aufnahme ihrer Darbietungen auf Bild- oder Tonträger (§ 77 Abs. 1), die unerlaubte Bildschirm- und Lautsprecherübertragung (§ 78 Abs. 1 Nr. 3) sowie gegen die unmittelbare Sendung ihrer Darbietung (§ 78 Abs. 1 Nr. 2). Dieser Mindestschutz erstreckt sich jedoch weder auf das Vervielfältigungsrecht noch auf das Verbreitungsrecht (§ 77 Abs. 2). Das führte zu **diversen Unklarheiten**, wenn Tonträger im Ausland nach dortiger Gesetzeslage hergestellt werden durften, von dort aber nach Deutschland exportiert wurden und diese Tonträger zwar nach deutschem Recht nicht hergestellt werden durften, dem Rechtsinhaber jedoch in Deutschland kein Vervielfältigungs- und Verbreitungsrecht zustand (vgl. BGH GRUR 1986, 454, 455 – Bob Dylan). Es würde den hiesigen Rahmen sprengen, diese und weitere Fragen zum Schutz ausländischer ausübender Künstler in Deutschland hier zu vertiefen.

Die zu gewährende **Schutzdauer** soll in den Fällen des § 125 Abs. 2 bis 4 und 6 die dem ausübenden Künstler in seinem Heimatstaat gewährte Schutzdauer nicht überschreiten und keinesfalls länger als 50 Jahre (§ 82) sein (§ 125 Abs. 7).

d) Tonträgerhersteller

Ausländische Staatsangehörige oder Unternehmen ohne Sitz in der Bundesrepublik Deutschland (zu EU- oder EWR-Angehörigen s.o. S. 383) sind als Tonträgerhersteller (§ 85) geschützt, soweit sie die Tonträger erstmals – oder innerhalb 30 Tagen nach erstmaligem Erscheinen im Ausland – in der Bundesrepublik Deutschland erscheinen lassen (§ 126 Abs. 2). Die Schutzdauer ist jedoch begrenzt durch diejenige des Heimatstaates des Tonträgerstellers (§ 126 Abs. 2 S. 2; s.o. S. 385). Ansonsten gelten die Staatsverträge, nämlich das oben erwähnte (s.o. S. 388) **Rom-Abkommen**. Inlandsschutz wird gewährt, wenn der Hersteller der Tonträger Angehöriger eines anderen vertragschließenden Staates ist oder wenn der Tonträger erstmals oder innerhalb der oben erwähnten 30-Tagesfrist in einem anderen Mitgliedstaat veröffentlicht wird. Darüber hinaus gibt es das Übereinkommen zum Schutz der Hersteller von Tonträgern gegen die unerlaubte Vervielfältigung ihrer Tonträger (**Genfer-Tonträger-Abkommen**) vom 29.101971. Nach Art. 2 dieses Abkommens schützt jeder Vertragsstaat – die Bundesrepublik Deutschland ist Vertragsstaat – die Hersteller von Tonträgern, die Angehörige anderer Vertragsstaaten sind, gegen die unerlaubte Herstellung von Vervielfältigungsstücken sowie gegen deren Einfuhr und Verbreitung, sofern die Vervielfältigungsstücke an die Öffentlichkeit verbreitet werden sollen (OLG Hamburg ZUM 1999, 853, 856 – Frank Sinatra). Rechte der Tonträgerhersteller sind ferner in Art. 14 Abs. 2 TRIPS-Abkommen (Vervielfältigungsrecht) und in Art. 11 bis 14 WPPT (Vervielfältigungsrecht, Verbreitungsrecht, Vermietrecht, Recht der öffentlichen Zugänglichmachung von Tonträgern) geregelt. Einerseits sind Tonträger erst ab 1.1.1966 urheberrechtlich geschützt; denn zuvor gab es in Deutschland den Urheberrechtsschutz der Tonträgerhersteller (§ 85) noch nicht. Insoweit könnten Aufnahmen aus der Zeit davor grundsätzlich schutzlos bleiben (vgl. BGH GRUR 1994, 210, 212 – Beatles; s.o. S. 187 f.). Andererseits ist zu beachten, ob der Tonträger am 1.7.1995 möglicherweise in einem anderen Mitgliedstaat der EU geschützt war. Letzterenfalls gilt der Schutz (z.B. für einen US-Angehörigen) in Deutschland auch für die Zeit vor 1966. Das verlangt die richtlinienkonforme Auslegung (EuGH GRUR 2009, 393 Rn. 25, 37 – Sony/Falcon; BGH ZUM 2010, 429 Rn. 22 – Tonträger aus Drittstaaten II).

e) Sendeunternehmen

Sendeunternehmen ohne Sitz in der Bundesrepublik Deutschland (zu EU- oder EWR-Angehörigen s.o. S. 383) genießen den Schutz für alle Funksendungen, die sie in der Bundesrepublik Deutschland ausstrahlen (§ 127 Abs. 2). Maßgebend hierfür ist, wo die **Sendung,** nicht wo der Empfang stattfindet. Die Schutzdauer ist jedoch begrenzt durch diejenige des Sitzstaates des Sendeunternehmens (§ 127 Abs. 2 S. 2; s.o. S. 385). Im Übrigen sind Sendeunternehmen ohne Sitz in der Bundesrepublik Deutschland nach dem Inhalt der Staatsverträge geschützt (§ 127 Abs. 3). Gemäß Art. 6 des oben (s.o. S. 389) erwähnten **Rom-Abkommens** genießt ein ausländisches Sendeunternehmen Inlandsschutz, wenn der Sitz dieses Unternehmens in einem anderen Vertragsstaat liegt (vgl. Art. 6 Abs. 1a RA) oder wenn die Sendung von einem Sender ausgestrahlt wird, der sich im Gebiet eines anderen Vertragsstaats befindet (Art. 6 Abs. 1b RA). Ferner ist hier das Übereinkommen über die Verbreitung der durch Satelliten übertragenen programmtragenden Signale (**Brüsseler Satelliten-Abkommen**) vom 21.5.1974 zu beachten, welchem die Bundesrepublik Deutschland beigetreten ist und wonach Sendeunternehmen mit Sitz in einem Vertragsstaat dieses Übereinkommens Schutz gegen die unbefugte Weitersendung ihrer über Satelliten ausgestrahlten Sendungen durch terrestrische Sendeunternehmen gewährt wird. Schutz gegen die Weitersendung und gegen weitere einzelne Nutzungen bietet auch das Europäische Abkommen zum Schutz von Fernsehsendungen vom 22.6.1960, welchem die Bundesrepublik Deutschland ebenfalls beigetreten ist. Abgesehen von einzelnen in diesem Abkommen ausdrücklich genannten Rechten gilt auch dort das **Prinzip der Inländerbehandlung.** Ausländische Sendeunternehmen von Vertragsstaaten erhalten denselben Schutz wie inländische Sendeunternehmen. Schließlich schützt auch Art. 14 Abs. 3 TRIPS-Abkommen einzelne Rechte der Sendeunternehmen.

f) Filmhersteller

Für ausländische Staatsangehörige oder Unternehmen ohne Sitz in der Bundesrepublik Deutschland (zu EU-oder EWR-Angehörigen s.o. S. 383) gelten die Bestimmungen des § 126 Abs. 2 und 3 entsprechend (§ 128 Abs. 2; s.o. S. 390). Sie sind wie Inländer im Hinblick auf solche Filme geschützt, die erstmals – oder innerhalb von 30 Tagen nach erstmaligem Erscheinen im Ausland – in der Bundesrepublik Deutschland erschienen sind. Die Schutzdauer ist jedoch begrenzt durch diejenige des Heimatstaates des Filmherstellers (§§ 128, 126 Abs. 2 S. 2; s.o. S. 385). **Staatsverträge** zum Schutz der **Filmhersteller** sind bisher **nicht geschlossen worden.** Die internationalen Konventionen auf dem Gebiet des Urheberrechts gewähren Urheberrechtsschutz nur für Urheber von Filmwerken, nicht aber Leistungsschutz für Filmhersteller. Meistens können die Filmhersteller jedoch von den (Film-)Urhebern abgeleitete Rechte geltend machen. Außerdem sind die Urheber von Filmwerken, deren Hersteller seinen Sitz oder seinen gewöhnlichen Aufenthalt in einem Verbandsland hat, wie inländische Urheber geschützt (Art. 4a RBÜ). Nach wohl h.M. genießen **ausländische Filmhersteller** keinen eigenen Schutz in Deutschland, wenn ihre Filme schon länger als 30 Tage zuvor im Ausland erschienen waren (OLG Frankfurt CR 1993, 29, 30).

g) Datenbankhersteller

Die Leistungen ausländischer Datenbankhersteller ohne Sitz in der Bundesrepublik Deutschland, in der EU oder im EWR (zu EU- oder EWR-Angehörigen s.o. S. 383) sind in Deutschland nach dem Inhalt von Staatsverträgen geschützt (§ 127a Abs. 3). Die **internationalen Verträge** sehen jedoch bislang **keinen Leistungsschutz für Datenbankhersteller** vor, so dass deren Leistungen in der Regel schutzlos bleiben, wenn sich nicht etwas anderes aus einem bilateralen oder einem künftig auf diesem Gebiet erlassenen Sonderabkommen ergibt. Art. 5 WCT und Art. 10 Abs. 2 TRIPS-Abkommen schützen Datenbankwerke (§ 4 Abs. 2), nicht hingegen den Leistungsschutz des Datenbankherstellers (§§ 87a ff.).

h) Schutz nach anderen Vorschriften

Soweit die Verletzungshandlung auch als **Wettbewerbsverstoß** anzusehen ist, können sich ausländische Staatsangehörige auf den Schutz des deutschen Wettbewerbsrechts berufen. Zum einen wird im Wettbewerbsrecht keine Gegenseitigkeit (nämlich des entsprechenden Schutzes von Deutschen im Ausland) verlangt. Zum anderen sind Ausländer wie Inländer zu schützen, wenn sie Angehörige eines Verbandsstaats der **Pariser Verbandsübereinkunft** zum Schutz des gewerblichen Eigentums vom 20.3.1883 sind (vgl. Art. 1 und Art. 2 PVÜ). Dieser Übereinkunft gehören mittlerweile die meisten Staaten an, so auch die Bundesrepublik Deutschland.

Zum geschützten Gegenstand der Pariser Übereinkunft zählen auch die **gewerblichen Muster oder Modelle.** Angehörige von Mitgliedstaaten dieser Übereinkunft genießen für ihre Muster und Modelle in der Bundesrepublik Deutschland Designschutz, soweit sie die formellen Schutzvoraussetzungen – Anmeldung und Hinterlegung (s.o. S. 59) – erfüllen. Wer in der Bundesrepublik Deutschland jedoch weder Wohnsitz noch Niederlassung hat, muss hier einen Rechtsanwalt oder Patentanwalt als Vertreter bestellen, um ein Design anmelden und um an einem Verfahren vor dem Patentamt oder dem Patentgericht teilnehmen und die Rechte aus dem Designgesetz geltend machen zu können (vgl. § 58 DesignG). Das erübrigt sich für denjenigen, der ein **Gemeinschaftsgeschmacksmuster** beim Harmonisierungsamt in Alicante angemeldet hat (s.o. S. 62).

4. Schutz für Deutsche im Ausland

Die Wirkung des deutschen Urheberrechts, Designrechts, Wettbewerbsrechts und sonstiger Rechte endet grundsätzlich an der Staatsgrenze. **Im Ausland gilt das dortige Recht.** Das **Urheberrecht** hat indessen gegenüber anderen Schutzrechten den Vorteil, dass es nahezu in allen Ländern, die ein Urheberrechtsgesetz erlassen haben, **ohne Anmeldung,** Registrierung oder sonstige Formalitäten entsteht. Auch der nach amerikanischem Urheberrecht verlangte Copyright-Vermerk hat an Bedeutung verloren (s.o. S. 54). Die Bundesrepublik Deutschland gehört allen einschlägigen internationalen

Abkommen an. Ein deutscher Urheber kann also grundsätzlich davon ausgehen, dass seine Werke im Ausland nach dortigem Urheberrecht ebenfalls geschützt sind.

Um den Schutz deutscher **ausübender Künstler** ist es im Ausland insgesamt gesehen weniger gut bestellt, weil bisher nur verhältnismäßig wenige Staaten dem Rom-Abkommen beigetreten sind und zahlreiche Länder gar keinen Schutz für ausübende Künstler vorsehen. Das hat sich zumindest in der EU verbessert; denn nach der EG-Richtlinie zum Vermiet- und Verleihrecht vom 19.11.1992 mussten die Mitgliedstaaten bis 1.7.1994 einen Schutz für ausübende Künstler, Tonträgerhersteller, Filmhersteller und Sendeunternehmen in ihrem nationalen Gesetz regeln, soweit er dort noch nicht bestand. Außerdem ist die Mitgliedschaft beim Rom-Abkommen nicht mehr unbedingte Voraussetzung für die Anwendung derjenigen Schutzrechte, die im Rom-Abkommen zu Gunsten der ausübenden Künstler geregelt sind; denn nach Art. 3 Abs. 2 WPPT und Art. 1 Abs. 3 TRIPS-Abkommen wird gewissermaßen unterstellt, dass ein Mitgliedstaat dieser internationalen Verträge auch Vertragspartner des Rom-Abkommens ist. Deutschen Staatsangehörigen sind also in Mitgliedstaaten des WPPT oder des TRIPS-Abkommens diejenigen Rechte der ausübenden Künstler zu gewähren, die diese Abkommen vorsehen.

Wettbewerbsrechtlichen Schutz genießen Deutsche im Ausland über den Grundsatz der Inländerbehandlung der Pariser Verbandsübereinkunft. Wer Designschutz für sich im Ausland in Anspruch nehmen will, muss mehr tun; denn wie in der Bundesrepublik Deutschland sehen auch die ausländischen Designgesetze/Musterschutzgesetze Anmeldung und Hinterlegung oder sonstige Formerfordernisse vor. Grundsätzlich ist ein Design also in jedem einzelnen Land anzumelden. Hierfür ist ggf. ein dort residierender Vertreter – in der Regel ein Rechtsanwalt oder Patentanwalt – zu bestellen. Eine gewisse Erleichterung bietet das Haager Musterschutzabkommen, wonach über eine einzige Anmeldung in Genf Geschmacksmusterschutz gleich für mehrere Länder erlangt werden kann. Allerdings sind diesem Abkommen bisher nur sehr wenige Staaten beigetreten. Einfacher ist es innerhalb der EU, nachdem für den gesamten Bereich der EU-Mitgliedstaaten ein einheitliches **Gemeinschaftsgeschmacksmuster** beim Harmonisierungsamt in Alicante angemeldet werden kann. Zusätzliche nationale Anmeldungen in den einzelnen EU-Mitgliedstaaten sind dann nicht erforderlich, um dort ebenfalls Geschmacksmusterschutz zu genießen (s.o. S. 62).

III. Besonderheiten durch den Beitritt der ehemaligen DDR zur Bundesrepublik Deutschland

Während die **Bürger der DDR** vor dem Beitritt vom 3.10.1990 in der Bundesrepublik Deutschland **als Deutsche** angesehen wurden und für ihre Werke uneingeschränkt denselben Rechtsschutz genossen wie Inländer (vgl. § 120 Abs. 2 UrhG; Art. 116 Abs. 1 GG), wurden **West-Deutsche in der DDR nur als Ausländer** insbesondere über die internationalen Konventionen geschützt. Die DDR gehörte unter anderem der Berner Übereinkunft, dem Welturheberrechtsabkommen, der Pariser Verbandsübereinkunft, dem Haager Musterschutzabkommen, nicht aber dem Rom-Abkommen zum Schutz der ausübenden Künstler an. **Seit 3.10.1990** gilt das **Urheberrechtsgesetz** uneingeschränkt **auch in der ehemaligen DDR.**

Für Werke, die **nach dem** Beitritt vom **3.10.1990** geschaffen worden sind, gibt es keine Probleme. Der Geltungsbereich des Gesetzes erstreckt sich auf die fünf östlichen Bundesländer. Sämtliche Werke, die dort geschaffen oder die dort genutzt werden, sind genauso geschützt wie die Werke im übrigen Inland. Dasselbe gilt für die verwandten Schutzrechte des Urheberrechts. Ebenso erstrecken sich Designanmeldungen nun auf das gesamte Bundesgebiet einschließlich der östlichen Bundesländer. Sämtliche Muster oder Modelle sind beim Deutschen Patentamt in Jena oder München als Design anzumelden und zu hinterlegen. Ferner erweiterte sich der Schutzbereich nicht nur für Inländer, sondern in gleicher Weise für Ausländer. Lässt ein Ausländer sein Werk erstmals in München, Leipzig oder Berlin erscheinen, genießt er uneingeschränkten Inlandsschutz im gesamten Bundesgebiet (vgl. § 121 Abs. 1 und § 125 Abs. 2). Die internationalen Abkommen, denen die Bundesrepublik Deutschland angehört, sind nun ebenfalls für das gesamte Territorium maßgebend. Folglich gilt z.B. das Rom-Abkommen zum Schutz der ausübenden Künstler, welchem die DDR nicht beigetreten war, auch in den fünf östlichen Bundesländern.

Problematisch könnte nur sein, was für Werke und Leistungen **vor dem 3.10.1990** gelten soll; denn obwohl das Urheberrechtsgesetz der DDR demjenigen der Bundesrepublik Deutschland weitgehend ähnlich war, gab es doch auch einzelne Unterschiede, und zwar vor allem bei der Schutzdauer. Sie betrug in der DDR bei urheberrechtlich geschützten Werken nur 50 Jahre nach dem Tode des Urhebers und bei Leistungen grundsätzlich nur 10 Jahre ab Herstellung oder Darbietung. Laut **Einigungsvertrag** vom 31.8.1990 sollen die Vorschriften des Urheberrechtsgesetzes aber ausdrücklich auch für Werke und Leistungen vor dem Wirksamwerden des Beitritts gelten, ohne dass einzelne Vorschriften in irgendeiner Form beschränkt würden. Im Gegenteil, die Vorschriften des Urheberrechtsgesetzes sind auch dann anzuwenden, wenn zu diesem Zeitpunkt die Schutzfristen nach dem Urheberrechtsgesetz der DDR schon abgelaufen waren. Beispielsweise waren Werke des Komponisten Delius, der im Jahre 1934 gestorben ist und dessen Kompositionen zwar in der DDR im Jahre 1984 gemeinfrei wurden, in der Bundesrepublik Deutschland aber weiterhin geschützt blieben, nun auch in den 5 östlichen Bundesländern bis zum Jahre 2004 geschützt. Der **bereits erloschene Urheberrechtsschutz lebte** insoweit **wieder auf**. Entsprechendes gilt bei den verwandten Schutzrechten des Urheberrechts. Ferner sind solche nach dem Urheberrechtsgesetz geschützten **Werk- und Leistungsarten,** die zuvor in der DDR überhaupt nicht geschützt waren, wie z.B. nachgelassene Werke, rückwirkend nun auch in dem Gebiet der DDR geschützt. Gleiches gilt für **Nutzungsrechte,** die das Urheberrechtsgesetz der DDR nicht vorgesehen hatte. Beispielsweise steht dem ausübenden Künstler nun für sämtliche Darbietungen, einschließlich derjenigen aus der Zeit vor dem 3.10.1990, im Gebiet der ehemaligen DDR auch das Senderecht (vgl. § 78 Abs. 1 Nr. 2) zu. Früher durften die Darbietungen dort ohne seine Zustimmung gesendet werden. Demnach wirkt das Urheberrechtsgesetz insgesamt zurück auf vorher geschaffene Werke und Leistungen, als hätte sich sein Geltungsbereich schon früher auf die neuen Bundesländer erstreckt. Das gilt nicht nur für Werke und Leistungen von Deutschen, sondern **auch von Ausländern.** Meines Erachtens muss deshalb z.B. auch die Darbietung eines ausländischen Künstlers in der DDR als Darbietung im Geltungsbereich des Gesetzes angesehen werden, so dass der Ausländer uneingeschränkten Inlandsschutz genießt (vgl. § 125 Abs. 2), zumal ihm auch nach dem Urheberrechtsgesetz der DDR hierfür Inlandsschutz gewährt worden ist (vgl. § 96 Abs. 2 UrhG der DDR).

Einschränkungen werden jedoch gemacht, wo Nutzungshandlungen bereits begonnen und Rechte bereits übertragen worden waren. Dort soll das Vertrauen desjenigen, der im Hinblick auf die Rechtmäßigkeit seines Handelns etwas ins Werk gesetzt und vermögenswerte Leistungen erbracht hat, geschützt werden. Nach alter Rechtslage zulässige Nutzungen, die nach dem nun bundesweit geltenden Urheberrechtsgesetz unzulässig sind, dürfen in dem vorgesehenen Rahmen fortgeführt werden, wenn sie vor dem 1.7.1990 begonnen wurden, es sei denn, dass die Nutzung nicht üblich ist. Letzteres ist z.B. bei der Videoauswertung der Fall, die in der ehemaligen DDR nicht stattgefunden hatte. Für die Nutzung ab dem Wirksamwerden des Beitritts (3.10.1990) ist eine **angemessene Vergütung** zu zahlen. Zuvor bereits abgeschlossene Nutzungen bleiben vergütungsfrei.

Wurden Nutzungsrechte noch vor Ablauf der bislang in der DDR geltenden Schutzfrist übertragen, erstreckt sich diese Übertragung im Zweifel auch auf den Zeitraum der durch den Beitritt verlängerten Schutzdauer. Der Nutzungsberechtigte hat dem Urheber hierfür jedoch eine **angemessene Vergütung** zu zahlen. Dieser Vergütungsanspruch entfällt, wenn alsbald nach seiner Geltendmachung der Nutzungsberechtigte dem Urheber das Nutzungsrecht für die Zeit nach Ablauf der bisher bestimmten Schutzdauer zur Verfügung stellt. Wer also von der verlängerten Rechtsübertragung keinen Gebrauch machen will, braucht auch nicht zu zahlen. Sämtliche Regelungen gelten für verwandte Schutzrechte entsprechend.

Im Übrigen bleibt für **Verträge,** die vor dem **3.10.1990** in der ehemaligen DDR abgeschlossen worden sind, nach h.M. grundsätzlich das Urheberrecht der DDR anwendbar (vgl. Art. 232 § 1 der besonderen Bestimmungen zum Einigungsvertrag, GRUR 1990, 790). Was im Einzelnen vereinbart worden ist, richtet sich also zunächst nach dem Recht der DDR (BGH GRUR 2001, 826, 827 – Barfuß ins Bett). Allerdings sind auch diese Verträge wiederum im Lichte der unumstößlichen Grundsätze des deutschen Rechts zu sehen. Hierzu zählt das in § 242 BGB verankerte Prinzip von Treu und Glauben. Meines Erachtens gehören auch daraus abgeleitete Prinzipien, z.B. der AGB-Vorschriften (§§ 305 ff. BGB), dazu. Außerdem ist zu berücksichtigen, dass diese Werke nun im Geltungsbereich des Urheberrechtsgesetzes der Bundesrepublik Deutschland genutzt werden. Nach dem Territorialitätsprinzip richten sich Entstehung, Inhalt und Umfang des Schutzes sowie die Rechtsfolgen einer Urheberrechtsverletzung nach deutschem Urheberrechtsgesetz. Insoweit ist das deutsche Urheberrechtsgesetz nicht nur bei der Auslegung ausländischer Verträge anzuwenden, sondern auch bei der Auslegung von Verträgen, die nach dem Recht der DDR abgeschlossen worden sind. Demgemäß sind unter anderem die Übertragungszwecklehre (§ 31 Abs. 5, s.o. S. 211) sowie die Regeln zur Einräumung von Nutzungsrechten für noch nicht bekannte Nutzungsarten (§ 31 Abs. 4 a.F.; § 137l; s.o. S. 214), auf solche Verträge ebenfalls anwendbar (offen gelassen von BGH GRUR 2001, 826, 828 – Barfuß ins Bett). Wer beispielsweise von einem DDR-Film DVDs herstellen will, muss nachträglich die erforderlichen DVD-Rechte von den einzelnen Filmurhebern erwerben. Vielfach waren Rechte nur für das Gebiet der ehemaligen DDR eingeräumt worden. Soll das betreffende Werk nun auch in den alten Bundesländern genutzt werden, muss dies in der Regel ebenfalls nachträglich mit den Rechtsinhabern vereinbart werden. Von einer **automatischen Erstreckung** der Nutzungsrechte auf das nunmehr größere Nutzungsgebiet kann **nicht** ausgegangen werden (vgl. BGH GRUR 1997, 215, 219 – Klimbim). Ggf. sind manche Verträge, in denen dem Lizenznehmer z.B. die Verbreitung eines Buchs nur in den alten oder in den neuen Bundesländern gestattet worden ist, nachträglich an die durch den Beitritt der neuen Bundesländer veränderten Umstände anzupassen, so dass dem Lizenznehmer die Verbreitung der Bücher im gesamten Bundesgebiet gestattet ist. Dies setzt aber voraus, dass ein solcher

Vertrag auch im Übrigen, insbesondere hinsichtlich der hierfür üblicherweise zu zahlenden Vergütung, angepasst wird. Kommt keine Einigung zustande, gelten die gespaltenen Lizenzgebiete fort. Allerdings kann nicht verhindert werden, dass Bücher, die in den neuen Bundesländern rechtmäßig verbreitet wurden, auf Grund der bundesweiten Erschöpfung (§ 17 Abs. 2) nun auch in die alten Bundesländer weiterverbreitet werden dürfen, und umgekehrt (BGH GRUR 2003, 699, 702 – Eterna).

Sachverzeichnis

Die Zahlen verweisen auf die Seiten

B

C

D

E

F

G

H

I

N

O

S

T

U

V

Y

Z